Die unterschiedliche Entwicklung im Bauordnungsrecht der Länder

Europäische Hochschulschriften
Publications Universitaires Européennes
European University Studies

Reihe II
Rechtswissenschaft

Série II Series II
Droit
Law

Bd./Vol. 4272

PETER LANG
Frankfurt am Main · Berlin · Bern · Bruxelles · New York · Oxford · Wien

André Kaiser

Die unterschiedliche Entwicklung im Bauordnungsrecht der Länder

Rechtstatsächliche Entwicklung und verfassungsrechtliche Strukturprobleme bei der Vereinheitlichung der Gesetzgebung der Länder

PETER LANG
Europäischer Verlag der Wissenschaften

Bibliografische Information Der Deutschen Bibliothek
Die Deutsche Bibliothek verzeichnet diese Publikation in der
Deutschen Nationalbibliografie; detaillierte bibliografische
Daten sind im Internet über <http://dnb.ddb.de> abrufbar.

Zugl.: Bremen, Univ., Diss., 2005

Gedruckt auf alterungsbeständigem,
säurefreiem Papier.

D 46
ISSN 0531-7312
ISBN 3-631-54238-0

© Peter Lang GmbH
Europäischer Verlag der Wissenschaften
Frankfurt am Main 2005
Alle Rechte vorbehalten.

Printed in Germany 1 2 3 4 5   7

www.peterlang.de

Inhaltsübersicht

Inhaltsverzeichnis

Abkürzungsverzeichnis

Abs.	Absatz
Abl.	Amtsblatt
a.F.	alte Fassung
AH	Abgeordnetenhaus
Art./Artt.	Artikel
ARGEBAU	Arbeitsgemeinschaft der für das Bau- und Siedlungswesen zuständigen Minister und Senatoren der Länder
BauAnzVO	Bauanzeigeverordnung
BauFreiVO	Baufreistellungsverordnung
BauO	Bauordnung
BauOBln	Bauordnung für Berlin
BauPG	Gesetz über das Inverkehrbringen von und den freien Warenverkehr mit Bauprodukten zur Umsetzung der Richtlinie 89/106/EWG (Bauproduktengesetz)
BauR	Zeitschrift für das gesamte öffentliche und zivile Baurecht
BayBO	Bayerische Bauordnung
BayVBl.	Bayerische Verwaltungsblätter (Zeitschrift)
BayVGH	Bayerischer Verwaltungsgerichtshof
BBauBl.	Bundesbaublatt
BdgBO	Brandenburgische Bauordnung
ber.	berichtigt
BGBl.	Bundesgesetzblatt
BGH	Bundesgerichtshof

BGHZ	Entscheidungen des Bundesgerichtshofs in Zivilsachen
Bln	Berlin
BM	Bundesminister (Bundesministerium)
BPR	Bauproduktenrichtlinie (Richtlinie 89/106/EWG)
BremLBO	Bremische Landesbauordnung
BRD	Bundesrepublik Deutschland
BT	Bundestag
BVerfG	Bundesverfassungsgericht
BVerfGE	Entscheidungssammlung des Bundesverfassungsgerichts
BVerfGG	Bundesverfassungsgerichtsgesetz
BVerwG	Bundesverwaltungsgericht
BVerwGE	Entscheidungssammlung des Bundesverwaltungsgerichts
BW	Baden-Württemberg
CE-Zeichen	Konformitätszeichen nach dem Bauproduktengesetz
CDU	Christlich-demokratische Union
ders.	derselbe
DIBt	Deutsches Institut für Bautechnik
DDR	Deutsche Demokratische Republik
DIN	Deutsches Institut für Normung e.V.
DÖV	Die Öffentliche Verwaltung (Zeitschrift)
Drs.	Drucksache
DVBl.	Deutsches Verwaltungsblatt (Zeitschrift)
Einf.	Einführung
Einl.	Einleitung
EG	Europäische Gemeinschaft
EU	Europäische Union

EWG	Europäische Wirtschaftsgemeinschaft
EV	Einigungsvertrag
Fn/FN	Fußnote

GG	Grundgesetz
GGO	Gemeinsame Geschäftsordnung der Bundesministerien
GBl.	Gesetzblatt
GO	Geschäftsordnung
GVBl.	Gesetz- (und Verordnungs-) Blatt

H	„Wandhöhe" bei der Bemessung der Abstandsflächen (Entspricht dem Maß von der Geländeoberfläche bis zum Schnittpunkt der Wand mit der Dachhaut oder bis zum oberen Abschluss der wand)
HBauO	Hamburgische Bauordnung
Hdb. d StR	Handbuch des Staatsrecht der Bundesrepublik Deutschland
HessVGH	Hessischer Verwaltungsgerichtshof
HmbGVBl.	Hamburgisches Gesetz- (und Verordnungs-) Blatt
Hrg.	Herausgeber

JZ	Juristenzeitung (Zeitschrift)

LBO	Landesbauordnung
LBOAVO	Allgemeine Ausführungsverordnung zur Landesbauordnung
LBOVVO	Verfahrensverordnung zur Landesbauordnung
LRg	Landesregierung
LT	Landtag

MBO	Musterbauordnung
M-V	Mecklenburg-Vorpommern
m.w.N.	mit weiteren Nachweisen
NBauO	Niedersächsische Landesbauordnung
NJW	Neue Juristische Wochenschrift (Zeitschrift)
Nr.	Nummer
NRW	Nordrhein-Westfalen
NVwZ	Neue Zeitschrift für Verwaltungsrecht
NW	Nordrhein-Westfalen
PDS	Partei des Demokratischen Sozialismus
Prof.	Professor
PrüfeVO	Prüfeinschränkungsverordnung
Rdnr.	Randnummer
S.	Seite oder Satz
SächsBO	Sächsische Bauordnung
SPD	Sozialdemokratische Partei Deutschlands
ThürVBl	Thüringer Verwaltungsblätter (Zeitschrift)
UPR	Umwelt- und Planungsrecht (Zeitschrift)
Ü-Zeichen	Übereinstimmungzeichen (auf Bauprodukten, Beipackzettel, Verpackung und Lieferschein)
VerwArch	Verwaltungsarchiv
vgl.	vergleiche
VO	Verordnung
VVDStRL	Veröffentlichung der Vereinigung Deutscher Staatsrechtslehrer

0 Einleitung

Die Gesetzgebung im Bauordnungsrecht ist geprägt durch sich in immer kürzer werdenden Abständen vollziehenden Änderungen. Dies beruht zum einen auf verschiedenen Einflüssen der Landesgesetze untereinander und zum anderen auf einer sich langsam voneinander entfernenden Handhabung der Genehmigungsverfahren in den Ländern.[1] Allgemeine Reformansätze im Verwaltungsrecht zur Deregulierung und Verfahrensbeschleunigung haben dabei einen maßgeblichen Einfluss auf die Rechtsfortbildung.[2]

Am Beispiel des Bauordnungsrechts soll gezeigt werden, warum es trotz Koordinationsbemühungen durch Mustervorschriften zu merklichen Unterschieden zwischen den einzelnen Landesgesetzen kommt. Durch gemeinsam ausgearbeitete Musterentwürfe soll das Landesrecht möglichst einheitlich geregelt werden. Jedoch geht die Fortschreibung des Bauordnungsrechts in den verschiedenen Bundesländern tatsächlich unterschiedliche Wege. Einerseits kommt es zu Annäherungen der einzelnen Landesgesetze, obwohl sie vorher noch unterschiedliche Wege gegangen sind. Andererseits werden übereinstimmend praktizierte Verfahren vereinzelt merklich geändert. Auf diesem Wege bahnt sich eine Rechtszersplitterung im Bauordnungsrecht an.[3]

Aus einer Untersuchung dieser Entwicklung und insbesondere der aktuellen Gesetzeslage können sich neue Erkenntnisse über die Praxis der Ländergesetzgebung ergeben. In einer empirischen Studie der in den Ländern erlassenen Gesetze sollen Abhängigkeiten und Entwicklungstendenzen aufgezeigt werden. Dabei ist unter anderem zu berücksichtigen, inwieweit der technische Fortschritt und die gesellschaftlichen Schwerpunkte wie das Wohnungswesen, das barrierefreie Bauen, die ökologischen Belange oder Sicherheitsaspekte die Gesetzgebung im Bauordnungsrecht beeinflussen.

Zu diesem Zweck werden die einzelnen Landesbauordnungen anhand der Musterordnung 2002 miteinander verglichen, um Abweichungen und Übereinstimmungen festzustellen. Hierbei sind neben einer historischen Betrachtung der Entwicklung des Bauordnungsrechts die neuen Länder und die Einflüsse des Europarechts mit einzubeziehen. Anschließend ist zu untersuchen, aus welchen Gründen es zu Abweichungen kommt und wie dies rechtlich zu bewerten ist. Es kann durchaus sinnvoll sein, zum Beispiel wegen einer unterschiedlichen geografischen Lage, andere Bestimmungen zu verwenden. Auf der anderen Seite kann es aber auch Unterschiede geben, die nicht sinnvoll sind, wie etwa im Bereich des Brandschutzes. In diesem Fall wäre zu untersuchen, wie Abweichungen möglichst vermieden werden könnten. Diese Analyse soll Aufschlüsse über

---

[1] Vgl. Battis, S. 1557; Jäde, *Strukturprobleme im Bauordnungsrecht II*, S. 87.
[2] Vgl. Sauter, S. 3f.
[3] Vgl. Jäde, *Nochmals: Abschied von der Baugenehmigung*, S. 674; Orthloff, *Abschied von der Baugenehmigung*, S. 119; Erbguth/Stollmann, S. 1145; Gnatzy, S. 457.

den Sinn oder Unsinn der Diskrepanzen geben. Aus dem Ergebnis sind sodann Lösungsmöglichkeiten für die jeweilige Problematik zu entwickeln.

Nach einem Gutachten des Bundesverfassungsgerichts aus dem Jahre 1954 fällt das „Baupolizeirecht" als Teil des allgemeinen Polizeirechts in die Gesetzgebungszuständigkeit der Länder. Der Bund könnte jedoch auf Grund der ihm zustehenden Befugnis im Bereich der konkurrierenden Gesetzgebung wegen Art. 74 Nr. 18 GG im Bereich des Wohnungswesens bauordnungsrechtliche Vorschriften erlassen.[4] Im Jahre 1955 kamen Bund und Ländern überein, das Bauordnungsrecht möglichst einheitlich zu gestalten. Nach dieser so genannten „Bad Dürkheimer Vereinbarung" hat der Bund zugesagt, dass er von der ihm partiell zugestandenen Gesetzgebungskompetenz keinen Gebrauch machen werde, sofern die Länder das Bauaufsichtsrecht möglichst umfassend und einheitlich Regeln.

Zu untersuchen sind in diesem Zusammenhang neben der Rechtsnatur dieser Absprache etwaige Möglichkeiten des Bundes, hierauf beruhend die Gesetzgebungstätigkeit der Länder steuernd zu beeinflussen und welche Konsequenzen sich aus einem abredewidrigen Verhalten der Länder ergeben könnten. Sollte die empirische Darstellung der aktuellen Gesetzeslage zeigen, das die vereinbarte und geforderte Einheitlichkeit gefährdet ist, wäre zu prüfen, ob vor dem Hintergrund der gerade durch das Bundesverfassungsgericht konkretisierten Voraussetzungen des Art. 72 Abs. 2 GG[5] der Erlass eines umfassenden Baugesetzes auf Bundesebene möglich ist. Dazu wird die 1954 vom Bundesverfassungsgericht gutachterlich dargelegte Verteilung der Gesetzgebungskompetenzen für die Gesamtmaterie Baurecht anhand der derzeitigen Sach- und Rechtslage überprüft, um festzustellen, ob wegen des Wandels der Verhältnisse nun eine umfassende Gesetzgebungskompetenz des Bundes angenommen werden kann.

Des Weiteren könnte die aktuelle Diskussion um den Föderalismus bzw. das Bundesstaatsprinzip erweitert werden. Derzeit bestehen Reformbestrebungen, durch eine weitere Anpassung des Kompetenzgefüges des Grundgesetzes eine Modernisierung der bundesstaatlichen Ordnung voran zu treiben. Ziel ist es, Entscheidungszuständigkeiten zu entflechten und eine Rückführung von Befugnissen auf die Ländergesetzgeber zu erreichen.[6] Unter dem Gesichtspunkt der europäischen Integrationsbestrebungen, der Zusammenarbeit der Länder sowie einer zunehmenden Verlagerung der Gesetzgebungskompetenzen auf den Bund würde diese Arbeit hierzu einen Beitrag leisten, indem die Bedeutung und Leistungsfähigkeit der Ländergesetzgebung im sozialen Rechtsstaat am Beispiel des Bauordnungsrechts aufgezeigt wird.

---

[4] Vgl. BVerfGE 3, S. 407ff.

[5] Vgl. BVerfGE 106, S. 62 (135ff, 143ff); BVerfG NJW 2003, S. 4 1 (52ff) zum Altenpflegegesetz und Urteil des Bundesverfassungsgerichts vom 09.06.2004, Az.: -1 BvR 6636702 -, Rdnr. 100ff zum Ladenschlussgesetz.

[6] Vgl. Möstl, S. 1ff; Bösert, S. 89ff.

1 Vereinheitlichung der Ländergesetzgebung

Bundesrecht und Landesrecht bilden eine gemeinsame, gesamtstaatliche Rechtsordnung. Diese Einheit gründet auf dem bundesstaatlichen System der Kompetenzen in der Gesetzgebung nach dem Grundgesetz. Bereits auf der Ebene der Verfassungen von Bund und Ländern wird ein Mindestmaß an Homogenität derer der Länder mit der des Bundes gefordert.[7] Im Zuge der Entwicklung des Bundesstaates und der tatsächlichen Lebensumstände seit der Gründung der Bundesrepublik Deutschland bildete sich die Tendenz, Lösungen von Problemen auf Landesebene durch Anpassung und Kooperation untereinander und mit dem Bund anzugehen. Die gesellschaftliche Mobilität sowohl in räumlicher wie in struktureller Hinsicht führte zu einer immer stärkeren Vereinheitlichung der Lebensverhältnisse und erzwang damit zugleich auch ein wachsendes Mindestmaß an rechtlicher und sozialer Gleichartigkeit. Die Komplexität sachlicher Entscheidungen erhöhte die Bedeutung eines spezialisierten Expertentums gegenüber der Politik, das vor allem in der Zusammenarbeit von staatlichen Verwaltungen, Großverbänden und Industrie wirksam wird und dort unter Berufung auf wirkliche oder vermeintliche Sachzwänge für eine länderübergreifende Gleichartigkeit bei Problemlösungen eintritt.[8] Dies verwirklicht sich unter anderem durch eine fortschreitende Abstimmung und Selbstkoordinierung der Länder untereinander.[9] Dort, wo Sachaufgaben eine einheitliche und planend abgestimmte Zusammenarbeit aller Ebenen und Träger der öffentlichen Verwaltung erfordern, wird eine Koordination und ein Zusammenwirken aller Beteiligten von Bund und Ländern herbeigeführt. In diesem Zusammenhang wird die öffentliche Tätigkeit grundsätzlich in ihrem Zusammenspiel und ihrer Verpflichtung für das Wohl der Bürger gesehen.[10]

1.1 Sinn und Zweck einer einheitlichen Ländergesetzgebung

Im zweigliedrigen Bundesstaat des Grundgesetzes ist die Verteilung der staatlichen Aufgaben und Befugnisse zwischen dem Gesamtstaat Bund und Ländern als Gliedstaaten eine zentrale Aufgabe der Verfassung und des bundesdeutschen Föderalismus.[11] Jedes Land verfügt dabei über eigene Gesetzgebungsbefugnisse, von der es prinzipiell selbstständig und unabhängig von den Entscheidungen anderer Bundesländer Gebrauch machen darf.[12] Der Grundsatz der Bundestreue

---

[7] Vgl. Maunz, HdB d. StR, Bd. IV, § 95, Rdnr. 1f, vor dem Hintergrund von Art. 28 Abs. 1 GG.

[8] Vgl. Schneider H., *Die Bundesstaatliche Ordnung im vereinigten Deutschland*, S. 2448 (2449).

[9] Vgl. Hendler, S. 210 (222).

[10] Vgl. Scheuner, S. 513 (518).

[11] Vgl. Pestalozza, *Thesen zur kompetenzrechtlichen Qualifikation von Gesetzen im Bundesstaat*, S. 181; siehe auch unten 4.1.

[12] Vgl. vMangold/Klein/Pestalozza, Art. 70, Rdnr. 40.

kann diese Freiheit als akzessorische Kompetenzhausübungsschranke jedoch einschränken.[13] So ist mittelbar von einer Pflicht des Landesgesetzgebers auszugehen, bundesstaatliche Homogenität in grundrechtsrelevanten Bereichen herzustellen, wo die Verwirklichung von Grundrechten in überregionalen Sachverhalten darauf angewiesen ist.[14] Rechtstaatliche Grenzen der Kompetenzausübung ergeben sich zudem aus dem Gebot der Widerspruchsfreiheit der Rechtordnungen, wodurch die Kompetenzbindungen und Verpflichtungen zu wechselseitiger Rücksichtnahme verdeutlicht und in ihrem Anwendungsbereich erweitert werden.[15]

Sofern eine Rücksichtnahme bei der Kompetenzausübung auf das Gesamtinteresse des Bundesstaates und seiner Teile geboten ist, sind die jeweiligen Gesetzgeber gehalten, durch Koordination eine gangbare Lösung zu finden. So hat beispielsweise das Bundesverfassungsgericht landesgesetzgeberische Koordinationsverpflichtungen im Bereich der Rundfunkordnungen gesehen.[16] Hiervon sind des weiteren Fragen des Hochschulzugangs betroffen.[17]

Ein weiteres verfassungsrechtliches Leitbild zur Homogenität der Ländergesetze ergibt sich aus Art. 72 Abs. 2 GG.[18] Er beschreibt im Bereich der konkurrierenden Gesetzgebung eine Grenze, die trotz geltendem Landesrecht in einem bestimmten Bereich wegen einer fortgeschrittenen Rechtszersplitterung der Gesetzeslage auf Länderebene dem Bund ein Gesetzgebungsrecht zuweist, um sich daraus ergebende Gefahren für die Gleichwertigkeit der Lebensverhältnisse der Bürger sowie der Rechts- und Wirtschaftseinheit im gesamtstaatlichen Interesse abzuwenden.[19] Vor diesem Hintergrund kann eine an diesen Maßstäben ausgerichtete Ländergesetzgebung auch das Ziel verfolgen, eine gesetzliche Regelung durch den Bund zu vermeiden. Hierzu stellt der Weg der Selbstkoordinierung der Länder, beispielsweise durch die gemeinschaftliche Schaffung von Mustergesetzentwürfen, ein geeignetes Mittel dar.[20] Denn bei einer bereits bestehenden Reglung durch die Länder können sie es im Bereich der konkurrierenden Gesetzgebung beeinflussen, ob dem Bundesgesetzgeber eine entsprechende Befugnis eröffnet wird oder ob er weiterhin davon ausgeschlossen bleibt.

---

[13] Vgl. dazu BVerfGE 12, S. 205 (239, 254); 14, S. 197 (215); 32, S. 199 (218); 43, S. 291 (348); 92, S. 203 (230).
[14] Vgl. Sachs, Art. 70, Rdnr. 56.
[15] Vgl. BVerfGE 98, S. 106 (118):
[16] Vgl. BVerfGE 73, S. 118 (196, 197).
[17] Vgl. BVerwG NJW 1977, S. 68.
[18] Vgl. dazu insbesondere später 2.7.1 und 4.6.3.
[19] Vgl. Jarass/Pieroth, Art. 72 Rdnr. 10ff.
[20] Vgl. Wettach, S. 31.

1.2 Bedeutung für die Bürger

Für den Bürger machen sich Unterschiede in den einzelnen Landesrechtsordnungen im täglichen Leben bemerkbar, wenn er seinen Lebensmittelpunkt wechselt oder aufgrund eines überregionalen Sachverhalts in einer eigenen Angelegenheit betroffen ist. Werden beispielsweise persönliche Qualifikationen im Bildungsbereich durch abweichende Anerkennungsverfahren und der beruflichen Laufbahn in einem anderen Bundesland nicht entsprechend gewertet beziehungsweise anerkannt, ergeben sich im Fall eines Ortswechsels für ihn unter Umständen Nachteile, die als Solche in der Sache nicht gerechtfertigt sein könnten.

Bei überregionalen Sachverhalten kommt es darauf an, einen freien Verkehr von Waren und Dienstleitungen sowie von Personal sicherzustellen. Sobald sich hierfür auffallende Hürden einzelner Landesrechtordnungen ergeben würden, entstünde ein Ungleichgewicht in Bezug auf die jeweiligen Rahmenbedingungen, insbesondere des Wirtschaftsverkehrs. Für die Bürger zählen im Ergebnis nur die tatsächlichen Auswirkungen gesetzlicher Regelungen für ihr jeweiliges Umfeld. Wie diese letztendlich im Detail gestaltet sind, ist für die nicht ausschlaggebend. Durch eine individuelle Ländergesetzgebung besteht jedoch die Möglichkeit, auf regionale Besonderheiten Rücksicht zunehmen. Wegen der großen Sachnähe zur regelungsbedürftigen Materie kann den jeweiligen Sonderfällen auf Landesebene besser Rechnung getragen werden.

Diese Möglichkeit steht einer ansonsten angenäherten und vereinheitlichten Ländergesetzgebung auch nicht entgegen. Vielmehr kommt es darauf an, dass die Kernbereiche des täglichen Lebens, wie es auch in den verfassungsrechtlichen Anforderungen verankert ist, nicht in einem Maße von einander abweichend geregelt werden, dass sich daraus deutliche Nachteile für die Betroffenen ergeben können. Übertragen auf das Bauordnungsrecht bedeutet dies, dass die sich in den Bauordnungen der Länder widerspiegelnden Regelungsbereiche der Gefahrenabwehr, der Baugestaltung sowie die der Sozial- und Wohlfahrtsaufgaben übereinstimmend geregelt werden müssten, damit sich keine merkliche Schlechterstellung bestimmter Bauherren bei bestimmten Bauvorhaben in bestimmten Ländern einstellen kann.

1.3 Gesetzgebungskompetenz

Nach dem Ende des zweiten Weltkriegs und der Entstehung der Bundesrepublik Deutschland kam es bald zu Bestrebungen, das gesamte Baurecht in einem Bundesgesetz zusammenzufassen. Dazu beauftragte der Deutsche Bundestag mit seiner Entschließung vom 28.03.1950 im Rahmen der Beratungen zum Wohnungsbaugesetz die Bundesregierung zur Vorlage von Gesetzen zur Erleichterung des Wohnungsneubaus. Im Herbst des gleichen Jahres veröffentlichte das Bundesministerium für Wohnungsbau den „Entwurf eines Baugesetzes für die

Bundesrepublik Deutschland".[21] Darin erfasst waren die Landesplanung, das Städtebaurecht sowie Teilgebiete des Baupolizeirechts. Der Entwurf glich im Aufbau, teilweise sogar im Wortlaut, dem Bayerischen Baugesetzentwurf und dem Baugesetzentwurf für Berlin.[22]

Seine Veröffentlichung löste eine lang anhaltende Diskussion über die Gesetzgebungskompetenz des Bundes in diesem Bereich aus. Die unterschiedlichen Standpunkte schienen anfangs zum Scheitern einer umfassenden Baugesetzgebung des Bundes zu führen. Auf Vorschlag der Bayerischen Landesregierung kam es dann doch zu einer Zusammenarbeit von Bund und Ländern. Man wollte prüfen, welche gesetzgeberischen Möglichkeiten eine tragfähige Mehrheit finden würden. Ein in diesem Zusammenhang beauftragter Gutachterausschuss legte am 30.04.1952 seinen Abschlussbericht vor.[23] Das Gutachten kam zu dem Ergebnis, dass sich die entscheidenden Erfordernisse einer einheitlichen Regelung des Baurechts nur auf die Stufen der Planung, der Ordnung des Bodens und der Erschließung beziehen, nicht jedoch auf das Bauwerksrecht selbst.

Im Grundgesetz enthält Art. 74, der die Gegenstände der konkurrierenden Gesetzgebung aufzählt, nicht den umfassenden Begriff des „Baurechts", sondern nennt vielmehr in Nr. 18 den Grundstücksverkehr, das Bodenrecht und das landwirtschaftliche Pachtwesen, das Wohnungswesen sowie das Siedlungs- und Heimstättenwesen. Da immer noch Zweifel über den genauen Umfang der Gesetzgebungskompetenz des Bundes bestanden, ersuchten im Jahre 1952 die Bundesregierung, der Bundesrat und der Bundestag das Bundesverfassungsgericht um Erstellung eines Rechtsgutachtens zur Frage der baurechtlichen Gesetzgebungszuständigkeit.[24]

In seiner schriftlichen Beurteilung vom 16.06.1954[25] kam es zu dem Ergebnis, dass sich die Zuständigkeit des Bundes nur auf das Recht der städtebaulichen Planung, das Recht der Baulandumlegung und der Zusammenlegung von Grundstücken, das Bodenverkehrs- und Bodenbewertungsrecht sowie das Erschließungsrecht erstreckt. Eine Zuständigkeit des Bundes für das „Baupolizeirecht im bisher gebräuchlichen Sinn" wurde ausgeschlossen. Jedoch stünde ihm eine entsprechend umfassende Regelungsbefugnis im Bereich des Wohnungswesens zu.

---

[21] Vgl. Dittus, *Entwurf zu einem Baugesetzbuch für die Bundesrepublik Deutschland*, S. 1ff.

[22] Vgl. Wambsganz, *Stand der Baugesetzgebung*, S. 99ff.

[23] Weinheimer Gutachten (über die Erforderlichkeit der Bau- und Bodengesetzgebung), veröffentlicht als Band 1 der Schriftenreihe des Bundesministers für Wohnungsbau.

[24] Rechtsgrundlage dafür war der durch das Änderungsgesetz vom 21.07.1956 (BGBl. I S. 662) aufgehobene § 97 BVerfGG.

[25] Vgl. BVerfGE 3, 407ff; NJW 1954, S. 1474ff.

1.3.1 Gutachten des Bundesverfassungsgerichts

Das Bundesverfassungsgericht ging bei seiner Untersuchung der Gesetzgebungszuständigkeit zunächst von Art. 70 GG aus. Danach haben die Länder das Recht der Gesetzgebung, soweit das Grundgesetz nicht dem Bund entsprechende Befugnisse verleiht. In der Regel ergibt sich eine solche Zuständigkeit des Bundes nur aus einer ausdrücklichen Zuweisung im Grundgesetz. Nach Begutachtung der Art. 70 – 75 des Grundgesetzes kam es zu dem Ergebnis, dass keine Gesetzgebungszuständigkeit des Bundes für die Gesamtmaterie Baurecht, weder aus einer einzelnen Materie des Zuständigkeitskataloges noch aus der Zusammenfassung von einzelnen Materien unter Heranziehung des Gedankens des Sachzusammenhangs oder des Wandels der Verhältnisse, noch aus der Natur der Sache, besteht.[26]

Für den Bereich des Bauordnungsrechts, damals noch als Baupolizeirecht bezeichnet, nahm das Gericht als Prüfungsansatz „das Baupolizeirecht im bisher gebräuchlichen Sinn". Es bekundete zunächst Zweifel an der Bestimmtheit der Formulierung für eine gutachterliche Stellungnahme. Die Schwierigkeiten in der Auslegung der Materie führte das Bundesverfassungsgericht auf die damaligen Bestrebungen zurück, bestimmte Aufgaben der Verwaltung zu entpolizeilichen und ihre Erledigung den Verwaltungsbehörden zuzuweisen, die nicht mehr als Polizei- sondern nun als Ordnungs- oder Verwaltungsbehörden ihre Aufgaben erfüllten. Unter Berücksichtigung des Schwerpunktes der Gefahrenabwehr bestimmte es den Prüfungsgegenstand als das, „was als Aufgabenbereich der Polizeibehörden mit Bezug auf die Errichtung und Erhaltung von Bauwerken herkömmlich anerkannt wurde."[27]

Da sich das Bauplanungsrecht inzwischen aus dem Bereich des Baupolizeirechts zu einer dem Bunde zustehenden Regelungsmaterie herausgebildet und entwickelt hatte, bejahte das Gericht eine Zuständigkeit des Bundes für das „Baupolizeirecht im bisher gebräuchlichen Sinn" insoweit, als es Bestandteile des damaligen Planungsrechts enthält.[28] Zudem steht dem Bund die Ordnungsgewalt für den Bereich des Wohnungswesens zu. Er ist gemäß Art. 74 Nr. 18 GG berechtigt, Gesetze über das Wohnungswesen zu erlassen. Da die Ordnungsgewalt ein Annex des Sachgebietes ist, auf dem die jeweilige Legislative tätig wird, umfasst die Zuständigkeit zur Gesetzgebung in einem Bereich auch die Regelung der Ordnungsgewalt in diesem Sachgebiet.[29] Damit können auf Bundesebene baupolizeiliche Vorschriften jedenfalls für Gebäude erlassen werden, die Wohnzwecken dienen. [30]

---

[26] BVerfGE 3, S. 413-416.
[27] BVerfGE 3, S. 431.
[28] BVerfGE 3, S. 432.
[29] BVerfGE 3, S. 433.
[30] Vgl. Böhm, S. 1474 (1476).

Mangels Anerkennung des „Baurechts" schlechthin als Gesamtmaterie kann dem Bund danach keine umfassende Gesetzgebungszuständigkeit zugebilligt werden, auch wenn das Baupolizeirecht ein Teil davon ist. Für die Frage der gesetzgeberischen Zuständigkeit sei vielmehr entscheidend, dass das Baupolizeirecht ein Teil des Polizeirechts ist. Dies sei aber nach wie vor Sache der Landesgesetzgebung.

Durch dieses Ergebnis des Bundesverfassungsgerichts war der Weg zu einer umfassenden, auch das Bauaufsichtsrecht enthaltenden bundeseinheitlichen Baugesetzgebung vorerst versperrt.

1.3.2 Bad Dürkheimer Vereinbarung[31]

Aufgrund der im Bereich des Bauaufsichtsrechts dem Bund partiell zugestandenen Gesetzgebungskompetenz drohte die Gefahr einer erneuten Aufspaltung der Substanz Baurecht sowie permanenter Abgrenzungsschwierigkeiten zwischen der bundes- und landesgesetzlichen Zuständigkeit.[32] Es galt nun zu vermeiden, dass Bund und Länder bei der Regelung der ihnen zugewiesenen Materien getrennte Wege gehen, die zwangsläufig zu einer weiteren unerwünschten und sachlich abträglichen Rechtszersplitterung führen würden.

Um von vorn herein Diskrepanzen auszuschließen, verständigten sich Bund und Länder in der so genannten „Bad Dürkheimer Vereinbarung" vom 21.01.1955 dahingehend, dass der Bundesgesetzgeber von seiner partiellen Befugnis im Bereich des Wohnungswesens keinen Gebrauch machen werde, sofern die Länder das Bauaufsichtsrecht einheitlich und umfassend regeln.[33] Dieses Ziel sollte dadurch verwirklicht werden, dass entsprechend bereits bestehender Vorarbeiten zu einem Bundesbaugesetzentwurf von den Ländern unter Beteiligung des Bundes ein Bauordnungsausschuss gebildet wird. Der Ausschuss bildete die Basis für eine weitgehend einheitliche Regelung des Bauordnungsrechts. Ihm oblag die Aufgabe, eine Musterbauordnung auszuarbeiten, deren Einführung den Ländern zu empfehlen ist. Die Länder sollten indessen von diesem Musterentwurf tunlichst nur insoweit abweichen, als es durch örtliche Bedingtheiten geboten ist. [34] Dies sind die Kernanforderungen an die Musterbauordnung und deren Umsetzung in den Parlamenten in die jeweiligen Länderbauordnungen.

---

[31] Quelle: Archiv der Bauministerkonferenz am Standort der Geschäftsstelle (Berlin); www.is-argebau.de.

[32] Vgl. Werner, S. 484; Dittus, *Baupolizei?*, S. 281 (284).

[33] Vgl. Proksch, S. 27; Böckenförde/Temme/Krebs, Einf. S. VIII; Schellhoss, S. 424; Korioth, S. 66.

[34] Vorschlag des Bundesministers für Wohnungsbau, Schreiben vom 26.10.1954, S. 3.

Grundlage der Zusammenarbeit ist das Gutachten des Bundesverfassungsgerichts. Zu diesem Zweck wurde von den Vertretern der für das Bauwesen zuständigen Minister und Senatoren der Länder absprachegemäß eine Musterbauordnungskommission mit einem eigenen Arbeitsausschuss gebildet.[35] Von den zuständigen Stellen werden zu den Sitzungen regelmäßig die jeweiligen Vertreter zur Teilnahme an den Beratungen entsandt. Diese haben die Aufgabe, eine Musterbauordnung zu erstellen, welche als Grundlage für die Landesgesetzgebung dienen soll.[36]

Die Kommission trägt die Verantwortung für die Gesamtarbeit am Entwurf der Musterbauordnung. Nach dessen Beschluss wird sie den Ländern zugeleitet. Für die Landesgesetzgebung bildet sie die Grundlage und soll auf Veranlassung der zuständigen Minister und Senatoren möglichst zeitig und einheitlich durch die Parlamente umgesetzt werden.[37]

1.3.2.1 ARGEBAU

Im November 1949 wurde in Marburg/Lahn die Arbeitsgemeinschaft der für das Bau-, Wohnungs- und Siedlungswesen zuständigen Minister und Senatoren der Länder und des Bundesministers für Wohnungsbau gegründet (ARGEBAU). Sie unterhält eine eigene Geschäftsstelle und besitzt eine Geschäftsordnung. Ihr Aufbau gliedert sich in drei Ausschüsse (Allgemeiner, Baufinanzierungs- und Hochbauausschuss). Diese sind wiederum in einzelne Fachkommissionen und Arbeitskreise untergliedert. Ihr wichtigstes Gremium ist die zweimal im Jahr tagende Konferenz der Minister und Senatoren. An dieser Bauministerkonferenz nimmt auch regelmäßig der für das Bauwesen zuständige Bundesminister bzw. dessen Vertreter teil. Als Vorsitzender wird für jeweils zwei Jahre ein Fachminister /-senator eines Bundeslandes gewählt. [38]

In der Bauministerkonferenz werden Berichte von Arbeitsgemeinschaften entgegengenommen, Vorschläge an die Bundes- und Landesregierungen gerichtet und Beschlüsse gefasst, die für die Entwicklung des Städtebaus und des Bau- und Wohnungswesens in den Bundesländern von Bedeutung sind. Sie formuliert Länderinteressen gegenüber dem Bund und gibt Stellungnahmen auch gegenüber anderen Körperschaften ab. Eine der wichtigsten Aufgaben der Bauministerkonferenz ist es, für einheitliche Rechts- und Verwaltungsvorschriften der Länder unter anderem im Bereich des Bauordnungsrechts zu sorgen. Dazu wird

---

[35] Dieser Ausschuss ist Bestandteil der Arbeitsgemeinschaft der für das Bau-, Wohnungs- und Siedlungswesen zuständigen Minister und Senatoren der Länder; vgl. 1.3.2.3.
[36] Vgl. Gädtke/Temme/Heinz, Einl. Rdnr. 70; Grapengeter, Schriftenreihe des Bundesministers für Wohnungsbau, Bd. 16/17, Vorwort, S. VI.
[37] Vgl. Grapengeter, Schriftenreihe des BM für Wohnungsbau, Bd. 16/17, S. 117.
[38] Vgl. 50 Jahre ARGEBAU, S. 4-6, 15.

vor allem die Musterbauordnung entwickelt, welche die Grundlage für die in der Gesetzgebungskompetenz der Länder verabschiedeten Bauordnungen darstellt.[39]

Die ARGEBAU hatte 1950 bereits eine Kommission mit dem Auftrag bestellt, eine als Muster für alle Länder geltende Musterbauordnung zu entwickeln. Ziel war es bereits damals, eine Zersplitterung des Bauordnungsrechts zu vermeiden.[40] Das Ergebnis dieser Arbeit ist der nach dessen Verfasser benannte „Wedler-Entwurf". Er bildete die Grundlage für die ersten Beratungen der Bauministerkonferenz.

1990 erreichte Sie durch Aufnahme der Bauminister der ostdeutschen Bundesländer ihre heutige Zusammensetzung. Dabei konnten die gesammelten langjährigen Erfahrungen im Zuge der Entwicklung der Mustervorschriften für den Aufbau der dortigen Rechtsordnung genutzt werden, um so den gesellschaftlichen Transformationsprozess zu unterstützen.

1.3.2.2 Musterbauordnungskommission

Die Musterbauordnungskommission ist eine Fachkommission und dem allgemeinen Ausschuss der ARGEBAU untergliedert. Darin werden die Regelungstatbestände für Mustergesetze und Musterausführungsvorschriften entwickelt. Die Kommission setzt sich zusammen aus Vertretern der für das Wohnungswesen zuständigen Minister und Senatoren des Bundes und der Länder, wobei der Vertreter des Bundes regelmäßig als Gast beratend mitwirkt. Die Mitglieder arbeiten in erster Linie als Sachverständige. Es werden aber auch einzelne Aufgaben bestimmten Arbeitsausschüssen übertragen, denen juristische und technische Vertreter aller Länderbauministerien, des Bundesministeriums für Wohnungsbau und des deutschen Städtetages angehören. Auch Experten zahlreicher anderer Behörden, Dienststellen und Verbände beteiligen sich an den Beratungen. [41]

Die Kommission soll sich mit Grundsatzfragen des Bauordnungsrechts beschäftigen. Zweck ist die Neufassung und Anpassung des Bauordnungsrechts zur Behebung von Mängeln und Schließung von Lücken, die infolge der Weiterentwicklung von Technik, Gesellschaft, Wirtschaft und der Gesamtrechtsordnung entstanden sind. Geschaffen werden soll eine einheitliche, zeitgemäße und in ihrer Anwendung einfache Bauordnung, wobei stets Vereinfachungen und Erleichterungen eingearbeitet werden. Mit der Zeit erweiterte sich der klassische Bereich des Bauordnungsrechts um Belange des Umweltschutzes sowie der sozialen Fürsorge. Zudem setzt die Umsetzungspflicht von EG-Richtlinien, wie zum Beispiel der Bauproduktenrichtlinie (BPR) von 1988, weitere Bereiche fest, die in das bestehende Recht eingearbeitet werden mussten.[42]

---

[39] Vgl. 50 Jahre ARGEBAU, S. 17-20.
[40] Vgl. Böckenförde/Temme/Krebs, Einf. S. VII.
[41] Vgl. 50 Jahre ARGEBAU, S. 4.
[42] Vgl. 50 Jahre ARGEBAU, S. 17-20.

Der Allgemeine Ausschuss und die Fachkommission prüfen vor Beginn der Beratungen über Musterregelungen genau, ob diese erforderlich und mit welchem Detaillierungsgrad sie gegebenenfalls auszuarbeiten sind. Anstoß dazu gibt die ARGEBAU selbst äußerst selten. Sie greift vielmehr Probleme auf, die in den Ländern artikuliert wurden und daneben solche, die zusätzlich von gesellschaftlichen Kräften mit Nachdruck genannt werden.

Die Kommission trägt die Verantwortung für die Gesamtarbeit am Entwurf der Musterbauordnung und ist zuständig für die hierbei zu klärenden grundsätzlichen Fragen. Dazu zählen auch die Abstimmung mit geltendem Bundesrecht und die Vorbereitung der Einführung der Regelungen in den Ländern. Der Arbeitsausschuss entwickelt die Einzelbestimmungen und die gegebenenfalls erforderlichen Ausführungsvorschriften.

2. Untersuchung der Ländergesetzgebung

Die Ländergesetzgebung soll durch die Bad Dürkheimer Vereinbarung und die daraus erwachsenen Musterbauordnungen gelenkt und geleitet werden. Ob dieses Motiv tatsächlich Niederschlag in den einzelnen Bauordnungen der Länder findet, lässt sich nur anhand einer analytischen Gegenüberstellung der jeweiligen Vorschriften ermitteln.

Zunächst soll die Entwicklung des Bauordnungsrechts anhand der einzelnen Reformstufen der Musterbauordnung seit Gründung de ARGEBAU dargestellt werden. Diese inhaltliche Übersicht gibt den Einstieg in die Materie Bauordnungsrecht und wird anschließend einzelnen Schwerpunkten zugeordnet. Im Verlauf der Untersuchung erfolgt ein Überblick über die Bereiche, welche die Gesetzgebung im Bauordnungsrecht beeinflussen und wie die Praxis in der Ländergesetzgebung davon betroffen ist.

Ein Schwerpunkt liegt auf der Untersuchung der derzeitigen Gesetzeslage und der Darstellung der relevanten Regelungsbereiche der einzelnen Landesbauordnungen. Daran zeigt sich, wie und ob sich die verschiedenen Landesgesetzgeber an den Mustervorgaben orientieren und welche Abweichungen die Landesbauordnungen untereinander und zur Musterbauordnung derzeit aufweisen. Als Stand der zu untersuchenden Gesetzeslage gilt April 2004. Im Ergebnis entsteht auf diesem Weg eine konkrete Aufstellung sämtlicher bedeutender Unterschiede.

Die Ursachen hierfür werden im dritten Gliederungspunkt betrachtet und geben Aufschluss über die Hintergründe der aktuellen Situation im Bauordnungsrecht, um im Fortgang unter 4.6.3 die Auswirkungen der aktuellen Gesetzeslage auf die Verteilung und Ausübung der Gesetzgebungskompetenzen von Bund und Ländern zu untersuchen. Dabei bildet die Bad Dürkheimer Vereinbarung den Ausgangspunkt für die rechtliche Bewertung der beschriebenen Gesetzeslage.

2.1 Mustervorschriften als Instrument der Gesetzgebungstechnik

Das Ergebnis einer vereinheitlichten Gesetzgebung auf Länderebene in der Bundesrepublik Deutschland geht nicht selten auf Musterentwürfe zurück. Diese werden entweder gemeinsam von den Ländern oder in Zusammenarbeit von Bund und den Ländern hervorgebracht. Die wohl bekanntesten Beispiele hierfür sind neben den Bauordnungen die Verwaltungsverfahrensgesetze, die Polizeigesetze sowie die Gesetze über den Verfassungsschutz.[43] Durch Musterentwürfe in der Verwaltungsgesetzgebung sollen unter anderem die in der föderalistisch bestimmten Vielfalt veranlassten Verfahrensprobleme reduziert werden, ein Rechtsgebiet vereinheitlicht, neu gestaltet oder mit dem Bundesrecht abge-

---

[43] Vgl. Oebbecke, *Die unsichtbare Hand in der Ländergesetzgebung*, S. 461 (462).

stimmt werden.[44] Musterentwürfe werden grundsätzlich durch die Ministerialbürokratie bestimmt. Häufig liegt der Beginn einer entsprechenden Betätigung in einem Koordinierungsbeschluss einer Fachministerkonferenz, der sodann nach planmäßigen und gründlichen Vorarbeiten in wissenschaftlicher und empirischer Hinsicht in einem Musterentwurf aufgeht.[45] Durch die gemeinsame Ausarbeitung wird bezweckt, dass alle Beteiligten ihre jeweilige Gesetzgebung an dem betreffenden Entwurf ausrichten. Dazu soll ein entsprechendes Gesetz in das Kabinett oder das Landesparlament eingebracht werden.

Zwar führt diese Gesetzgebungstechnik auf der Grundlage von Musterentwürfen zu einem gewissen Verlust der gliedstaatlichen Eigenständigkeit.[46] Auf der anderen Seite darf jedoch nicht außer Betracht bleiben, dass sich damit zusätzliche gliedstaatliche Einflussnahmemöglichkeiten hinsichtlich der Gesetzgebung des Zentralstaates eröffnen.[47] Auch haben die einzelnen Musterentwürfe in der tatsächlichen Umsetzung unterschiedlichen Erfolg. Während in allen Ländern nach wie vor weitgehend übereinstimmende Verwaltungsverfahrensgesetze gelten, findet sich beispielsweise der Musterentwurf für ein Untersuchungsausschussgesetz nicht in allen Ländern wieder.[48] Auch wird das Ergebnis der Bemühungen des Musterentwurfs eines einheitlichen Polizeigesetzes unterschiedlich beurteilt.[49] Ob sich die in der Einleitung dargestellte Kritik am Umsetzungsverhalten der Länder und am Umsetzungserfolg der gemeinsam erarbeiteten Musterbauordnungen in den Länderrechtsordnungen als begründet erweist, bleibt dem Ergebnis der nachfolgenden Untersuchung vorbehalten.

2.2   Koordination über Musterbauordnungen

Der bereits im Jahre 1950 ins Leben gerufene Bauordnungsausschuss (sog. Wedler-Ausschuss) verfolgte bei seinen Arbeiten das Ziel, eine einheitliche, neuzeitliche, dauerhafte und möglichst einfache Bauordnung für das ganze Bundesgebiet und für West-Berlin zu schaffen. Dabei sollte der Inhalt an ein zu erwartendes Baugesetz und die damaligen Entwicklungstendenzen angepasst werden. Das Streben nach Einheitlichkeit und Neuzeitlichkeit war der Anlass für die Einleitung der Rechtsfortbildung. Erforderlich war eine neue Form von Rechts-

---

[44] Vgl. Knemeyer, *Musterentwürfe als Mittel der Rechts- und Verfahrensvereinheitlichung*, S. 228.

[45] Vgl. Klappstein, S. 126 (127).

[46] Vgl. hierzu später insbesondere 2.6 sowie 3.1.6 und 3.2.8.

[47] Vgl. Hendler, S. 210 (222).

[48] Vgl. Wettach, S. 248ff.

[49] Vgl. Knemeyer, *Polizei- und Ordnungsrecht*, Rdnr. 13ff, wonach ein im Wesentlichen einheitliches deutsches Polizeirecht erzeugt werden konnte, wobei allerdings zwei unterschiedliche Systeme (Trenn- und Mischsystem) angewendet werden; hingegen verweisen Wettach (S. 306) und Oebbecke (S. 463) auf eine lediglich stakt verzögerte und uneinheitliche Umsetzung.

findung, die eine Anlehnung an eine der früheren Bauordnungen ausscheiden ließ und auf die sich auch Nord und Süd einigen konnten. Eine einheitliche Bauordnung für das ganze Bundesgebiet sollte große Vorteile für alle Beteiligten bringen, da Ländergrenzen keine Grenzen für die Entwurfs- und Bautätigkeit sind. Sie sollte auch die Tätigkeit der Baugenehmigungsbehörden erleichtern, da sie bei der damaligen Uneinheitlichkeit sehr oft dem Einwand begegneten, dass an anderen Orten erlaubt sei, was nach ihrer Bauordnung nicht zulässig ist. Diese grundsätzlichen Forderungen sollten in Ausführungsanweisungen konkretisiert werden.[50]

Als Ergebnis der ersten Beratungen von 1950 bis 1955 wurde der sog. Wedler-Entwurf vorgelegt. Er bildete die Grundlage für die in der durch die Bad Dürkheimer Vereinbarung geschaffene Kommission anstehende Rechtsfortbildung. Bei sämtlichen Beratungen des Wedler-Ausschusses kam immer wiederholt zum Ausdruck, dass eine einheitliche und möglichst unveränderte Einführung des endgültigen Entwurfs in den Ländern im Interesse aller Bauenden dringend erwünscht war.[51]

Die auf diesem Entwurf aufbauende Tätigkeit brachte schließlich die erste Musterbauordnung auf den Weg. Nach dem Ende der Beratungen wurde am 31.10.1959 die erste Musterbauordnung -Musterbauordnung 1960 genannt- als Grundlage für die Baugesetzgebung der Länder veröffentlicht. Anschließend verabschiedete die Kommission 1963 Musterentwürfe der wichtigsten Rechtsverordnungen, die zur näheren Bestimmung der allgemeinen Anforderungen der MBO erforderlich waren.[52]

2.3   Die einzelnen Musterbauordnungen

Die einzelnen Musterbauordnungen wurden durch ständige Innovationen und die stetige Rechtsfortbildungen hervorgebracht. Neben den ursprünglichen Bestrebungen nach Einheitlichkeit und Vereinfachung beeinflussten auch technische Neuerungen und ökologische Belange die stufenweise Schaffung der jeweiligen Musterentwürfe. Auch europäische Belange sowie die des barrierefreien Bauens erforderten deren Fortschreibung. Zur Konkretisierung und Durchführung der Vorschriften wurden zahlreiche Verordnungen erlassen. Auch diese unterliegen ständigen Neuerungen und werden ergänzt oder ausgetauscht.

---

[50] Vgl. Tätigkeitsbericht des Bauordnungsausschusses von Prof. Wedler als Anlage zum Bericht über die Sitzung in Bad Dürkheim vom 21.01.1955 (als Bestandteil Bad Dürkheimer Vereinbarung), S. 3, 4.
[51] Vgl. Bericht von Prof. Wedler (Fn. 50), S. 6.
[52] Durchführungsverordnung zur MBO, Bauvorlagenverordnung, Warenhausverordnung, Prüfingenieursverordnung, Güteüberwachungsverordnung, Prüfzeichenverordnung.

2.3.1   MBO 1960[53]

Ausgangspunkt für die erste Musterbauordnung war die Vereinheitlichung des in den Ländern geltenden Bauordnungsrechts. Wesentlicher Zweck war zugleich die Mängel und Lücken zu schließen, die infolge der Weiterentwicklung von Wirtschaft und Technik in den letzten Jahren entstanden waren. Auf diese Weise wurde der technischen Entwicklung von Baustoffen, Bauteilen und Bauarten, aber auch den Rationalisierungsmaßnahmen im Bauwesen Rechnung getragen. Durch die Anknüpfung an den Wedler-Entwurf wurde das Ziel vervollständigt, eine einheitliche, zeitgemäße und in ihrer Anwendung möglichst einfache Bauordnung zu schaffen.[54] Mittels einer weitgehenden Vereinheitlichung, Vereinfachung und Zusammenfassung des Bauaufsichtsrechts und dessen Fortbildung im formellen und materiellen Bereich unter Auswertung der damaligen in Wissenschaft und Praxis gewonnenen Erfahrungen sollten die Ziele verwirklicht werden. Es wurden gleichzeitig Bestimmungen zum Inhalt und den Schranken des Eigentums im Sinne des Art. 14 GG getroffen und eine generelle Abgrenzung gegenüber anderen Rechtsgebieten verfolgt.

Die Aufgaben der Bauaufsicht bei der Errichtung, Änderung, Nutzung und dem Abbruch baulicher Anlagen ließen sich danach in fünf Bereiche einteilen. Zunächst steht die Abwehr von Gefahren für die öffentliche Sicherheit und Ordnung sowie die Verhinderung unzumutbarer Belästigungen im Vordergrund. Des Weiteren wurden Sozial- und Wohlfahrtsaufgaben berücksichtigt. Diese schlugen sich vor allem in den Vorschriften über Wohnungen und Arbeitsstätten, Gemeinschaftsanlagen und Gemeinschaftseinrichtungen nieder. Geregelt wurden zudem die Baugestaltung und der Vollzug der städtebaulichen Planung. Berücksichtigung fand auch der Vollzug von Anforderungen, die aufgrund anderer Rechtsvorschriften an bauliche Anlagen gestellt wurden, soweit dafür nicht bereits andere Behörden zuständig waren.[55]

Anschließend wurden die wichtigsten Ausführungsvorschriften ausgearbeitet, die zur näheren Bestimmung der allgemeinen Anforderungen der MBO erforderlich waren.

2.3.2   MBO 1981

Im Jahre 1976 erteilte die 48. Ministerkonferenz der ARGEBAU den Auftrag, neben alternativen Vorstellungen für ein neues Bauordnungsrecht die Musterbauordnung fort zuschreiben. Im März 1979 wurde ein erster Entwurf vorgelegt, der in seiner Struktur auf eine Rahmenbauordnung angelegt war. Er beschränkte sich im Wesentlichen auf allgemeine Grundsätze. Einzelregelungen sollten in Rechtsverordnungen und technische Bestimmungen umgeschichtet werden. Dies

---

[53] Veröffentlicht in der Schriftenreihe des Bundesministers für Wohnungsbau, Band 18, als Text mit Anmerkungen.
[54] Vgl. Wambsganz, *Stand der Baugesetzgebung*, S. 119.
[55] Vgl. Wambsganz, *Stand der Baugesetzgebung*, S. 121, 122.

griff der Allgemeine Ausschuss jedoch nicht auf. Er hat vielmehr einen Mittelweg zwischen einer größeren Flexibilität und Abänderbarkeit der im Rang unter dem Gesetz stehenden Vorschriften und der weiteren Aushöhlung der Gesetzgebungszuständigkeit der Länderparlamente gesucht und ein weitgehendes Abmagern der Musterbauordnung nicht für zweckmäßig gehalten.[56]

Bei der Erarbeitung eines zweiten Entwurfs war primäres Ziel die Kürzung und Straffung des Vorschriftentatbestands. Dazu wurden bedeutsame Erleichterungen im Verfahren vorgenommen sowie die Vorschriften der Durchführungsverordnung, ebenfalls gestrafft und gekürzt, in die Musterbauordnung einbezogen. Zur Perfektionierung dieser Fassung wurde sie einer öffentlichen Diskussion zugänglich gemacht. Im Ergebnis konnten somit aktuelle Entwicklungen und Fragestellungen mit einbezogen werden.

Der Inhalt der am 11.12.1981 beschlossenen MBO 1981 gestaltete sich wesentlich übersichtlicher als noch zuvor. Die neue Paragrafenfolge umfasste nur noch 84 anstatt der bislang 118 Paragrafen. Die Allgemeine Durchführungsverordnung wurde in den Gesetzestext integriert. Zudem wurden eine Reihe materieller Erleichterungen eingearbeitet. Solche waren vor allem im Bereich der Schaffung von zusätzlichem Wohnraum zu finden. Zum Beispiel wurden die Anforderungen an den Ausbau von Dach- und Kellergeschossen deutlich gelockert.[57] Auch eine eingefügte Ausnahmeregelung zur Erhaltung und weiteren Nutzung von Baudenkmälern sollte sich günstig auch die Schaffung von Wohnraum auswirken.[58] Weitere Ausnahmen im Bereich von Modernisierungsvorhaben von Wohnungen und Wohngebäuden sollten dieses Ziel unterstützen. Zudem wollte die Kommission mit der Verringerung der materiellen Anforderungen an verschiedenen Stellen auf eine Senkung der Baukosten hinwirken und verdichtete Bauformen begünstigen.[59]

Auch das Verfahren wurde vereinfacht und erleichtert. Eine Beschleunigung versuchte man durch die Umwandlung von Befreiungstatbeständen in Ausnahmetatbestände und von Ausnahmetatbeständen in Zulässigkeitstatbestände zu erreichen. In dem Zusammenhang waren anzeigepflichtige Vorhaben nicht mehr vorgesehen. Des Weiteren konnten Prüfaufgaben durch Rechtsverordnungen auf Sachverständige übertragen werden und die bisherige Pflicht zur Bauüberwachung wurde in das Ermessen der Bauaufsichtsbehörde gestellt.[60] Die Rohbauabnahme und die Schlussabnahme wurden durch die Bauzustandsbesichtigung ersetzt.[61]

---

[56] Vgl. Böckenförde/Temme/Krebs, Einf. S. XI.
[57] Vgl. § 46 MBO 1981.
[58] Vgl. § 67 Abs. 1 Nr. 1,2 MBO 1981.
[59] Vgl. § 6 MBO 1981 zu den Abstandsflächen.
[60] Vgl. §§ 77 und 81 Abs. 4 Nr. 3 MBO 1981.
[61] Vgl. § 78 MBO 1981.

2.3.3 MBO 1990 Mai[62]

Mit der Ergänzung der Musterbauordnung im Jahr 1990 erweiterte die Kommission den Anwendungsbereich der MBO und ergänzte den Begriffskatalog in § 1. Zudem wurde verlangt, dass die Anforderungen an bauliche Anlagen dauerhaft erfüllt werden müssen. Auch erhielt der Abschnitt über Bauarten und Bauprodukte eine teilweise Ergänzung und Neufassung. Wert legte man auf die Konformität des Bauvorhabens mit bestimmten technischen Bestimmungen und dessen Nachweis darüber.

In dieser Fassung konnte die Richtlinie des Rates der Europäischen Gemeinschaft vom 21.12.1988 zur Angleichung der Rechts- und Verwaltungsvorschriften der Mitgliedstaaten über Bauprodukte (89/106/EWG)[63] noch nicht umfassend umgesetzt werden. Zuvor musste noch geprüft werden, in welchem Umfang dem Bund und den Ländern aufgrund ihrer unterschiedlichen Gesetzgebungskompetenzen die Umsetzung ins deutsche Recht oblag. Es wurden jedoch bereits in dieser Fassung in den §§ 20-24 c deutliche Erweiterungen der Regelungsgehalte sichtbar, welche nicht einmal zwei Jahre später im Wege der Richtlinienumsetzung abgeschlossen werden konnten.

2.3.4 MBO 1992 April[64]

Die umfassende Umsetzung der Bauproduktenrichtlinie war mit der MBO 1990 noch nicht gelungen. Dies lag daran, dass zwischen dem Bund einerseits und den Ländern andererseits schwierige Rechtsfragen bezüglich der Gesetzgebungskompetenz zur Umsetzung der Richtlinie und der Verwaltungskompetenzen, insbesondere die zuständige Stelle für die europäische technische Zulassung zu bestimmen, nicht rechtzeitig geklärt werden konnten. Letztendlich kam jedoch eine Einigung dahingehend zustande, dass der Bund hinsichtlich des Inverkehrbringens von und des freien Warenverkehrs mit Bauprodukten aufgrund des Art. 74 Nr. 11 GG die Gesetzgebungskompetenz in Anspruch nimmt. Diesen Bereich hat er durch den Erlass des Bauproduktengesetzes - BauPG - 1992 umgesetzt.[65] Für die Regelungen über die Verwendung der in den Verkehr gebrachten Bauprodukte haben hingegen weitgehend die Länder, insbesondere im Bereich des Bauordnungsrechts, die Gesetzgebungskompetenz. Die entsprechenden Vorschriften wurden im Wesentlichen in den §§ 20-24 c der MBO 1992 untergebracht.

Eine EG-rechtlich korrekte Umsetzung in den Landesbauordnungen war nur durch eine wörtliche Übernahme dieser Mustertexte denkbar. Konsequenzen

---

[62] Bericht der Bauministerkonferenz der ARGEBAU vom 03/04.05.1990 in Bad Mergentheim.

[63] Bauproduktenrichtlinie (BPR), Abl. EG, Nr. L 40 vom 11.02.1989.

[64] Entwurf der Musterbauordnung mit Begründung, Stand: 24.03.1992.

[65] Gesetz vom 10.08.1992, BGBl. I S. 1495.

hatte die Umsetzung der Richtlinie auch für weitere Regelungen der Musterbauordnung. Zudem wurde eine Reihe von Übergangsvorschriften notwendig.

Nachdem die endgültige Fassung des Bauproduktengesetzes absehbar wurde, konnte die Musterbauordnung im Wortlaut daran angepasst werden. Mit Beschluss vom 24.04.1992 legte der Allgemeine Ausschuss die neue Fassung MBO 1992 (Fassung April) fest. Zu diesem Zeitpunkt waren jedoch auch noch andere Regelungsbereiche Gegenstand von Beratungen, deren aktuelle Diskussion eine Einbeziehung in den Text zu diesem Zeitpunkt noch nicht möglich machte. Letztendlich war diese Fassung mehr oder weniger allein durch die erforderliche Umsetzung des EG-Rechts bedingt.

2.3.5   MBO 1992 Dezember[66]

Die bereits am Ende des Jahres 1992 von der ARGEBAU beschlossene MBO 1992 (Fassung Dezember) beinhaltete die Ergänzungen und Änderungen, die bereits Anfang 1992 in der Diskussion standen. Dabei handelte es sich unter anderem um Aspekte des ökologischen Bauens sowie um weitere Vorschläge zur Vereinfachung und Beschleunigung des bauaufsichtlichen Verfahrens. In diesem Zusammenhang wurde auch die Bauvorlageberechtigung neu geregelt. Eine Änderung erfuhren zudem die Bestimmungen über Stellplätze und Garagen.

2.3.6   MBO 1993 Dezember[67]

Der Fortschritt der technischen Entwicklung und die sich wandelnden politischen und gesellschaftlichen Auffassungen über materielle Inhalte des Bauordnungsrechts und das bauaufsichtliche Verfahren führten am 10.12.1993 zum Beschluss der MBO 1993 (Fassung Dezember) durch die ARGEBAU.

Die neue Fassung wurde schwerpunktmäßig durch das In-Kraft-Treten des Abkommens zwischen Bund und Ländern über das Deutsche Institut für Bautechnik in Berlin (DIBt-Abkommen) erforderlich. Dies wurde in den §§ 20-24 c berücksichtigt. Aufgrund der Zustimmungsgesetze der Länder zum DIBt-Abkommen, wobei in einigen Ländern die Zustimmung der Landesregierung ausreichte, ist dem Deutschen Institut für Bautechnik die Zuständigkeit für allgemeine bauaufsichtliche Zulassungen und für die Bekanntmachung der Bauregellisten übertragen worden. Eine Ermächtigung der obersten Bauaufsichtsbehörden zur Übertragung dieser Zuständigkeiten wurde demnach entbehrlich.[68]

Materiell-rechtlich wurde § 38 (Feuerungsanlagen, Wärme- und Brennstoffversorgungsanlagen) neu gefasst. Damit trug man der EG-Richtlinie (90/396/EWG des Rates vom 29.06.1990) Rechnung. Zudem wurde das Verfahren nochmals erleichtert und beschleunigt. Dazu wurde der Freistellungskatalog

---

[66] Gemäß Beschluss der 85. Bauministerkonferenz am 10/11.12.1992 in Bonn.
[67] Gemäß Beschluss der 87. Bauministerkonferenz am 09/10.12.1993 in Nürnberg.
[68] Vgl. 50 Jahre ARGEBAU, S. 24.

des § 62 Abs. 1 im Anhang um die Nummern 11 (Blockheizkraftwerke) und 55 (kurzfristige Bauvorhaben auf Messen und Ausstellungen) ergänzt. Die bedeutsamsten Änderungen in diesem Zusammenhang erfuhren die §§ 81 und 66. Sie enthielten eine Ermächtigung zur Veränderung des Baugenehmigungsverfahrens sowie der Einführung eines vom Regel-Baugenehmigungsverfahren abweichenden Verfahrens und des teilweisen oder vollständigen Verzichts auf die Prüfung der Einhaltung der materiell-rechtlichen Vorschriften. Dadurch sollten für bestimmte Bauvorhaben einschneidende Verfahrensänderungen möglich werden. Es sollte zukünftig möglich sein, dass staatlich anerkannte Sachverständige tätig werden und eine von ihnen ausgestellte Bescheinigung die Vermutung begründet, alle bauaufsichtlichen Anforderungen seien erfüllt.[69] Die Neugestaltung des Verfahrens zielte auf den Abbau staatlicher Kontrolltätigkeit und die Verstärkung der Verantwortung der am Bau Beteiligten ab.

Des Weiteren waren nach § 3 Abs. 3 nur noch die als Technische Baubestimmungen bauaufsichtlich durch die zuständigen Behörden eingeführten technischen Regeln zu beachten. Dies beseitigte die in der Praxis immer wieder auftauchende Frage, was eine allgemein anerkannte Regel der Technik war und was noch nicht. Abschließend wurde noch die Übergangsfrist für Bauprodukte, die nach bisherigem Recht weder prüfzeichen- noch überwachungspflichtig waren, um ein Jahr verlängert, damit für die Einleitung des Übereinstimmungsnachweisverfahrens ausreichend Zeit zur Verfügung stand.

2.3.7 MBO 1996 Juni[70]

Die in diesem Jahr beschlossenen Änderungen waren weitgehend durch Erfahrungen mit den entsprechenden Vorschriften der Landesbauordnungen geprägt. Es stellte sich heraus, das eine neue Prüfstelle zu schaffen war, welche die Hersteller von Bauprodukten und Anwender von Bauarten dahin überprüfen sollte, ob sie über die vorgeschriebenen Fachkräfte und Vorrichtungen verfügen.[71] Die Praxiserfahrungen waren neben der generellen Zielvorstellung der Verfahrensvereinfachung dafür maßgeblich, ein für nicht geregelte Bauarten neben der bauaufsichtlichen Zulassung und Zustimmung allgemeines bauaufsichtliches Prüfzeichen zuzulassen.[72]

Ein weiterer Schwerpunkt lag in der Neufassung der § 28 (Dächer), § 32 (Treppenhäuser und Ausgänge) und § 33 (Notwendige Flure und Gänge). Dies diente zum einem der Klarstellung durch Einführung neuer, besser verständlicher Begriffe und zum anderen einer übersichtlicheren Systematik der umfangreichen Paragrafen. Begleitet wurde dies durch neue Anforderungen im Bereich des Brandschutzes. So sollte die Dachhaut feuerbeständige Eigenschaften auf-

---

[69] Vgl. § 66 Abs. 4 MBO 1993.
[70] Gemäß Beschluss der 92. Bauministerkonferenz am 20/21.06.1996 in Potsdam.
[71] Vgl. § 20 MBO 1996.
[72] Vgl. § 23 MBO 1996.

weisen, um einen Feuerüberschlag über die Brandwände auf benachbarte Gebäude zu verhindern. Zudem durfte die Benutzung der Treppenräume im Brandfall nicht durch Raucheintritt gefährdet werden und es musste auf die Verwendung nicht brennbarer Materialien geachtet werden. Mit zusätzlichen Sicherheitsanforderungen an entsprechende Türen sollte ein höheres Sicherheitsniveau
erricht und das Gefährdungspotenzial im Brandfall minimiert werden.[73]
Auch der Katalog der genehmigungsfreien Vorhaben und fliegenden
Bauten wurde erweitert. Freigestellt wurden neben solchen, die bereits nach § 73
Erleichterungen erfuhren, zusätzlich noch weitere.

2.3.8   MBO 1997 Dezember
Mit dieser Ergänzung der bisherigen Musterbauordnung wurde das primäre Ziel
möglichst barrierefreien Bauens verfolgt. § 45 (Wohnungen) wurde dahingehend ergänzt, dass in Gebäuden mit mehr als zwei Wohnungen die Wohnungen
mindestens eines Geschosses barrierefrei erreichbar sein müssen. Zudem wurde
mit der Neufassung sichergestellt, dass bereits Gebäude mit mehr als fünf oberirdischen Geschossen Aufzüge in ausreichender Zahl aufweisen müssen, wobei
einer von ihnen Rollstühle aufnehmen und Haltestellen in allen Geschossen haben muss. Er muss von allen Wohnungen in dem Gebäude und von der öffentlichen Verkehrsfläche stufenlos erreichbar sein.
Des Weiteren wurde durch § 35 eine Mindestbreite für Eingangtüren von
Wohnungen festgelegt, damit diese auch von Rollstuhlfahrern benutzt werden
können. Das Erfordernis einer problemlosen Erreichbarkeit durch Gehbehinderte
und Rollstuhlfahrer wurde auch durch § 45 unterstrichen. Eine Änderung des §
52 über bauliche Maßnahmen für bestimmte Personengruppen diente der Anpassung an die DIN 18 025. Die wichtigste Ergänzung erfuhr § 81 mit Abs. 8. Danach konnten nun durch Rechtsverordnungen Qualifikationsanforderungen an
Sachverständige oder amtlich anerkannte Sachverständige festgelegt werden.

2.3.9.   MBO 2002 November[74]
Der zunehmende Verlust der Leitbildfunktion der Musterbauordnung bekräftigte
die Bauministerkonferenz in ihren Bestrebungen, einen Orientierungswert zu
schaffen, der möglichst vielen der in den einzelnen Bundesländern verfolgten
Ansätze gerecht wird. Sie hielt daher eine weitgehende Vereinheitlichung des
materiellen Bauordnungsrechts in den Kernbereichen unter gleichzeitiger kriti-
scher Überprüfung des Normbestandes für grundsätzlich erforderlich.[75]
Im Bereich des Verfahrensrechts sollte angesichts der sehr unterschiedlichen Rechtsentwicklungen in den einzelnen Ländern eine begrenzte Zahl ver-

---

[73] Vgl. Böckenförde/Temme/Krebs, Einf. S. XVII
[74] Vgl. Begründung der Musterbauordnung 2002; www.is-argebau.de.
[75] Vgl. Jäde, *Musterbauordnung (2002)*, S. 9.

fahrensrechtlicher Grundtypen entwickelt werden. Dadurch würden den Ländern nach dem jeweils gewünschten Maß an Verfahrensliberalisierung und Privatisierung standardisierte Wahlmöglichkeiten angeboten und somit eine Vereinheitlichung des Verfahrensrechts auf der Basis bestimmter Grundpositionen bewirkt. Denn eine Integrations- und Leitbildfunktion lässt sich nur dadurch wieder herstellen, dass die Neufassung einen repräsentativen Querschnitt des in den Ländern geltenden Bauordnungsrechts widerspiegelt und sich an denjenigen Gesetzen ausrichtet, die sich am wenigsten von ihrem Vorbild entfernt haben.[76]

Von daher finden sich viele Grundelemente der Länderbauordnungen in dieser Fassung wieder, wobei aber auch der weiteren Entwicklung des Bauordnungsrechts eine leitende und lenkende Funktion zukommen soll. Der Umfang der Regelungen wurde auf ein notwendiges Maß beschränkt. Als Orientierungsrahmen soll die Musterbauordnung der zukünftigen Fortentwicklung des Rechts dienen und den jeweiligen Besonderheiten in den einzelnen Ländern flexible Anpassungsmöglichkeiten geben.[77] Die Landesgesetze befinden sich teilweise in sehr unterschiedlichen Entwicklungsstadien. Einige sind der aktuellen Fassung der MBO bereits voraus, während in anderen Ländern ein Nachholbedarf besteht.

Im Verfahrensrecht knüpft die Neufassung an die vorhandenen Regelungsbestände an und entwickelt aus ihnen drei Grundtypen:
- das Baugenehmigungsverfahren (§ 64)
- das vereinfachte Baugenehmigungsverfahren (§ 63) und
- die Genehmigungsfreistellung (§ 62).

Durch die Dreigliederung der Verfahren hinsichtlich der Handhabung und Bezeichnung des jeweiligen Verfahrenstyps soll eine möglichst weitgehende Rechtseinheit geschaffen werden. Welche dieser Verfahrenstypen letztendlich umgesetzt werden, soll den Entscheidungen der Länder überlassen bleiben. Sie können auch Wahlmöglichkeiten zwischen den einzelnen Varianten schaffen und deren Anwendungsbereiche nach standardisierten Modulen, die die neue MBO ebenfalls vorgibt, festlegen.[78]

Grundlegend neu konzipiert wurde das Baugenehmigungsverfahren. Das Prüfungsprogramm wurde im Kern auf spezifisch baurechtliche Anforderungen, bauplanungs- und bauordnungsrechtliche Zulässigkeitskriterien beschränkt. Sonstiges öffentliches Recht wird darüber hinaus nur noch geprüft, wenn das nicht-baurechtliche Fachrecht dies ausdrücklich vorsieht („aufgedrängtes sonstiges öffentliches Recht").[79] Damit soll die Entscheidung, ob und in welchem Um-

---

[76] Begründung der MBO Fassung November 2002, S. 1; Quelle: Archiv der Bauministerkonferenz am Standort der Geschäftsstelle (Berlin); www.is-argebau.de.
[77] Begründung der MBO Fassung November 2002 (Fn. 76), S. 3.
[78] Begründung der MBO Fassung November 2002 (Fn. 76), S. 4.
[79] Begründung der MBO Fassung November 2002 (Fn. 76), S. 4.

fang eine präventive Prüfung der spezifischen fachlichen Anforderungen durchgeführt werden soll, vom jeweiligen Fachrecht getroffen werden.

Durch diese Gestaltung werden die Prüfprogramme in den Baugenehmigungsverfahren qualitativ neu strukturiert. Bislang war die Baugenehmigung als umfassende öffentlich-rechtliche Unbedenklichkeitsbescheinigung konzipiert. Nun gilt sie grundsätzlich nur noch als baurechtliche Genehmigung, die nicht mehr zwingend jegliches Baunebenrecht umfasst.[80]

Das vereinfachte Baugenehmigungsverfahren ist auf eine Prüfung des Bauplanungsrechts und des „aufgedrängten" sonstigen öffentlichen Rechts reduziert. Die Genehmigungsfreistellung setzt sich zusammen aus Elementen der in den Landesbauordnungen enthaltenen Anzeige- und Genehmigungsfreistellungsverfahren.

Die Prüfung und Überwachung bautechnischer Anforderungen ist eigenständig geregelt und differenziert die Anforderungen und Ausgestaltung der Pflichten je nach Schwierigkeitsgrad und Gefährdungspotenzial der Bauvorhaben.[81] Dabei wurden die unterschiedlichen Tendenzen der Privatisierung der Prüfverantwortung und der teilweise weiterhin für unverzichtbar gehaltenen bauaufsichtlichen Prüfung gleichwertig nebeneinander gestellt. Die MBO enthält insofern einen entwicklungsoffenen Rahmen, der weder Grund noch Umfang auf ein bestimmtes Maß festlegen will.

Im materiellen Recht werden strukturelle Konsequenzen aus der Ausweitung des genehmigungsfreien Bauens durch die neu geschaffene Genehmigungsfreistellung und die Beschränkung des Prüfprogramms im vereinfachten Baugenehmigungsverfahren umgesetzt. Damit der angestrebte Verfahrensabbau nicht durch Ermessensentscheidungen der zuständigen Behörden im Einzelfall unterlaufen wird, sind umfassend die in ihrer Rechtsfolge Ermessen einräumenden Vorschriften in unmittelbar gesetzesabhängige Zulässigkeitstatbestände umformuliert worden.[82]

Die bisher kasuistische Regelung von Ausnahmen und Befreiungen wird durch eine schutzzielbezogene flexible Regelung von Abweichungen ersetzt.[83] Zudem ist ein neues Brandschutzkonzept mit der Einteilung baulicher Anlagen in bestimmte Gebäudeklassen geschaffen worden.[84] Das Abstandsflächenrecht gibt nach einer Rückführung auf ausschließlich bauordnungsrechtliche Zielsetzungen reduzierte Anforderungen vor.[85] Es werden nur noch Sicherheitsziele verfolgt und alle übrigen Elemente in ihrer städtebaurechtlichen Hilfsfunktion

---

[80] Vgl. Jäde, *Musterbauordnung (2002)*, Einl, S. 3.
[81] Vgl. § 66 MBO 2002.
[82] Begründung der MBO Fassung November 2002 (Fn. 76), S. 7.
[83] Vgl. § 67 MBO 2002.
[84] Vgl. § 14 MBO 2002.
[85] Vgl. § 6 MBO 2002.

ausgeklammert.[86] Auch die Vorgaben für Aufenthaltsräume und Wohnungen wurden vermindert. Im Stellplatzrecht wird die Festlegung der Zahl der notwendigen Plätze künftig von den Gemeinden durch örtliche Bauvorschriften übernommen.[87] Auch die Regelungen über barrierefreies Bauen werden angepasst.[88]

2.4 Untersuchung der Musterordnungen:

Bei Betrachtung der Entwicklung der Musterbauordnungen von 1960 bis 2002 fällt auf, dass zwischen den jeweils beschlossenen Fassungen die Zeitabstände sehr unregelmäßig sind. Zunächst sind von der ersten bis zur zweiten Veröffentlichung 21 Jahre ins Feld gegangen. Als 1990 ein neues Model verabschiedet wurde, waren lediglich 9 Jahre vergangen. Bis Dezember 1993 hingegen lagen die Zeitabstände lediglich zwischen sechs, bzw. 12 Monaten und zwei Jahren, bevor die Musterbauordnungskommission wieder eine Veröffentlichung vornahm. Die Fassung Juli 1996 ließ wiederum 18 Monate auf sich warten, bevor wiederum 18 Monate später eine weitere Fortschreibung der Musterbauordnung erfolgte. Bis zum Beschluss der derzeit gültigen Musterbauordnung vergingen dann wieder über vier Jahre.

Die schwankenden Zeiträume deuten an, dass die Materie des Bauordnungsrechts vielen Einflüssen ausgesetzt ist, die mal mehr und mal weniger intensiven Reformbedarf auslösen. Die wesentlichen Faktoren werden im Folgenden dargestellt und sollen einen Überblick geben, was die Musterbauordnungskommission alles zu berücksichtigen hat.

2.4.1 Technische Entwicklung

In den vorherigen Jahrhunderten gab es noch verhältnismäßig wenig Arten von Baumaterialien, die großenteils unmittelbar aus der Natur entnommen werden konnten und nach altbewährten handwerklichen Regeln verbaut wurden. Der erfahrene Handwerker konnte die Eignung des Materials noch weitgehend selbst beurteilen. Das Bauen hat sich jedoch von der überkommenen Handwerkstechnik vielfach entfernt und man ist im Interesse der Wirtschaftlichkeit, teils auch der Baugestaltung bestrebt, die Belastbarkeit der Materialien mehr als früher auszuschöpfen. Da ihnen ihre konkrete Belastbarkeit meist nicht ohne weiteres anzusehen ist, bedurfte es technischer Bestimmungen für Baustoffe und Bauteile, die die erforderlichen Beschaffenheiten vorgaben. Zudem musste durch geeignete Kontrollverfahren sichergestellt werden, dass Bauprodukte und Bauarten diesen Vorgaben entsprechen. [89]

---

[86] Vgl. Jäde, *Musterbauordnung (2002)*, Einl. S. 4.
[87] Vgl. § 49 MBO 2002.
[88] Vgl. § 50 MBO 2002.
[89] Vgl. Große-Suchsdorf/Lindorf/Schmaltz/Wiechert, § 24, Rdnr. 1.

Zunächst bildeten die Länder des ehemaligen Deutschen Reiches im Zuge des Aufkommens neuer Baustoffe einen Sachverständigenausschuss zur Begutachtung der Brauchbarkeit, um Gefahren bereits im Vorfeld auszuschließen. Später ersetzten rechtseinheitliche Regelungen die Zusammenarbeit der Länder. Diese Vorschriften galten nach Gründung der Bundesrepublik zunächst als Landesrecht fort und wurden in die MBO 1960 sowie ins Muster einer Güteüberwachungs- und einer Prüfzeichenverordnung übernommen.[90]

Im Jahre 1968 gründeten Bund und Länder das Institut für Bautechnik (IfBT) mit Sitz in Berlin und übertrugen ihm die Erteilung allgemeiner bauaufsichtlicher Zulassungen, um eine freizügige Verwendung von Baustoffen und Bauteilen innerhalb des Bundesgebietes zu gewährleisten.

Die Musterbauordnungskommission reagierte auf diese Entwicklung und verlangte für neue Baustoffe, Bauteile und Bauarten gemäß der MBO 1981 eine Zustimmung von der zuständigen Behörde im Einzelfall (§ 21 MBO 1981), eine allgemeine bauaufsichtliche Zulassung (§ 22 MBO 1981) oder ein Prüfzeichen (§ 23 MBO 1981).

Zur Verwirklichung des freien Warenverkehrs innerhalb Europas und wegen des Bestrebens der Harmonisierung der technischen Normen brachte der Rat der Europäischen Gemeinschaft die Bauproduktenrichtlinie auf den Weg.[91] Nach Verabschiedung des Bauproduktengesetzes aufseiten des Bundes wurden in der MBO 1993 die der Länderkompetenz unterliegenden Bereiche der Richtlinie eingearbeitet. Dabei berücksichtigte man im Wesentlichen folgende Anforderungen: mechanische Festigkeit, Standsicherheit, Brandschutz, Hygiene, Gesundheit, Umweltschutz, Nutzungssicherheit, Schallschutz, Energieeinsparungsmöglichkeiten und den Wärmeschutz.[92]

Gleichzeitig trug man dem Umstand Rechnung, dass das Institut für Bautechnik zum 01.01.1993 aufgrund eines Abkommens zwischen Bund und Ländern in das Deutsche Institut für Bautechnik – DIBt umgebildet wurde.[93] Niedergeschlagen haben sich diese Hintergründe in den §§ 20-24c MBO 1993. Zum einen wurden dem Institut bestimmte Zuständigkeiten nun endgültig übertragen und zum anderen wurden bestimmte Kennzeichnungen berücksichtigt. Das Ü-Zeichen soll die Übereinstimmung der Bauprodukte mit den maßgebenden technischen Regeln und der maßgeblichen bauaufsichtlichen Zulassung sicherstellen. Die CE-Kennzeichnung (gemäß Bau-PG) soll die Konformität eines Produktes mit auf europäischer Ebene anerkannten Normen und technischen Zulassungen belegen. Zudem mussten Prüf-, Überwachungs- und Zertifizierungsstellen geschaffen werden, um eine entsprechende Umsetzung der Leitmotive zu

[90] Vgl. Gädtke/Temme/Heintz, Vor §§ 20-28, Rdnr. 1.
[91] Vgl. Molkenbur, S. 745.
[92] Vgl. Art. 3 Abs. 1 BPR i.V.m. Anhang I; konkretisiert durch Art. 4 BPR.
[93] Vgl. Grabein/Heintz, S. 45 f, 99 ff.

gewährleisten. Diese Stellen bedurften der Anerkennung durch die oberste Bau-aufsichtsbehörde für den jeweiligen Bereich.

In der 1993'er Fassung der Musterbauordnung wurde ebenfalls einer weiteren EG-Richtlinie Rechnung getragen. Die Richtlinie des Rates vom 29.06.1990 (90/396/EWG)[94] zur Angleichung der Rechtsvorschriften der Mit-gliedstaaten für Gasverbrauchseinrichtungen wurde durch die Neufassung von § 38 MBO umgesetzt.

Ansatzpunkt für die technischen Anforderungen war lange Zeit das We-sen und der Inhalt der allgemein anerkannten Regeln der Baukunst und Technik. Die zahlreichen technischen Regelwerke mehrerer Institute und Verbände[95] dienten als Grundlage für die Beurteilung der Bauausführung. Der Umfang der Einzelanforderungen verursachte allerdings eine zunehmende Unübersichtlich-keit und Unsicherheit bei den für den Bau Verantwortlichen. Somit wurde mit der MBO 1993 das Anforderungsprofil für bauliche Anlagen und Bauprodukte durch eine Änderung des § 3 Abs. 3 MBO konkretisiert und deutlich reduziert. Dadurch sollte die Arbeit der am Bau beteiligten merklich erleichtert werden.[96] Künftig sollten bei Bauvorhaben nicht mehr alle allgemein anerkannten Regeln der Technik (ca. 1.000) sondern nur noch förmlich eingeführte technische Bau-bestimmungen (ca. 85) eine öffentlich-rechtliche Beachtungspflicht finden. Auf diesem Wege konnte eine fortschreitende Überreglementierung verhindert wer-den.

In Bezug auf die technische Entwicklung wurden mit der MBO 1996 weitere Änderungen notwendig. Diese resultierten aus Forderungen nach Prüf-stellen bei der Herstellung bestimmter Bauprodukte und zur Anerkennung dieser Einrichtungen. Zu dem wurde es ermöglicht, für nicht geregelte Bauarten anstel-le einer allgemeinen bauaufsichtlichen Zulassung ein allgemeines bauaufsichtli-ches Prüfzeichen vorzuschreiben und das Ü-Zeichen bereits auf einer Anlage zum Lieferschein anzubringen.

Insgesamt führte die Kommission in der MBO 1997 ihre Bestrebungen fort, die Prüfungspflichten in die Sphäre der Bauherren zu verlagern. In dem Zu-sammenhang wurden Regelungen und Ermächtigungen geschaffen, um Qualifi-kationsanforderungen für Sachverständige oder amtlich anerkannte Sachver-ständige festlegen zu können.[97] Die Anforderungen an die Prüfung und Überwa-chung bautechnischer Anforderungen wurden stetig entwickelt und schließlich

---

[94] ABl. EG Nr. 196, S.15.

[95] Deutsches Institut für Normung e.V. - DIN; Verband deutscher Elektriker - VDE-Richtlinien; Deutscher Verein des Gas- und Wasserfachs - DVGW; Verein Deutscher Ingeni-eure - VDI; Berufsgenossenschaften etc.

[96] Vgl. 50 Jahre ARGEBAU, S. 19.

[97] Die Musterbauordnungen sehen eine entsprechende Ermächtigung zum Erlass von Rechts-verordnungen in § 81 Abs. 8 vor, eingeführt durch die MBO 1997, erweitert durch § 85 Abs. 2 MBO 2002.

je nach Schwierigkeitsgrad und Gefährdungspotenzial des jeweiligen Bauvorhabens unterschiedlich gestaltet. Auf diesem Weg soll der Staat durch Übertragung von Kontrollen auf Sachverständige und sachverständige Stellen entlastet werden und ein Rückzug der Behörden aus der präventiven Prüfung stufenweise erfolgen.

2.4.2 Wandel der gesellschaftlichen Erwartungen

Im Laufe der Entwicklung des Bauordnungsrechts in den vergangenen Jahren veränderten sich auch die Schwerpunkte des gesellschaftlichen Denkens und ihrer Zielsetzungen. In der frühen Zeit ging es primär um die Schaffung von Wohnraum und eine positive Entwicklung der Innenstädte. Dies diente vor allem der Umsetzung der Wohnungsbaupolitik und der Erhaltung der Baukultur und Baukunst. Zudem änderte sich durch ein höheres Verkehrsaufkommen der Bedarf an Garagen und Stellplätzen zunächst für Kraftfahrzeuge, später auch für Fahrräder.

Da stetig neue Bauwerke errichtet wurden, gingen die Anforderungen an deren Gestaltung und die Ausstattung Hand in Hand mit den Begehren und Belangen der Bürger. Man besann sich auf gesunde Wohn- und Arbeitsverhältnisse, um ein möglichst ungestörtes und gesundes Leben führen zu können. Damit korrespondierte ein allgemeines Bedürfnis nach Sicherheit. So wurden die Standsicherheit sowie die Verkehrssicherheit neben dem Brandschutz großgeschrieben und der Einfluss von gefährlichen und belästigenden Stoffen auf Wohnungen und Bewohner unterbunden.

Die Energiewirtschaft veranlasste ein Umdenken zu sparsameren Verbrauchseinheiten und einer wärmedämmenden Isolierung von Wänden, Türen und Fenstern. Zudem sollten Immissionen vermieden werden, um Mensch und Umwelt nicht unnötig zu belasten. Es rückte ein steigendes Umweltbewusstsein in den Vordergrund und gab Anlass zum Schutz und der Erhaltung der natürlichen Lebensgrundlagen.

Des Weiteren wurde den Gesichtspunkten der Kindesentwicklung und Kindesbetreuung sowie der Familie vermehrt Aufmerksamkeit zugewandt, um eine ungestörte Entwicklung zu körperlich und seelisch gesunden, geistig und sozial aktiven Menschen durch die Schaffung von auseichendem Spiel- und Bewegungsraum zu gewährleisten.

Die baulichen Hindernisse im täglichen Leben für körperlich benachteiligte Personengruppen gaben Anlass, ein möglichst barrierefreies Bauen vorzuschreiben. Behinderten und älteren Menschen, die nur unter großen Anstrengungen Stufen und Zugänge überwinden und erreichen können oder auf einen Rollstuhl angewiesen sind, soll ein freier Zugang zu Gebäuden und Wohnungen ermöglicht werden. Diese Motive hat man durch die Festlegung von Zugangsnormen, Türbreiten bis hin zu Fahrstühlen umgesetzt.[98]

2.4.3 Ökologische Belange

Dem Umweltschutz im weiteren Sinn wurde durch die zunehmende Berücksichtigung von ökologischen Belangen Rechnung getragen. Ein entsprechendes Bewusstsein stellte sich in der Gesellschaft im Laufe der Jahre ein, da die Notwendigkeit des Schutzes des Lebens, der Gesundheit und der natürlichen Lebensgrundlagen zunehmend in den Vordergrund von öffentlichen Diskussionen rückte. Eine entsprechende Aufzählung findet sich in § 3 der Musterbauordnungen, die allerdings nicht abschließend ist, was durch die Formulierung „insbesondere" erkennbar wird.

Den Schutz des Lebens verfolgen in erster Linie die Anforderungen an die Standsicherheit, den Brandschutz und die Verkehrssicherheit, wobei der Brandschutz[99] eines der primären Ziele des Baurechts überhaupt ist. Dem Gesundheitsschutz dienen die allgemeinen Anforderungen zur Sicherung vor schädlichen Einflüssen und zum Wärme-, Schall- und Erschütterungsschutz sowie die technischen Baubestimmungen zum Schutz vor gefährlichen Stoffen in Bauprodukten. Zudem berücksichtigte man eine ausreichende Belüftung und Belichtung der Räume. Auch die Regelungen zur Hygiene in sanitären Anlagen und im Lebensmittelbereich dienen dem Schutz der Gesundheit, welche mit dem Schutz des Lebens die wichtigsten der zur öffentlichen Sicherheit gehörenden Rechtsgüter darstellen.

Die natürlichen Lebensgrundlagen sollen gesichert und nicht vermindert werden. Auch sie sind als Bestandteil der öffentlichen Sicherheit zu schützen und wurden in die MBO Dezember 1992 erstmals aufgenommen. So werden insbesondere konkrete Anforderungen an nicht überbaute Flächen und die Geländeoberfläche im Allgemeinen gestellt. Beispielsweise müssen bestimmte Bepflanzungen im Bereich von Baustellen während der Bauausführung geschützt werden. Dem allgemeinen Grünbestand wurde durch Neuanpflanzungspflichten Rechnung getragen. Die Baugrundstücke und baulichen Anlagen selbst sollen gegen schädliche natürliche Einflüsse gesichert werden.

Der Reduzierung des Energieverbrauchs dienen die Vorschriften über die Wärmeisolierung von Wänden, Decken, Dächern, Fenstern und Türen, die unmittelbar ins Freie führen.

Zudem werden das Grundwasser sowie der Grund und Boden vor Verunreinigungen geschützt. Die Anforderungen an Wasserversorgungsanlagen, Anlagen für Abwasser und Niederschlag, Kleinkläranlagen und Gruben oder Si-

---

[98] Insbesondere durch die Neufassung der MBO 1997 -Fassung Dezember-; Rollstühle, Kinderwagen, Krankentragen und Lasten sollte ein ungehinderter Zugang ermöglicht werden.
[99] Vgl. unten 2.4.5.

ckergruben wurden stetig angepasst. In diesem Zusammenhang beinhalten die Vorschriften der Musterbauordnungen auch Ansprüche an die Gestaltung und Benutzung von Ställen, Stellplätzen und Garagen.

2.4.4. Wohnungswesen

Im Bereich des Wohnungswesens ging es den Verfassern im Wesentlichen um Vereinfachungen zur Schaffung zusätzlichen Wohnraums. So wurden beispielsweise im Verlauf der Zeit die Anforderungen an den Ausbau von Keller- und Dachgeschossen deutlich reduziert. Dieses Ziel wurde unterstützt durch Ausnahmen im Bereich von Modernisierungsvorhaben von Wohngebäuden sowie im Bereich des Denkmalschutzes. Durch eine Verringerung der materiellen Anforderungen sollten die Baukosten gesenkt und verdichtete Bauformen durch kürzere Abstandsflächen ermöglicht werden. Im Verlauf der Entwicklung führte man bestimmte Gebäudeklassen ein, an denen sich wiederum in einzelnen Bereichen die geforderten Merkmale und Einzelheiten orientieren.

Die wachsenden Anforderungen im Bereich des Schall- und des Wärmeschutzes sollen einen gewissen Wohnstandard sicherstellen. Dem dienen auch die Vorgaben von Baumaterialien und die Anforderungen an die Gestaltung der Wohnflächen, wonach eine ausreichende Belichtung und Belüftung gewährleistet werden soll.

Ziel war zudem die Schaffung und Sicherung des Wohnfriedens. So muss beispielsweise jede einzelne Wohnung von fremden Wohnungen abgeschlossen sein und einen eigenen abschließbaren Zugang besitzen. An die Zugänge wurden im Laufe der Zeit verschärfte Anforderungen zur Gewährleistung der Zutrittsmöglichkeit für Rollstuhlfahrer und ältere Menschen gestellt. Des Weiteren soll mittlerweile ab einer bestimmten Geschosszahl ein Fahrstuhl die Bewegungs- und Zugangsmöglichkeiten körperlich benachteiligter Menschen erweitern.

2.4.5. Brandschutz

Der Brandschutz dient im Kern dem Schutz des Lebens, der Gesundheit und des Eigentums. Aus diesem Grund haben technische Entwicklungen und neue Erkenntnisse sowie ein gesteigertes Sicherheitsbewusstsein in der Gesellschaft häufig Anlass zur Ergänzung und Neufassung der betreffenden Regelungen gegeben.

So wurde das Kriterium der Feuerbeständigkeit von Baustoffen und Bauprodukten verankert. Beispielsweise soll durch unbrennbare Deckenkonstruktionen ein Feuerüberschlag auf angrenzende Gebäude verhindert werden. Der Eindämmung von Bränden dient auch die Anordnung von Brandwänden. Zudem müssen Fluchtwege, insbesondere Treppen, Flure und andere Durchgangsräume möglichst dauerhaft einer Entflammung standhalten. Auch ist es ein

Ziel, die Rauchentwicklung zu minimieren und so die Rettungsmöglichkeiten zu erweitern.

Ein neues Brandschutzkonzept[100] der MBO 2002 unter Einordnung der Gebäude in bestimmte Klassen und bestimmte Bauweisen soll die Feuerwiderstandsfähigkeit von Bauteilen erhöhen und Erleichterungen bei der konstruktiven Holzverwendung für Bauwerke mit bis zu fünf Geschossen schaffen. Insgesamt werden die Brandschutzanforderungen unter Berücksichtigung der dazugehörigen technischen Baubestimmungen und der Bauregelliste abschließend ablesbar. Zur Erleichterung der Zuordnung zu den europäischen Klassifizierungen wurden Schutzzielbestrebungen formuliert.

2.4.6   Praxiserfahrungen

Die Umsetzung und Anwendung der Regelungen in den Ländern offenbart schnell, ob die Motive der Vorschriften und die Hintergründe der Gestaltung der Musterbauordnungen den Bedürfnissen des Alltagslebens standhalten. Dort zeigt sich, ob die Vorschriften zu kompliziert oder lückenhaft sind. Vor diesem Hintergrund war es ein ständiges Anliegen der Bauministerkonferenz, den Umfang der Vorschriften zu reduzieren und zu straffen. So erfolgte bereits mit der MBO 1981 eine Kürzung des Textes um fast dreißig Regelungstatbestände. Die Praxis offenbarte an einigen Stellen auch den Bedarf, die Begriffswahl zu vereinfachen und klarstellende und definierende Teile einzugliedern. Dies ist der Grund für zahlreiche redaktionelle Änderungen, die im Zuge einer Umgestaltung des Vorschriftenkatalogs regelmäßig erforderlich wurden.

Es zeigte sich auch, dass die Einführung anerkannter Prüfzeichen eine Vereinfachung im Bereich der Baustoffe ergab. So wurden nach definierten Kriterien Gebäudeklassen festgelegt, um daran anknüpfend leichter die bauordnungsrechtlichen Anforderungen zu bestimmen.

Vereinzelt gab es auch die Tendenz, die Musterbauordnung als eine Rahmenordnung zu fassen, die durch zahlreiche Verordnungen und Nebenbestimmungen bis ins Detail ausgestaltet werden könnte. Dieser Vorstoß einer einzelnen Arbeitsgruppe wurde jedoch wegen der Verkomplizierung und ohne hin ständig bemängelten Überregulierung und Unübersichtlichkeit der Gesetze schnell wieder verworfen. Stattdessen fasste man den Begriff der technischen Baubestimmungen neu, um klarstellend die zu beachtenden Regelungen abschließend festzulegen.

Die Musterbauordnung steht ständig unter dem Einfluss des so genannten Baunebenrechts. Das Naturschutzrecht, Wasserrecht, Straßenrecht, Immissi-

---

[100] Die Beratungen dauerten von 1999 bis zum Sommer 2001 und gründen auf einem Arbeitsauftrag der 93. Bauministerkonferenz aus dem Jahr 1996. Wegen der umfassenden Beteiligung einzelner Fachkommissionen, kommunaler Spitzenverbände und des Ausschusses für Feuerwehrangelegenheiten kam das Verfahren nur schleppend voran.

onsschutzrecht, Denkmalschutzrecht sowie das Arbeitsrecht ist im Baugenehmigungsverfahren zu beachten und strahlt somit ins Bauordnungsrecht hinein. Vor diesem Hintergrund gibt es Bestrebungen, dem jeweiligen Fachrecht eine gestärkte Stellung einzuräumen und so das bauordnungsrechtliche Prüfungsverfahren zu entlasten.[101]

Die Praxis zeigt auch, das man durch mehr Eigenverantwortung der am Bau Beteiligten eine Entlastung der öffentlichen Verwaltung und damit eine Reduzierung der Kosten erreichen kann. Man musste sich lediglich überwinden, die Prüfverantwortlichkeit stufenweise in den privaten Bereich zu verlagern. So wurde lange an die Prüfung der gesamten bauordnungsrechtlichen Anforderungen durch einen qualifizierten Entwurfverfasser gedacht.[102]

Durch die Minderung der Bedeutung der Baugenehmigungsverfahren ist der Rechtsanwender nicht mehr im Schwerpunkt die Bauaufsichtbehörde, da deren Prüfprogramm merklich reduziert wird. Rechtsanwender ist dann primär der Bauherr und der in seinem Auftrag tätig werdende Entwurfsverfasser. Dazu muss das Bauordnungsrecht anwenderkonform ausgestaltet werden. Die Anforderungen sollen ablesbar sein und möglichst ohne unbestimmte Rechtsbegriffe und Ermessensvorbehalte auskommen.[103]

Neben der Anerkennung privater Sachverständiger und bestimmter Prüfbescheinigungen muss inzwischen großenteils vonseiten der Antragsteller dargelegt und sichergestellt werden, dass bei bestimmten Gebäudeklassen die technischen Anforderungen eingehalten werden.

Teilweise hält man daher an den herkömmlichen bauaufsichtlichen Prüfaufgaben fest („Vier-Augen-Prinzip"), wobei im Verlauf der Zeit ein weitestgehender Rückzug aus dieser hoheitlichen Prüfung zugunsten eines Systems privater und ausschließlich privatrechtlich tätiger Prüfsachverständiger jedenfalls für möglich gehalten und angestrebt wird.[104]

2.4.7 Verfahrensfragen

Auch die Musterbauordnung mit ihren Bestimmungen zum Verfahrensrecht konnte sich den Diskussionen um die Deregulierung, die Verfahrensvereinfachung und Verfahrensbeschleunigung im Verwaltungsrecht nicht entziehen. Ziele waren insbesondere die Effektivierung und Verkürzung des herkömmlichen Systems. Mit den Reformen zur Beschleunigung des Bauens wurde zunächst die Notwendigkeit der Baugenehmigung für bestimmte Bauvorhaben reduziert. Ihre Notwendigkeit entfiel teilweise ganz oder wurde merklich verkürzt. So mehrten

---

[101] Auf diese Weise wird die rechtspolitische Verantwortlichkeit für den durch die jeweilige Ausgestaltung bewirkten Verfahrensaufwand ins Fachrecht übertragen.
[102] So ein Beschlussvorschlag des allgemeinen Ausschusses der ARGEBAU zur MBO Dezember 1993 zu § 64.
[103] Vgl. Jäde, *Musterbauordnung (2002)*, Einl. S. 4.
[104] So umgesetzt in § 66 MBO 2002.

sich die Gehneigungsfreistellungen und ein später eingeführtes vereinfachtes Genehmigungsverfahren gewann zunehmend an praktischer Bedeutung. Teilweise reicht sogar eine Anzeige des Bauvorhabens bei den zuständigen Stellen.[105]

Auf diese Weise erfolgt ein Wechsel von der präventiven zur repressiven Kontrolle. Am Ende des Verfahrens steht nicht mehr zwingend die abschließende Genehmigung in Form eines Verwaltungsaktes, wodurch die Baufreiheit erweitert wird. Darunter leidet jedoch die Investitions- und Rechtssicherheit des Bauherren. Er hat nun nicht mehr zwingend eine öffentlich-rechtliche schriftliche Bestätigung zur Hand, die eine begrenzte Bindungswirkung auch in weiteren Verfahren erzeugt und so eine „gesicherte" Rechtsposition festschreiben kann.[106] Jedoch besteht teilweise die Möglichkeit, auf Antrag bei der zuständigen Behörde ein Genehmigungsverfahren einzuleiten.

Der Bauaufsicht steht nunmehr im Wesentlichen die repressive Kontrolle im Rahmen der Bauüberwachung zu. Im Anzeige- und Freistellungsverfahren erfolgt nur noch eine informatorische Kenntnisnahme der zuständigen Stellen. Im Laufe der Zeit wurde dieser Bereich des Gefahrenabwehrrechts von Privatisierungsüberlegungen erfasst und umgewandelt. So sucht man nach dem richtigen Mittelweg zwischen Selbstregulierung und staatlicher Steuerung. Zu beachten ist hier die Kompensation der behördlichen Prüfungsreduktion durch das Modell des verantwortlichen Sachverständigen.[107]

Wegen unterschiedlicher Tendenzen der Länder in diesen Bereichen werden in der MBO 2002 mehrere Verfahrenstypen festgelegt. Das herkömmliche Baugenehmigungsverfahren (§ 64), das vereinfachte Genehmigungsverfahren (§ 63) und die Genehmigungsfreistellung (§ 62). Diese Vorgaben stehen den Ländern bei der Umsetzung ins Landesrecht zur Wahl. Für die Anwendungsbereiche der einzelnen Verfahrenstypen werden standardisierte Module zur Verfügung gestellt, unter denen die Länder ebenfalls auswählen können.

Diese Modultechnik mit Wahlmöglichkeiten ist ein absolutes Novum in der Musterbauordnung. Die Bauministerkonferenz schuf sie als Lösungsansatz zur Beseitigung der offenen Diskrepanzen der einzelnen Ländergesetze in diesem Bereich und als neuen Wegweiser zur Zusammenführung der Ländergesetzgebung.[108] Dieses Model stellt eine grundsätzliche Systemveränderung dar

---

[105] Diese Reformen im Verfahrensrecht wurden durch länderinterne Innovationen in den Baugenehmigungsverfahren beeinflusst und ausgelöst. Man griff sie teilweise auf und entwickelte sie fort, um stets eine möglichst alle Interessen beinhaltende Neufassungen der Musterbauordnung vorlegen zu können.

[106] Vgl. Knemeyer, *Deregulierung, Verfahrensvereinfachung und Verfahrensbeschleunigung*, S. 273.

[107] Vgl. Knemeyer, *Deregulierung, Verfahrensvereinfachung und Verfahrensbeschleunigung*, S. 274.

[108] Vgl. Begründung MBO 2002, S. 3-5, 85-96.

und soll eine möglichst einheitliche Umsetzung in den Ländern bewirken, indem die MBO 2002 die verschiedenen praktizierten Modelle aufgreift und anbietet. Hierbei stellt sich jedoch die Frage, wie man die Einheitlichkeit der Umsetzung ins Landesrecht im Rahmen der Bad Dürkheimer Vereinbarung definiert, wenn bereits die Vorgaben unterschiedliche Wege gehen.

2.4.8 Bezug zu anderen Gesetzen und Verordnungen

Die einzelnen Musterbauordnungen wurden seit der ersten Fassung von Musterverordnungen der ARGEBAU begleitet, die zur näheren Bestimmung der allgemeinen Anforderungen ausgearbeitet wurden. Bereits im Anschluss an die MBO 1960 stellte die Bauministerkonferenz die Durchführungsverordnung zur MBO, die Bauvorlagenverordnung, die Warenhausverordnung, die Prüfingenieursverordnung, die Güteüberwachungsverordnung und die Prüfzeichenverordnung vor. Sie dienten der Ergänzung und Konkretisierung, damit eine möglichst umfassende Berücksichtigung der wichtigsten Teilbereiche gewährleistet werden konnte. Später kamen noch die Garagen-, die Feuerungs-, die Verkaufsstätten-, die Versammlungs- und die Gaststättenverordnung hinzu.

Im Vorlauf zu den Beratungen über die Eckpunkte der MBO 1981 legte eine Arbeitsgruppe der ARGEBAU eine Muster-Rahmen-Bauordnung vor, die nur noch Grundsätze enthielt und die Einzelheiten des Bauordnungsrechts Rechtsverordnungen vorbehalten wollte. Um die ohne bemängelte Überregulierung und Unübersichtlichkeit der Vorschriften aus Sicht der Bürger nicht ausufern zu lassen, wurde dieser Weg jedoch fallen gelassen. Denn eine bloße Umschichtung des materiellen Rechts in Rechtsverordnungen hätte nicht zur Vereinfachung beigetragen.

Eine merkliche Konkretisierung der Einzelvorschriften ermöglichte später den Verzicht auf die Durchführungsverordnung der materiellen Vorschriften. Eine stetige Anpassung erführ die Ermächtigung zum Erlass von Rechtsverordnungen. So sollte es letztlich den Ländern ermöglicht werden und überlassen bleiben, im welchem Ausmaß sie von dieser Befugnis Gebrauch machen. Insgesamt machen die erlassenen Ausführungsverordnungen einen zahlenmäßig großen Bereich des Bauordnungsrechts aus, auf den im Rahmen dieser Arbeit nicht weiter eingegangen werden soll und kann.

Bei der Umsetzung der Bauproduktenrichtlinie in nationales Recht hingen die Auswirkungen auf die Musterbauordnung davon ab, in welchen Bereichen Landesgesetzgebungskompetenzen berührt wurden. Insofern stehen Mustervorschriften über die Verwendung der in den Verkehr gebrachten Bauprodukte und die Anwendung von Bauarten in unmittelbarem Zusammenhang mit den Regelungen über das Inverkehrbringen von und des freien Warenverkehrs mit Bauprodukten des Bauproduktegesetzes des Bundes.

Die Schaffung des Baugesetzbuches des Bundes und deren Novellierungen im Bereiche des Genehmigungsverfahrens beeinflussten ebenfalls die Musterbauordnungen. Hierbei geht das Bauordnungsrecht Hand in Hand mit dem Bauplanungsrecht des Bundes, wobei auch die im Bundesrecht erlassene Baunutzungsverordnung und sämtliche auf die Förderung des Städtebaus gerichteten Normen (Raumordnungsgesetz, Wohnungsbauerleichterungsgesetz, etc.) ihre Ausstrahlung auf die Beratungen der Bauordnungskommission bemerkbar machten.

Das so genannte Baunebenrecht[109] trägt eigene Anforderungen an Bauvorhaben heran, wobei im Baugenehmigungsverfahren als ein Transportmittel die fachrechtlichen Anforderungen zum Bürger getragen werden. Insofern betreffen Überlegungen zur Vereinfachung des Verfahrensrechts notwendig auch diese Rechtmaterien und müssen sich demnach in den Ansätzen zu Veränderungen einer einheitlichen Struktur unterwerfen, um keine Unausgewogenheit zu erzeugen.

Zusätzliche Anforderungen an Bauvorhaben können überall dort gestellt werden, wo Fachbehörden Einfluss auf das Baugenehmigungsverfahren haben, da ein Einvernehmen der jeweiligen Stelle vorgesehen ist. Gerade in diesem Bereich lassen sich Beschleunigungen dadurch erreichen, dass man das baubehördliche Prüfprogramm auf im Kern baurechtliche Anforderungen beschränkt.[110]

Die technische Regelsetzung erfolgt in Zusammenarbeit mit dem Deutschen Institut für Bautechnik (DIBt) und dem Deutschen Institut für Normung (DIN). Sie geben die konkreten Anforderungen und Grenzen der einzelnen Details des Bauvorhabens vor.

2.4.9 Europarechtliche Einflüsse

Die Verwirklichung des Europäischen Binnenmarktes und die Vereinheitlichung in der europäischen technischen Regelsetzung gingen nicht spurlos am Bauordnungsrecht vorbei. Neben der Sicherstellung des freien Warenverkehrs mit Baumaterialien ging es auch um den freien Zugang von Architekten- und Ingenieurleistungen über die Landesgrenzen hinaus. Zur Realisierung dieser Ziele legte die Kommission dem Europäischen Rat nach Beratung mit den Mitgliedstaaten und nach Beteiligung des Europäischen Parlaments Entwürfe für Richtlinien vor, die nach Beschlussfassung in das nationale Recht umzusetzen waren.

Dies waren insbesondere Anfang der 90'er Jahre die so genannte Bauproduktenrichtlinie (89/106/EWG), welche die Beratungen der ARGEBAU über einen langen Zeitraum beeinflusste. In der MBO 1993 -Fassung Dezember- be-

---

[109] Vgl. 2.4.7.
[110] Diese Möglichkeit wird in der MBO 2002 umgesetzt. Nach § 66 soll es dem Fachrecht überlassen beleiben, wann eine in das Baugenehmigungsverfahren integrierte präventive Prüfung fachrechtlicher Anforderungen durchgeführt werden soll.

rücksichtigte man die Richtlinie des Rates vom 29. Juni 1990 zur Angleichung der Rechtsvorschriften der Mitgliedstaaten für Gasverbrauchseinrichtungen (60/396/EWG). Zur Verwirklichung des europäischen Binnenmarktes wurden, soweit es die Gesetzgebungskompetenzen der Länder betraf, die EG-Architektenrichtlinie aus dem Jahr 1985 (85/384/EWG) und die EG-Diplomrichtlinie aus dem Jahr 1988 (89/48/EWG) weitgehend wortgleich in den Ländern umgesetzt. Einfluss auf die Musterbauordnungen nahmen auch die EG-Baustellensicherheitsrichtlinie (92/57/EWG) und die EG-Empfehlung über den Brandschutz in bestehenden Hotels aus dem Jahr 1986 (86/666/EWG).

Da die Richtlinien die Bundes- und auch die Landesgesetzgebungskompetenzen berührten, galt es, die Interessen der Länder einheitlich in die Verhandlungen bei der Europäischen Kommission und dem Rat einzubringen. Der Allgemeine Ausschuss der ARGEBAU bildete 1974 zu diesem Zweck zunächst einen ihm unmittelbar unterstellten Arbeitskreis, der heute "EG-Koordinierungskreis" genannt wird. Diesem Kreis war auch die Vertretung der Länder im vorbereitenden EG-Ausschuss beim Bundesministerium für Raumordnung, Bauwesen und Städtebau übertragen. Auf diese Weise sollte die Meinungsbildung der Länder besser vorbereitet und koordiniert werden, damit die Vertretung ihrer Standpunkte bei den ihre baurechtlichen Kompetenzen betreffenden Harmonisierungsaktivitäten der Europäischen Gemeinschaft optimiert wird. Später schuf man eine gemeinsam finanzierte Planstelle eines EG (EU)-Referenten der ARGEBAU. Dieser Referent ist einvernehmlich mit dem Bundesministerium für Raumordnung, Bauwesen und Städtebau Mitglied deutscher Delegationen für die Verhandlungen über europäische Gesetzentwürfe, die das Bauwesen betreffen. Diese Zusammenarbeit wurde bereits vor der formalisierten Beteiligung der Länder in EG-Angelegenheiten im Gesetz zur Vereinheitlichung Europäischer Akte (EEAG) und dem Gesetz über die Zusammenarbeit von Bund und Ländern in Angelegenheiten der Europäischen Union (EUZLG) praktiziert.

2.5 Umsetzung der Musterordnungen ins Landesrecht

Die einzelnen Musterbauordnungen wurden teilweise nicht unverzüglich ins jeweilige Landesrecht umgesetzt. Die zeitlichen Verzögerungen lassen sich am Besten am Beispiel der ersten zwei Musterbauordnungen zeigen. Bei den späteren in den neunziger Jahren beschlossenen Fassungen erfolgten die Umsetzungsakte teilweise zusammengefasst in weniger Schritten, da bereits die Musterregelungen in sehr kurzen Abständen erschienen.

Inhaltliche Anpassungsvariationen zeigten sich vor allem im Bereich des Verfahrensrechts. Dabei stellten sich immer wieder Nachzügler und Pioniere heraus, die durch neue Richtungsvorgaben auch die nachfolgenden Musterbauordnungen beeinflussten.

2.5.1 Zeitliche Unterschiede

Die Musterbauordnung 1960 war im ersten Anlauf durch umfassende Beratungen und eine intensive Zusammenarbeit der einzelnen Kommissionen unter Beteiligung der Länder hervorgebracht worden. So sollte man meinen, dass die Umsetzung der gemeinsam geschaffenen Regelungen ohne wesentliche Verzögerungen durch die jeweiligen Minister und Senatoren der Länder eingeleitet und vorangetrieben würde. Allenfalls waren Verfahrensverzögerungen als zeitliche Hürde zu erwarten.

Tatsächlich wurden die aufgrund der MBO 1960 eingeführten Landesgesetze jedoch mit Verzögerungen zwischen einem und dreizehn Jahren erlassen. Zunächst war es Rheinland-Pfalz, welches als erstes Bundesland 1961 eine neue Landesbauordnung verabschiedete.[111] 1963 folgten Nordrhein-Westfalen und Bayern.[112] Zwei Jahre später verkündete der Gesetzgeber des Saarlandes seine neu gefasste Landesbauordnung.[113] Ein Jahr später folgten Berlin und Hessen.[114] 1967 verabschiedete das Landesparlament von Schleswig-Holstein seine Umsetzung der MBO 1960.[115] Erst im Jahre 1969 entschloss sich Hamburg seine Bauordnung auf den Weg zu bringen.[116] Mit einer Verzögerung von dreizehn Jahren waren es letztendlich Bremen und Niedersachsen, die 1973 der gemeinschaftlich geschaffenen Musterbauordnung ihre Geltung verliehen.[117]

Wegen der grundlegenden Reformen, die im Rahmen der Musterbauordnung 1981 berücksichtigt wurden, sahen sich die Bundesländer gehalten, ihre Landesgesetze neu zu fassen. Auch bei diesen Änderungen gab es jedoch teilweise erhebliche zeitliche Verzögerungen bei der praktischen Einführung. Der Freistaat Bayern war wiederum einer der ersten, der 1982 die Neufassung verkündete.[118] Nur ein Jahr später zogen Baden-Württemberg, Schleswig-Holstein und Bremen nach, welches bei der vorherigen Fassung der Musterbauordnung als eines der Schlusslichter bei der Umsetzung auffiel.[119] Auf dem Fuße folgten

---

[111] Landesbauordnung Rheinland-Pfalz – LBO (GVBl. S. 229).

[112] Bauordnung für das Land Nordrhein-Westfalen – BauO NW (GV. NRW. S. 373); Bayerische Bauordnung – BayBO (GVBl. S. 179, ber. S. 250).

[113] Landesbauordnung für das Saarland – LBO (ABl. S. 529).

[114] Bauordnung Berlin - BauO Bln (GVBl. S. 1175); Hessische Bauordnung – HBO (GVBl. S. 171).

[115] Landesbauordnung für das Land Schleswig-Holstein – LBO (GVBl. S. 51)

[116] Hamburgische Bauordnung – HBauO (GVBl. S. 171).

[117] Bremische Landesbauordnung – BremLBO (GBl. S. 109); Niedersächsische Bauordnung – NBauO (GVBl. S. 259).

[118] Bayerische Bauordnung – BayBO (GVBl. S. 419).

[119] Landesbauordnung Baden-Württemberg – LBO (GBl. S. 770); Bauordnung für das Land Schleswig-Holstein – LBO (GVBl. S. 86); Bremische Landesbauordnung – BremLBO (GBl. S. 89).

1984 Nordrhein-Westfalen und 1985 Berlin.[120] Im nächsten Jahr verkündeten Hamburg, Niedersachsen und Rheinland-Pfalz ihre neu gefassten Landsgesetze.[121] 1988 verabschiedete das Saarland seine Fassung der angepassten Landesbauordnung, bevor erst 1990 Hessen mit einem neuen Landesgesetz die Reform abschloss.[122]

In den neunziger Jahren sind die zeitlichen Unterschiede und Abstände der einzelnen Fassungen der Musterbauordnung und die entsprechenden Änderungen in den Landesgesetzen nicht so deutlich erkennbar. Dies liegt an den insgesamt sieben Fassungen zwischen 1990 und 2002. Teilweise wurden mehrere Neuerungen auf einen Schlag umgesetzt oder Schritt für Schritt angepasst. Beispielsweise erfolgte in diesem Zeitraum im Saarland lediglich 1996 eine Gesetzesänderung, wohingegen Berlin sechsmal[123] und Hamburg sogar siebenmal[124] Verkündungen im Gesetz- und Verordnungsblatt vornahmen.

In den neuen Ländern wurde am 20.07.1990 noch durch das Gesetz der Bauordnung der DDR eine in den damaligen Ländern geltende textgleiche Landesbauordnung eingeführt.[125] Sie ist am 01.08.1990 in Kraft getreten und galt mit der Bildung der Länder der Bundesrepublik Deutschland als Landesrecht weiter.[126] Diese Bauordnung folgt in Ihrem Aufbau und Inhalt den Vorschlägen der Musterbauordnung von 1981 und lässt sich des weiteren mit der Bauordnung Nordrhein-Westfalens vergleichen.[127]

Nach der Wiedervereinigung gab es in den neuen Ländern einige Änderungen, die allerdings in der Intensität unterschiedlich ausfielen. Wohingegen Thüringen lediglich 1994 eine Änderung verabschiedete, erarbeitete etwa Sachsen von diesen an die fünf.[128]

---

[120] Bauordnung für das Land Nordrhein-Westfalen – BauO NW (GV. NRW. S. 419); Bauordnung für Berlin – BauO Bln (GVBl. S. 522).
[121] Hamburgische Bauordnung – HBauO (GVBl. S. 476); Bauordnung Niedersachsen – NBauO (GVBl. S. 157); Landesbauordnung Rheinland-Pfalz – LBO (GVBl. S. 307).
[122] Bauordnung für das Saarland – LBO (ABl. S. 1373); Hessische Bauordnung – HBauO (GVBl. S. 476).
[123] 1990 (GVBl. S. 2075); 1992 (GVBl. S. 471); 1993 (GVBl. S. 119); 1994 (GVBl. S. 140, 440); 1996 (GVBl. S. 29); 1997 (GVBl. S. 421).
[124] 1990 (GVBl. S. 233); 1992 (GVBl. S. 83, 81); 1994 (GVBl. S. 211); 1995 (GVBl. S. 221); 1996 (GVBl. S. 328); 1997 (GVBl. S. 213, 492); 2001 (GVBl. S. 31, 211).
[125] BauO - GBl. der DDR I, S. 929; Einführungsgesetz vom gleichen Tage GBl. der DDR I, S. 950.
[126] Vgl. § 2 Abs. 1 Gesetz zur Einführung des Gesetzes vom 20.07.1990 über die Bauordnung (BauO); dies entspricht dem Einigungsvertrag (Art. 9 Abs. 1 S. 1).
[127] Orthloff, *Öffentliches Baurecht in den neuen Ländern*, S. 10.
[128] 1992 (GVBl. S. 363, 375); 1994 (GVBl. S. 1401); 1996 (GVBl. S. 122); 1999 (GVBl. S. 85, 86, 186); 2001 (GVBl. S. 426, 428, 716).

Die Verzögerungen resultieren im Wesentlichen aus ausführlichen Ausschussberatungen der jeweiligen Gesetzentwürfe. Zudem sind im sensiblen Bereich des Bauwesens wegen der spürbaren Auswirkungen auf die Bürger alle Parteien bedacht, von ihrem parlamentarischen Einfluss im Gesetzgebungsverfahren möglichst unter Verwirklichung ihrer Ziele und Interessen Gebrauch zu machen.

2.5.2   Rechtsquellen der EG

Die Europäische Union beeinflusst die nationale Rechtsordnung durch das primäre und das sekundäre Gemeinschaftsrecht. Als für das Bauordnungsrecht relevante Rechtquellen kommen vor allem Richtlinien und teils euch Empfehlung in Betracht.[129] Dabei handelt es sich um Rechtsakte des sekundären Gemeinschaftsrechts, welche in Art. 249 Abs. 1 EG-Vertrag genannt werden. Im Wesentlichen sind es Richtlinien, die in der Vergangenheit seit Mitte der achtziger Jahre die Bauordnungskommission zu Veränderungen der Musterbauordnung veranlassten. Die Konzeption einer solchen Richtlinie ist in Art. 249 Abs. 3 EG-Vertrag niedergelegt.[130] Ihre Ziele ergeben sich aus ihren Rechtswirkungen, welche sich wiederum aus der jeweiligen inhaltlichen Gestaltung ergeben. Darin werden regelmäßig Fristen zur innerstaatlichen Umsetzung festgelegt. Die Umsetzungspflicht drängt die Adressaten somit bis zum Ablauf eines Stichtages zu einer inhaltlich unbedingten und hinreichend genauen Transformation ins nationale Recht, wobei die Wahl der Form und der Mittel den jeweiligen Mitgliedstaaten überlassen bleibt.[131]

Dies ist auch ein Grund für die vielen Neufassungen der Musterbauordnungen in den neunziger Jahren. Der zeitliche Druck zwingt die ARGEBAU zu zügigen und umfassenden Beratungen, damit die Umsetzung der Richtlinien nach den Vorgaben einer gemeinsam erarbeiteten Musterbauordnung fristgerecht erfolgen kann. Lediglich die Bauproduktenrichtlinie konnte wegen der anfänglichen Unübersichtlichkeit der betroffenen Gesetzgebungskompetenzen von Bund und Ländern lediglich schrittweise von der Kommission verarbeitet werden.

Als sekundäres Gemeinschaftsrecht gelten auch die von den Organen der Europäischen Gemeinschaft ausgesprochenen Empfehlungen. Im Gegensatz zu den Richtlinien haben sie für den offenen Adressaten keine rechtliche Bindungswirkung. Jedoch ist ihnen eine nicht zu unterschätzende politische Bedeutung zu zumessen, weshalb sie häufig freiwillig befolgt werden.[132] Zudem haben innerstaatliche Gerichte sie insbesondere dann zu berücksichtigen, wenn sie

---

[129] Vgl. oben bereits 2.4.9.

[130] Art. 249 Abs. 3 EG-Vertrag: "Die Richtlinie ist für jeden Mitgliedstaat, an den sie sich richten wird, hinsichtlich des zu erreichenden Zieles verbindlich, überlässt jedoch den innerstaatlichen Stellen die Wahl der Form und Mittel."

[131] Vgl. Arndt, S. 82 (86).

[132] Vgl. Arndt, S. 94 (95).

Aufschluss über den Inhalt oder die Auslegung von Gemeinschaftsrecht geben können.[133]

2.5.3 Tendenzen im Bauordnungsrecht

Im Bauordnungsrecht waren bei nahezu jedem Abschnitt der Reformen der Musterbauordnungen Verfahrensfragen maßgeblich. Die Rechtsanwendung sollte erleichtert und durch einen Abbau von Vorschriften übersichtlicher und für den Bürger nachvollziehbarer gestaltet werden. Zudem war es stets ein Anliegen der Kommission, die Dauer der einzelnen Verfahrensabschnitte merklich zu kürzen. Zur Beschleunigung wurden je nach Art und Umfang des Bauvorhabens verschiedene Prüfverfahren eingeführt, die von einer einfachen Anzeige an die zuständige Stelle bis zur klassischen, umfassenden behördlichen Überprüfung sämtlicher Unterlagen und Bauabschnitte weit gefächert sind.[134]

Diese Erleichterungen konnten jedoch nur dadurch realisiert werden, dass auf die privat am Bau beteiligten Rechtssubjekte mehr Verantwortung und Aufgaben verlagert wurden. Der damit verbundene Rückzug des Staates aus der bislang unfassend von ihm selbst getragenen Präventivverantwortung zeigt die allgemeine Tendenz, sich weiter auf Formen gesellschaftlicher Eigenverantwortung zu berufen und die repressive Kontrolle in den Vordergrund zu stellen.[135]

Letztendlich steht die Problemtrias der Deregulierung, der Privatisierung und Beschleunigung im Mittelpunkt. Es geht um das spezifisch bauordnungsrechtliche Verhältnis von präventiver Kontrolle, materiellen Anforderungen und repressiven Befugnissen sowie der Verantwortungsverteilung zwischen Staat, Bauherrn, Architekten und Sachverständigen.[136]

2.5.3.1 Unterschiedliche Verfahren

Im Bereich des Verfahrensrechts orientierte sich die Musterbauordnung lange am Dualismus von genehmigungsfreien und genehmigungsbedürftigen Vorhaben. 1992 wurde zusätzlich ein vereinfachtes Genehmigungsverfahren eingeführt, und damit das Ziel verfolgt, bei nicht schwerwiegenden Angelegenheiten eine Beschleunigung der Abwicklung zu erreichen. Mit der MBO 2002 erfolgte eine Erweiterung der vorgesehenen Verfahrensvarianten. Die erstmals verwandte Modultechnik zur Umsetzung der drei Grundverfahrenstypen beschreitet einen neuen Weg.[137]

Dem bisherigen Modell des klassischen Dualismus sind im Wesentlichen nur Bremen, Hessen, Mecklenburg-Vorpommern, Niedersachsen, Nordrhein-Westfalen Rheinland-Pfalz und das Saarland gefolgt. In Nordrhein-Westfalen

---

[133] Vgl. Herdegen, Rdnr. 187.
[134] Vgl. 2.5.3.1.
[135] Vgl. Gnatzy, S. 34.
[136] Vgl. Battis, S. 1558.
[137] Vgl. 2.3.9.

sind die genehmigungsfreien Vorhaben nochmals in drei Kategorien aufteilt.[138] Niedersachsen hat zur Vereinfachung des Genehmigungsverfahrens 1996 eine Verordnung über die Einschränkung von Prüfungen im Baugenehmigungsverfahren verabschiedet.[139] In diesem Zusammenhang ist noch festzustellen, dass in Bremen, Hessen, Mecklenburg-Vorpommern, Rheinland-Pfalz und dem Saarland im vereinfachten Genehmigungsverfahren eine Genehmigungsfiktion vorgesehen ist, in Niedersachsen und Nordrhein-Westfalen jedoch nicht.[140] Danach gilt eine Genehmigung als erteilt, wenn die zuständige Behörde sich innerhalb einer bestimmten Frist nicht mit der Sache auseinander gesetzt hat.

Vom Dualismus entfernt haben sich diejenigen Bundesländer, die zusätzlich ein Anzeigeverfahren geschaffen haben. Hierzu zählen Bayern, Berlin, Brandenburg, Hamburg, Sachsen, Schleswig-Holstein und Thüringen.[141] Sie haben neben den grundsätzlichen Verfahrensweisen ein Anzeigeverfahren eingeführt. Es schließt nicht mit einer formell legalisierenden Baugenehmigung ab. Stattdessen lässt ein Zeitablauf die ohne erfolgte Genehmigung bestehende formelle Rechtswidrigkeit des Vorhabens entfallen, sofern die Bauausführung zuvor nicht untersagt worden ist. Innerhalb dieser Landesbauordnungen muss wiederum zwischen solchen mit und solchen ohne Genehmigungsfiktion im vereinfachten Genehmigungsverfahren unterschieden werden. Ergänzend haben Berlin und Hamburg eine Baufreistellungsverordnung, wobei die Hansestadt zusätzlich noch eine Bauanzeigeverordnung verwendet, verabschiedet.[142]

Baden-Württemberg hat bereits 1990 als bislang einziges Land ein Kenntnisabgabeverfahren eingeführt und kennt ein Anzeigeverfahren nach der Baufreistellungsverordnung.[143] Das vereinfachte Baugenehmigungsverfahren wurde dort und in Hamburg nicht in die Landebauordnung aufgenommen.

Innerhalb des in fast allen Ländern praktizierten vereinfachten Genehmigungsverfahrens bestehen hinsichtlich seiner Anwendbarkeit auf bestimmte Gebäude und bei den verschiedenen Fristen wiederum Unterschiede. Es werden unterschiedliche materielle Voraussetzungen der Gebäudearten für die Verfahrenswahl normiert. Für Wohngebäude ergeben sich je nach der begrifflichen Einordnung als Solches geringer oder mittlerer Höhe beziehungsweise als Hoch-

---

[138] Vgl. §§ 66, 67 BauO-NW.

[139] PrüfEVO (GVBl. S 287).

[140] Genehmigungsfiktion: Bremen § 67 Abs. 4 BremLBO; Hessen § 67 Abs. 5 HBO; Mecklenburg-Vorpommern § 63 Abs. 7 S. 2 LBO M-V; Rheinland-Pfalz § 66 Abs. 4 LBO; Saarland § 67 Abs. 5 LBO.

[141] Bayern Art. 65 Abs.1 BayBO; Berliner Baufreistellungsverordnung vom 07.11.1994 (GVBl. S. 456); Brandenburg § 69 Abs. 8 BdgBO; Sachsen § 63 SächsBO; Schleswig-Holstein § 74 Abs. 6 LBO; Thüringen § 62b ThürBO.

[142] Hamburgische Bauanzeige VO vom 18.05.1993 (GVBl. S. 99) und Baufreistellungsverordnung vom 05.01.1988 (GVBl. S. 1).

[143] Vgl. § 51 LBauO BW. Baufreistellungsverordnung vom 26.04.1990 (GBl. S. 144).

haus Obergrenzen von 7 m über 10-22 m bis unter 30 m. Auch ist nicht immer klar, was konkret als Vollgeschoss zu werten ist.

Wenig einheitlich sind auch die in den verschiedenen Verfahren zu beachtenden Fristen. Sie erstrecken sich von sofort bis zu zehn Tagen oder einem Monat über sechs Wochen bis zu drei Monaten. Im Anzeigeverfahren beispielsweise darf der Bauherr drei Monate, einen Monat oder drei Wochen nach Eingang der Anzeige oder gar gleichzeitig mit ihr mit dem Bau beginnen. Im vereinfachten Genehmigungsverfahren darf mit dem Bau begonnen werden drei Monate, einen Monat oder sechs Wochen nach Eingang des Antrags.

Mithin bestehen sowohl zwischen der Musterbauordnung und den einzelnen Landesbauordnungen als auch unter den Landesgesetzen merkliche Unterschiede. Angefangen von der unterschiedlichen Anwendbarkeit der gleichen Verfahren auf unterschiedliche Gebäudetypen bestehen durch die unterschiedlichen Fristen in den verschiedenen Verfahrensmodellen keine einheitlichen Voraussetzungen. Zudem werden uneinheitlich einzelne Verfahrenteile in Verordnungen verlagert, wodurch die Übersichtlichkeit über den Regelungsumfang insgesamt gemindert wird. Diese Unterschiede sind nicht durch örtliche Begebenheiten bedingt. Insofern erscheint die Musterbauordnung nur noch als ein entfernter Orientierungspunkt und „Muster ohne Wert".[144]

2.5.3.2   Privatisierung

Die Privatisierungstendenzen im Bauordnungsrecht sind im übergreifenden Zusammenhang mit dem Verhältnis von öffentlicher Verwaltung und Privaten zusehen. Dazu bedient man sich verschiedener Gestaltungsformen und Instrumentarien. Eine Möglichkeit liegt in der Verwaltungssubstitution. Sie ist dadurch gekennzeichnet, dass bestimmte Private (Bauherr, Entwurfverfasser, Bauunternehmer, Bauleiter etc.) in ihrer Aufgabenwahrnehmung eine eigene Tätigkeit oder Aufgabenerfüllung der Verwaltung ersetzten und so als private Verantwortungsträger erscheinen.[145] Man spricht in diesem Kontext auch von materieller Privatisierung bzw. Aufgabenprivatisierung. Der Staat entlässt eine bestimmte Aufgabe in private Verantwortung und verzichtet auf eine eigene Aufgabenverantwortung. Diese Aufgabenwahrnehmung substituiert die (bisherige) Verwaltungsverantwortung.[146] Eine andere Möglichkeit ist die formelle Privatisierung im Rahmen der Beleihung oder die funktionelle Privatisierung in der Form der Verwaltungshilfe.

---

[144] Vgl. Jäde, *Nochmals: Abschied von der Baugenehmigung*, S. 673 (674); Orthloff, *Abschied von der Baugenehmigung*, S. 112 (119); Erbguth/Stollmann, S. 1141 (1145); Gnatzy, S. 457 ff.
[145] Vgl. vHeimburg, S. 194.
[146] Vgl. Scholz, S. 42.

Sehr deutlich wird dieser Weg der Reformansätze im Bereich der bauordnungsrechtlichen Genehmigungsverfahren. Nahe herangerückt an die genehmigungsfreien Vorhaben ist die Genehmigungsfreistellung kraft Gesetzes. Sie bedeutet eine echte Umkehr des bisherigen Systems der Gefahrenabwehr durch präventive Kontrolle mittels des Verbotes mit Erlaubnisvorbehalt. Es fehlt nun an einer verfahrensabschließenden individuell konkreten Entscheidung der Bauaufsichtbehörde. Vielmehr ist die Aufhebung des präventiven Verbots nun als eine generell-abstrakte Vorgabe des Gesetzgebers gekennzeichnet.[147]

Dies stärkt die Baufreiheit, welche im Wesentlichen der präventiven Kontrolle der Behörden unterworfen war. Jedoch werden bei den Genehmigungsfreistellungen genau wie bei den Bauanzeigeverfahren die Prüfpflichten und die Verantwortung für die Durchführung des Vorhabens auf die am Bau Beteiligten übertragen. Die Bauaufsichtsbehörde nimmt die Planung zunächst lediglich informatorisch zur Kenntnis, wobei die Bauherren bzw. Sachverständige regelmäßig vor Baubeginn zu erklären und zu garantieren haben, dass das geplante Objekt den öffentlich-rechtlichen Vorschriften nicht widerspricht.[148]

Voraussetzung der Baugenehmigung als umfassende öffentlich-rechtliche Unbedenklichkeitsbescheinigung war früher bundeseinheitlich die Übereinstimmung der geplanten baulichen Anlage mit sämtlichen öffentlich-rechtlichen Vorschriften, wobei als Prüfungsmaßstab nicht nur die spezifisch baurechtlichen Regelungen des Bauordnungs- und Bauplanungsrechts verstanden wurden, sondern grundsätzlich alle Normen. Es erfolgte eine umfassende Prüfung hinsichtlich aller materiell-rechtlichen Vorgaben. Zudem mussten jegliche nach dem Fachrecht erforderlichen Erlaubnisse und Genehmigungen nachgewiesen werden.[149] Nach der so genannten Schlusspunkttheorie[150] galt die Erteilung der Baugenehmigung als Schlusspunkt des Verfahrens und als Grundlage der tatsächlichen Bauausführung. Sie durfte nicht unter dem Vorbehalt des Erlasses weiterer Erlaubnisse anderer Behörden ausgestellt werden.

Durch den Abbau der Prüfungspflichten der Bauaufsichtsbehörden hat sich auch die Feststellungswirkung der Baugenehmigung reduziert. Der stetige Wandel von der präventiven zur zunehmend repressiven Kontrolle und die Ver-

---

[147] Vgl. Knemeyer, *Deregulierung, Verfahrensvereinfachung und Verfahrensbeschleunigung*, S. 259 (267).

[148] Vgl. Jäde, *Reformansätze im Bauordnungsrecht*, S. 193 (198).

[149] Vgl. Gnatzy, S. 101,106 ff, 347.

[150] Die Sachentscheidungskompetenz der Bauaufsichtsbehörde umfasst danach die eigenverantwortliche Feststellung der materiellen Rechtmäßigkeit sowie die Feststellung, dass die weiteren durch Fachgesetze vorgesehenen fremd verantwortlichen Entscheidungen vorliegen, wobei die danach festgestellte materielle Legalität allerdings Inhalt der jeweiligen fachgesetzlichen Gestattung und nicht der Baugenehmigung ist; vgl. Orthloff, *Inhalt und Bindungswirkung der Baugenehmigung*, S. 1665 (1669).

antwortungsverlagerung auf die am Bau Beteiligten beschreibt eine stetige Abkehr von der Schlusspunkttheorie, letztendlich deren Aufgabe.[151]

Wegen der Verschiebung des Schwerpunktes in der Prüfung und der Verantwortung werden in den Vorschriften nun die Anforderungen an die Fachkenntnisse der Sachverständigen erhöht und verstärkt Wert auf die Verständlichkeit der Regelungen gelegt. Denn wenn der Bürger die Kriterien für sein Bauvorhaben selbst prüfen und deren Ordnungsgemäßheit versichern soll, muss es ihm auch ohne Fachkenntnis möglich sein, diese aus dem Vorschriftenbestand abzuleiten. Eine verbesserte Verständlichkeit bedeutet jedoch auch gleichzeitig eine ausführliche Beschreibung der Rechtslage. Ob dies die Deregulierungstendenzen fördert, ist fraglich.[152]

Ein weiterer Effekt der Privatisierung ist die Verlagerung der Kostentragung auf den Bauherren. Privatbüros von staatlich anerkannten Sachverständigen verursachen regelmäßig höhere Kosten.[153] Folge der Reduktion des Umfangs der Baugenehmigung, sofern sie überhaupt noch gefordert wird, ist zudem eine Erhöhung der Investitionsrisiken und der Rechtsunsicherheit. Eine abschließende behördliche Entscheidung mit Bindungswirkung für weitere öffentliche Stellen und als Grundlage für Entscheidungen kreditgebender Institute im Rahmen der Baufinanzierung ist nicht mehr die Regel.[154]

Eine Baugenehmigung gewährt bei plangemäßer Bauausführung einen Schutz des Vorhabens. Sie sichert den Bestand des Gebäudes gegenüber einem Rückgriff auf das materielle Recht ab. Sofern Sie bestandskräftig ist, verbreitet sie bei dem Bauherren Planungs- und Rechtssicherheit. Ohne eine solche Unbedenklichkeitsbescheinigung drohen nicht nur Einwände von Nachbarn, sondern auch Eingriffe der Bauaufsicht, die eine bestandskräftige Baugenehmigung weitgehend abschirmt. Vor allem hat die Genehmigungsfreiheit keine Geltungsdauer. Bei einer nachträglichen Änderung des Bebauungsplanes oder weiterer Bauvorschriften wird das Vorhaben möglicherweise rechtswidrig. Dann können dem Bauherren unter Umständen nur Vertrauensschutzgrundsätze weiter helfen.[155]

---

[151] Vgl. §§ 72 Abs. 1, 64 S. 1 MBO 2002; Jäde, *Rechtseinheit im Bauordnungsrecht?*, S. 982 (983); in dieser Richtung auch BVerwGE 99, S. 351, BVerwG NVwZ 1996, S. 377 und BVerwG NJW 1997, S. 1085; Jäde, *Das Zweite Gesetz zur Vereinfachung und Beschleunigung baurechtlicher Verfahren*, S. 8; Finkelnburg/Orthloff, S. 101 mit einer Modifizierung der Schlusspunktheorie.

[152] Insofern kritisch Battis, S. 1558 (1559).

[153] Vgl. Gnatzy, S. 427 (428).

[154] Vgl. Gnatzy S. 429 ff. mit weitern Beispielen beachtlicher Nachteile für den Bauherren sowie unten 4.6.3.1.6 und 4.6.3.2.1.

[155] Vgl. Korioth, S. 665 (672).

2.5.3.3 Deregulierung

Ziel nahezu jeder Neufassung der Musterbauordnungen war eine Vereinfachung und Beschleunigung des Verfahrens. Letztendlich sollte die Praxis Erleichterungen durch einen Abbau von Vorschriften und Hürden im Verwaltungsapparat erfahren. Dies ergab sich als Konsequenz zu hoher Regelungsdichte und zu langer und zu tiefer Verwaltungsverfahren. Die Begriffe der Deregulierung, Verfahrensvereinfachung und Verfahrensbeschleunigung fallen im Zusammenhang mit dem Begehren nach einem so genannten schlanken Staat.[156]

Lange prägten dieses System die Grundsätze eines Wohlfahrtsstaates. Charakteristisch ist dabei die Übernahme von Verantwortung durch den Staat in Form der Exekutive und die Entlastung des Bürgers von Handlungsverantwortung durch ein rückversicherungsfestes Geflecht von Präventivkontrollen. Es geht vorliegend aber nicht allein um die Verringerung von Staatätigkeit, sondern auch und nicht zuletzt um eine qualitative Neubesinnung zu Voraussetzungen, Umfang und Organisationsform staatlichen Handelns.[157]

Die Reduzierung der Bürokratie spiegelt sich im Bauordnungsrecht in den bauaufsichtlichen Genehmigungsverfahren wider. Die einzelnen Regelungen reichen von einem bloßen Anzeigeverfahren über ein vereinfachtes Baugenehmigungsverfahren bis hin zur Genehmigungsfreistellung. Teilweise wurde zusätzlich eine Verordnung geschaffen, um die einzelnen Tatbestände zu konkretisieren. Diese verschiedenen Ausformungen lassen jedoch die Gemeinsamkeit erkennen, möglichst Distanz vom herkömmlichen Genehmigungsverfahren zu gewinnen.[158]

Die tatsächliche Umsetzung dieser Motive ist unterschiedlich. Im Anzeigeverfahren genügt zunächst die Kenntnis der zuständigen Stelle vom Bauvorhaben zum Baubeginn. Teilweise wird ein Verfahren insgesamt für entbehrlich gehalten oder unter bestimmten Voraussetzungen und der Beibringung bestimmter Unterlagen nicht mehr verlangt. Bei wiederum besonders kategorisierten Vorhaben prüft die Bauaufsichtsbehörde lediglich einzelne rechtliche Kriterien. Bei den übrigen Projekten, die noch einer formalen Baugenehmigung bedürfen, wird entweder eine Übereinstimmung mit den Vorschriften des öffentlichen Rechts insgesamt oder nur mit spezifisch baurechtlichen Regelungen verlangt. Gegebenenfalls sind dann zusätzliche und nach dem Fachrecht erforderliche Erlaubnisse gesondert einzuholen und für den Baubeginn erforderlich.

Fraglich ist aber, ob diese Wandlungen im behördlichen Verfahren tatsächlich die gewünschten Effekte erzielen. Wie bereits angesprochen führt der Abbau des Verwaltungsverfahrens zwangsläufig zu einer wachsenden privaten Verantwortung der am Bau Beteiligten. Je weniger Prüfungen von Amtswegen

---

[156] Vgl. Knemeyer, *Deregulierung, Verfahrensvereinfachung und Verfahrensbeschleunigung*, S. 259 (260).
[157] Vgl. Busse, S. 389.
[158] Vgl. Held, S. 2.

im Rahmen eines umfassenden Baugenehmigungsverfahrens erfolgen, desto mehr entsprechende Bescheinigungen sind in Eigenarbeit zu beschaffen. Damit wird die Behördenbürokratie letztendlich in den privaten Bereich verlagert und in die Sphäre des Bürgers transportiert.[159]

Das rein behördeninterne Verfahren wird somit sicherlich beschleunigt und auch vereinfacht. Aber ob die Dauer von der Anzeige des Bauvorhabens oder der Antragstellung bis zur Möglichkeit des Baubeginns für die Bürger insgesamt kürzer sein wird als im Falle einer umfassenden behördlichen Überprüfung, scheint zweifelhaft. Denn nur die effektive und koordinierte Aufgabenerfüllung der am Bau Beteiligten könnte dies gewährleisten. Sie haben nun selbst verschiedenste Bereiche abzudecken, bleiben aber im Ergebnis von den Entscheidungen der einzelnen staatlichen Stellen abhängig. Ob damit der gesamte Ablauf für den Bürger im Ergebnis eine Beschleunigung erfährt und die Bearbeitung der Angelegenheit somit schneller zu bewerkstelligen ist als durch eine organisierte zuständige Behörde, bleibt abzuwarten.

2.6   Die Praxis in der Ländergesetzgebung

Um ein Gesetz auf den Weg zu bringen, muss es zunächst mehrere Entwicklungsstufen durchlaufen, damit es im Ergebnis fehlerfrei und unfassend in Kraft treten kann. Zunächst ist der Regelungsbereich festzulegen und einzugrenzen. Nach ausführlicher tatsächlicher Feststellung des Sachverhaltes werden Prognosen über zukünftige Entwicklungen unter Berücksichtigung denkbarer Handlungsvarianten eingeholt. Die Mittelwahl wird sodann mit möglichen zu erwartenden Wirkungen und Nebenwirkungen der gesetzgeberischen Maßnahme in Einklang gebracht. Dabei erfolgt eine Abwägung der berührten Interessen und Rechtsgüter im Rahmen einer Wirkungskontrolle.[160]

Die am parlamentarischen Willensbildungsprozess unmittelbar Beteiligten können diesen Anforderungen selbst nur begrenzt nachkommen. Vielmehr werden regelmäßig Ausschüsse und Gremien mit diesen Aufgaben betraut. Die darin eingesetzten Spezialisten und Sachverständigen bereiten einen ausgewogenen Gesetzentwurf vor und garantieren damit eine genügende Sorgfalt bei der Rechtsfortbildung.[161]

Der eigentliche Akt der Gesetzgebung findet in Mehrheitsentscheidungen in den Landesparlamenten statt. Dort entscheidet sich letztendlich der genaue Gesetzeswortlaut. Ob Gesetzesinitiativen wörtlich umgesetzt werden oder ob interne Beratungen noch zu Änderungen führen, hängt vom Einzelfall ab. Dazu kommt es neben den Mehrheitsverhältnissen von Opposition und Regierungskoalition auch auf die Haltung möglicherweise ausschlaggebender einzelner Abgeordneter an.

---

[159] Vgl. Gnatzy, S. 428.
[160] Vgl. Burghart, S. 122-130, 147.
[161] Vgl. Ossenbühl, Hdb. d. StR., Band III, § 61, Rdnr. 59.

Im Bereich des Bauordnungsrechts wird die wesentliche und fachlich anspruchsvolle Arbeit vonseiten der ARGEBAU geleistet. Sie ist mit ihren Fachkommissionen und Fachausschüssen am Besten geeignet und auch gerade dafür vorgesehen, sämtliche Umstände und Entwicklungstendenzen in langjähriger Erfahrung in Normen umzusetzen. Am Ende steht die Musterbauordnung. Die Mustervorschriften sind das Ergebnis von Beratungen und einem grundsätzlich einstimmigen Beschluss der für das Bauwesen zuständigen Minister und Senatoren der Länder im Rahmen der Bauministerkonferenzen.

Die beschlossene Fassung der Musterbauordnung wird durch den zuständigen Minister vonseiten der jeweiligen Landesregierung als Gesetzentwurf ins Parlament eingebracht. Von diesem Zeitpunkt an ist sein Schicksal dem allgemeinen Ablauf des Gesetzgebungsverfahrens mit all seinen möglichen Hürden unterworfen. Jede Beratung und Ablehnung innerhalb des Gesetzgebungsverfahrens bürgt die Gefahr der Änderung der gemeinsam beschlossenen Mustervorschriften, die als Gesamtpaket eine ausgewogene Lösung bieten.

2.6.1   Einfluss der Bad Dürkheimer Vereinbarung

Die Bad Dürkheimer beruht auf einem zentralen Zusammenwirken der Länderexekutive im Bereich des Bauordnungsrechts. Es wird einvernehmlich ein Muster für die Landesgesetzgeber entwickelt, um eine Rechtszersplitterung im betreffenden Rechtsgebiet zu vermeiden. Ob und wieweit diese Vereinbarung[162] geeignet ist, eine rechtlich verbindliche Grundlage für die Ländergesetzgebung zu schaffen, bleibt im Ergebnis zunächst einer eingehenden Prüfung vorbehalten.[163]

Jedenfalls betreiben die ARGEBAU und die jeweiligen Ländervertreter einen erheblichen finanziellen und organisatorischen Aufwand, um der Absprache aus dem Jahr 1955 gerecht zu werden. Bereits dies stellt ein nicht unerhebliches Moment dar, die Ergebnisse der eingehenden Beratungen in der Landesrechtsordnung zu verwerten. Zudem ist es wesentlich einfacher für den Verfasser eines Gesetzentwurfs und dessen Erfolgsaussichten zuträglicher, sich auf eine Expertenarbeit stützen zu können, als mit Eigenkreationen in die Abstimmung zu ziehen. Die Akzeptanz innerhalb des Landesparlaments dürfte in dem Fall wesentlich höher ausfallen. Mit der gemeinsamen Ausarbeitung der Musterregelungen durch die Länder wird bezweckt, dass alle Beteiligten ihre jeweilige Gesetzgebung an dem betreffenden Entwurf ausrichten.[164] Jedenfalls werden die

---

[162] Als Solche bezeichnet von Stuer/Ehebrecht-Stuer, S. 11 unter Berufung auf das Protokoll der Bad Dürkheimer Besprechung vom 21.01.1955.
[163] Vgl. 4.4 mit einer rechtlichen Einordnung und Bewertung der Bindungswirkung auf den betroffenen Ebenen der Länder.
[164] Vgl. Hendler, S. 222.

Abgeordneten sich diesem Harmonisierungsdruck nur schwerlich entziehen können.[165]

2.6.2 Grundsätzlich Rechtsentwicklung in gleiche Richtung

In der repräsentativen Demokratie bildet das Parlament den verfassungsmäßigen Mittelpunkt der politischen Willensbildung und damit auch den des legislativen Geschehens. An der Entstehungsgeschichte der Parlamentsgesetze hat aber auch die Exekutive einen maßgebenden Anteil.[166] Vorliegend bilden die von den Fachministern und Senatoren der Länder geführten Beratungen im Rahmen der ARGEBAU den Schnittpunkt der beiden Gewalten. Die Vorarbeit der Fachministerkonferenz erzeugt einen Wirkungszusammenhang zwischen Gesetzgebung, Regierung und Verwaltung. Dieser Wirkungszusammenhang bewirkt eine stetige Abstimmung und Anpassung an veränderte und absehbare Umstände, sodass die legislative Vorbereitung, Konkretisierung, Entscheidung, Wirkungskontrolle und Nachbesserung ineinander übergehen.[167]

Die Kooperation zwischen Parlament und Regierung gewinnt im Parteienstaat ein besonderes Gewicht. Denn regelmäßig stammen die von den Regierungen zu der Bauministerkonferenz entsandten Minister oder Senatoren bzw. deren Vertreter aus dem Lager der Parlamentsmehrheit. Diese Mehrheit ist die Grundlage für den Erfolg des übereinstimmend einzubringenden Entwurfs der Landesbauordnungen in den Landesparlamenten. So wird die Zielrichtung des staatlichen Handelns bereits im Vorfeld festgelegt und durch die grundsätzliche Regierungsmehrheit im Plenum nicht mehr gefährdet.[168] Einer Rechtssetzung im Sinne der unter Beteiligung eines Mitgliedes des Kabinetts entwickelten Mustervorschriften steht dann nichts mehr im Wege.

Die Zusammenarbeit der Länder führt zu einer Stärkung der Regierungen im Gesetzgebungsprozess. In den Lesungen der Landtage kann gegen Abweichungsvorschläge das Argument ins Feld geführt werden, dass der Text bereits eine Kompromissformel darstellt und jede Änderung immerhin den Zweck der einheitlichen Geltung im Bundesgebiet vereiteln würde.[169] Ferner leitet das ungeschriebene Gebot der Rücksichtnahme im bundesstaatlichen Gefüge dazu an, eine Regelung zu vermeiden, welche die Interessen des Bundes oder eines anderen Landes beeinträchtigen würde. Neben dieser Pflicht zu bundes- und länderfreundlichen Verhalten sollte jedes Land bei einer eigenwilligen Gesetzgebung bedenken, dass damit grundsätzlich ein Gefälle zum benachbarten Bun-

---

[165] Vgl. Schneider H., *Gesetzgebung,* S. 126.
[166] Vgl. Grawert, *Gesetzgebung zwischen Politik und Demokratie,* S. 99.
[167] Vgl. Grawert, *Gesetzgebung zwischen Politik und Demokratie,* S. 100.
[168] Vgl. Kisker, S.229-230.
[169] Vgl. Storr, S. 116 (119).

desland eintritt, welches wiederum zu einer unerwünschten Verlagerung von Wirtschaft und Bürgern führen kann.[170]

Für eine einheitliche Rechtssetzung spricht auch, dass wegen des begrenzten Regelungsgegenstandes des Bauordnungsrechts die zu regelnden Lebenssachverhalte in allen Ländern grundsätzlich gleich sind. Von daher ergeben sich, abgesehen von örtlichen Besonderheiten in Küsten- oder Bergregionen, keinerlei besondere Abweichungen fordernde Sonderfälle.

Auch im Verfahrensrecht sollten die Probleme der Verwaltung in ähnlichen Bereichen angesiedelt sein. Die Kritiken an der Flut von Normen sowie an der Dauer der Behördentätigkeit treffen sämtliche Landesrechtsordnungen nicht nur im Bereich des Bauordnungsrechts. Von daher bestehen überall dieselben Bedürfnisse nach Reformen und Anpassung. Die Ziele der Gesetzgeber sind somit in den einzelnen Ländern nicht grundsätzlich unterschiedlich. Differenzen gibt es aber im Bereich des Engagements und der Geschwindigkeit der Arbeitsweisen, um sämtlichen Kritikanstößen und Reformansätzen zeitnah gerecht werden zu können.

2.6.3 Mögliche Gründe für Diskrepanzen

Die Hintergründe einer gesetzgeberischen Tätigkeit ohne Anstoß durch neue Mustervorschriften der ARGEBAU zur Änderung der jeweils geltenden Landesbauordnungen sowie die von vornherein abweichende oder verzögerte Umsetzung sind vielschichtig. Das Grundproblem liegt darin, dass die vereinbarten Entscheidungen zur Normsetzung innerhalb der einzelnen Länder noch vollzogen werden müssen. Dabei können beispielsweise Hindernisse auftreten, die sich einerseits durch politische Wechsel in den Regierungen sowie der Parlamentszusammensetzung ergeben und andererseits durch Wandelungen in den Sachproblemen erzeugt werden, sodass im Vorgriff auf koordinierte Lösungen bereits vorsorglich eingreifend eine gesetzgeberische Betätigung aus Ländersicht notwendig werden kann. Hier überschneiden sich die Veränderungen der Bedingungen mit Initiativen und neuen Schöpfungen einzelner Landesgesetzgeber als Gründe für Abweichungen zwischen den Landesbauordnungen.

Die Beratungen der ARGEBAU und die diese abschließenden Neufassungen der Mustervorschriften sind das Ergebnis einer Einigung aller daran beteiligten Delegationen der jeweiligen Fachminister und Senatoren der Länder. Letztlich stellt es sich zunächst als kleinster gemeinsamer Nenner dar, wobei aber eigene Motive, die im Wege der kollektiven Entscheidungsfindung gegebenenfalls auf der Strecke geblieben sind, sicherlich in den Hinterköpfen der Beteiligten weiterhin vorgehalten werden.[171]

---

[170] Vgl. Schneider H., *Gesetzgebung*, S. 124f.
[171] Vgl. Wettach, S. 308.

Parlamente und Regierung können sich grundsätzlich nicht derart intensiv mit Detailfragen im Bauordnungsrecht befassen, wie es der Bauordnungskommission möglich ist. In den parlamentarischen Beratungen und Beschlussfassungen wird meist nicht das gesamte Paket der Mustervorschriften sondern es werden jeweils lediglich einzelne Bestandteile getrennt behandelt und diskutiert.[172] Somit können einzelne Motive der Mustervorschriften vor dem Hintergrund einer intendierten Gesamtlösung in politischen Verfahren untergehen oder auseinander gerissen werden, wodurch sich wiederum das äußere Erscheinungsbild der Umsetzung ins Landesrecht abweichend darstellen kann. Die Parlamente ratifizieren die Musterentwürfe nicht blindlings. Vielmehr nehmen sie ihre Handlungsmöglichkeiten und Gestaltungsspielräume zunehmend wahr.[173]

Zudem gibt es noch neben und unterhalb der Ebene der Regierung und Fachminister eine Zusammenarbeit zwischen den Ländern mit mittelbarem Bezug zur Gesetzgebung. Zudenken ist auf der Ebene der Gesetzgebungsorgane an die gemeinsamen Konferenzen der jeweiligen Fraktionsvorsitzenden in den Landesparlamenten und der Fraktionsexperten zu Fachfragen.[174] Solche parlamentarischen Kooperationsbemühungen treten teilweise begleitend und unterstützend zu den Ressortministerkonferenzen auf. Sie können bereits im Vorfeld günstige Bedingungen für die Erfolgsaussichten der intendierten Umsetzung durch die Landtage schaffen.[175] Diese Form der Zusammenarbeit ist aber ebenso geeignet, an der ARGEBAU vorbei Abweichungen der zu verabschiedenden Landesbauordnungen zur Musterbauordnung zu erzeugen. Ein Ausscheren lässt sich in dem Fall besser rechtfertigen, wenn in anderen Ländern gleiche Tendenzen aktiv sind.

2.6.3.1   Ablehnung innerhalb des eigenen Ressorts

Wegen eines geringen Erfolges bei der Durchsetzung eigener Ideen und Konzepte im Rahmen der Beratungen der ARGEBAU ist es nicht auszuschließen, dass bereits die im jeweiligen Bauressort für die Vorarbeit zur Schaffung neuer landesrechtlicher Vorschriften zuständigen Sachbearbeiter den Musterentwurf nicht als zwingende Grundlage ihrer gestaltenden Arbeit ansehen. Sollten dadurch etwa bestimmte, in jahrelanger Eigenarbeit entwickelte Regelungskonstrukte unberücksichtigt geblieben sein, die im Einvernehmen mit der auf Ministerialebene zuständigen Ressortleitung befürwortet wurden, können Vorschläge von „außen"[176] eher ablehnend behandelt werden. Zwar muss derjenige, der von allgemeinen Vorgaben abweichen möchte, eine umfasse Begründung für seinen Sonderweg darlegen, sofern die Handlungsalternative im übergreifenden Inte-

---

[172] Vgl. Benz, S. 90.

[173] Vgl. Klatt, *Die Rolle der Parlamente im föderalen Entscheidungsprozess,* S. 142

[174] Vgl. Schulze-Fielitz, S. 60 f.

[175] Vgl. Rudolf, Hdb. d. StR., Band IV, § 105, Rdnr. 44.

[176] Aus Ländersicht solche der ARGEBAU.

resse geschaffen wurde. Jedoch sollten an diese Begründungspflicht länderintern nicht allzu hohe Anforderungen gestellt werden, um eine Abweichung nach eigenen Vorstellungen gegenüber einer Mustervorgabe zu rechtfertigen. Eine entsprechende Situation kann sich auch einstellen, wenn die an der Ausarbeitung und Beratung der Musterbauordnung teilnehmenden Sachbearbeiter und Ressortleiter mit denen, die anschließend zur Initiierung der Umsetzung ins Landesrecht zuständig sind, wegen personeller Strukturveränderungen oder gar eines Regierungswechsels personenverschieden sind. Auch in dem Fall stünde einer abweichen Gesetzesinitiative länderintern wenig entgegen.

Diese Ebene der exekutiven Vorbereitung einer Gesetzesinitiative der jeweiligen Landesregierung wird auch aktiv, wenn es darum geht, bestehende regionale Besonderheiten in den ländereigenen Gesetzentwurf einzuarbeiten. Diese Zusätze sind nach der Bad Dürkheimer Vereinbarung solange als zulässig anzusehen wie sie geboten erscheinen, bestehenden örtlichen und vom gesamtstaatlichen Interesse abweichen Eigenheiten Rechnung zu tragen.[177] Auch wenn solche Änderungen demnach grundsätzlich nicht zu beanstanden sind, stellen sie trotzdem Abweichungen vom Musterentwurf dar.

Ob das Parlament eine entsprechende Begründung zur Abkehr von der Musterbauordnung ebenfalls als ausreichend ansieht und somit einer bereits in einer abweichenden Fassung als Gesetzentwurf eingebrachten Neufassung der Ländergesetze die Zustimmung gibt, hängt von weiteren Faktoren ab.

2.6.3.2   Widerstand im Parlament

Im parlamentarischen Gesetzgebungsverfahren hängt der Erfolg einer Gesetzesinitiative der Landesregierung grundsätzlich von den politischen Mehrheitsverhältnissen der Regierungskoalition ab. Im Rahmen der Treue zur Partei folgen die Abgeordneten regelmäßig solchen Gesetzesvorschlägen, da sie als Mitglied einer Partei, die die Regierung bildet, deren Vorbringen grundsätzlich unterstützen. Sollten ausnahmsweise doch Einzelne aus diesem Konsens ausscheren und ihre Unterstützung nicht durch ein entsprechendes Abstimmungsverhalten zum Ausdruck bringen, kann sich, je nach der konkreten Sitzverteilung im Parlament, auch eine das Gesetzesvorhaben gefährdende Situation ergeben.

Eine ablehnende Haltung einzelner für die Abstimmungsmehrheit erforderlicher Abgeordneter kann sich auch einstellen, wenn eine Partei der Regierungskoalition, die gerade nicht den für das Bauwesen zuständigen Minister oder Senator stellt, mit dessen Vorgehen und Erfolg im Rahmen der Beratungen der ARGEBAU zur Musterbauordnung aus parteipolitischen Gründen nicht einverstanden ist. In dem Fall bestünde ein koalitionsinterner Nachbesserungsbedarf auf Landesebene, um einen mehrheitsfähigen Gesetzentwurf auf den Weg zu bringen. Dies zieht zeitliche Verzögerungen sowie Abstriche bei der ange-

---

[177] Vgl. Protokoll der Bad Dürkheimer Besprechung vom 21.01.1955.

64

strebten Vereinheitlichung der Ländergesetzgebung nach sich. Die in Länderko-operation vorbereiteten Musterentwürfe werden von spezialisierten Kommissio-nen vorbereitet. Eine Suche nach politikübergreifenden Paketlösungen ist dabei kaum möglich, da eine entsprechende Querschnittskoordination auf der Arbeits-ebene der Verwaltung nicht vorhanden ist.[178]

Gerade in sensiblen Bereichen der Gesetzgebung, wie vorliegend dem Bauordnungsrecht, können sich inhaltliche Unterschiede in den entsprechenden Regelungsbereichen zwischen den Ländern verschiedener Regierungsparteien finden lassen. Denn diese Art von Gesetzen eignet sich besser dazu, die eigene „Parteipolitik" dem Wähler „zu verkaufen" und sich von den politischen Geg-nern abzugrenzen.[179]

Als Hindernis bei der Umsetzung ins Landesrecht kann sich auch eine inzwischen eingetretene Veränderung der politischen Mehrheitsverhältnisse in der Parlamentszusammensetzung einstellen. Wenn die Beschlussfassung inner-halb der Beratungen der ARGEBAU in einer anderen als der zur Gesetzesinitia-tive anstehenden Legislaturperiode erfolgte, kann deren wörtliche Übereinstim-mung mit der neuen Musterbauordnung durchaus fraglich werden. Die neue Re-gierung könnte gewillt sein die eigenen, bislang den Beratungen in der Baumi-nisterkonferenz vorenthaltenen Motive und Neuerungen in das Gesetzgebungs-verfahren einfließen zu lassen. Denn vorher bestand für sie als teil der Opposti-on noch keine unmittelbare Möglichkeit zur entsprechenden Verwirklichung in der Ländergesetzgebung und dessen Koordination durch länderübergreifende Beratungen auf Regierungsebene.

2.6.3.3   Wandel der Probleme

Das Bauordnungsrecht ist, wie bereits ausgeführt, vielen Einflüssen ausge-setzt.[180] Bestehende und neu entstehende Probleme sollen durch die Landesbau-ordnungen gelöst werden. Es wandeln sich die technischen Entwicklungen und erzeugen regelmäßigen Anpassungsbedarf, um stets eine Bauausführung nach dem aktuellen Stand der Technik zu gewährleisten. Neue Erkenntnisse schaffen regelmäßig neuen Regelungsbedarf.

Zudem wandeln sich auch und vielleicht noch stärker die Erwartungen der Bürger. Dies wirkt sich gerade auf die Politik aus, die die Koordination und den Gesetzgebungsprozess im Bauordnungsrecht regelt, da die Einwohner gleichzeitig auch Wähler darstellen, die es zu gewinnen gilt. Sie muss auf die neuen Bedürfnisse eingehen und kann lenkend in die bestehenden Lebensver-hältnisse eingreifen. Die Ausrichtung dieser Tätigkeit sollte jeweils im Interesse

---

[178] Vgl. Benz, S. 90.
[179] Vgl. Wettach, S. 308 und S. 33, mit dem Beispiel der Regelungsmaterie der inneren Si-cherheit.
[180] Vgl. 2.4 - 2.4.9.

des Landes und seiner Bürger erfolgen. Denn gleichzeitig wandeln sich auch die Erwartungen der Menschen als Bürger und Wähler.

Grundsätzlich könnte man meinen, dass sich die nach und nach einstellenden Problemsituationen in den Ländern übereinstimmend entwickeln, sodass auch die Suche nach gleichartigen Lösungen die Folge wäre. Selbst wenn diese tatsächliche Entwicklung überall dasselbe Tempo hätte, würden die Länder jedoch wegen eines unterschiedlichen Gesetzgebungswiderstandes mit unterschiedlicher Verzögerung regieren.

Auch wenn die Wandlungserscheinungen sämtlich der ARGEBAU nicht verschlossen bleiben, können bestimmte Situationen einen beschleunigten Handlungsbedarf erfordern, dem die Bauministerkonferenz als zwar umfassende aber auch schwerfällige Organisation nicht in der geboten Art und Weise Rechnung tragen kann. In dem Fall müssten die Länder im Vorgriff auf übereinstimmend gestaltete Normen zunächst selbst die Initiative ergreifen, um eine den aktuellen Interessen angepasste Lösung anbieten zu können. Dazu kann gerade der Druck der öffentlichen Meinungsbildung drängen, da sich aus ihr auch meist die gewandelte und nun problematische Situation ergibt. Es ließe sich in dem Moment kaum rechtfertigen, mit notwendig erscheinenden Reformen für das eigene Land wegen einer Abstimmung mit allen übrigen daran Beteiligten unangemessen lange abzuwarten.

Der Wandel kann regional rechtliche oder tatsächliche Verhältnisse erzeugen, wie sie so oder ähnlich in einem anderen Land bereits bestehen. In diesem Fall ist es wahrscheinlich, dass andere Länder die dort bislang praktizierten Lösungen ins eigene Recht einarbeiten. Sie können aber auch neue und bisher nicht angewandte Alternativen entwickeln, die dann ihrerseits gegebenenfalls anderen als Vorbild dienen können.

2.6.3.4   Innovation und Kreativität

Obwohl das Bauordnungsrecht Problemlagen berührt, die in allen Ländern zumindest ähnlich sein sollten, kann die gesetzgeberische Kreativität neue Lösungen und Wege hervorbringen. Gesetzgebung ist gekennzeichnet durch die gezielte und bewusste Änderung der geltenden Rechtslage zur Lösung bestimmter Rechtsprobleme. Neue Situationen geben den entscheidenden Problemimpuls. Dieser drückt ein Wertgefälle zwischen dem gegebenen und dem erwünschten Zustand aus. Die Wertung, welches Wertgefälle sich zum Problemimpuls verdichtet, hängt von den wirkenden politischen Kräften ab.[181] Sollte eine zeitnahe Problemlösung nicht auf überregionaler Ebene möglich sein, ist bereits dadurch eine Eigeninitiative zur Rechtsfortbildung gefordert. Ebenso verhält es sich bei der Schließung erst nachträglich offenbar werdender Lücken. Unterstrichen wird ein entsprechendes Bedürfnis durch die Antriebe zur Beseitigung von auftreten-

---

[181] Vgl. Karpen, S. 386-387.

den Missständen, zur Verhütung drohender und unerwünschter Entwicklungen oder zur stabilisierenden Steuerung der Verhältnisse, die zudem häufig von den Medien ausgehen oder von diesen unterstützt werden.[182]

Auf diesem Weg entstehen teilweise experimentelle Alleingänge, die jedoch von den übrigen Beteiligten der ARGEBAU sorgfältig beobachtet werden. Oft ergeben sich gerade hieraus Anstöße für ein kollektives Umdenken, wenn sich eine bestimmte Variante in der Praxis besonders bewährt hat, die wegen eines als zu groß angesehenen Risikos übereinstimmend zunächst nicht überregional umgesetzt werden sollte. Die prognostische Entscheidung, ein erkanntes Ziel noch nicht in die Musterregelungen aufzunehmen, muss nicht unbedingt auf die Verhältnisse in allen Ländern übertragbar sein. So kann es sich ergeben, dass die tatsächliche und die prognostische Basis, auf deren Grundlage die Rechtsfortbildung erfolgt, regional übereinstimmt und sich dort die Geeignetheit der zunächst diskutierten und für die Gesamtheit als zu weitgehend eingeordnete Normsetzung bereits einstellt.[183] Hier gilt es dann aus Sicht des betreffenden Landes abzuwägen, ob ein entsprechender Alleingang vor dem Hintergrund des Vereinheitlichungsgedankens geboten erscheint.

Für innovative und kreative Neugestaltungen muss demnach zunächst ein Bedürfnis bestehen. Sodann sollte die gewählte Variante (in Abweichung von den Mustervorschriften) geeignet sein, den bezweckten Erfolg zu erreichen. Eine entsprechende Berechtigung ergibt sich aus der unmittelbaren Betroffenheit und der regionalen „irregulären Situation". Vor allem politische Faktoren spielen hierbei eine große Rolle.[184] Ob ein entsprechender Ermessensspielraum der jeweiligen Landesregierung oder des Landesgesetzgebers durch die Bad Dürkheimer Vereinbarung reduziert wird, bleibt einer späteren Prüfung vorbehalten.[185]

Vorliegend überschneidet sich der Bereich der innovativen und kreativen Neuerungen mit dem Bereich der Wandelungen der Probleme. Allenfalls kurzfristig eintretende Veränderungen können es zunächst rechtfertigen, den gemeinsam eingeschlagenen Weg in der Ländergesetzgebung zu verlassen, da ein solches Vorgehen vor diesem Hintergrund geboten erscheinen kann. Zur beschleunigenden Einwirkung auf die Innovationsfreude der ARGEBAU können es diese Abweichungen sein, die im Falle ihrer Bewährung ein deutliches Indiz für einen punktuellen Reformbedarf der Mustervorschriften darstellen.

---

[182] Vgl. Schneider H., *Gesetzgebung*, S. 64.
[183] Vgl. Horn, S. 288 ff. Er plädiert für eine „Erprobungspflicht" statt einer „Nachbesserungspflicht" des Gesetzgebers.
[184] Vgl. Messerschmidt, S. 1015ff, S. 1038f.
[185] Vgl. 4.4.2.4.

2.6.3.5 Übernahme von Abweichungen durch weitere Länder

Bei gesetzgeberischen Lösungen haben wir es mit einem Gut zu tun, das ohne Einbußen von beliebig Vielen genutzt und von dessen Nutzung auch niemand ausgeschlossen werden kann. Grundsätzlich deutet die Übernahme von gesetzgeberischen Lösungen in eine andere Landesrechtsordnung auf eine Vereinheitlichung der einzelnen Rechtsordnungen hin. Vorliegend[186] geht es jedoch zunächst nur um die Diskrepanzen der Landesgesetze zur jeweiligen Musterbauordnung. Insofern stellt die Rezeption einer sich bereits als Alleingang darstellenden Norm eine insgesamt fortschreitende Entfernung vor der gemeinschaftlichen Grundlage dar. Durch ein entsprechendes Modell eines Landes kann die gesetzgeberische Arbeit in einem anderen Land an auftretenden neuen Aufgaben verkürzt und gleichzeitig das Risiko der Neuerung minimiert werden. Zumindest sollte dadurch Kritik unter Hinweis auf praktikablere Lösungen in anderen Ländern abgeschwächt werden können.[187]

Aber gerade dieses Phänomen bringt auch neue Erkenntnisse für die Rechtsfortbildung und zeigt der ARGEBAU, welche bislang ausgeklammerten oder (noch) nicht angesprochenen Möglichkeiten zur Rechtsfortbildung in der Praxis eine gangbare Lösung darstellen. Vor allem kann in diesen Fällen auf statistische Daten aus verschiedenen Landesrechtsordnungen zur Bewertung der Situation zurückgegriffen werden, um den Erfolg oder Misserfolg des Ausscherens zu belegen. Oft genug war dies der Anlass zu grundlegenden Reformen und Änderungen der Mustervorschriften.

Als Beispiel können hier die verschiedenen praktizierten Anzeige- und Genehmigungsfreistellungsverfahren angeführt werden. Deren Voraussetzungen, Verfahrendauer und der Umfang der Pflichten der Beteiligten variieren von Land zu Land. Bis zur Musterbauordnung 2002 waren in den Mustervorschriften lediglich bestimmte Bauvorhaben als solche von der Genehmigungspflicht pauschal freigestellt. Hingegen hatten die Länder bereits unterschiedliche Verfahren bei der Genehmigungsfreistellung entwickelt und ein Anzeigverfahren kreiert. Deren Elemente wurden nun von der ARGEBAU vereint und in einen neuen § 62 MBO 2002 (Genehmigungsfreistellung) eingearbeitet.

2.6.4 Gründe für Übereinstimmungen

Neben den bereits oben in 2.6.1 und 2.6.2 angesprochenen Ansätzen der Bad Dürkheimer Vereinbarung und den Mehrheitsverhältnissen in den Landesparlamenten sowie dem Wirkungszusammenhang zwischen Gesetzgebung, Regierung und Verwaltung als Grundlage für Übereinstimmungen der landesrechtli-

---

[186] Zunächst werden in dieser Arbeit die Unterschiede aller Landesgesetze zur Musterbauordnung dargestellt (vgl. 2.3, 2.7 und 2.8). Erst in 4.6.3 wird aufgezeigt, ob sich eine mögliche Distanz zur Musterbauordnung auch im Hinblick auf Art. 72. Abs. 2 GG wegen bestehender Abweichungen zwischen den Landesgesetzen als relevant erweist.

[187] Vgl. Wettach, S. 30.

chen Regelungen mit den Mustervorschriften kommen noch weiter Gründe einer Vereinheitlichung in Betracht. Die das Bauordnungsrecht berührenden Richtlinien der Europäischen Union müssen innerhalb einer bestimmten Frist ins nationale Recht transformiert werden. Die Umsetzungspflicht lässt den Landesgesetzgebern äußerst wenig Spielraum bei der Gestaltung der Vorschriften. So gleichen sich die Regelungsbereiche, die von diesen europäischen Einflüssen erfasst werden, weitgehend wegen des notwendigen Nachweises der einheitlichen Umsetzung gegenüber der Europäischen Kommission.

Die technischen Weiterentwicklungen und neuen Erkenntnisse sollten ebenfalls eine einheitliche Fortschreibung der davon betroffenen Normen bewirken. Es gilt als ständiges Ziel, technische Neuerungen in der Gesetzgebung zu berücksichtigen, um ein möglichst hohes Maß an Sicherheit und praktischem Fortschritt bei der Verwirklichung von Bauvorhaben zu gewährleisten. Ein Abrücken von diesen Vorgaben lässt sich kaum rechtfertigen, da die Sache an sich als handfertiges und maschinelles Bauwerk bereits eine entsprechende Berücksichtigung erfordert.

Die Übereinstimmung von einzelnen bereits praktizierten Normen kann sich auch daraus ergeben, dass sich ursprüngliche Alleingänge einzelner Länder durch Rezeption von weiteren Landesgesetzgebern als äußerst bewährt auszeichnen und nun in die Musterbauordnung als Vorlage für die übrigen Beteiligten der Kooperationsbemühungen aufgenommen werden.

2.7. Untersuchung der Gesetzeslage

In diesem Abschnitt sollen die einzelnen Landesgesetze (Gesetzesstand April 2004) mit den Musterbauordnungen verglichen werden. Dabei gilt als Maßstab entweder die MBO 1997 oder die MBO 2002. Es kommt jeweils darauf an, wann die entsprechenden landesrechtlichen Vorschriften verabschiedet wurden. Je nachdem, wann dies geschah, hätte die eine oder andere Fassung der Musterbauordnung vom jeweiligen Landesgesetzgeber zugrunde gelegt werden sollen. Im Ergebnis werden auf diesem Weg jegliche Unterschiede zu den gemeinschaftlich erarbeiteten Musterregelungen offenbar.

Ansatzpunkte dafür bilden die in ausgewählten Bereichen bestehende Textgleichheit bzw. Textungleichheit und die Inhaltsgleichheit der betreffenden Gebiete des Bauordnungsrechts. Textgleichheit bedeutet eine wörtliche Übereinstimmung der zu vergleichenden Vorschriften. Minimale Abweichungen, wie zum Beispiel die Verwendung von Synonymen oder eine andere Interpunktion, werden dabei als textgleich behandelt. Als inhaltsgleich werden die Bestimmungen bezeichnet, die zwar nicht wörtlich übereinstimmen, aber trotz mehr oder weniger unterschiedlicher Formulierung denselben Regelungsgehalt haben.

Diese Aufstellung soll zugleich geeignet sein, die Gegenüberstellung der Ländergesetze untereinander im Wesentlichen vorzubereiten. Denn die Diskrepanzen zu den Mustervorschriften belegen gleichzeitig, wie sich die Länderge-setze untereinander jeweils unterscheiden.

Im Ergebnis entsteht so eine Aufstellung der formellen und materiellen Unterschiede. Um deren Bedeutung für die Gesetzgebungskompetenzen des Bundes und der Länder in diesem Bereich zu ermitteln, müssen die Untersu-chungskriterien jedoch noch weiter aufgespalten werden.[188] Es gilt somit darzu-stellen, wie sich die jeweiligen Diskrepanzen auf den einzelnen Bürger und die Gesamtheit auswirken. Die Länder regeln den Bereich des Bauordnungsrechts bereits umfassend. Im vorliegenden Bereich der konkurrierenden Gesetzgebung entscheidet sich ein mögliches Einschreiten des Bundesgesetzgebers an den Kri-terien des § 72 Abs. 2 GG. Inwieweit die darzustellenden Abweichungen eine entsprechende Tätigkeit auf Bundesebene rechtfertigen würden, kann nur unter Berücksichtigung derer Auswirkungen auf die „Gleichwertigkeit der Lebensver-hältnisse" und das Erfordernis der „Wahrung der Rechts- und Wirtschaftseinheit im gesamtstaatlichen Interesse" ermittelt werden.

2.7.1 Kriterien der Untersuchung unter Berücksichtigung von Art. 72 Abs. 2 GG

Die Kriterien der Untersuchung müssen sich wegen der Bedeutung von Art. 72 Abs. 2 GG an dessen Tatbestandsmerkmalen orientieren. Grundsätzlich soll eine Einordnung aus Gründen der Übersichtlichkeit zunächst nach formellen und ma-teriellen Abweichungen erfolgen. In wieweit diese dann für eine mögliche Wahrnehmung der Gesetzgebungskompetenz durch den Bund von Bedeutung sind, ist am Maßstab der Kompetenzordnung des Grundgesetzes zu ermitteln.[189] Danach hat „der Bund ... in diesem Bereich das Gesetzgebungsrecht, wenn und soweit die Herstellung gleichwertiger Lebensverhältnisse im Bundesgebiet oder die Wahrung der Rechts- oder Wirtschaftseinheit im gesamtstaatlichen Interesse eine bundesgesetzliche Regelung erforderlich macht."[190]

In diesem Abschnitt geht es zunächst um die Darstellung ausgewählter Regelungen der bauordnungsrechtlichen Vorschriften. Die „Lebensverhältnisse" der Adressaten der Normen werden durch verschiedene Bereiche des Bauord-nungsrechts berührt. Betrachtet man den Vorschriftenkatalog der Bauordnungen, ergeben sich vielschichtige Anhaltspunkte, die einen für die nachfolgende Un-tersuchung relevanten Berührungspunkt bilden könnten. Um diesen Umfang et-

---

[188] Im Gliederungspunkt 4.6.3 erfolgt eine Subsumption der in 2.7 und 2. 8 aufgezeigten tat-sächlichen Unterschiede unter die Tatbestandsmerkmale des Art. 72 Abs. 2 GG. Es ist daher erforderlich, die Kriterien der Untersuchung bereits an dieser grundgesetzlichen Vorgabe aus-zurichten, um in einem zentralen Schritt die Grundlage für die verfassungsrechtlich relevanten Auswirkungen der derzeitigen Gesetzeslage in den Ländern zu beschreiten.

[189] Vgl. 4.6.3.

[190] Wortlaut Art. 72 Abs. 2 GG (neu gefasst durch Änderungsgesetz vom 27.10.1994, BGBl. I, S. 3146).

was konzentrieren zu können, sollen diejenigen Normbereiche mit gleichgerichteter Zielsetzung in Oberbegriffen erfasst und sodann ausgeleuchtet werden.

So wird unter dem Aspekt des *Wohnungswesens* erfasst, welche Voraussetzungen für die Schaffung von Wohnraum formuliert werden. Hierbei werden die Belange der Eigentümer sowie der Vermieter und Wohnungssuchenden nebst den Anforderungen an die bauordnungsrechtlichen Wohnstandards berücksichtigt. Die Ansprüche an das so genannte *barrierefreie Bauen* können im Vergleich aufzeigen, welche Vor- und Nachteile die betroffenen Personengruppen durch die jeweiligen Vorgaben an die Baugestaltung erfahren. Auch sind die Lebensverhältnisse der Bürger betroffen, wenn es um bauliche Erleichterung im *Familienleben* sowie der Förderung einer gesunden *Kindesentwicklung* geht. Hierbei sollen auch die *ökologischen Belange* zum Schutz der Gesundheit und der natürlichen Lebensgrundlagen sowie die *Sicherheitsanforderungen* ihre Beachtung finden.

Die gesetzgeberischen Tendenzen zur *Deregulierung* und *Privatisierung* stellen weitere Ansatzpunkte dar, die es anhand der Gesetzeslage zu untersuchen und anschließend zu vergleichen gilt. Die Formulierung unterschiedlicher *Verfahrensarten* und *Fristen* sowie die *Definition* derer Anwendungsbereiche zeigen auf, wie einheitlich beziehungsweise uneinheitlich die Gesetzeslage ist. Auch die „Rechts- und Wirtschaftseinheit" wird in diesen Bereichen durch unterschiedliche bauordnungsrechtliche Regelungen berührt. Die sich danach ergebende Gesetzeslage bildet die Grundlage für die Frage, ob die jeweiligen Rechtlagen in den Ländern nur die notwendige Folge des bundesstaatlichen Aufbaus der Bundesrepublik Deutschland sind oder ob es sogar im gesamtstaatlichen Interesse zur Erhaltung dessen Wirtschaftsraumes einer einheitlichen Rechtssetzung bedarf.

2.7.2 „Alte" Bundesländer

Es sollen zunächst die westlichen Bundesländer untersucht werden. Bei den so genannten „alten" Bundesländern kann auf eine nahezu 50jährige Entwicklungsgeschichte zurückblickt werden. Hingegen weisen die „neuen" Bundesländer im Osten Deutschlands lediglich einen seit ca. 14 Jahren bestehenden Erfahrungsschatz auf. Kurz vor der Wiedervereinigung wurde noch zu DDR Zeiten in allen bestehenden ostdeutschen Ländern eine einheitliche Landesbauordnung auf den Weg gebracht. Zugrunde gelegt wird der Gesetzesstand April 2004.

2.7.2.1 Baden-Württemberg

Die Landesbauordnung für Baden-Württemberg (LBO) vom 08. August 1995 (GVBl. S. 617), zuletzt geändert am 29. Oktober 2003 (GVBl. S. 695), weist bereits im Aufbau merkliche Unterschiede zur Musterbauordnung (MBO) auf. Sie umfasst lediglich 79 statt 87 Vorschriften. Dies liegt zum einen daran, dass teilweise einzelne Bestimmungen der MBO in der LBO in einer Regelung zusammengefasst sind.[191] Diese Knappheit wird zwar durch ausführlichere Regelungen des Landes in anderen Bereichen ergänzt, jedoch bleiben insgesamt auch bereits zur MBO 1997 bestandene Abweichungen erhalten.[192] Durch eine andere Gliederung der Abschnitte bzw. Teile des Gesetzes, insbesondere in den §§ 26-40 LBO, fällt eine Gegenüberstellung der Regelungsgehalte zunächst schwer. Die relevanten Unterschiede ergeben sich im Wesentlichen in den folgenden Bereichen.

Das Abstandflächenrecht regelt den Bereich bei der Errichtung baulicher Anlagen, der grundsätzlich zwischen einzelnen Gebäuden frei zuhalten ist, um eine ausreichende Belüftung und Belichtung der Gebäude und unbebauten Grundstückteile sicherzustellen. Es bestimmt das Maß der baulichen Nutzbarkeit des Grundstücks und somit auch die Möglichkeiten zur Schaffung von Wohnraum insgesamt. In der LBO darf die Tiefe dieser Flächen 0,6 der Wandhöhe (H) oder 2,5 bis 3 m nicht unterschreiten. Die MBO lässt eine Tiefe von 0,4 H oder mindestens 3 m zu.[193] Die Anforderungen an die Höhe von Aufenthaltsräumen sind in der LBO geringer. Es werden lediglich 2,2 m (Dachgeschoss) bis 2,3 m verlangt und Vorgaben für Kellergeschosse gemacht, wobei die MBO ein Mindestmaß von 2,4 m vorgibt.[194] In Kellergeschossen muss darauf geachtet werden, dass die Geländeoberfläche höchstens mit einer Neigung von 45 Grad an die Außenwände anschließt. Die Oberkante der Brüstung notwendiger Fenster muss mindestens 1,3 m unter der Decke liegen.

Im Gegensatz zur Musterbauordnung stellt die LBO besondere Anforderungen an die Höhenlage des Grundstücks.[195] Danach kann verlangt werden, dass die Oberfläche eines Grundstücks erhalten oder in ihrer Höhenlage verändert wird. Dies dient insbesondere der Erhaltung des Ortsbildes. Vorgaben für die Gestaltung von Einfriedungen werden nicht formuliert.

In der MBO 2002 wurden die Anforderungen an die Gestaltung von Wohnungen stark gestrafft und auf verschiedene Vorschriften verteilt.[196] Inhaltlich sind keine nennenswerten Unterschiede zur LBO (mehr) vorhanden. Lediglich schreibt die LBO in § 35 Abs. 5 Nr. 3 für Wohngebäude mit mehr als zwei Wohnungen neben Abstellflächen für Fahrräder und Kinderwagen zusätzliche Flächen zum Wäschetrocknen vor.

---

[191] So sind die §§ 27, 28, 29, 30 MBO in § 26 LBO oder die §§ 33, 34, 35, 36 in § 28 LBO inhaltlich im Wesentlichen enthalten, wobei die landesrechtlichen Regelungen gerade in diesen Bereichen die zu regelnden Materien in Vergleich eher oberflächlich abhandeln.

[192] Vgl. § 37 LBO und § 49 MBO 2002 (Stellplätze und Garagen); § 36 LBO (Toiletten und Bäder) ist in MBO 2002 inhaltlich auf mehrere Vorschriften verteilt. Mit der MBO 1997 hingegen waren weitgehende Übereinstimmungen noch gegeben.

[193] Vgl. § 5 Abs. 7 LBO bzw. § 6 Abs. 5 MBO 2002 (in MBO 1997 noch 1 H und nur vereinzelt 0,5 H als so genanntes Schmalseitenprivileg).

[194] Vgl. § 34 Abs. 1, 3 LBO und § 47 Abs. 1 MBO 2002.

[195] Vgl. § 10 LBO.

[196] § 45 MBO 1997 nun in § 50 Abs. 1, 43 Abs. 1 und 48 Abs. 3 MBO 2002 enthalten.

Im Stellplatzrecht legt die MBO 2002 die spezifischen Anforderungen in die Hand der Gemeinden vor dem Hintergrund der jeweiligen kommunalen Verkehrskonzeption und Verkehrspolitik. Die LBO schreibt wie noch die MBO 1997 konkrete Vorgaben für die Schaffung und Gestaltung von ausreichenden Abstellmöglichkeiten vor. Sollte dies aus tatsächlichen Gründen nicht oder nur unter unverhältnismäßigem Aufwand möglich sein, kann diese Verpflichtung auch durch die Zahlung eines Geldbetrages erfüllt werden. Insofern wird an die Schaffung von Wohnraum die Hürde der notwendigen Entlastung des ruhenden Verkehrs gekoppelt.[197]

In der MBO 2002 kann ein Wohngebäude durch die neu eingeführte Modultechnik optional pauschal oder nach Gebäudeklassen eingeteilt von der Genehmigung freigestellt, dem vereinfachten oder dem umfassenden Genehmigungsverfahren zugeordnet werden.[198] Hingegen wurden noch in der MBO 1997 lediglich Wohngebäude geringer Höhe (7 m) dem vereinfachten und ansonsten dem umfassenden Genehmigungsverfahren untergeordnet.[199]

Die Einordnung der Errichtung von Wohngebäuden im Verfahrensrecht ist in der LBO im Kenntnisabgabeverfahren geregelt, sofern das Vorhaben innerhalb des Geltungsbereichs eines Bebauungsplanes im Sinne des § 30 Abs. 1 BauGB liegt.[200] Nach § 51 Abs. 7 LBO kann auf Antrag des Bauherren für dieses Vorhaben trotzdem ein Baugenehmigungsverfahren durchgeführt werden. Gemeint sind allgemeine Wohngebäude, die in § 2 Abs. 3 LBO gesondert definiert werden.[201] Ansonsten unterfallen sie dem herkömmlichen umfassenden Baugenehmigungsverfahren, wobei ein vereinfachtes Genehmigungsverfahren entgegen den Musterbauordnungen gar nicht festgeschrieben wurde.

Die allgemeine verfahrensrechtliche Gliederung beinhaltet zunächst die Verfahrensfreiheit, sodann das Kenntnisabgabeverfahren und das umfassende Baugenehmigungsverfahren, welches mit einer legalisierenden Entscheidung abschließt. Zur Verfahrensbeschleunigung ist die Behörde gehalten, innerhalb von 10 Arbeitstagen die Vollständigkeit der vorzulegenden Unterlagen zu prüfen. Etwaige Stellungnahmen müssen innerhalb von maximal zwei Monaten vorliegen. Sobald das Vorhaben entscheidungsreif ist, muss die Behörde bei Wohngebäuden innerhalb von einem Monat und ansonsten innerhalb von zwei Monaten über den Bauantrag entscheiden.[202]

---

[197] Vgl. § 37 LBO, wonach grundsätzlich Stellplätze oder Garagen zu schaffen oder ein entsprechender zweckgebundener Geldbetrag (Ablösegebühr) an die Gemeinde zu zahlen ist.

[198] Vgl. § 62 Abs.1 *Modul* [B] oder § 63 *Modul* [B] MBO 2002.

[199] Vgl. § 61, 61a MBO 1997.

[200] Vgl. § 51 Abs.1 Nr. 1, Abs. 2 LBO.

[201] „(3) Wohngebäude sind Gebäude, die überwiegend der Wohnnutzung dienen und außer Wohnungen allenfalls Räume für die Berufsausübung freiberuflich oder in ähnlicher Art Tätiger sowie die zugehörigen Garagen und Nebenräume enthalten." – bis zu 22 m Höhe, da sie dann als Hochhäuser gelten.

[202] Vgl. § 54 Abs. 1 S. 1, Abs. 4 LBO.

Im Kenntnisabgabeverfahren besteht für die zuständige Behörde nur eine stark eingeschränkte Prüfpflicht. Die Einhaltung der öffentlich-rechtlichen Vorschriften liegt in der Verantwortung von Bauherr und Planverfasser. Der Baubeginn ist zwei Wochen oder einen Monat nach Eingang der vollständigen Unterlagen bei der zuständigen Stelle möglich.[203] Es ergeht keine positive Entscheidung in Form einer Baugenehmigung. Insofern ist der Baubeginn nicht erst nach einer legalisierenden behördlichen Entscheidung, sondern bereits nach Fristablauf möglich. Inhaltlich ist es dem vereinfachten Genehmigungsverfahren der MBO angenähert.

Der Prüfungsumfang ist im herkömmlichen Genehmigungsverfahren in der LBO beschränkt und umfasst nicht sämtliche Vorschriften des öffentlichen Rechts.[204] Entsprechend wurde dies noch in § 69 Abs. 1 MBO 1997 verlangt. Die Neuerung in § 64 MBO 2002 beschränkt das Prüfprogramm auf die bauplanungsrechtliche und bauordnungsrechtliche Zulässigkeit des Vorhabens sowie auf die Prüfung des aufgedrängten öffentlichen Rechts.[205]

In der LBO ist die Einrichtung und Unterhaltung von Kinderspielplätzen und Gemeinschaftsanlagen an bestimmte Erforderlichkeitskriterien geknüpft. Danach ist auf Grundstücken bei der Errichtung von Gebäuden mit mehr als zwei Wohnungen ein Kinderspielplatz anzulegen, sofern sich nicht in der unmittelbaren Umgebung bereits eine Gemeinschaftsanlage befindet. Die MBO hält dies erst ab einer Größe von drei Wohnungen für erforderlich.[206]

Die Barrierefreiheit der Erreichbarkeit bestimmter Anlagen und Wohneinheiten dient der zweckentsprechenden Nutzung durch kleine Kinder, behinderte oder ältere Menschen. Sie ist in der LBO in § 39 zunächst enumerativ für bestimmte öffentliche und zweckgebunden Gebäude vorgeschrieben. Für Wohngebäude mit über 12,50 m Höhe müssen Aufzüge in ausreichender Zahl vorhanden sein, von denen einer auch zur Aufnahme von Rollstühlen, Krankentragen und Lasten geeignet sein und von Behinderten ohne fremde Hilfe genutzt werden können muss. Sie müssen von der öffentlichen Verkehrsfläche stufenlos erreichbar sein und stufenlos erreichbare Haltestellen in den Wohngeschossen haben. Nach § 3 Abs. 4 LBO sind bereits in der Planung die Belange benachteiligter Personengruppen einzubeziehen. Zusätzlich schreibt die MBO noch vor, dass Eingangstüren von Wohnungen, die über Aufzüge erreichbar sind, eine lichte Durchgangsbreite von mindestens 0,90 m haben müssen. Zudem sind nach den Musterreglungen in diesen Wohnungen die Wohn- und Schlafräume, eine Toilette, ein Bad sowie die Küche oder eine Kochnische mit dem Rollstuhl zugänglich zu gestalten.[207]

---

[203] Vgl. § 59, Abs. 4, 5 LBO.

[204] Vgl. § 58 Abs. 1 S. 1 LBO.

[205] Sie dazu 2.3.9.

[206] Vgl. § 9 Abs. 2 LBO und § 8 Abs. 2 MBO 2002.

[207] Vgl. §§ 37 Abs. 3, 50 Abs. 1 MBO 2002.

Bei der Berücksichtigung ökologischer Belange schreibt die LBO in § 4 Abs. 4 zusätzlich einen Waldabstand von 30 m bei baulichen Anlagen mit erhöhter Brandgefahr oder Wäldern mit Baumhöhen von mehr als 30 m vor. Die Anforderungen an die Gestaltung nicht überbauter Flächen sind in der MBO höher.[208] Jedoch wird dort vor dem Hintergrund einer ausreichenden Wärmeisolierung nur auf einen grundsätzlichen, nicht näher spezifizierten Wärmeschutz Wert gelegt, wohingegen in der LBO ausdrücklich bestimmt ist, dass der Energiebedarf für das Heizen oder Kühlen so sparsam und umweltschonend wie möglich gedeckt werden muss.[209] Die übrigen Anforderungen an den Schutz vor schädlichen Umwelteinflüssen sind inhaltsgleich und stellen auf eine Vermeidung von entsprechenden Gefahren und erheblichen Nachteilen und Belästigungen ab. Besondere Anforderungen an die Gestaltung von Abfallschächten und der Lagerung von festen Abfallstoffen sind nicht vorhanden.[210] Inhaltsgleich sind auch die Vorgaben für Küchen und Kochnischen sowie für Bäder und Toilettenräume.[211]

Die Bestimmungen zur Standsicherheit und zur Verkehrssicherheit sind textgleich.[212] Ebenso verhält es sich mit den Abschnitten über Bauprodukte und Bauarten.[213] Im Brandschutz sind seit dem mit der MBO 2002 eingeführten neuen Brandschutzkonzept unterschiedliche Strukturen vorhanden. Im Vergleich zu beiden Fassungen der Musterbauordnungen werden in der LBO nur äußerst oberflächliche Kriterien aufgestellt, die generalklauselartig formuliert sind. Nach § 15 LBO soll bei der Gestaltung baulicher Anlagen der Entstehung eines Brandes und der Ausbreitung eines Feuers und des Rauches entgegengewirkt und wirksame Rettungs- und Löschmöglichkeiten geschaffen werden. Gemäß § 26 Abs. 1 LBO sind Wände, Decken und Stützen „entsprechend den Erfordernissen des Brandschutzes ... widerstandsfähig gegen Feuer herzustellen." Eine Konkretisierung erfahren diese Regelungsbereiche durch ergänzende Vorgaben in der Allgemeinen Ausführungsverordnung des Wirtschaftsministeriums zur Landesbauordnung (LBOAVO)[214], wodurch sich letztendlich keine nennenswerten inhaltlichen Unterschiede mehr zu den Musterregelungen ergeben. Die Anforderungen sind bei Wohngebäuden mit Aufenthaltsräumen in nicht mehr als einem Geschoss und solchen mit nicht mehr als einer Wohnung in nicht mehr als zwei

---

[208] Vgl. § 9 Abs. 1 LBO, wonach sie lediglich als Grünflächen zu gestalten sind, jedoch gemäß § 9 Abs.1 MBO 1997 noch gärtnerisch anzulegen und zu unterhalten wären, wobei nunmehr § 8 Abs. 1 MBO 2002 verstärkt auf die Erhaltung der Wasseraufnahmefähigkeit des Bodens Wert legt.

[209] Vgl. § 15 Abs. 1 MBO; § 14 Abs. 3 LBO

[210] Wurden auch in der Neufassung der MBO 2002 aus der vorherigen Fassung gestrichen.

[211] Vgl. §§ 35 Abs. 3, 36 LBO und §§ 43 Abs. 1, 48 Abs. 1 MBO.

[212] Vgl. §§ 13, 16 LBO und §§ 12, 16 MBO.

[213] Vgl. vierter Teil, §§ 17 bis 25 LBO und dritter Abschnitt, §§ 17 bis 25 MBO 2002.

[214] LBOAVO vom 17.11.1995 (GVBl. S. 836), geändert durch Verordnung vom 30.05.1996 (GVBl. S. 419).

Geschossen wesentlich geringer. Dort sind tragende Wände sowie Decken und Stützen ohne jeglichen Feuerwiderstand zulässig.[215]

2.7.2.2 Bayern

Die Bayerische Bauordnung (BayBO) vom 04.08.1997 (GVBl. S 433, ber. 1998 S, 270), zuletzt geändert 2003 (GVBl. S. 419, 424) gliedert sich in Artikel und umfasst 95 Regelungen. Die Struktur ist weitgehend der MBO 1997 angepasst. Lediglich sind einzelne Abschnitte anders betitelt und dementsprechend auch inhaltlich anders ausgestaltet. Die höhere Anzahl an Normen ergibt sich aus einer in Teilbereichen ausführlicheren oder auf mehrere Regelungen aufgespaltenen Materie. Beispielhaft sind die landesrechtlichen Vorgaben für Vorbauten, Abfallschächte und –behälter sowie für Stellplätze und Aufenthaltsräume zu nennen.[216]

Im Abstandsflächenrecht werden als Tiefe grundsätzlich 1 H, mindestens jedoch 3,00 m verlangt. In Kerngebieten genügen hingegen 0,5 H oder 3,00 m.[217] Dies entspricht (noch) dem Mustertext der MBO 1997, der in seiner Fassung 2002 auf 0,4 H und 3,00 m reduziert wurde. Bei Aufenthaltsräumen werden gesondert allgemeine Rahmenbedingungen und Solche für im Dach- oder Kellergeschoss Befindliche aufgestellt. Sie müssen grundsätzlich eine lichte Höhe von mindestens 2,40 m und im Dachgeschoss von mindestens 2,20 m haben.[218] In Kellergeschossen darf die Geländeoberfläche nicht mehr als 0,70 m über dem Fußboden liegen und es muss ein Lichteinfallwinkel von mindestens 45 Grad zur Waagerechten eingehalten werden.[219] Besonderer Wert wird auf die Lage der Aufenthaltsräume in den Gebäuden gelegt. So dürfen nicht alle Aufenthaltsräume nach Norden ausgerichtet sein (gilt auch für Einraumwohnungen) und sollen an verkehrsreichen Straßen überwiegend auf der vom Verkehrslärm abgewandten Seite liegen.[220]

Die Bayerische Bauordnung beinhaltet zudem die noch in der MBO 1997 festgeschriebenen Ausführungen zu Einfriedungen. Zusätzlich werden Handlungsmöglichkeiten der zuständigen Behörde in Bezug auf die Höhenlage des Grundstücks und der baulichen Anlagen geschaffen.[221] Die Anforderungen der Bayerischen Bauordnung an Wohnungen sind im Wesentlichen mit denen der Musterbauordnungen inhaltsgleich. Ebenso verhält es sich mit den Regelungen über Bäder und Toilettenräumen.[222] Auf Landesebene werden allerdings durch

---

[215] Vgl. zwar § 26 Abs. 1 LBO, aber konkret § 5 Abs. 1 Nr. 1, 2 LBOAVO.

[216] Vgl. Artt. 34, 43, 44, 47, 48, 52, 53 BayBO zu den Musterbauordnungen.

[217] Vgl. Art. 6 Abs. 4 BayBO.

[218] Vgl. Art. 45 Abs. 1 BayBO.

[219] Vgl. Art. 46 Abs. 1 BayBO.

[220] Vgl. Art. 46 Abs. 1 S. 2, 4 BayBO.

[221] Vgl. Art. 9 BayBO zu Einfriedungen und Art. 10 BayBO zur Höhenlage.

[222] Vgl. Artt. 49, 50 BayBO und § 43, 48 Abs. 3 MBO.

„Soll"-Vorschriften zusätzliche Vorgaben für Fahrradabstellplätze und Räume zur Nutzung von Waschmaschinen und Trockenräumen gemacht.[223]

Die Errichtung von baulichen Anlagen ist wiederum an die Errichtung von Stellplätzen in ausreichender Zahl und Größe gekoppelt. Kann der Bauherr die Stellplätze oder Garagen nicht auf seinem Baugrundstück oder auf einem geeigneten Grundstück in der Nähe herstellen, so kann er die Verpflichtungen auch durch die Zahlung eines Ablösebetrages in angemessener Höhe erfüllen.[224] Allerdings wird in Art. 52 Abs. 3 S. 2 BayBO ausdrücklich gesagt, dass auch durch die Möglichkeit der Zahlung eines Ablösebetrages die Schaffung und Erneuerung von Wohnraum nicht erheblich erschwert oder verhindert werden dürfte.

Verfahrensrechtlich werden Wohngebäude geringer Höhe im Geltungsbereich eines Bebauungsplanes im Sinne von §§ 12 und 30 Abs. 1 BauGB von der Genehmigungspflicht freigestellt.[225] Vorliegend ergeht somit keine Baugenehmigung als behördliche Unbedenklichkeitsbescheinigung. Hier wird durch die Genehmigungsfreistellung die Verantwortung und das Risiko insofern auf den Bauherren verlagert, als dieser von seiner Verantwortung für die Erfüllung der materiell öffentlich-rechtlichen Anforderungen nicht (faktisch) durch eine präventive behördliche Zulässigkeitsprüfung entlastet wird.[226] Begonnen werden darf mit dem betreffenden Bau einen Monat nach Vorlage der erforderlichen Unterlagen bei der Gemeinde.[227] Alle höheren (Wohn-) Gebäude unterfallen weiterhin dem herkömmlichen Baugenehmigungsverfahren.

Eine Baugenehmigung wird nach Art. 72 Abs. 1 BayBO erteilt, wenn das Vorhaben öffentlich-rechtlichen Vorschriften nicht widerspricht, die im bauaufsichtlichen Genehmigungsverfahren zu prüfen sind. Damit prüft die Bauaufsichtsbehörde bei allen genehmigungspflichtigen Bauvorhaben, die nicht Sonderbauten betreffen, im vereinfachten Genehmigungsverfahren gemäß Art. 73 BayBO nur die Zulässigkeit gemäß den §§ 29 bis 38 BauGB, sowie die Vereinbarkeit mit örtlichen Bauvorschriften, mit bestimmten weiteren abschließend aufgeführten bauordnungsrechtlichen Anforderungen und mit anderen öffentlich-rechtlichen Vorschriften, soweit wegen der Baugenehmigung eine Entscheidung entfällt oder ersetzt wird.

Neben der Freistellung einzelner Bauvorhaben von der Genehmigungspflicht ist in der Bayerischen Bauordnung zusätzlich zum bereits erwähnten ver-

---

[223] Vgl. insbesondere Art. 46 Abs. 4 und 5 BayBO.

[224] Vgl. Art. 53 Abs. 1 BayBO.

[225] Vgl. Art. 64 Abs. 1 BayBO, wobei die Definition dieser Gebäudearten mit der der Musterbauordnung 1997 (Fußboden eines Geschosses mit Aufenthaltsräumen nicht höher als 7 m über der Geländeoberfläche) übereinstimmt, jedoch nach der MBO 2002 als Gebäude der Klasse 1 eine Gesamthöhe von 7 m nicht überragen darf.

[226] Vgl. Schwarz/König, Art 64 Rdnr. 2ff.

[227] Vgl. Art. 64, Abs. 2 BayBO.

einfachten Genehmigungsverfahren noch ein Anzeigverfahren vorgesehen. Es gilt für den Abbruch und die Beseitigung bestimmter baulicher Anlagen und schließt nicht mit einer gesonderten behördlichen Entscheidung ab. Begonnen werden darf mit der beantragten Tätigkeit einen Monat nach dem von der Bauaufsichtsbehörde bestätigten Eingangstermin der vollständigen Anzeige.[228]

Die Einordnung der verschiedenen Vorhaben erfolgt nach einer Unterscheidung in solche geringer Schwierigkeit und Sonderbauten gemäß Art. 2 Abs. 4 BayBO. Dies entspricht eher der Festlegung einzelner Gebäudeklassen, wie es auch in der MBO 2002 geschieht, als der herkömmlichen Unterscheidung allein nach der Höhe, wie es noch die MBO 1997 umsetzte.

Das Erfordernis der Anlegung und Unterhaltung von Kinderspielplätzen wird erst ab einem Umfang von mehr als drei Wohnungen je Gebäude festgeschrieben. Jedoch besteht für den Bauherrn die Möglichkeit, diese Vorgaben durch eine Verpflichtung gegenüber der Gemeinde zu erfüllen, die Kosten für eine entsprechende Unterhaltung und Einrichtung zu tragen.[229] Für Gemeinschaftsanlagen werden keine Vorgaben gemacht.

Die barrierefreie Erreichbarkeit aller Geschosse gewährleistet die Vorgabe mindestens eines Aufzuges in Gebäuden mit mehr als fünf Vollgeschossen. Dieser ist so einzubauen, dass er von der öffentlichen Verkehrsfläche und möglichst von allen Wohnungen im Gebäude stufenlos zu erreichen ist.[230] Für Wohnungen, die (nicht) nur zu ebener Erde liegen, müssen leicht erreichbar und gut zugängliche Abstellräume für Fahrräder und Kinderwagen hergestellt werden. In Gebäuden mit mehr als zwei Wohnungen müssen die Wohnungen eines Geschosses barrierefrei erreichbar und rollstuhlgerecht gestaltet sein, sofern dies nicht mit einem unverhältnismäßigen Mehraufwand verbunden ist.[231] In Art. 51 BayBO werden grundsätzliche Anforderungen an die Erreichbarkeit und Gestaltung für die zweckentsprechende Benutzung öffentlich zugänglicher Gebäudearten für behinderte und ältere Menschen sowie für Personen mit Kleinkindern aufgestellt. Weitergehende Vorgaben an die Gestaltung der Wohnung und an die lichte Breite bestimmter Türen wie in §§ 37 Abs. 3, 50 Abs. 1 MBO 2002 werden nicht formuliert.

Bei der Berücksichtigung der ökologischen Belange schreibt Art. 5 BayBO vor, dass ausreichend große nicht überbaute Flächen mit Bäumen und Sträuchern bepflanzt werden sollen. Dies gilt insbesondere, wenn es aus Gründen der Luftreinhaltung oder des Lärmschutzes erforderlich scheint. Die Anforderungen an den Schutz vor schädlichen Einflüssen, sind mit der MBO 2002 im Wesentlichen inhaltsgleich. Lediglich die Lärm- und Schallschutzmaßnahmen in Art. 16 Abs. 2 BayBO sind auf Lärmschutzmauern und bepflanzte Lärmschutz-

---

[228] Vgl. Art. 65 BayBO.
[229] Vgl. Art. 8 Abs. 1, 2 BayBO.
[230] Vgl. Art. 39 BayBO.
[231] Vgl. Art. 46 Abs. 2 und 4, S. 2, 3 BayBO.

wälle ausgedehnt. In Art. 42 BayBO werden besondere Maßnahmen für nicht an die Sammelkanalisation angeschlossene Anwesen vorgegeben. Abfallschächte und Abfallbehälter sind im Gegensatz zur Musterbauordnung 2002 berücksichtigt und werden in Gestaltung und Lage besonders beschrieben.[232] So soll die Wohnqualität frei von Geruchs- und Geräuschbelästigungen auf einem gewissen Standard gesichert werden.

Hinsichtlich der Gestaltung von Umwehrungen ist in Wohngebäuden darauf zu achten, dass Kleinkindern ein Über- oder Durchklettern nicht erleichtert wird.[233] Der Brandschutz ist sehr ausführlich beschrieben. Neben den grundsätzlichen Voraussetzungen in Art. 15 BayBO werden in Abschnitt IV konkrete und detaillierte Anforderungen an die Gestaltung, Anordnung und Beschaffenheit von Wänden, Decken, Dächern und Rettungswegen gestellt. Dabei fällt auf, dass die Vorgaben für Gebäude mit bis zu zwei Wohnungen und solche nur geringer Höhe in verschiedenen Bereichen abgemildert sind. Im Wortlauf finden sich deutliche Differenzierungen.[234]

Die Bestimmungen zur Standsicherheit und zur Verkehrssicherheit sind mit denen der Musterbauordnungen inhaltsgleich, wobei in der Bayerischen Bauordnung die Regelungen umfassender dargestellt sind.[235] Die Vorschriften über Bauprodukte und Bauarten sind im Wesentlichen textgleich.[236]

2.7.2.3 Berlin

Die Bauordnung für Berlin (BauOBln) in der Fassung vom 3. September 1997 (GVBl. S. 421, 512), zuletzt geändert durch Artikel XLV des Gesetzes vom 16. Juli 2001 (GVBl. S. 260) umfasst 80 Einzelregelungen. Sie gleicht in Aufbau und Struktur im Wesentlichen der MBO 1997. Dies erklärt sich daraus, dass seit der Verkündung des Landesgesetzes in der geltenden Fassung in eben diesem Jahr lediglich kleinerer Veränderungen und Ergänzungen im Jahre 2001 vorgenommen wurden.

Im Abstandsflächenrecht werden je nach Art des Baugebietes unterschiedliche Tiefen verlangt. Die Reichweite ist von 1 H bis nur 0,25 H, beträgt jedoch immer mindestens 3 m.[237] Aufenthaltsräume müssen nach § 46 Abs. 1 BauOBln grundsätzlich eine lichte Höhe von mindestens 2,50 m haben. In Dachräumen werden nur 2,30 m an Raumhöhe auf mindestens der Hälfte der Grundfläche gefordert. Bei solchen in Kellergeschossen ist es notwendig, dass sich die Geländeoberfläche nicht mehr als 0,5 m über deren Fußboden anschließt.[238] Her-

---

[232] Vgl. Artt. 43, 44 BayBO.
[233] Vgl. Art. 13 BayBO und insbesondere Art. 17 Abs. 1 BayBO.
[234] Vgl. Art. 29. Abs. 1, Art. 30 Abs. 2, Art. 31 Abs. 4 oder Art. 32 Abs. 1 und 3 BayBO.
[235] Vgl. Artt. 13, 17 BayBO und §§ 12, 16 MBO 2002.
[236] Vgl. Artt. 19-27 BayBO und §§ 17-15 MBO 2002.
[237] Vgl. § 6 Abs. 5, 6 BauOBln.
[238] Vgl. § 46, Abs. 4 S. 1 BauOBln.

vorgehoben ist die Gewährleistung einer ausreichenden Belichtung der Räume. Nach § 8 Abs. 4 BauOBln können bestimmte Anforderungen an die Gestaltung der Geländeoberfläche gestellt werden.

Im Stellplatzrecht weicht die Bauordnung für Berlin von den Musterbauordnungen weitgehend ab.[239] Die landesrechtliche modifizierte Stellplatzregelung lässt die Stellplatzpflicht und damit auch die Zahlung von Ablösebeträgen entfallen. Auch die vormals geltende Verpflichtung zur Schaffung von 0,5 Stellplätzen je Wohnung wurde letztendlich nicht aufrecht erhalten. Vielmehr wurde die Pflicht zur Errichtung von Stellplätzen für Kraftfahrzeuge grundlegend reduziert auf Behindertenparkplätze bei der Errichtung öffentlich zugänglicher Gebäude.[240] Zu solchen zählen Wohngebäude gerade nicht.[241] Lediglich werden nach § 48 Abs. 1 S. 2 BauOBln allgemein für bauliche Anlagen, bei denen ein Zu- und Abgangsverkehr zu erwarten ist, ausreichende Abstellmöglichkeiten für Fahrräder verlangt. Ziel dieser Abweichung ist es unter anderem, ein mögliches Hindernis zur zügigen Realisierung von Bauvorhaben zu beseitigen.[242]

Verfahrensrechtlich gibt es nach § 56 BauOBln die Genehmigungsfreiheit, nach § 56a BauOBln die Genehmigungsfreistellung, nach § 60a BauOBln das vereinfachte Genehmigungsverfahren und das umfassende Genehmigungsverfahren nach § 62 BauOBln. Wohngebäude bis zu einer Höhe von drei Vollgeschossen (ca. 7-8 m Gesamthöhe) sind nach § 56a BauOBln von der Genehmigungspflicht freigestellt, sofern das Bauvorhaben innerhalb eines Bebauungsplanes im Sinne des § 30 Abs. 1 BauGB liegt. Indem Fall ergeht keine positive Entscheidung der zuständigen Behörde. Der Baubeginn ist sechs Wochen nach Eingang der Bauunterlagen bei der Bauaufsichtsbehörde zulässig.[243] Ansonsten unterfallen sie dem vereinfachten Genehmigungsverfahren. Hier ergeht zwar eine verfahrensabschließende Baugenehmigung. Wegen des in diesem Verfahrenstyp begrenzten Umfangs der bauaufsichtlichen Prüfung beinhaltet ihre Feststellungswirkung jedoch auch nur die Übereinstimmung mit den öffentlich-rechtlichen Vorschriften, die nach § 60a Abs. 2 BauOBln zu prüfen sind. Hingegen umfasst die Erteilung einer Baugenehmigung nach § 62 BauOBln die Prüfung und Feststellung der Vereinbarkeit des Bauvorhabens mit sämtlichen öffentlich-rechtlichen Vorschriften, soweit sie für die baurechtliche Prüfung einschlägig sind. Eine Einschränkung des Prüfungsmaßstabes erfolgt hier nicht.[244]

---

[239] Vgl. § 48 BauOBln und § 49 MBO 1997. Die MBO 2002 legt die Konkretisierung der Einzelheiten in die Hand des jeweiligen Verordnungsgebers und richtet sich demnach an der jeweiligen kommunalen Verkehrskonzeption und Verkehrspolitik aus.

[240] Vgl. § 48 BauOBln.

[241] Vgl. Wilke/Dageförde/Knuth/Meyer, § 48, Rdnr. 10, § 51 Rdnr. 7.

[242] Vgl. AH-Drs. 12/4571, S. 2.

[243] Vgl. § 56a Abs. 4 BauOBln.

[244] Vgl. Wilke/Dageförde/Knuth/Meyer, § 62, Rdnr. 10.

Bei der Errichtung von Gebäuden mit mehr als drei Wohnungen ist ein Spielplatz für Kinder anzulegen. Neben dieser Grundpflicht ist zusätzlich festgelegt, in welchen Ausmaßen und Ausstattungen sich diese Anlage zu bewegen hat.[245] Gemeinschaftsanlagen sind erst dann einzurichten, sobald sie zur Erfüllung ihres Zweckes notwendig werden.[246]

Die barrierefreie Erreichbarkeit von öffentlich zugänglichen baulichen Anlagen für benachteiligte Personengruppen ist in § 51 BauOBln geregelt. Im Gegensatz zu den Musterbauordnungen werden nicht beispielhaft Gebäudearten aufgezählt. Kriterium ist die öffentliche Zugänglichkeit. Diese Regelung gilt somit nicht für Wohngebäude. Für diesen Bereich wird vielmehr in § 34 Abs. 6 BauOBln verlangt, dass in Gebäuden mit mehr als vier Vollgeschossen (Gesamthöhe von 10-11 m) Aufzüge in ausreichender Zahl eingebaut werden müssen, von denen einer auch zur Aufnahme von Lasten, Krankentragen und Rollstühlen geeignet sein muss. Dieser muss von der öffentlichen Verkehrsfläche stufenlos erreichbar sein und stufenlose Haltestellen in allen geschossen haben. Zudem werden Mindestmaße für die Fahrkörbe und Durchgangsbreiten der Türen sowie ausreichende Bewegungsflächen vor den Aufzügen verlangt.[247] In Wohngebäuden mit mehr als zwei Wohnungen müssen die Wohnungen im untersten Vollgeschoss über den üblichen Haupteingang barrierefrei erreichbar sein. In diesen Wohnungen müssen die Räume mit Rollstühlen zugänglich sein.[248] Zusätzlich werden in diesen Gebäuden ausreichend große Trockenräume für die gemeinschaftliche Benutzung verlangt. Sofern es aus mehr als drei Vollgeschossen besteht, sollen leicht erreichbare und gut zugängliche Abstellräume für Kinderwagen und Fahrräder hergestellt werden.[249]

Die Anforderungen an den Wärme- und Schallschutz sind mit denen der Musterbauordnungen inhaltsgleich. Lediglich im Abstandsflächenrecht ist auf Landesebene eine Unterschreitung der Vorgaben zulässig, sofern sie durch Verkleidungen der Außenwände zum Zwecke der Energieeinsparung erzeugt werden.[250] Inhaltsgleich und ebenso kurz wie in den Musterbauordnungen gefasst sind die Schutzmaßnahmen gegen schädliche Einflüsse beschrieben.[251] Entsprechend verhält es auch beim Regelungsgehalt der Vorschriften über Küchen, Bä-

---

[245] Vgl. § 8 Abs. 3 BauOBln.

[246] Vgl. § 9 BauOBln. Es gibt für Gemeinschaftsanlagen keine genaue Definition. Im Allgemeinen sind damit solche Anlagen gemeint, die von zahlreichen, innerhalb eines bestimmten räumlichen Bereiches wohnenden Menschen benutzt werden können. Dazu gehören Stellplätze und Garagen, Kinderspielplätze, Wirtschaftsflächen (z.B. für Abfallbehälter, Flächen zum Wäschetrocknen) und Freizeitflächen;
vgl. Wilke/Dageförde/Knuth/Meyer, § 9, Rdnr. 2.

[247] Entspricht dem Inhalt der Regelungen der Musterbauordnungen.

[248] Vgl. § 45 Abs. 2 BauOBln.

[249] Vgl. § 45 Abs. 4, 5 BauOBln.

[250] Vgl. § 6 Abs. 7 Nr. 1 BauOBln.

[251] Vgl. § 14, 16 BauOBln und § 13, 15 MBO 2002.

der und Toilettenräume, wobei an die Lüftungsmöglichkeiten in Küchenberei-
chen im Gegensatz zu den Mustervorschriften keine Besonderheiten geknüpft
werden.[252] Die Bedingungen und Beschaffenheitsmerkmale von Abfallschächten
und Lagerstätten für feste Abfallstoffe sind detaillierter als in den Musterbauordnungen.[253]

Im Bereich der Regelung zum Brandschutz werden in der Berliner Bauordnung bereits an Baustellen Anforderungen zum Brandschutz vorgegeben.[254]
Im Übrigen sind die Vorgaben mit denen der Mustervorschriften im Wesentlichen inhaltsgleich. Sie beziehen sich in § 15 BauOBln als Anknüpfungspunkt
auf Nutzungseinheiten. Die Vorgaben für tragende Wände, Pfeiler uns Stützen
sowie für Außen- und Trennwände sind erst ab einer Gebäudegröße von mehr
als drei Vollgeschossen verbindlich.[255] Bei Brandwänden wird in § 26 BauOBln
wiederum ein grundsätzlicher und für alle Gebäude verbindlicher Rahmen festgelegt. Decken über Kellergeschossen brauchen in Gebäuden mit nicht mehr als
zwei Wohnungen nicht feuerbeständig sein.[256] Auch gelten die zwingenden
Vorgaben für die Gestaltung von Treppenräumen nicht für Wohngebäude mit
nicht mehr als zwei Wohnungen.[257]

Abfallschächte sind zulässig und werden in ihrer Gestaltung und Installation genau beschrieben. Spezifische Vorgaben zur Schallisolierung erfolgen
nicht.[258] Die Berliner Bauordnung schreibt spezifische Rahmenbedingungen für
das Vortreten von Werbeanlagen und Warenautomaten in den Verkehrsraum
über Gehwegen in § 30 vor. Zudem wird durch § 74 den von der für das Bauwesen zuständigen Senatsverwaltung als sachverständigen anerkannten Prüfingeni-
euren das Recht zuerkannt, auf öffentlich-rechtlichem Wege Kosten für die ihnen im bauaufsichtlichen Verfahren übertragenen Prüfungen und Überwachungen zu erheben. Die Regelungen über Bauprodukte und Bauarten sind mit denen
der Musterbauordnung im Wesentlichen textgleich.[259]

2.7.2.4   Bremen

Die Bremische Landesbauordnung (BremLBO) vom 27. März 1995 (GVBl. S.
211), zuletzt geändert am 08. April 2003 (GVBl. S. 159) weist im Aufbau nur
geringe Unterschiede zur Musterbauordnung 2002 auf. Die Abschnitte 6 bis 8
sind anders betitelt und gegliedert. Die Regelungsinhalte sind jedoch grundsätz-

---

[252] Vgl. § 45, 47 BauOBln und § 48 Abs. 2, 43 Abs. 2 MBO 2002.
[253] Vgl. § 42 Abs. 2 S. 3 BauOBln zur Vermeidung von Belästigungen jeglicher Art bei Abfallschächten, die nach der MBO 2002 gar nicht mehr vorgesehen sind.
[254] Vgl. § 12 Abs. 1 S. 3 BauOBln.
[255] Vgl. § 23 Abs. 1, 24 Abs. 1, 25 Abs. 1 BauOBln.
[256] Vgl. § 27 Abs. 1 S. 2 BauOBln.
[257] Vgl. § 32 Abs. 1 BauOBln.
[258] Vgl. § 42 BauOBln.
[259] Vgl. §§ 18-22 c BauOBln und §§ 17-15 MBO 2002.

lich gleich.[260] Sie umfasst insgesamt 91 Einzelregelungen. Das liegt unter anderem daran, dass die Ausführungen zur Bebauung des Grundstücks und zu den haustechnischen Anlagen ausführlicher und teilweise weitgehender sind.[261]

Die Bremische Landesbauordnung regelt das Abstandsflächenrecht als Rahmenbedingung für die Errichtung von baulichen Anlagen und somit auch zur Schaffung von Wohnraum je nach Baugebiet unterschiedlich. Nach § 6 Abs. 5 BremLBO wird eine Tiefe der Fläche von 0,6 bis 0,25 H, mindestens allerdings 3 m verlangt, wobei die Absatze 5 und 6 je nach dem Brandverhalten der angrenzenden Wandflächen lediglich 1,5 m oder gar 5 m vorschreiben. Aufenthaltsräume sind in Dach- und Kellergeschossen zulässig. Grundsätzlich muss die lichte Höhe dieser Räume mindestens 2,40 m betragen. Im Dachgeschoss reichen bereits 2,30 m über mindestens der Hälfte der Grundfläche aus. In Kellergeschossen sind Aufenthaltsräume mit notwendigen Fenstern zulässig, wenn das angrenzende Gelände bis zu einer Entfernung von mindestens 1,50 m, vor notwendigen Fenstern der Aufenthaltsräume jedoch bis 2,50 m, nicht mehr als 70 cm über dem Fußboden der Aufenthaltsräume liegt.[262] In allen Fällen muss eine ausreichende Belichtung und Belüftung gewährleistet sein.

Nach § 49 BremLBO dürfen bauliche Anlagen nur errichtet werden, wenn Stellplätze und Fahrradstellplätze in ausreichender Anzahl bei Erwartung eines entsprechenden Zu- und Abgangsverkehrs geschaffen werden. Diese Verpflichtung kann auch durch die Zahlung eines Ablösebetrages erfüllt werden. Im Einzelfall kann allerdings bei der Errichtung von Wohnvorhaben die vollständige oder teilweise Herstellung der Abstellmöglichkeiten verlangt werden.

Im Bereich der Ausstattung der Wohnungen mit Toiletten, Bädern und Küchen ergeben sich keine inhaltlichen Unterschiede zur Musterbauordnung 2002.[263] Es sind Abstellräume außerhalb und allerdings auch innerhalb der Wohnungen vorgesehen. Zudem werden ausreichend große Trockenräume sowie Abstellflächen in der Nähe der Eingangstüren für Kinderwagen, Fahrräder und Rollstühle verlangt.[264]

Die Errichtung von Wohngebäuden geringer und mittlerer Höhe ist nach § 66 Abs. 1, 2 BremLBO von der Genehmigungspflicht freigestellt, sofern es im Geltungsbereich eines Bebauungsplanes im Sinne von § 30 Abs. 1 oder 2 des

---

[260] Die in der MBO 2002 mit „Technische Gebäudeausrüstung" und „Nutzungsbedingte Anforderungen" betitelten Abschnitte sind im Landesrecht inhaltlich auf die Abschnitte „5. Treppen, Rettungswege, Aufzüge, und Öffnungen" – „6. Haustechnische Anlagen und Feuerungsanlagen" – „7. Aufenthaltsräume und Wohnungen" sowie „8. Besondere Anlagen" verteilt.

[261] Vgl. 2 Teil MBO 2002 §§ 4-8, hingegen 2. Teil BremLBO §§ 4-11.

[262] Vgl. § 46 Abs. 2 und 3 BremLBO.

[263] Vgl. §§ 47, 48 BremLBO und § 43 Abs. 1, § 48 MBO 2002.

[264] Vgl. § 47 Abs. 3, 4, 5 BremLBO.

Baugesetzbuches mit Festsetzungen nach der Baunutzungsverordnung liegt.[265] Bei Wohngebäuden mittlerer Höhe ist die Einhaltung der Anforderungen an den vorbeugenden Brandschutz durch eine Bescheinigung der Berufsfeuerwehr nachzuweisen. Grundsätzlich darf mit dem Bauvorhaben einen Monat nach Eingang der vollständigen Bauvorlagen begonnen werden. Sind die Voraussetzungen des § 66 BremLBO nicht erfüllt, ist nach § 67 BremLBO ein vereinfachtes Genehmigungsverfahren durchzuführen. Der Prüfungsumfang der Bauaufsichtsbehörde und die Überwachung der Einhaltung der gesetzlichen Vorgaben ist eingeschränkt. Wenn eine Baugenehmigung nach § 74 Abs. 1 BremLBO nur erteilt wird, wenn das Vorhaben den öffentlich rechtlichen Vorgaben entspricht, reduziert sich diese Wirkung im vereinfachten Genehmigungsverfahren auf den in § 67 Abs. 2 BremLBO beschriebenen Umfang.[266] Über den Bauantrag ist innerhalb von drei Monaten nach Eingang des vollständigen Antrages zu entscheiden. Besonderheit ist hier, das die Genehmigung als erteilt gilt, wenn über den Bauantrag nicht fristgerecht entschieden wurde.[267] Diese Rechtsfolge der Genehmigungsfiktion tritt allerdings nicht ein, wenn der Bauherr schriftlich hierauf verzichtet.

Die Bremische Landesbauordnung verlangt bei Gebäuden mit mehr als drei Wohnungen die Anlegung oder Instandhaltung von Kinderspielplätzen. Sofern diese Verpflichtung nicht erfüllt werden kann, bleib die Alternative der Zahlung eines Geldbetrages offen, um trotzdem den Erlass einer Baugenehmigung zu erreichen.[268] Der Errichtung und Herstellung einer Gemeinschaftsanlage im Sinne des § 10 BremLBO wird erst gefordert, sobald und soweit sie zur Erfüllung ihres Zweckes erforderlich werden.

Die Berücksichtigung der Belange behinderter Menschen wurde insbesondere in der aktuellen Neufassung des Landesgesetzes umgesetzt. So soll nach § 3 Abs.1 S. 2 BremLBO grundsätzlich bei jedem Bauvorhaben auf deren Belange Rücksicht genommen werden. Aufzüge müssen in Gebäuden, in denen oberhalb des vierten oberirdischen Geschosses Aufenthaltsräume vorhanden oder möglich sind, in ausreichender Zahl und Größe so eingebaut und betrieben werden, dass mit Ausnahme des obersten Geschosses jede Ebene erreichbar

---

[265] Vgl. § 2 Abs. 3 BremLBO, wobei Gebäude geringer Höhe eine Hohe von 7 m und solche mittlerer Höhe von einer Höhe 7 m bis 22 m der Fußbodenoberkante des höchstgelegenen Geschosses, in dem ein Aufenthaltsraum möglich ist, über der Geländeoberfläche im Mittel aufweisen dürfen.
[266] Geprüft werden nur die Übereinstimmung mit den Vorschriften über die Zulässigkeit der baulichen Anlagen nach den §§ 29 bis 38 des Baugesetzbuches, die Entscheidung über zu beantragende Ausnahmen und Befreiungen nach § 31 des Baugesetzbuches und § 72 auch von den im vereinfachten Baugenehmigungsverfahren nicht zu prüfenden Vorschriften und andere öffentlich-rechtliche Anforderungen, soweit wegen der Baugenehmigung eine Entscheidung nach anderen öffentlich-rechtlichen Vorschriften entfällt oder ersetzt wird.
[267] Vgl. § 64 Abs. 4 S. 2 BremLBO.
[268] Vgl. § 8 BremLBO.

ist.[269] Mindestens einer der Aufzüge muss auch zur Aufnahme von Lasten, Krankentragen und Rollstühlen geeignet und von der öffentlichen Verkehrsfläche sowie in allen Geschossen barrierefrei erreichbar sein. Auch müssen alle barrierefrei erreichbaren Fahrstühle zur Aufnahme von Rollstühlen geeignet sein. In Gebäuden mit mehr als zwei Wohnungen müssen die Wohnungen eines Geschosses barrierefrei erreichbar sein. Die einzelnen Wohn- und Schlafräume, eine Toilette, ein Bad und die Küche oder Kochnische müssen mit dem Rollstuhl zugänglich und nutzbar sein.[270] In § 53 BremLBO ist für bestimmte öffentlich zugängliche Gebäude ebenfalls die barrierefreie Erreichbarkeit sowie das Erfordernis von rollstuhlgerechten Toilettenräumen festgeschrieben.

Die Anforderungen zum Schutz vor schädlichen Einflüssen, zum Wärme-, Schall- und Erschütterungsschutz sind mit denen der Musterbauordnung inhaltsgleich.[271] Ausführlicher wird im Landesrecht die Verkehrssicherheit beschrieben, zumal dort auch bestimmte Bauteile in öffentlichen Verkehrsflächen berücksichtigt werden.[272] Die Regelungen zur Standsicherheit sind textgleich.[273]

Beim Brandschutz entspricht die derzeitige Fassung mehr der Musterbauordnung 1997. Das mit der Musterbauordnung 2002 geschaffene neue Brandschutzkonzept wurde trotz Neufassung des Landesrechts im Jahre 2003 nicht übernommen. Inhaltlich werden allerdings keine auffallenden Unterschiede offenbar. Für Wohngebäude geringer Höhe mit nicht mehr als zwei Wohnungen sind die Anforderungen der Feuerbeständigkeit in den meisten Fällen geringer.[274]

Abfall- und Wertstoffschächte in Wohngebäuden sind unzulässig. In überwiegend anders genutzten Gebäuden können sie zugelassen werden, wenn eine Trennung von Abfällen und Wertstoffen möglich ist. Sie dürfen nicht an Wänden von Wohn- und Schlafräumen liegen.[275] Der Abschnitte über Bauprodukte und Bauarten sind nicht durchgängig textgleich. Abweichend sind die Ausführungen über Bauarten in § 24 BremLBO. Auffallend sich auch die in § 13 BremLBO sehr ausführlichen Vorschriften zur Gestaltung von Anlagen der Außenwerbung und Warenautomaten.

---

[269] Vgl. § 38 Abs. 7 BremLBO.
[270] Vgl. § 47 Abs. 6 BremLBO.
[271] Vgl. §§ 16, 18 BremLBO und §§ 13, 15 MBO 2002.
[272] Vgl. § 19 BremLBO.
[273] Vgl. § 15 BremLBO und § 12 MBO 2002.
[274] Vgl. § 29 Abs. 2, 32 Abs. 3 BremLBO.
[275] Vgl. § 44 Abs. 1, 2 BremLBO.

2.7.2.5 Hamburg

Die Hamburgische Bauordnung (HBauO) in der Fassung vom 1. Juli 1986 (HmbGVBl. S. 183) wurde zuletzt durch das Neunte Änderungsgesetz vom 14. Mai 2002 (HmbGVBl. S. 76) geändert. Sie umfasst 84 Einzelregelungen. Die Gliederung der Teile bzw. Abschnitte ist grundsätzlich gleich. Lediglich die Überschriften sind teilweise anders, woraus sich auch bereits Hinweise auf die inhaltliche Gestaltung ergeben.[276]

Im Abstandsflächenrecht werden grundsätzlich als Maß für die freizuhaltenden Flächen 1 H, jedoch mindestens 6 m verlangt. Abweichungen sind je nach Baugebiet und Gebäudeart zulässig. So reichen bei Wohngebäuden geringer Höhe mit nicht mehr als zwei Wohnungen in Kleinsiedlungs-, Wohn-, Dorf- und Mischgebieten 0,75 H aus. Unterste Grenze sind 2,50 m.[277] Aufenthaltsräume müssen eine für ihre Benutzung ausreichende Grundfläche und lichte Höhe von mindestens 2,5 m haben. In Wohnungen reicht ein solche von 2,40 m aus, wobei in Wohngebäuden mit nicht mehr als zwei Wohnungen auch 2,30 m genügen. Dieses Mindestmaß wird auch in Dachgeschossen vorgegeben. In Kellergeschossen sind sie nur zulässig, wenn der Fußboden an mindestens einer Außenwand nicht tiefer als 0,5 m unterhalb der festgelegten Geländeoberfläche liegt.[278]

Die Anforderungen an Wohnungen sind teilweise abweichend. So genügt in Wohnungen mit nicht mehr als zwei Aufenthaltsräumen ein Kochplatz mit zusätzlicher Lüftung anstelle einer Küche.[279] Hinsichtlich der Grundflächen von Abstellräumen sind detaillierte Mindestmaße vorgeschrieben. So müssen solche zweckgerichtet für Fahrräder und Kinderwagen vorhanden sein und im Allgemeinen mit 1 m^2 innerhalb der Wohnung zur Verfügung stehen.[280] Hinsichtlich der Gestaltung von Bädern und Toilettenräumen ergeben sich keine Unterschiede.[281]

Die Errichtung von baulichen Anlagen ist an die Herstellung von Abstellplätzen für Kraftfahrzeuge sowie Fahrradabstellmöglichkeiten in ausreichender Zahl und Größe gebunden. Ansatzpunkt ist keine bestimmte Gebäudekategorie, sondern vielmehr, ob ein entsprechender Zu- und Abgangsverkehr zu erwarten ist, der entsprechende Einrichtungen erfordern würde.[282] Nach § 49 HBauO

---

[276] So Teil 6 HBauO „Sicherheitsanforderungen an Gebäude" anstatt Vierter Abschnitt MBO „Wände, Decken, Dächer" oder Teil 9 HBauO „Nutzungsabhängige Anforderungen an bauliche Anlagen, Stellplätze" anstatt siebter Abschnitt „Aufenthaltsräume und Wohnungen".
[277] Vgl. § 6 Abs. 9f. HBauO.
[278] Vgl. § 44 HBauO.
[279] Vgl. § 45 Abs. 3 HBauO.
[280] Vgl. § 45 Abs. 4 HBauO.
[281] Vgl. § 45 HBauO und §§ 43 Abs. 1, 48 Abs. 3 MBO 2002
[282] Vgl. § 48 HBauO.

kann diese Verpflichtung auch durch Zahlung eines Ausgleichsbetrages erfüllt werden.

In den Regelungen zum Verfahren ist ein großer Teil aus der Hamburgischen Bauordnung heraus in die Bauanzeigeverordnung und in die Baufreistellungsverordnung verlagert worden.[283] Eine entsprechende Ermächtigungsgrundlage findet sich in § 61 HBauO. Nach § 1 BauAnzVO ist die Errichtung von Wohngebäuden geringer Höhe, die ausschließlich der Wohnnutzung dienen und nicht mehr als zwei Wohnungen aufweisen und im Geltungsbereich eines rechtsverbindlichen Bebauungsplanes im Sinne des § 30 Abs. 1 BauGB liegen, von der Genehmigungsbedürftigkeit freigestellt. Die Umsetzung entsprechender Vorhaben ist nach § 3 BauAnzVO der Bauaufsichtsbehörde anzuzeigen. Mit der Ausführung darf zwei Wochen nach dem bestätigten Eingang der Bauanzeige begonnen werden, es sei denn, die Bauaufsichtsbehörde untersagt den Baubeginn.[284]

Ein vereinfachtes Genehmigungsverfahren ist nicht vorgesehen. Die übrigen nicht in der Bauanzeigeverordnung genannten Vorhaben unterliegen der umfassenden Baugenehmigungspflicht gemäß § 69 HBauO. Danach dürfen ihnen keine öffentlich-rechtlichen Vorschriften entgegen stehen. Die Fiktion einer Baugenehmigung nach Nichtbescheidung eines entsprechenden Antrages innerhalb eines Monats ist lediglich für das Errichten, Aufstellen, Anbringen und Ändern von Werbeanlagen sowie von Waren- und Leistungsautomaten vorgesehen.[285]

Bei Gebäuden mit mehr als fünf Wohnungen ist eine Kinderspiel- und Freizeitfläche herzustellen und zu unterhalten. Bei solchen mit mehr als zwei aber weniger als fünf richtet sich die Vorgabe nach den jeweiligen Begebenheiten.[286] Zudem werden detaillierte Anforderungen an die Gestaltung und Größe formuliert. Als Gemeinschaftsanlagen gelten insbesondere Stellplätze, Fahrradplätze, Kinderspiel- und Freizeitflächen und Anlagen für Abfall- und Wertstoffe. In § 50 HBauO werden sie besonders berücksichtigt und die Rahmenbedingungen einer entsprechenden Errichtungspflicht beschrieben.

In Gebäuden, bei denen der Fußboden eines Aufenthaltsraumes höher als 13 m über der festgelegten Geländeoberfläche liegt, müssen Aufzüge in ausreichender Zahl eingebaut werden. Von ihnen muss mindestens einer auch zur Aufnahme von Kinderwagen, Krankentragen, Rollstühlen und Lasten geeignet

---

[283] Bauanzeigeverordnung (BauAnzVO) vom 18.Mai 1993 (HmbGVBl. S. 99), zuletzt geändert am 21.Januar 1997 (HmbGVBl. S.10), und in die Baufreistellungsverordnung (BauFreiVO) vom 05. Januar 1988 (HmbGVBl. S. 1) zuletzt geändert am 21. Januar 1997 (HmbGVBl. S. 216).

[284] Vgl. § 5 Abs. 1 BauAnzVO.

[285] Vgl. § 60 Abs. 2, 3 HBauO.

[286] Vgl. § 10 HBauO.

sein.[287] Für bauliche Anlagen oder Einrichtungen, die überwiegend für Menschen mit Behinderungen, alte Menschen oder Personen mit Kleinkindern bestimmt sind, gelten besondere Anforderungen hinsichtlich einer möglichst barrierefreien Erreichbarkeit.[288] Sie gelten insbesondere auch für Stellplätze und Fahrradabstellplätze. So müssen Aufzüge und Aufenthaltsräume entsprechend stufenlos erreichbar sein. In Gebäuden mit mehr als zwei Wohnungen müssen die Wohnungen eines Geschosses frei von Hindernissen erreichbar sein. In diesen Wohnungen müssen die Wohn- und Schlafräume, eine Toilette, ein Bad und die Küche oder Kochnische mit dem Rollstuhl zugänglich sein.[289] Die entsprechenden Eingangstüren müssen eine lichte Breite von mindestens 0,90 m aufweisen. Zudem werden besondere Vorgaben für die Gestaltung von Rampen und Handläufen an Treppen festgeschrieben.[290]

Die Bepflanzung und Herrichtung unbebauter Flächen ist umfassender als in der Musterbauordnung geregelt.[291] Die Anforderungen gehen weiter und schreiben dem Verpflichteten zusätzliche Maßnahmen vor. Der Schutz gegen schädliche Einflüsse sowie die Standsicherheit und die Verkehrssicherheit sind mit der Musterbauordnung inhaltsgleich geregelt, wobei § 17 Abs. 2 HBauO Bezug auf Uferbauwerke nimmt und die Standsicherheit entsprechend konkretisiert.[292] In §§ 42, 43 formuliert die Hamburgische Bauordnung die Ansprüche an Abfallschächte und Abfallsammelräume sowie für Anlagen, bei deren Nutzung Abfälle anfallen.

Das Brandschutzkonzept ist dem der Musterbauordnung 2002 bereits sehr ähnlich. Je nach Gebäudeart werden allgemein unterschiedliche Rahmenvorgaben festgeschrieben.[293] Im Unterschied zur Musterbauordnung knüpft sie jedoch nicht an einzelne Bauteile (z.B. Wände Decken, Dächer) sondern an die Art des Gebäudes je nach Zweck und Größe an. Zusätzlich sind in Hamburg nach § 17 Abs. 3 HBauO für bauliche Anlagen, bei denen nach Lage, Höhe, Bauart oder Nutzung Blitzschlag leicht eintreten oder zu schweren Folgen führen kann, Blitzschutzanlagen anzubringen.

Nach § 74 HBauO besteht für Grundstückeigentümer hinsichtlich der Inanspruchnahme von Nachbargrundstücken für die Ausführung von Bauarbeiten eine Duldungspflicht bestimmter Vorgänge auf dem eigenen Grund.

Die Bauaufsichtsbehörde kann die Einhaltung der öffentlich-rechtlichen Vorschriften durch Bauzustandsbesichtigungen überprüfen und bei genehmi-

---

[287] Vgl. § 35 Abs. 1 HBauO; Absatz 9 beinhaltete die Mindestmaße für die Fahrkörbe und die Türen.

[288] Vgl. §§ 52, 31, 35 HBauO.

[289] Vgl. § 45 Abs. 8 HBauO.

[290] Vgl. § 31 Abs. 2, 5, 7 HBauO.

[291] Vgl. § 9 HBauO.

[292] Vgl. §§ 15, 16, 19 HBauO und §§ 12, 13, 16 MBO 2002.

[293] Vgl. §§ 17, 24-30 HBauO.

gungspflichtigen Vorhaben für die Fertigstellung bestimmter Bauabschnitte auf Antrag entsprechende Abnahmebescheinigungen erteilen.[294]

2.7.2.6 Hessen

Die Hessische Bauordnung (HBO) wurde 18. Juni 2002 (GVBl. S. 274) neu verkündet. Sie umfasst 82 Vorschriften und eine Anlage 2, worin genehmigungsfreie Vorhaben benannt sind. Die Gliederung stimmt weitgehend mit der der Musterbauordnung überein. Im Abschnitt über das Verwaltungsverfahren erfolgt eine abweichende Einteilung.[295]

Im Abstandsflächenrecht soll die Tiefe allgemein 0,4 H betragen. In Gewerbe- und Industriegebieten reichen sogar 0,2 H aus. In allen Fällen muss die Tiefe der Abstandsflächen jedoch mindestens 3 m betragen.[296] Aufenthaltsräume müssen eine lichte Raumhöhe von mindestens 2,40 m, in Keller- und Dachgeschossen von mindestens 2,20 m haben. Als Kellergeschosse gelten solche, deren Deckenoberkanten im Mittel nicht mehr als 1,40 m über die Geländeoberfläche hinausragen.[297] Die Mindestgröße der Fensteröffnungen im Rohbaumaß müssen insgesamt mindestens einem Achtel der Grundfläche des Raumes entsprechen.

Die bei der Errichtung baulicher Anlagen und einer Nutzungsveränderung entstehende Pflicht zur Schaffung von Garagen oder Abstellplätzen für Kraftfahrzeuge oder Fahrräder liegt im Ermessen der Gemeinde. Sie bestimmt je nach den Erfordernissen des Einzelfalls, ob und in welchem Umfang entsprechende Gemeinschaftsanlagen errichtet werden müssen. Die Ablösung einer solchen Verpflichtung kann durch die Zahlung eines festzulegenden Geldbetrages an die Gemeinde erfolgen.[298]

Im Bereich der Ausstattung sind auch Kochnischen zulässig, sofern eine ausreichende Belüftung möglich ist. Die Vorschriften über Bäder und Toilettenräume sind inhaltsgleich.[299] Auch wird dort gefordert, in Gebäuden mit mehr als zwei Wohnungen leicht erreichbare und gut zugängliche Abstellräume für Kinderwagen und Fahrräder sowie für jede Wohnung einen ausreichend großen Abstellraum herzustellen.[300]

---

[294] Vgl. §§ 77, 78 HBauO.

[295] Die HBO unterscheidet in "Verwaltungsverfahren" und „Besondere Verfahrensregelungen", wohingegen die MBO 2002 jeweils eigene Abschnitte für „Genehmigungspflicht, Genehmigungsfreiheit", „Genehmigungsverfahren", „Bauaufsichtliche Maßnahmen" und „Bauüberwachung" vorhält.

[296] Vgl. § 6 Abs. 5 S. 1, 3 HBO.

[297] Vgl. § 42 Abs. 1, § 2 Abs. 4 HBO.

[298] Vgl. § 44 Abs. 1, 2 HBO.

[299] Vgl. § 43 HBO und §§ 48 Abs. 1 und 3, 43 Abs. 1 MBO 2002.

[300] Vgl. § 43 Abs. 4 HBO.

Im Verfahrensrecht sind Wohngebäude nicht nach § 55 HBO i.V.m. HBO Anlage 2 pauschal von der Baugenehmigungspflicht freigestellt. Vielmehr bedarf ihre Errichtung, Änderung oder Nutzungsänderung keiner Baugenehmigung, sofern sie im Geltungsbereich eines Bebauungsplanes im Sinne des § 30 Abs. 1 oder der §§ 12, 30 Abs. 2 des Baugesetzbuches liegen.[301] Mit dem Vorhaben darf einen Monat nach Eingang der erforderlichen Bauvorlagen bei der Gemeinde begonnen werden. Sofern die entsprechenden Voraussetzungen nicht vorliegen, prüft die Bauaufsichtsbehörde in einem vereinfachten Genehmigungsverfahren gemäß § 57 HBO nur die Zulässigkeit nach den Vorschriften des Baugesetzbuches und den aufgrund dessen erlassenen Vorschriften, Abweichungen nach § 63 HBO und nach anderen öffentlich-rechtlichen Vorschriften, soweit wegen der Baugenehmigung eine Entscheidung nach diesen Vorschriften entfällt oder ersetzt wird. Die Baugenehmigung gilt als erteilt, wenn über den Bauantrag nicht innerhalb von drei Monaten entschieden worden ist.[302] Ansonsten wird im herkömmlichen Baugenehmigungsverfahren eine solche erteilt, wenn dem Vorhaben keine öffentlich-rechtlichen Vorschriften entgegenstehen, die im Baugenehmigungsverfahren zu prüfen sind.[303]

Werden mehr als drei Wohnungen errichtet, ist auf dem Baugrundstück oder öffentlich-rechtlich gesichert in unmittelbarer Nähe ein Spielplatz für Kleinkinder (bis zu sechs Jahren) anzulegen, zu unterhalten und in die Bepflanzung der nicht überbauten Flächen einzubeziehen.[304] Die Anforderungen an die Gestaltung von Freiflächen ist mit denen der Musterbauordnung inhaltsgleich.

Nach § 46 HBO müssen bauliche Anlagen, die öffentlich zugänglich sind, in den dem allgemeinen Besucherverkehr dienenden Teilen so errichtet und instand gehalten werden, dass sie von Menschen mit Behinderungen, alten Menschen und Personen mit Kleinkindern barrierefrei erreicht und ohne fremde Hilfe zweckentsprechend genutzt werden können. In Gebäuden mit einer Höhe von mehr als 13 m sind Aufzüge in ausreichender Anzahl vorgesehen. Von diesen Aufzügen muss mindestens ein Aufzug Kinderwagen, Rollstühle, Krankentragen und Lasten aufnehmen können und Haltestellen in allen Geschossen haben. Dieser Aufzug muss von allen Wohnungen in dem Gebäude und von der öffentlichen Verkehrsfläche aus barrierefrei erreichbar sein. Es werden auch Min-

---

[301] Vgl. § 56 Abs. 1, 2 HBO, wonach sie keiner Ausnahme oder Befreiung nach § 31 BauGB und keiner Abweichungen nach § 63 HBO bedürfen dürfen, ihre Erschließung gesichert sein muss und die Gemeinde die Durchführung eines Baugenehmigungsverfahrens nicht verlangt.
[302] Vgl. § 57 Abs. 2 S. 3 HBO. Dies gilt allerdings nicht für Vorhaben im Außenbereich.
[303] Vgl. § 64 Abs. 1, 58 HBO. Gemeint sind die Regelungen des BauGB und der HBO sowie die aufgrund dessen erlassenen Vorschriften und andere öffentlich-rechtliche Vorschriften, soweit wegen der Baugenehmigung eine Entscheidung nach diesen Vorschriften entfällt oder ersetz wird oder nach ihnen ein Zulassungsverfahren nicht vorgeschrieben ist.
[304] Vgl. § 8 Abs. 2 HBO.

destmaße für die Fahrkörbe sowie die lichte Breite der Türen angegeben.[305] Jedenfalls müssen Gebäude mit barrierefreien Aufzügen oder Rampen ausreichend ausgestattet sein, soweit ihre Geschosse barrierefrei erreichbar sein müssen.[306] In Gebäuden mit mehr als zwei Wohnungen müssen die Wohnungen eines Geschosses barrierefrei erreichbar sein. In diesen Wohnungen müssen die Wohn- und Schlafräume, eine Toilette, ein Bad und die Küche oder Kochnische mit dem Rollstuhl zugänglich sein. Diese Anforderung gilt jedoch nicht, sofern sie wegen schwieriger Geländeverhältnisse oder ungünstiger vorhandener Bebauung nur mit unverhältnismäßigem Aufwand erfüllt werden könnte.[307]

Die Vorgaben für die Standflächen und Aufstellräume für Abfallbehältnisse sind sehr kurz. Es wird lediglich auf die Erforderlichkeit Bezug genommen und deren Standorte als ausreichend und geeignet beschrieben. Abfallschächte sind nicht berücksichtigt.[308] Die Regelungen zum Wärme-, Schall- und Erschütterungsschutz sowie zur Strand- und Verkehrssicherheit sind mit denen der Musterbauordnung inhaltsgleich.[309]

Das Brandschutzkonzept ist dem der Musterbauordnung 2002 sehr ähnlich. In der Hessischen Bauordnung erfolgt in § 2 Abs. 3 zunächst eine Kategorisierung der Gebäude in Gebäudeklassen 1-5. Dies ersetzt die vormaligen Bezeichnungen von Gebäuden geringer oder mittlerer Höhe sowie Hochhäuser. Die Mindestanforderungen an einzelne Bauteile sind zwar in einer Anlage 1 zur HBO festgeschrieben, jedoch sind die in den §§ 13, 25-34 HBO vorgesehenen Schutzbestimmungen noch sehr detailliert, da die Anlage 2 sie nur konkretisiert. Dort ist ersichtlich, dass die Vorgabe für Gebäude der Klassen 1[310] und der Klasse 2[311] insbesondere bei Trennwänden, Brandwänden, Treppenräumen, Fluren und Gängen sowie bei Aufzügen geringer ausfallen. Die Regelungen über Bauprodukte und Bauarten sind textgleich.[312]

---

[305] Vgl. § 33 Abs. 4, 5 HBO.

[306] Vgl. § 46 Abs. 2 HBO.

[307] Vgl. § 43 Abs. 2 HBO.

[308] Vgl. § 41 HBO.

[309] Vgl. §§ 12, 12,14, 15 HBO und §§ 12, 13, 15, 16 MBO 2002.

[310] Gebäudeklasse 1: freistehende Gebäude bis zu 7 m Höhe mit nicht mehr als zwei Nutzungseinheiten von insgesamt nicht mehr als 400 m², freistehende landwirtschaftlich genutzte Gebäude.

[311] Gebäudeklasse 2: Gebäude bis zu 7 m Höhe mit nicht mehr als zwei Nutzungseinheiten von insgesamt nicht mehr als 400 m².

[312] Vgl. § 16-25 HBO und §§ 17-25 MBO 2002.

2.7.2.7 Niedersachsen

Die Neubekanntmachung der Niedersächsischen Bauordnung (NBauO) vom 10. Februar 2003 (GVBl. S. 89) ist abweichend von der Musterbauordnung 2002 gegliedert. Die einzelnen Teile sind umfassender und es gibt insgesamt weniger Unterteilungen in einzelne Bereiche. Sie beinhaltet 102 Vorschriften, wobei sieben davon aufgehoben wurden und nunmehr inhaltslos sind. Sehr ausführlich sind die Regelungen über Abstände baulicher Anlagen untereinander und Grenzbebauungen in den §§ 7 bis 13 NBauO.

Die Tiefen der Abstandflächen werden grundsätzlich mit 1 H und lediglich 0,5 H in Kerngebieten, Gewerbe- und Industriegebieten sowie in nicht allgemein zum Wohnen bestimmten Gebieten festgelegt, wobei sie jedenfalls mindestens 3 m betragen müssen.[313] Reduziert wird sie bei bestimmten Gebäudeteilen sowie bei Gebäuden besonderer Art.[314] Die Niedersächsische Bauordnung beinhaltet zudem Vorgaben für Einfriedungen und die Höhe der Geländeoberfläche.[315]

Aufenthaltsräume müssen eine für ihre Benutzung ausreichende Grundfläche und eine lichte Höhe von mindestens 2,40 m über mindestens zwei Dritteln ihrer Grundfläche haben. Für Aufenthaltsräume in Wohngebäuden mit nicht mehr als zwei Wohnungen kann ausnahmsweise eine geringere lichte Höhe zugelassen werden. Im Dachgeschoss reicht eine Solche von 2,20 m aus. In Kellerräumen sind sie zulässig, wenn die Geländeoberfläche nicht mehr als 70 cm über deren Fußboden liegt.[316] Im Bereich der Ausstattung mit Toiletten und Bädern ergeben sich keine inhaltlichen Unterschiede zur Musterbauordnung 2002. Toilettenräume müssen ausreichend groß sein und nach Lage und Einrichtung den Anforderungen der Hygiene und des Anstandes genügen. Jedoch reichen nach § 44 Abs. 5 NBauO in einer Wohnung mit nicht mehr als 50 m² Wohnfläche anstelle der Küche auch eine für sich lüftbare Kochnische. Für jede Wohnung muss ausreichend Abstellraum zur Verfügung stehen. In Gebäuden mit mehr als zwei Wohnungen sind in zumutbarer Entfernung leicht erreichbare, gut zugängliche und ausreichend große Abstellräume für Kinderwagen und Fahrräder einzurichten sowie geeignete Räume zum Trocknen von Wäsche für alle Wohnungen zur Verfügung zu stellen.

Für bauliche Anlagen, die einen Zu- und Abgangsverkehr mit Kraftfahrzeugen erwarten lassen, müssen Einstellplätze in ausreichender Anzahl und Größe zur Verfügung stehen oder entsprechend hergestellt werden. Entsprechendes gilt für Fahrradabstellanlagen. Bei Wohnungen kann diese Pflicht nicht

---

[313] Vgl. § 7 NBauO.
[314] Vgl. insbesondere §§ 7a, 7b, 12 NBauO.
[315] Vgl. §§ 15, 16 NBauO.
[316] Vgl. § 43 Abs. 2, 6 NBauO.

ausgesetzt werden. Ausnahmsweise kann die Herstellung der Einstellplätze durch die Zahlung eines Geldbetrages an die Gemeinde ersetzt werden.[317]

Wohngebäude geringer Höhe sind nach § 69a Abs. 1 NBauO von der Genehmigungspflicht freigestellt, sofern sie im Geltungsbereich eines Bebauungsplanes im Sinne des § 30 Abs. 1 BauGB liegen, welcher Kleinsiedlungsgebiete oder Wohngebiete festsetzt.[318] Weitere von der Genehmigungspflicht freigestellte bauliche Anlagen sind in einem Anhang zur Niedersächsischen Bauordnung aufgeführt. Mit dem Bau darf begonnen werden, sobald die Gemeinde dem Bauherren bestätigt, dass die Erschließung gesichert ist und sie keine vorläufige Untersagung nach § 15 1 S. 2 BauGB beantragen wird.

Nach § 75a NBauO wird für andere Wohngebäude, ausgenommen Hochhäuser, ein vereinfachtes Baugenehmigungsverfahren durchgeführt. Darin prüft die Bauaufsichtsbehörde lediglich die Vereinbarkeit mit dem städtebaulichen Planungsrecht, das Abstandflächenrecht und die Erfüllung der Vorgaben der Stellplatzpflicht.[319] Im herkömmlichen Genehmigungsverfahren beschränkt sich der Prüfungsumfang der Bauaufsichtsbehörde auf das öffentliche Baurecht.[320] Darunter fallen die Vorschriften der Landesbauordnung sowie die aufgrund dessen erlassenen Vorschriften, das städtebauliche Planungsrecht sowie die sonstigen öffentlich-rechtlichen Vorschriften, sofern sie Anforderungen an bauliche Anlagen regeln.

Als Gemeinschaftsanlagen sind bauliche Anlagen wie Stellplätze und Garagen, nicht öffentliche Verkehrsanlagen sowie Anlagen für Wasserversorgung, Abwasser oder Abfälle nach § 52 NBauO zu schaffen, sofern dies nach dem öffentlichen Recht erforderlich ist. Spielplätze zählen nach dem Wortlaut des Gesetzes nicht dazu und sind in der Niedersächsischen Bauordnung auch nicht gesondert berücksichtigt. Vielmehr wurde ein gesondertes Spielplatzgesetz geschaffen, in dem detailliert die Anforderungen dargestellt sind.[321]

In § 1 Abs. 2 NBauO wird im Rahmen der Beschreibung der grundsätzlichen Anforderungen an bauliche Anlage bei der Gestaltung die Rücksicht auf Behinderte, alte Menschen, Kinder und Personen mit Kleinkindern hervorgehoben. In Gebäuden mit Aufenthaltsräumen, deren Fußboden mehr als 12,25 m über der Eingangsebene liegt, müssen Aufzüge in ausreichender Zahl und An-

---

[317] Vgl. § 47, 47a NBauO und § 47b für Fahrradabstellanlagen.
[318] Vgl. § 2 Abs. 9 NBauO: „Gebäude geringer Höhe sind Gebäude, in denen jeder Aufenthaltsraum mit seinem Fußboden um höchstens 7 m höher als die Stellen der Geländeoberfläche liegt, von denen aus er über Rettungsgeräte der Feuerwehr erreichbar ist. Gebäude ohne Aufenthaltsräume stehen Gebäuden geringer Höhe gleich."
[319] Vgl. § 75a Abs. 2 – 4 NBauO.
[320] Vgl. § 2 Abs. 10, § 75 Abs. 1 NBauO.
[321] Niedersächsisches Gesetz über Spielplätze vom 06. Februar 1973 (GVBl. S. 29), zuletzt geändert am 19. September 1989 (GVBl. S. 345).

ordnung vorhanden sein. Davon muss mindestens ein Aufzug Kinderwagen, Rollstühle, Krankentragen und Lasten aufnehmen können und Haltestellen in allen Geschossen haben und von allen Wohnungen in dem Gebäude und von der öffentlichen Verkehrsfläche aus stufenlos erreichbar sein.[322] In Gebäuden mit mehr als vier Wohnungen müssen die Wohnungen eines Geschosses barrierefrei sein. In jeder achten Wohnung eines Gebäudes müssen die Wohn- und Schlafräume, eine Toilette, ein Bad und die Küche oder Kochnische zusätzlich rollstuhlgerecht sein. Diese Verpflichtung gilt jedoch nicht, sofern deren Umsetzung nur mit einem unverhältnismäßigen Mehraufwand erfüllt werden könnte.[323] In § 48 NBauO sind bestimmte Gebäudearten und bauliche Anlagen aufgezählt, die nach ihrer Zweckbestimmung insbesondere den barrierefreien Besuch und die Nutzung durch Rollstuhlfahrer durch eine entsprechende bauliche Gestaltung sicherstellen und vereinfachen sollen.

Die Berücksichtigung der ökologischen Belange ist für nicht überbaute Flächen in § 14 NBauO ausführlich beschrieben. Sie werden auch in den allgemeinen Anforderungen in § 1 NBauO bereits mit den übrigen Grundsätzen in Einklang gebracht. Die Vorschriften zum Wärme-, Schall- und Erschütterungsschutz sowie zum Schutz gegen schädliche Einflüsse sind knapp gehalten, mit denen der Musterbauordnung 2002 allerdings inhaltsgleich. Ebenso verhält es sich mit den Bestimmungen zur Stand- und Verkehrssicherheit, obwohl sie wiederum kürzer gefasst sind.[324] Besonderer Wert wird allerdings in diesem Bereich auf die Isolierung und Prävention vor Feuchtigkeitsbeeinträchtigungen gelegt. Entsprechende Kriterien tauchen oft auf und übersteigen die entsprechenden Musterregelungen im Umfang.[325]

In der Niedersächsischen Bauordnung ist der Brandschutz nicht so detailliert geregelt wie in den Mustervorschriften. Es ist auch keine Abstufung der Vorgaben je nach Gebäudeart oder -zweck erkennbar. Die Anforderungen wurden detailliert in die Allgemeine Durchführungsverordnung zur Niedersächsischen Bauordnung aufgenommen.[326]

Werbeanlagen erfahren in § 49 NBauO ebenfalls eine besondere Beachtung. Sie sind je nach Art des Gebiets, in dem sie angebracht sind, nur in einem bestimmten Umfang zulässig. Die Regelungen über Bauprodukte und Bauarten sind im Wesentlichen textgleich.[327]

---

[322] Vgl. § 36 Abs.2, 3 NBauO.
[323] Vgl. § 44 Abs. 3 NBauO.
[324] Vgl. §§ 18, 23 NBauO und §§ 12, 16 MBO 2002.
[325] Vgl. § 19, 30 Abs. 2 und 3, 31 Abs. 2, 42 Abs.3 NBauO.
[326] Allgemeine Durchführungsverordnung zur Niedersächsischen Bauordnung in der Fassung vom 11. März 1987 (GVBl. S. 29), zuletzt geändert am 06. Juni 1996 (GVBl. S. 287).
[327] Vgl. §§ 24-28 c NBauO und §§ 17-25 MBO 2002.

2.7.2.8 Nordrhein-Westfalen

Die Bauordnung für das Land Nordrhein-Westfalen (BauO NRW) wurde am 1. März 2000 (GVBl. S. 256) neu gefasst und bekannt gemacht. Zuletzt wurde sie am 22. Juli 2003 (GVBl. S. 434) geändert. Sie beinhaltet 89 Vorschriften und ist in ihrem Aufbau der Musterbauordnung fast gleich. Lediglich der Teil hinsichtlich des Verfahrens ist der Musterbauordnung 2002 nachgebildet. Die landesrechtlichen Regelungen sind in weiten Bereichen sehr ausführlich gehalten. Im Bereich des Brandschutzes sind zur Konkretisierung der Vorgaben einzelner Bauteile Tabellen mit den jeweiligen Anforderungen je nach Gebäudeart in den Gesetzestext eingefügt.

Im Abstandflächenrecht erfolgt eine Staffelung in der Tiefe von im Allgemeinen 0,8 H, 0,5 H in Kerngebieten, Gewerbegebieten und Industriegebieten sowie 0,25 H in Gewerbegebieten und Industriegebieten. In allen Fällen muss die Tiefe der Abstandflächen mindestens 3,0 m betragen.[328] Nach § 9 Abs. 3 BauO NRW können bestimmte Anforderungen an die Geländeoberfläche der zu bebauenden Grundstücksfläche gestellt werden.

Aufenthaltsräume müssen eine für ihre Benutzung ausreichende Grundfläche und eine lichte Höhe von mindestens 2,40 m haben. In Wohngebäuden mit nicht mehr als zwei Wohnungen kann auch eine geringere Höhe gestattet werden, sofern dadurch wegen der Benutzung keine Bedenken bestehen. Im Dachgeschoss muss diese Höhe über mindestens der Hälfte der Grundfläche erreicht werden. In Kellergeschossen sind Aufenthaltsräume zulässig, wenn das Gelände nicht mehr als 0,80 m über deren Fußboden liegt.[329]

Bei der Errichtung von baulichen Anlagen, bei denen ein Zu- und Abgangsverkehr zu erwarten ist, müssen Stellplätze für PKW und Fahrräder oder Garagen hergestellt werden, sofern unter Berücksichtigung der örtlichen Verkehrsverhältnisse und des öffentlichen Personenverkehrs zu erwarten ist, dass dieser sich mittels Kraftfahrzeug oder Fahrrad realisiert. Fahrradabstellplätze sind am Gebäude zu realisieren. Die Bauaufsichtsbehörde kann unter Umständen im Einvernehmen mit der Gemeinde auf die Erfüllung dieser Pflicht verzichten, wenn die Pflichtigen stattdessen einen entsprechenden Geldbetrag zahlen.[330]

Im Bereich der Wohnungsausstattung und Gestaltung ist nach § 49 Abs. 3 BauO NRW darauf zu achten, dass nicht alle Wohn- und Schlafräume eine reine Nordlage aufweisen. Zudem müssen jedenfalls 6 m^2 Abstellfläche zur Verfügung stehen, wobei davon 0,5 m^2 innerhalb der Wohnung zu liegen haben. Au-

---

[328] Vgl. § 6 Abs. 5 BauO NRW, wobei in den folgenden 11 Absätzen diverse Ausnahmetatbestände beschrieben werden.
[329] Vgl. § 48 Abs. 1, 5 BauO NRW.
[330] Vgl. § 51 Abs. 1, 5 BauO NRW.

ßerdem sollen leicht erreichbare und gut zugängliche Abstellräume für Kinderwagen und Fahrräder sowie für Rollstühle, Gehwagen und ähnliche Hilfsmittel hergestellt werden.[331] Die Anforderungen an Toiletten, Bäder und Küchen sind mit denen der Musterbauordnung inhaltsgleich.[332]

Die Landesbauordnung unterscheidet zwischen genehmigungsbedürftigen Vorhaben und genehmigungsfreien Vorhaben und Anlagen. Zudem ist neben dem umfassenden Baugenehmigungsverfahren ein vereinfachtes Genehmigungsverfahren vorgesehen.[333] Die Errichtung, Änderung und Nutzungsänderung von Wohngebäuden mittlerer und geringer Höhe[334] bedürfen keiner Genehmigung, sofern sie sich im Geltungsbereich eines Bebauungsplans im Sinne des § 30 Abs. 1 oder § 30 Abs. 2 des Baugesetzbuches befinden.[335] Vor Baubeginn müssen von einem staatlich anerkannten Sachverständigen geprüfte Nachweise über die Standsicherheit, den Wärmeschutzes und bei Gebäuden mittlerer Höhe auch des Brandschutzes vorliegen. Mit dem Vorhaben darf einen Monat nach Eingang der Bauvorlagen bei der Gemeinde begonnen werden.[336] Auf Antrag kann für dieses Vorhaben auch das vereinfachte Genehmigungsverfahren nach § 68 BauO NRW durchgeführt werden. In diesem Verfahren ist der Prüfungsumfang gemäß § 68 Abs. 1 S. 4 BauO NRW reduziert und genau festgeschrieben.[337] Ansonsten ist eine erforderliche Baugenehmigung nach § 75 BauO NRW zu erteilen, wenn dem Vorhaben öffentlich-rechtliche Vorschriften nicht entgegenstehen, die im Baugenehmigungsverfahren zu prüfen sind.[338] Nach § 8 BauO NRW bedarf nun auch die Teilung eines bebauten Grundstücks zu ihrer Wirksamkeit der Genehmigung der Bauaufsichtsbehörde. Sie gilt als erteilt, wenn über einen entsprechenden Antrag nicht innerhalb der vorgesehenen Frist entschieden ist.

---

[331] Vgl. § 49 Abs. 3, 4, 5 BauO NRW.

[332] Vgl. § 50, 49 Abs. 4 BauO NRW und §§ 43 Abs. 1, 48 Abs. 3 MBO 2002.

[333] Vgl. §§ 63 – 68 BauO NRW.

[334] Vgl. § 2 Abs. 3 S. 2 BauO NRW „Gebäude mittlerer Höhe sind Gebäude, bei denen der Fußboden mindestens eines Aufenthaltsraumes im Mittel mehr als 7 m und nicht mehr als 22 m über der Geländeoberfläche liegt."

[335] Vgl. § 67 Abs. 1 BauO NRW.

[336] Vgl. § 67 Abs. 2, 5 BauO NRW.

[337] Im vereinfachten Genehmigungsverfahren prüft die Bauaufsichtsbehörde nur die Vereinbarkeit des Vorhabens mit den Vorschriften der §§ 29 bis 38 des Baugesetzbuches, den §§ 4, 6, 7, § 9 Abs. 2, §§ 12, 13 und 51 BauO NRW, bei Sonderbauten auch mit § 17 BauO NRW, den örtlichen Bauvorschriften nach § 86 BauO NRW, anderen öffentlich-rechtlichen Vorschriften, deren Einhaltung nicht in einem anderen Genehmigungs-, Erlaubnis- oder sonstigen Zulassungsverfahren geprüft wird.

[338] Vgl. § 75 Abs. 3 S. 2 BauO NRW. Danach lässt die Baugenehmigung aufgrund anderer Vorschriften bestehende Verpflichtungen zum Einholen von Genehmigungen, Bewilligungen, Erlaubnissen und Zustimmungen oder zum Erstatten von Anzeigen unberührt.

Grundsätzlich darf ein Gebäude mit Wohnungen nur errichtet werden, wenn eine ausreichende Spielfläche für Kleinkinder auf dem Grundstück bereitgestellt wird. Die Größe richtet sich nach Art und Zahl der Wohnungen. Die Schaffung ist nicht erforderlich, sofern bereits in unmittelbarer Nähe entsprechende Möglichkeiten vorhanden sind. Sofern sich aus den Umständen des Einzelfalls kein solches Erfordernis ergibt, kann auf die Bereitstellung verzichtet werden.[339] Gemeinschaftsanlagen wie Spielflächen oder Stellplätze und Garagen müssen hergestellt werden, sobald und soweit sie zur Erfüllung ihres Zweckes erforderlich ist.[340]

In Gebäuden mit mehr als fünf Geschossen über der Geländeoberfläche müssen Aufzüge in ausreichender Zahl eingebaut werden, von denen einer auch zur Aufnahme von Kinderwagen, Rollstühlen, Krankentragen und Lasten geeignet sein muss. Es werden inhaltsgleich mit der Musterbauordnung 2002 Mindestmaße für die Fahrkörbe und die Türbreite vorgegeben, die von jeder Wohnung und der Verkehrsfläche stufenlos erreichbar sein müssen.[341] In Gebäuden mit mehr als zwei Wohnungen müssen die Wohnungen eines Geschosses barrierefrei erreichbar sein. In diesen Wohnungen müssen die Wohn- und Schlafräume, eine Toilette, ein Bad und die Küche oder Kochnische mit dem Rollstuhl zugänglich sein.[342] In § 55 BauO NRW sind verschiedene bauliche Anlagen und Maßnahmen aufgeführt, die wegen ihrer Zweckbestimmung benachteiligten Personengruppen besondere Zugangs- und Nutzungsvoraussetzungen bereitstellen müssen. Abweichungen von diesen baulichen Vorgaben sind zulässig, wenn sie nur mit einem unverhältnismäßigen Mehraufwand erfüllt werden könnten.[343]

Die Berücksichtigung ökologischer Belange ist bereits in den allgemeinen Anforderungen in § 3 Abs. 1 BauO NRW festgeschrieben. Danach ist mit dem Boden, mit Wasser und Energie sparsam umzugehen. Die Vorgaben zur Gestaltung nicht überbauter Grundstückflächen sind mit denen der Musterbauordnung inhaltsgleich. Ebenso verhält es sich mit der Standsicherheit, der Verkehrssicherheit und dem Schutz vor jeglichen schädlichen Einflüssen.[344] § 46 BauO NRW verbietet die Errichtung von Abfallschächten. Bestehende Abfallschächte waren spätestens bis zum 31. Dezember 2003 außer Betrieb zu nehmen und die zur Befüllung bestehenden Öffnungen dauerhaft zu verschließen.

Beim Brandschutz werden neben den allgemeinen Anforderungen in den Vorschriften über Wände, Decken und Dächer sehr konkrete und ausführliche

---

[339] Vgl. § 9 Abs. 2 BauO NRW.
[340] Vgl. § 11 BauO NRW.
[341] Vgl. § 39 Abs. 6 BauO NRW und § 39 Abs. 5 MBO 2002.
[342] Vgl. § 49 Abs. 2 BauO NRW.
[343] Vgl. § 55 Abs. 6, 49 Abs. 2 S. 2 BauO NRW.
[344] Vgl. §§ 9 Abs. 1, 15, 16, 18, 19 BauO NRW und §§ 8 Abs. 1, 12, 13, 15, 16 MBO 2002.

Brandschutzrichtwerte dargelegt.[345] Sie sind je nach Gebäudeart unterschiedlich ausgestaltet, wobei freistehende Gebäude mit nicht mehr als einer Wohnung den geringsten Maßstäben ausgesetzt werden. Die MBO 2002 gliedert den Brandschutz ähnlich konkret. Erst wird allgemein der Brandschutzgrad definiert und später je nach Bauteil und Gebäudeart vorgegeben. Auf diese Weise werden etwaige Zweifel am Umfang etwaiger baulicher Brandschutzvorkehrungen gar nicht erst entstehen. Die Vorschriften über Bauprodukte und Bauarten sind im Wesentlichen textgleich.[346]

2.7.2.9   Rheinland-Pfalz

Die Landesbauordnung Rheinland-Pfalz (LBauO) vom 24. November 1998 (GVBl. S. 365) wurde zuletzt geändert am 22. Dezember 2003 (GVBl. S. 396). Sie umfasst 93 Vorschriften. In Aufbau und Gliederung entspricht Sie im Wesentlichen der Musterbauordnung 2002, wobei allerdings die Abschnitte über das Grundstück und seine Bebauung sowie über besondere Anlagen ausführlicher sind. Im Gesetzestext werden auch unmittelbar soziale Belange angesprochen, was ansonsten in den Mustervorschriften nicht derart direkt geschieht.[347] Ebenso wie die Musterbauordnung 2002 gliedert die Landesbauordnung Rheinland-Pfalz die einzelnen Gebäudearten in Gebäudeklassen.[348]

Die Tiefe der Abstandsfläche zwischen Außenwänden oberirdischer Gebäude beträgt 0,4 H, in Gewerbe- und Industriegebieten 0,25 H. In Kerngebieten sowie in Sondergebieten, die nicht der Erholung dienen, kann eine geringere Tiefe als 0,4 H zugelassen werden, wenn die Nutzung der Gebiete dies rechtfertigt. In allen Fällen muss die Tiefe der Abstandsfläche jedoch mindestens 3 m betragen.[349] Im Einzelfall können auch geringere Flächen zugelassen werden. In § 12 LBauO werden Einfriedungen berücksichtigt. Zudem erlaubt § 10 LBauO Vorgaben zur Gestaltung der Höhenlage des Grundstücks.

Aufenthaltsräume müssen eine für ihre Benutzung ausreichende Grundfläche und eine lichte Höhe von 2,40 m haben.[350] In Kellergeschossen sind Aufenthaltsräume und Wohnungen nur zulässig, wenn das Gelände vor Außenwänden nicht mehr als 0,70 m über dem Fußboden der Aufenthaltsräume liegt. Aufenthaltsräume im Dachraum müssen eine lichte Raumhöhe von 2,20 m über der

---

[345] Vgl. § 17, 29-35 BauO NRW, insbesondere §§ 29 und 34 BauO NRW mit tabellarischen Vorgaben für die jeweiligen Bauteile je nach Gebäudeart.

[346] Vgl. §§ 20-28 LBauO NRW und §§ 17-15 MBO 2002.

[347] Vgl. § 4 und § 11 LBauO NRW.

[348] Wobei die MBO 2002 die Klassen 1-5 unterscheidet und die LBauO nur 4 Klassen aufzählt.

[349] Vgl. § 8 Abs. 6 LBauO.

[350] Vgl. § 43 Abs. 1 LBauO.

Hälfte ihrer Grundfläche haben.[351] Jede Wohnung mit mehreren Aufenthalts-räumen soll einen besonnten Wohn- oder Schlafraum haben. Es muss eine Kü-che oder Kochnische sowie einen Abstellraum vorhanden sein. Der Abstellraum soll mindestens 6 m^2 groß seine, wobei 1 m^2 innerhalb der Wohnung liegen soll. Für Gebäude mit Wohnungen über dem zweiten Geschoss über der Gelände-oberfläche sollen leicht erreichbare und gut zugängliche Abstellräume für Kin-derwagen und Fahrräder sowie Trockenräume hergestellt werden.[352] Die Vorga-ben für Bäder und Toilettenräume sind mit denen der Musterbauordnung 2002 inhaltsgleich.[353]

Bauliche Anlagen wie Wohngebäude dürfen nur errichtet werden, wenn die für den erwarteten Zugangs- und Abgangsverkehr notwendigen Stellplätze (auch für Fahrräder) in ausreichender Zahl, Größe und Beschaffenheit herge-stellt werden. Dabei ist die Möglichkeit der Inanspruchnahme öffentlicher Ver-kehrsmittel zu berücksichtigen. Sofern diese Verpflichtung nur mit einem über-mäßigen Aufwand erfüllt werden kann, ist dies auch nach Zustimmung der Ge-meinde durch Zahlung eines Geldbetrages möglich.[354]

Wohngebäude mit nicht mehr als zwei Wohnungen, bei denen der Fußbo-den keines Geschosses, in dem Aufenthaltsräume möglich sind, im Mittel mehr als 7 m über der Geländeoberfläche liegt, unterfallen den Gebäudeklassen 1 oder 2. Sie sind grundsätzlich nicht nach § 62 LBauO von der Genehmigungspflicht freigestellt. Sie können jedoch in einem Freistellungsverfahren von der Geneh-migungspflicht entbunden werden, sofern das Vorhaben im Geltungsbereich ei-nes Bebauungsplans im Sinne des § 12 oder des § 30 Abs. 1 BauGB liegt und den Festsetzungen entspricht. Mit dem Bau darf dann einen Monat nach Vorlage der Unterlagen begonnen werden. Auf Antrag des Bauherren kann aber trotzdem ein Baugenehmigungsverfahren durchgeführt werden.[355] Ansonsten unterfallen sie dem vereinfachten Genehmigungsverfahren im Sinne des § 66 LBauO. Es schließt mit einer Baugenehmigung ab, jedoch beschränkt sich die Prüfung auf die Zulässigkeit des Vorhabens nach den Bestimmungen des Baugesetzbuchs (BauGB) und der sonstigen öffentlich-rechtlichen Vorschriften. Sie gilt nach § 66 Abs. 4 S. 5 LBauO als erteilt, wenn über den Bauantrag nicht innerhalb der einschlägigen Fristen entschieden ist. Ansonsten ist nach § 70 LBauO die Bau-genehmigung zu erteilen, wenn dem Vorhaben keine baurechtlichen oder sonsti-gen öffentlich-rechtlichen Vorschriften entgegenstehen.

Bei der Errichtung von Gebäuden mit mehr als drei Wohnungen ist ein Spielplatz für Kleinkinder herzustellen, der nach seiner Lage und Beschaffenheit

---

[351] Vgl. § 45 Abs. 1, 4 LBauO.
[352] Vgl. § 44 Abs. 3, 4, 5 LBauO.
[353] Vgl. § 46 LBauO und §§ 43 Abs. 1 und 48 Abs. 3 MBO 2002.
[354] Vgl. § 47 Abs. 1, 4 LBauO.
[355] Vgl. § 67 Abs. 1, 5 LBauO.

ein gefahrloses Spielen ermöglicht. Der Spielplatz soll besonnt und windge-
schützt liegen. Ruf- und Sichtkontakt zur Wohnbebauung sollen gewährleistet
sein. Seine Größe richtet sich nach der Zahl der anliegenden Wohnungen.
Grundsätzlich ist er auf dem zu bebauenden Grundstück herzustellen. [356] Im
Rahmen der Allgemeinen Anforderungen für Bauvorhaben sind zudem die Belange und Sicherheitsbedürfnisse von Frauen, Familien und Kindern sowie von
behinderten und alten Menschen insbesondere im Hinblick auf barrierefreies
Bauen zu berücksichtigen. [357]

In Gebäuden mit mehr als fünf Geschossen über der Geländeoberfläche
müssen Aufzüge in ausreichender Zahl eingebaut und betrieben werden. Mindestens einer der Aufzüge muss auch zur Aufnahme von Rollstühlen, Krankentragen und Lasten geeignet und von den Wohnungen im Gebäude und von der
öffentlichen Verkehrsfläche aus stufenlos zu erreichen sein. Für diesen Fall
werden mit der Musterbauordnung 2002 inhaltsgleiche Mindestmaße für die
Fahrkörbe sowie die lichte Durchgangsbreite der Türen vorgegeben. [358] Gebäude
mit mehr als vier Wohnungen sind so herzustellen und in Stand zu halten, dass
von den ersten fünf Wohnungen eine und von jeweils zehn weiteren Wohnungen
zusätzlich eine Wohnung barrierefrei erreichbar ist. In diesen Wohnungen müssen die Wohn- und Schlafräume, eine Toilette, ein Bad und die Küche oder
Kochnische mit dem Rollstuhl zugänglich sein. [359] In § 51 LBauO werden für
aufgezählte Gebäude bauliche Vorgaben zur barrierefreien Erreichbarkeit und
zweckentsprechenden Nutzung bestimmt, damit alte Menschen und Personen
mit Kleinkindern keine Nachteile erleiden.

Die Vorschriften zur Standsicherheit, Verkehrssicherheit, Schutz gegen
schädliche Einflüsse, sowie zum Wärme-, Schall- und Erschütterungsschutz sind
mit den der Musterbauordnung 2002 inhaltsgleich. [360] In § 4 LBauO werden
zwar ausdrücklich ökologische Belange beschrieben, jedoch ergeben sich weder
im Inhalt noch im Umfang merkliche Unterschiede zur Musterbauordnung 2002.
Die Beachtung von Abfalllagerstätten ist sehr gering.

Die Anforderungen im Brandschutz orientieren sich an den in § 2 LBauO
definierten Gebäudeklassen. Sie sind je nach Gebäudeklasse intensiver ausgestal-
te. Die Gebäude der Klasse 1 in Form von freistehenden Wohngebäuden mit
einer Wohnung in nicht mehr als zwei Geschossen, sind abgesehen von den allgemeinen Vorgaben in § 15 LBauO mit merklich geringeren Vorgaben ausges-

---

[356] Vgl. § 11 Abs. 1 LBauO.
[357] Vgl. § 4 LBauO.
[358] Vgl. § 36 Abs. 5 LBauO.
[359] Vgl. § 44 Abs. 2 LBauO.
[360] Vgl. §§ 13, 14, 16, 17 LBauO und §§ 12, 13, 15, 16 MBO 2002.

taltet.[361] Die Vorschriften über Bauprodukte und Bauarten sind mit denen der Musterbauordnung textgleich.[362]

2.7.2.10 Saarland

Die Bauordnung für das Saarland (LBO) vom 27. März 1996 (GVBl./ABl S. 477) wurde zuletzt geändert mit Gesetz vom 07. November 2001 (GVBl. S. 2186). Sie umfasst 101 Einzelregelungen. Dies ergibt sich unter anderem aus einem sehr ausführlichen Teil betreffend das Verfahren und einem gesonderten Abschnitt zum Schutz der natürlichen Lebensgrundlagen.[363] Der Aufbau der Gliederung ist grober als bei der Musterbauordnung 2002. Es werden insbesondere bei den Verfahrensvorschriften und den einzelnen Bauteilen wenig Unterabschnitte gebildet.[364]

Die Tiefe der Abstandsfläche beträgt 0,4 H, in Gewerbe- und Industriegebieten 0,25 H. In Kerngebieten sowie in Sondergebieten, die nicht der Erholung dienen, kann eine geringere Tiefe als 0,4 H gestattet werden. In allen Fällen muss die Tiefe der Abstandsfläche mindestens 3 m betragen. Nach § 10 LBO können besondere Anforderungen an die Geländeoberfläche und die Höhenlage der baulichen Anlage gestellt werden. Die Landesregelungen beinhalten zudem Vorgaben für Einfriedungen und ausführliche Beschreibungen zur Gestaltung von Warenautomaten und Außenwerbung.[365]

Aufenthaltsräume müssen eine für ihre Benutzung ausreichende Grundfläche und grundsätzlich eine lichte Höhe von mindestens 2,40 m haben. In Kellergeschossen sind Aufenthaltsräume und Wohnungen nur zulässig, wenn das an die Außenwände anschließende Gelände in einer für die Beleuchtung mit Tageslicht ausreichenden Entfernung und Breite nicht mehr als 70 cm über dem Fußboden der Aufenthaltsräume liegt. Im Dachraum müssen sie über mindestens der Hälfte ihrer Fläche eine lichte Höhe von mindestens 2,30 m aufweisen.[366] In Wohnungen ist eine reine Nordlage aller Wohn- und Schlafräume unzulässig. Sie müssen über ausreichend Abstellraum verfügen, ohne einen konkreten Wert für die Fläche anzugeben. Für Gebäude mit mehr als vier Wohnungen müssen leicht erreichbare und gut zugängliche Gemeinschaftsräume zum Abstellen von Kinderwagen, Fahrrädern und Kinderspielgeräten hergestellt und bei Solchen mit mehr als zwei Wohnungen müssen ausreichend große Trockenräume und

---

[361] Vgl. §§ 27-35 LBauO.

[362] Vgl. §§ 18-26 LBauO und §§ 17-25 MBO 2002.

[363] Vgl. 6. Teil, §§ 64-92 LBO zum Verfahren und den 2. Abschnitt im 3. Teil §§ 21-24 LBO.

[364] In der MBO 2002 zum Verfahren fünf Unterabschnitte und bei den Bauteilen vier Unterabschnitte.

[365] Vgl. § 12 und 15 LBO.

[366] Vgl. §§ 45, 47 (Kellergeschoss), 48 (Dachraum) LBO.

Aufstellmöglichkeiten für Waschmaschinen eingerichtet werden.[367] Die Vorgaben für Küchen, Bäder und Toilettenräumen sind mit denen der Musterbauordnung inhaltsgleich.[368]

Bei der Errichtung baulicher Anlagen, bei denen ein entsprechender Zugangs- und Abgangsverkehr zu erwarten ist, sind Stellplätze für Kraftfahrzeuge in ausreichender Anzahl, Größe und in geeigneter Beschaffenheit sowie Abstellplätze für Fahrräder herzustellen. Für Ein- und Zweifamilienhäuser müssen keine Stellplätze für Kraftfahrzeuge geschaffen werden. Sofern die Erfüllung dieser Pflicht nicht oder nur unter großen Schwierigkeiten möglich ist, kann sie durch Zahlung eines Geldbetrages abgelöst werden.[369]

Die Bauordnung für das Saarland sieht je nach Art des Vorhabens eine allgemeine Freistellung (§ 65 LBO) von der Genehmigungspflicht, ein gesondertes Freistellungsverfahren (§ 66 LBO) sowie ein vereinfachtes (§ 67 LBO) und umfassendes Baugenehmigungsverfahren (§§ 64, 77 LBO) vor. Die Einteilung der Gebäudearten erfolgt in Gebäudeklassen 1 bis 4.[370] Die Errichtung von Wohngebäuden bis zur Klasse 3 ist nach § 66 LBO von der Genehmigungspflicht freigestellt, wenn das Vorhaben innerhalb des Geltungsbereiches eines Bebauungsplanes im Sinne des § 12 oder des § 30 Abs. 1 des Baugesetzbuchs und außerhalb einer Veränderungssperre, eines Sanierungs- oder Entwicklungsgebietes liegt. Dazu müssen Nachweise zum Schall- Wärme- und baulichen Brandschutz sowie zur Standsicherheit vorgelegt werden. Sie sind einer entsprechende Bauanzeige beizufügen. Nach Prüfung der Vollständigkeit hat die Bauaufsichtsbehörde ggf. schriftlich zu bestätigen, dass das Vorhaben freigestellt ist. Andernfalls ist die Anzeige dem Bauherren zurückzugeben, sofern er nicht als Bauantrag behandelt werden soll.[371] Mit dem Bau darf erst nach Vorlage aller Unterlagen und Bestätigungen begonnen werden. Nach § 66 Abs. 10 LBO ist auch bei an sich freigestellten Vorhaben auf Verlangen des Bauherren das vereinfachte Genehmigungsverfahren nach § 67 LBO durchzuführen. Im vereinfachten Genehmigungsverfahren beschränkt sich die Prüfung und Reichweite der erteilten Genehmigung gemäß § 67 Abs. 2, 6 LBO.[372] Die Genehmigung gilt

---

[367] Vgl. § 46 Abs. 3, 6, 7 LBO.

[368] Vgl. § 46 Abs.5, § 49 LBO und §§ 43 Abs. 1, 48 Abs. 3 MBO 2002.

[369] Vgl. § 50 Abs. 1, 7 LBO.

[370] Vgl. § 2 Abs. 2 LBO: Gebäudeklasse 1: Freistehende *Wohn*gebäude mit einer Wohnung in nicht mehr als zwei Geschossen, andere freistehende Gebäude ähnlicher Größe, freistehende landwirtschaftliche Betriebsgebäude; Gebäudeklasse 2: Wohngebäude mit nicht mehr als zwei Wohnungen, bei denen der Fußboden eines jeden Geschosses, in dem Aufenthaltsräume möglich sind, an der zum Anleitern bestimmten Stelle nicht mehr als 7 m über der Geländeoberfläche liegt;

[371] Vgl. § 66 Abs. 4 LBO.

[372] Nach Absatz 2 auf die Prüfung der Zulässigkeit nach den Vorschriften des Baugesetzbuches und des Maßnahmengesetzes zum Baugesetzbuch und sonstigen öffentlich-rechtlichen

als erteilt, wenn über den Bauantrag nicht innerhalb der Frist im Sinne des Abs. 5 S. 1-4 entschieden worden ist. Im herkömmlichen Genehmigungsverfahren wird die Vereinbarkeit des beabsichtigten Vorhabens mit den öffentlich-rechtlichen Vorschriften geprüft.[373] Nach § 9 LBO bedarf auch die Teilung eines Grundstückes der Genehmigung.

Bei der Errichtung eines Gebäudes mit mehr als drei Wohnungen ist auf dem Baugrundstück ein Kleinkinderspielplatz anzulegen und zu unterhalten. Dies gilt nicht, wenn es die Art der Wohnungen nicht erfordern oder der Bedarf bereits gedeckt wird. Es kann auch gestattet werden, dass diese Verpflichtung durch Zahlung eines Geldbetrages abgelöst wird.[374] Als Gemeinschaftsanlagen gelten nach § 14 LBO insbesondere Stellplätze und Garagen, Abstellplätze für Fahrräder, Kinderspielplätze, Spielhäuser, Gärten, Höfe, Plätze für Abfallbehälter und Wertstoffbehälter und Anlagen des Lärmschutzes. Sie sind herzustellen, sobald sie zur Erfüllung ihres Zweckes notwendig werden.

Bereits § 3 LBO schreibt vor, die Belange der Familien und der Personen mit Kindern, der Behinderten und der alten Menschen besonders zu berücksichtigen. In Gebäuden mit mehr als fünf Vollgeschossen müssen Aufzüge in ausreichender Zahl eingebaut werden.[375] Mindestens einer von ihnen muss auch zur Aufnahme von Lasten, Krankentragen und Rollstühlen geeignet und barrierefrei erreichbar sein sowie von Kindern, Behinderten und alten Menschen ohne fremde Hilfe genutzt werden können. Bei Wohngebäuden mit mehr als vier Wohnungen müssen die Wohnungen mindestens eines Geschosses barrierefrei erreichbar sein, wenn sich die Wohngebäude von der Lage her dafür eignen. Dort müssen sämtliche Räume mit einem Rollstuhl zugänglich sein.[376] Für Gebäude mit mehr als vier Wohnungen müssen leicht erreichbare und gut zugängliche Gemeinschaftsräume zum Abstellen von Kinderwagen, Fahrrädern und Kinderspielgeräten hergestellt werden und in Solchen mit mehr als zwei Wohnungen ausreichend große Trockenräume und Aufstellmöglichkeiten für Waschmaschinen eingerichtet werden. Nach § 54 LBO sind Anlagen und Einrichtungen, die von Behinderten, alten Menschen und Personen mit Kleinkindern nicht nur gelegentlich aufgesucht werden, so herzustellen, instand zu halten und instand zu setzen, dass sie von diesem Personenkreis ohne fremde Hilfe zweckentsprechend genutzt oder aufgesucht werden können.

Vorschriften außerhalb des Bauordnungsrechts, die Einhaltung der Abstandsflächen sowie die Erfüllung der Stellplatzpflicht und der gesicherten Erschließung. Nach Abs. 6 beschränken sich Baugenehmigung (§ 77 Abs. 1 Satz 1), Bauüberwachung (§ 83) und Bauzustandsbesichtigung (§ 84) auf den nach Absatz 2 geprüften Umfang.
[373] Vgl. § 77 Abs. 1 LBO.
[374] Vgl. § 12 Abs. 3, 4, 5 LBO.
[375] Vgl. § 40 Abs. 2, 3 LBO.
[376] Vgl. §§ 38 Abs. 2, 46 Abs. 8 LBO.

Die allgemeinen Anforderungen in § 3 LBO beschrieben eine besondere Rücksichtnahme zum Schutz der ökologischen Belange. In einem gesonderten Abschnitt werden ergänzende Anforderungen zum Schutz der natürlichen Lebensgrundlagen formuliert.[377] Inhaltlich gehen die Vorgaben weiter als bei den Mustervorschriften. In „Soll"-Bestimmungen werden die Ziele zur Zweckverwirklichung im Gesetz verankert. Abfallschächte sind nicht mehr zulässig. Für Bestehende werden Vorgaben der Gestaltung in einer Durchführungsverordnung formuliert.[378]

Beim Brandschutz erfolgt die Einteilung der Brandschutzanforderungen wie in der Musterbauordnung 2002 nach Gebäudeklassen. Die Regelungen zu den einzelnen Bauteilen sind relativ kurz gefasst, werden allerdings durch die Technische Durchführungsverordnung zur Bauordnung für das Saarland (TVO)[379] ergänzt. Dort erfolgt in tabellarischem Aufbau eine genaue Kennzeichnung der Widerstandfähigkeit gegen Feuer der einzelnen Bauteile je nach Gebäudeklasse. Die Vorschriften zum Schutz gegen Einwirkungen, zum Schall- und Erschütterungsschutz sowie zur Stand- und Verkehrssicherheit sind mit denen der Mustervorgaben inhaltsgleich.[380] Die Regelungen über Bauprodukte und Bauarten sind mit denen der Musterbauordnung im Wesentlichen textgleich.[381]

2.7.2.11 Schleswig-Holstein

Die Landesbauordnung für das Land Schleswig-Holstein (LBO) in der Fassung der Bekanntmachung vom 10. Januar 2000 (GVBl. S. 47.) umfasst 95 Vorschriften. Sie stimmt im Aufbau und Gliederung mit der Musterbauordnung 1997 überein. Trotzdem sind inhaltlich deutliche Annäherungen an die Musterregelungen 2002 zu erkennen.

Die Tiefe der Abstandsflächen beträgt grundsätzlich 1 H. In Kerngebieten genügt eine Tiefe von 0,5 H, und in Gewerbe- und Industriegebieten eine Tiefe von 0,25 H, wobei allerdings in allen Fällen, sofern keine Ausnahmen zulässig sind, 3 m nicht unterschritten werden dürfen.[382] An die Höhenlage des Grundstücks und der baulichen Anlagen sowie an die Beschaffenheit von Einfriedungen werden keine besonderen Anforderungen gestellt.

Aufenthaltsräume müssen eine für ihre Nutzung ausreichende Grundfläche und eine lichte Höhe von mindestens 2,40 m über mindestens zwei Drittel

---

[377] Vgl. § 21 Schutz des Wasserhaushaltes, § 22 Klimaschutz und Luftreinhaltung, § 23 Ressourcenschutz und Abfallvermeidung.
[378] Vgl. § 17 TVO zur LBauO in Ergänzung zu § 44 LBauO.
[379] TVO vom 18. Oktober 1996 (GVBl. S. 477).
[380] Vgl. §§ 16, 17, 19, 20 LBO und §§ 12, 13, 15, 16 MBO 2002.
[381] Vgl. §§ 25-33 LBO und §§ 17-25 MBO 2002.
[382] Vgl. § 6 Abs. 5-7 LBO.

ihrer Grundfläche haben. Aufenthaltsräume und Wohnungen in Kellergeschossen sind nur zulässig, wenn das Gelände vor Außenwänden nicht mehr als 0,70 m über deren Fußboden liegt und eine ausreichende Beleuchtung mit Tageslicht gesichert ist. Im Dachraum müssen sie eine lichte Höhe von mindestens 2,30 m über mindestens der Hälfte ihrer Grundfläche aufweisen.[383] Im Bereich der Ausstattung der Küchen, Bäder und Toilettenräume ergeben zu den Mustervorschriften keine inhaltlichen Unterschiede.[384] Zudem muss jede Wohnung über Abstellraum von mindestens 6 m² verfügen, wovon mindestens 1 m² innerhalb der Wohnung liegen muss. Für Wohngebäude mit mehr als zwei Vollgeschossen sollen leicht erreichbare und gut zugängliche abschließbare Abstellräume für Kinderwagen, Fahrräder und bei behindertengerechten Wohnungen auch für Rollstühle hergestellt sowie ausreichend große Trockenräume zur gemeinschaftlichen Benutzung eingerichtet werden.[385]

Bauliche Anlagen sowie andere Anlagen, bei denen ein Zu- oder Abgangsverkehr zu erwarten ist, dürfen nur errichtet werden, wenn Stellplätze, Garagen und Abstellanlagen für Fahrräder in ausreichender Größe und in geeigneter Beschaffenheit hergestellt werden. Im Einzelfall kann diese Verpflichtung durch die Zahlung eines Geldbetrages abgelöst werden. Hierauf kann verzichtet werden, insbesondere wenn eine günstige Anbindung an den öffentlichen Personennahverkehr besteht oder ausreichende Fahrradwege vorhanden sind.[386]

Im Verfahrensrecht werden gänzliche freie Vorhaben (§ 69 LBO), Anzeige- bzw. Freistellungsverfahren (§ 75 LBO), sowie das vereinfachte (§ 75 LBO) und das umfängliche Genehmigungsverfahren (§ 78 LBO) unterschieden. Die Errichtung, Änderung, Erweiterung und der Abbruch von Wohngebäuden geringer Höhe unterfallen dem Bauanzeigeverfahren, sofern es innerhalb des räumlichen Geltungsbereiches eines Bebauungsplanes im Sinne des § 30 Abs. 1 oder 2 des Baugesetzbuches liegt und die notwendigen bautechnischen Nachweise vorgelegt werden. Mit dem Bau darf einen Monat nach Eingang der erforderlichen Unterlagen begonnen werden, es sei denn, dass die Bauaufsichtsbehörde den Baubeginn untersagt. Liegen die Voraussetzungen des Anzeigverfahrens nicht vor, wird die Anzeige in das Genehmigungsverfahren übergeleitet, wenn der Bauherr dem nicht widerspricht. Jedenfalls kann er auf Antrag das vereinfachte Genehmigungsverfahren durchführen lassen.[387] Dem vereinfachten Genehmigungsverfahren unterfallen alle baulichen Anlagen mit Ausnahme der Sonderbauten im Sinne des § 58 LBO. Der behördliche Prüfungsumfang ist auf die Landesbauordnung und die aufgrund dessen erlassenen Vorschriften, die bau-

---

[383] Vgl. § 51 Abs. 1, 53 Abs. 2, 3, 5 LBO.
[384] Vgl. §§ 52 Abs. 3, 54 LBO und §§ 43 Abs. 1, 48 Abs. 1, 3 MBO 2002.
[385] Vgl. § 52 Abs. 4, 5, 6 LBO.
[386] Vgl. § 55 Abs. 1, 5, 6 LBO.
[387] Vgl. § 74 Abs. 1, 2, 6, 13, 14 LBO.

technischen Nachweise sowie der Flächen- und Massenvorgaben, begrenzt. Die Genehmigung gilt hierbei als erteilt, wenn die vorgegebenen Fristen nicht eingehalten werden.[388] Im herkömmlichen Genehmigungsverfahren wird die Vereinbarkeit des Vorhabens mit jeglichen Vorschriften des öffentlichen Rechts gefordert.[389]

Die allgemeinen Anforderungen der Landesbauordnung Schreiben bereits eine Rücksichtnahme auf die besonderen Belange von Familien mit Kindern vor. Bei der Errichtung von Gebäuden mit mehr als drei Wohnungen ist auf einem geeigneten, gefahrlos zu erreichenden, in der Nähe in Sicht- und Rufweite gelegenen Grundstück ein Spielplatz für noch nicht schulpflichtige Kinder (Kleinkinder) anzulegen. Der Spielplatz muss jedoch mindestens 30 m² groß sein und in der Ausstattung bestimmte Mindestanforderungen erfüllen. Diese Verpflichtung entfällt, sofern kein Bedarf besteht.[390] Gemeinschaftsanlage müssen hergestellt werden, sobald und soweit sie zur Erfüllung ihres Zweckes erforderlich ist.[391]

Die Grundsätze des barrierefreien Bauens sind bei allen Bauvorhaben zu berücksichtigen. In Gebäuden mit mehr als vier Vollgeschossen müssen Aufzüge in ausreichender Zahl eingebaut werden, von denen einer auch zur Aufnahme von Lasten, Krankentragen und Rollstühlen geeignet sein muss. In dem Fall müssen der Fahrkorb und die Tür festgeschriebene Mindestmaße aufweisen. Zur Aufnahme von Rollstühlen bestimmte Aufzüge sollen von der öffentlichen Verkehrsfläche stufenlos erreichbar sein und stufenlos erreichbare Haltestellen in allen Geschossen mit Aufenthaltsräumen und erforderlichen Nebenräumen haben.[392] In Gebäuden mit mehr als zwei Wohnungen müssen die Wohnungen eines Geschosses barrierefrei erreichbar sein. In diesen Wohnungen müssen Wohn- und Schlafräume, eine Toilette, ein Bad und die Küche oder Kochnische mit dem Rollstuhl zugänglich sein.[393] Zudem sollen nach § 59 LBO bestimmte einem allgemeinen Besucherverkehr ausgesetzte Gebäude durch entsprechende bauliche Vorgaben von jedermann zweckentsprechend barrierefrei genutzt werden können. Ausnahmen können gestattet werden, sofern die Erfüllung der Verpflichtung nur mit einem unverhältnismäßigen Mehraufwand erfüllt werden könnte.

---

[388] Vgl. § 75 Abs. 2, Abs. 11 LBO.

[389] Vgl. §§ 68, 73, 78 Abs. 1 LBO.

[390] Vgl. § 3 Abs.1, 10 Abs. 1, 4 LBO.

[391] Vgl. § 13 LBO. Zu solchen zählen insbesondere Mietergärten (§ 9 Abs. 1), Kleinkinderspielplätzen und Spielhäusern (§ 10), Anlagen für feste Abfall- und Wertstoffe (§ 50), Stellplätzen und Garagen, Abstellanlagen für Fahrräder (§ 55).

[392] Vgl. § 41 Abs. 4 LBO.

[393] Vgl. § 52 Abs. 3 LBO.

Die Berücksichtigung ökologischer Belange wird bei der Beschreibung der unbebauten Flächen sowie der Bebauung mit Gebäuden in den Mittelpunkt gestellt.[394] § 22 LBO stellt zudem besondere Anforderungen an die Dauerhaftigkeit von baulichen Anlagen und die Wiederverwertbarkeit und Umweltverträglichkeit von Bauprodukten. Die Vorgaben zum Schutz gegen schädliche Einflüsse, zum Wärme-, Schall- und Erschütterungsschutz sowie zur Stand- und Verkehrssicherheit sind mit denen der Musterbauordnung inhaltsgleich.[395] Abfallschächte sind in Wohngebäuden unzulässig. Bei sonstigen Gebäuden ist die Anlage von Abfallschächten nur zulässig, wenn eine getrennte Erfassung der festen Abfall- und Wertstoffe sichergestellt und eine ausreichende Schallisolierung vorhanden ist.[396]

Beim Brandschutz werden in § 19 LBO allgemeine Anforderungen an die bauliche Gestaltung und Feuerbeständigkeit formuliert. Die Vorgabe für einzelne Bauteile sind bei Gebäuden geringer Höhe mit nicht mehr als zwei Wohnungen teilweise geringer. Die Regelungen über Brandwände und Decken sind sehr ausführlich gehalten. In Gliederung und Inhalt entspricht dieser Teil den Bestimmungen der Musterbauordnung 1997.

Die Vorschriften über Bauprodukte und Bauarten sind mit denen der Musterbauordnungen im Wesentlichen textgleich.[397]

2.7.3   Ab 1990 auch die ostdeutschen Bundesländer

Nach dem In-Kraft-Treten des Einigungsvertrages am 29 September 1990 ist der Beitritt der Länder Brandenburg, Mecklenburg-Vorpommern, Sachsen, Sachsen-Anhalt und Thüringen sowie elf östlicher Bezirke Berlins am 03. Oktober 1990 wirksam geworden.[398] Die Bundesländer der ehemaligen DDR regelten die Angelegenheiten des Bauordnungsrechts bis dato in eigener Zuständigkeit. Durch das „Gesetz über die Bauordnung (BauO)" der DDR (BauO DDR) vom 20.07.1990 (GBl. DDR I. S. 929) mit seinem Einführungsgesetz vom selben Tage (GBl. DDR I S. 950) wurden die geltenden Landesregelungen kurzer Hand vereinheitlicht. Es trat am 01.08.1990 in Kraft und galt mit der Bildung der Länder als Landesrecht weiter.[399]

---

[394] Vgl. §§ 4, 9 LBO.
[395] Vgl. §§ 17, 4 Abs. 1, 18, 20, 21 LBO und §§ 15, 16, 18, 19 MBO 2002.
[396] Vgl. § 50 LBO.
[397] Vgl. §§ 23-31 LBO und §§ 20-24c MBO 1997 bzw. §§ 17-25 MBO 2002.
[398] Vgl. Vertrag zwischen der Bundesrepublik Deutschland und der Deutschen Demokratischen Republik über die Herstellung der Einheit Deutschlands vom 31.08.1990 (BGBl. II S.889/Gbl. DDR I S. 1624); Gesetz zu diesem Vertrag vom 23.09.1990 (BGBl. II S. 885).
[399] Vgl. § 2 des Einführungsgesetzes; diese Regelung entspricht Art. 9 Abs. 1 S. 1 des Einigungsvertrages.

Das bedeutete, dass im Beitrittszeitpunkt in diesen Bundesländern text-gleiche Landesbauordnungen galten. Die Landesgesetze waren im Aufbau und Inhalt der Musterbauordnung 1981 angenähert und ließen sich zum damaligen Zeitpunkt etwa mit der Bauordnung Nordrhein-Westfalens vergleichen.[400]

2.7.3.1   Brandenburg

Die Brandenburgische Bauordnung (BbgBO) in der Fassung vom 16. Juli 2003 (GVBl. S. 210) ist eine Neufassung der Bauordnung vom 25. März 1998 (GVBl. S. 82). Sie umfasst 84 Einzelregelungen und wurde zuletzt am 09. Oktober 2003 (GVBl. S. 273) geändert. Die Gliederung entspricht weitgehend den Musterrege-lungen. Kürzer gefasst sind die Abschnitte vier und fünf über die Anforderungen an bestimmte Bauteile und Rettungswege.[401] Sehr ausführlich ist hingegen der Bereich des bauaufsichtlichen Verfahrensrechtes beschrieben.

Die Vorgaben im Abstandsflächenrecht betragen grundsätzlich 0,5 H, mindestens jedoch 3 m. Für Gewerbe-, Industrie- und Sondergebiete, die nicht der Erholung dienen, wird eine gesonderte Regelung von mindestens 0,25 H o-der 3 m aufgestellt.[402] Aufenthaltsräume müssen eine für die für ihre Benutzung ausreichende Grundfläche und eine lichte Höhe von mindestens 2,40 m haben. Beim nachträglichen Ausbau von Dachräumen genügt eine lichte Höhe von 2,30 m. In Kellerräumen sind sie zulässig, sofern ihr Fußboden maximal 1,50 m unter der Geländeoberfläche liegt.[403] Festgelegt ist zudem das Mindestmaß von Be-lichtungsöffnungen, um einen Einfall von Tageslicht und ausreichend Belich-tungsmöglichkeiten zu gewährleisten.[404]

Nach § 7 Abs. 2 BbgBO können Anforderungen an die Höhenlage der Geländeoberfläche gestellt werden, um eine Störung des Orts-, Straßen- und Landschaftsbildes zu vermeiden. Dieses Ziel wird zudem verstärkt durch detail-lierte Vorgaben für Anlagen der Außenwerbung und Warenautomaten in § 9 BbgBO verfolgt.

Die Anforderungen der Brandenburgischen Bauordnung an Wohnungen sind mit denen der Musterbauordnung im Wesentlichen inhaltsgleich, wobei die Landesregelung noch vorgibt, dass nicht alle Aufenthaltsräume nach Norden liegen dürfen. Ebenso verhält es sich mit den Regelungen über Toiletten Bäder und Küchenräume.[405] Die Vorgabe von leicht erreichbaren und gut zugängli-chen Abstellräumen für Kinderwagen, Rollstühle und Fahrräder gilt allerdings

---

[400] Vgl. Orthloff, *Öffentliches Baurecht in den neun Ländern*, S. 10.

[401] In BbgBO von § 23 bis § 33, hingegen bei der MBO 2002 von § 25 bis 38.

[402] Vgl. § 7 Abs. 5 BbgBO.

[403] Vgl. § 40 Abs. 1 BbgBO im Allgemeinen und fürs Dachgeschoss sowie § 41 Abs. 3 BbgBO für das Kellergeschoss.

[404] Nach § 41 Abs. 2 BbgBO muss das Rohbaumaß der Belichtungsöffnungen mindestens ein Achtel der Grundfläche des Raumes betragen.

[405] Vgl. §§ 41, 42 BbgBO und §§ 45, 47 MBO 2002.

nicht für Gebäude geringer Höhe.[406] Die Schaffung von Wohnraum ist regelmäßig an die sich daran anschließende Frage der Regelung des entstehenden Zu- und Abgangsverkehrs gekoppelt. Entsprechend sind nach § 43 BbgBO jeweils notwendige Stellplätze zu schaffen oder durch die Zahlung eines bestimmten Betrages im Rahmen eines speziellen Stellplatzablösevertrages die entsprechende Verpflichtung zu erfüllen. Dies gilt nach Abs. 7 entsprechend für die Abstellmöglichkeiten von Fahrrädern.

Die Errichtung und Änderung von Wohngebäuden geringer bis mittlerer Höhe bedarf einer Baugenehmigung.[407] Jedoch stehen für den Bauherren wahlweise mehrere Varianten des Verfahrens zur Seite. Grundsätzlich ist ein umfassendes Baugenehmigungsverfahren durchzuführen. Darin wird gemäß § 67 BbgBO die Übereinstimmung mit bestimmten öffentlich-rechtlichen Vorschriften verlangt. Insofern ist der Prüfungsumfang auf die Vorgaben des Baugesetzbuches, der Landesbauordnung sowie die je nach Vorhaben beachtlichen Normen beschränkt. Abweichend hiervon kann jedoch auf Antrag des Bauherren ein vereinfachtes Baugenehmigungsverfahren durchgeführt werden, sofern das Wohngebäude im Geltungsbereich eines Bebauungsplanes im Sinne des § 30 Abs. 1 oder 2 BauGB liegt und die Erschließung gesichert ist. In dem Fall wäre der Prüfungsumfang der Behörde reduziert und die Baugenehmigung wäre binnen eines Monats nach Eingang des Bauantrags zu erteilen.[408] Jedenfalls ergeht in diesen Fällen immer eine Baugenehmigung.

Nach § 58 BbgBO kann der Bauherr bei Wohngebäuden geringer Höhe auch die Durchführung eines Bauanzeigeverfahrens beantragen, sofern es im Geltungsbereich eines Bebauungsplanes im Sinne von § 30 Abs. 1, 2 BauGB liegt. In diesem Verfahren ergeht keine verfahrensabschließende Entscheidung. Vielmehr darf mit dem Bau nach Ablauf eines Monats nach Eingang der Bauanzeige bei der Bauaufsichtsbehörde begonnen werden. Jedoch hat der Bauherr zwei Wochen vor Fertigstellung eine entsprechende Mitteilung zu machen, damit eine Schlussabnahme des Bauvorhabens durchgeführt werden kann.[409] Über das Ergebnis dieser Überprüfung wird eine Bescheinigung ausgestellt. Erst danach ist die Nutzung des Wohngebäudes gemäß § 76 Abs. 3 BbgBO zulässig und das Vorhaben ist als formell legal legitimiert. Somit liegt es jedenfalls bei Wohngebäuden geringer Höhe im Bereich eines entsprechenden Bebauungspla-

---

[406] Vgl. § 41 Abs. 5 BbgBO und § 2 Abs. 3 BbgBO. Bei Gebäuden geringer Höhe darf der Fußboden eines oberirdischen Geschosses nicht höher als 7 m über der Geländeoberfläche liegen.

[407] Vgl. §§ 56, 57, 58 BbgBO, wobei bei Gebäuden mittlerer Höhe die Grenze bei Solchen bis zu 22 m Höhe eines Fußbodens eines oberirdischen Geschosses liegt. (Grenze zum Hochhaus), § 2 Abs. 3 BbgBO.

[408] Vgl. § 57 BbgBO; Wahlrecht siehe Abs. 1, Anforderungen Abs. 2, 3, 4 und Frist in Abs. 5 bestimmt.

[409] Vgl. §§ 68 Abs. 5, 76 BbgBO.

nes in der Hand des Bauherren, welches Verfahren zur Ermöglichung des Baubeginns durchgeführt werden soll. Er entscheidet, ob das Vorhaben von einer feststellenden behördlichen Entscheidung getragen wird oder nicht. Für die Errichtung von Gemeinschaftsanlagen werden keine Vorgaben gemacht. Dies war in § 11 BbgBO 1998 noch der Fall. Jedenfalls werden in § 7 Abs. 3 BbgBO bei bestimmten Bauvorhaben Kinderspielplätze gefordert. Sie müssen bei Gebäuden mit mehr als vier Wohnungen hergestellt und so angeordnet und ausgestattet werden, dass eine Gefährdung der Kinder ausgeschlossen ist.

In Gebäuden, in denen der Fußboden eines Aufenthaltsraumes mehr als 13 m über der Geländeoberfläche liegt, müssen Aufzüge in ausreichender Zahl eingebaut werden.[410] Nach § 45 BbgBO müssen in Wohngebäuden mit mehr als vier Wohnungen die Wohnungen eines Geschosses barrierefrei sein. In Gebäuden mit Aufzügen und mit mehr als vier Wohnungen müssen die Wohnungen eines Geschosses barrierefrei sein. Ebenso wird dort bestimmt, dass andere Anlagen und Einrichtungen, die für die Öffentlichkeit bestimmt und allgemein zugänglich sind, grundsätzlich barrierefrei erreichbar sein und eine ausreichende Zahl von Stellplätzen für die Kraftfahrzeuge behinderter Menschen vorhalten müssen. Gleichartig verhält es sich mit geeigneten Toilettenräumen für die Benutzung durch Rollstuhlfahrer. Eine enumerative Darstellung einzelner Gebäudearten erfolgt nicht. Anknüpfungspunkt für dieses Erfordernis ist vielmehr eine entsprechende Zweckbestimmung mindestens einzelne Teile der Vorhaben. Bei der Gestaltung von Werbeanlagen und Warenautomaten sind nach § 9 Abs. 2 BbgBO die besonderen Belange behinderter Menschen angemessen zu berücksichtigen.

Die Vorgaben zur Standsicherheit und zum Schutz gegen schädliche Einflüsse sind zwar sehr gestrafft, aber letztendlich mit denen der Musterbauordnungen inhaltsgleich. Ebenso verhält es sich beim Schall-, Wärme- und Erschütterungsschutz.[411] Die Brandenburgische Bauordnung sieht aber in § 39 BbgBO noch Regelungsbedarf für die Abfalllagerung. So sollen die entsprechenden Behälter an nicht störenden Stellen aufgestellt werden. Abfallschächte sind nach Abs. 4 grundsätzlich unzulässig.

Das Brandschutzkonzept ist bereits dem der Musterbauordnung 2002 angenähert. Es erfolgt zwar keine Einteilung in einzelne Gebäudeklassen, jedoch wird die Brandbeanspruchung in § 23 BbgBO grundlegend definiert und im Verlauf der Konkretisierung der Anforderung einzelner Bauteile gleichartig umgesetzt. Die Vorgaben für das Brandverhalten der einzelnen Bauteile ist bei nahezu allen Bauvorhaben gleich. Lediglich im Bereich der Brandwände können bei Wohngebäuden geringer Höhe lediglich feuerhemmende anstelle von feuer-

---

[410] Vgl. § 34 Abs. 5 BbgBO.
[411] Vgl. § 11 BbgBO und §§ 12, 13, 15 MBO 2002 sowie § 13 BbgBO und § 15 MBO 2002.

110

beständigen ausreichen.[412] Auch sind die Anforderungen an die Feuerbeständigkeit von Bedachungen reduziert, sofern sie nur Gebäude geringer Höhe betreffen und einen ausreichenden Abstand zu anderen Gebäuden einhalten.[413] Die detaillierten Vorgaben für die Anordnung und Gestaltung notwendiger Treppenräume und Ausgänge gelten nicht für Wohngebäude mit nicht mehr als zwei Wohnungen.[414]

Textgleich mit der Musterbauordnung 2002 ist der Abschnitt über Bauprodukte und Bauarten.

2.7.3.2   Mecklenburg-Vorpommern

Die Landesbauordnung Mecklenburg-Vorpommern (LBauO M-V) vom 06. Mai 1998 (GVBl. S. 468) wurde zuletzt geändert am 16. Dezember 2003 (GVBl. S. 690). Sie umfasst 89 Einzelregelungen. Die Gliederung und der Aufbau sind mit der Musterbauordnung 1997 textgleich.

Die Tiefe der Abstandflächen beträgt grundsätzlich 1 H. In Kerngebieten genügt eine Tiefe von 0,5 H, in Gewerbe- und Industriegebieten eine Tiefe von 0,25 H und in Sondergebieten können geringere Tiefen gestattet werden, jedoch darf sie keinesfalls weniger als 3 m betragen.[415] Nach § 8 Abs. 2 LBauO M-V können Anforderungen an die Gestaltung der Geländeoberfläche gestellt werden. Aufenthaltsräume müssen eine lichte Höhe von mindestens 2,40 m haben.[416] In Kellergeschossen sind Aufenthaltsräume und Wohnungen zulässig, wenn das Gelände nicht mehr als 0,50 m über dem Fußboden der Aufenthaltsräume liegt. Im Dachraum müssen sie eine lichte Raumhöhe von mindestens 2,30 m über mindestens der Hälfte ihrer Grundfläche haben.[417] Nach § 46 Abs. 5 LBauO M-V gelten diese Maßgaben nicht für Wohngebäude mit nicht mehr als zwei Wohnungen.

Die Anforderungen an Küchen, Kochnischen, Bäder und Toilettenräumen sind sehr oberflächlich. So sind beispielsweise die Ausstattungsmerkmale von Bädern nicht erkennbar.[418] Jede Wohnung muss über einen Abstellraum von mindestens 5 m² verfügen, wobei sich davon mindestens 1 m² innerhalb der Wohnfläche befinden muss. Für Wohngebäude mit mehr als zwei oberirdischen Geschossen sollen leicht erreichbare und gut zugängliche Abstellräume für Kinderwagen und Fahrräder hergestellt werden.[419]

---

[412] Vgl. § 26 Abs. 9 BbgBO als Abweichung zu Abs. 2.
[413] Vgl. § 28 Abs. 3 BbgBO.
[414] Vgl. § 31 Abs. 11 BbgBO.
[415] Vgl. § 6 Abs. 5 LBauO M-V.
[416] Vgl. § 44 Abs. 1 LBauO M-V.
[417] Vgl. § 46 Abs. 1, 4 LBauO M-V.
[418] Vgl. §§ 45 Abs. 2, 47 LBauO M-V.
[419] Vgl. § 45 Abs. 3 LBauO M-V.

Bauliche Anlagen, bei denen ein Zugangsverkehr oder Abgangsverkehr zu erwarten ist, dürfen nur errichtet werden, wenn Stellplätze oder Garagen in ausreichender Zahl und Größe sowie in geeigneter Beschaffenheit hergestellt werden. Als Maßstab gelten Art und Zahl der vorhandenen und zu erwartenden Kraftfahrzeuge der ständigen Benutzer und der Besucher. Ist diese Pflicht nicht oder nur unter großen Schwierigkeiten erfüllbar, kann stattdessen im Einvernehmen mit der Gemeinde die Zahlung eines entsprechenden Geldbetrages verlangt werden.[420]

Im Verfahrensrecht ist in der Landesbauordnung zwischen dem Baufreistellungsverfahren (§§ 64, 65 LBauO M-V), dem vereinfachten Genehmigungsverfahren (§ 63 LBauO M-V) und dem umfassenden Genehmigungsverfahren (§§ 62, 72 LBauO M-V) zu unterscheiden. Die Errichtung und Änderung von Wohngebäuden geringer Höhe mit nicht mehr als zwei Wohnungen bedürfen keiner Baugenehmigung, wenn sich das Vorhaben im Geltungsbereich eines Bebauungsplan nach § 30 Abs. 1 des Baugesetzbuches als Kleinsiedlungsgebiet, reines oder allgemeines Wohngebiet, Wochenendhausgebiet oder Ferienhausgebiet festgesetzt ist. Vor Baubeginn sind die notwendigen Erklärungen und Unterlagen bei der Bauaufsichtsbehörde einzureichen. Begonnen werden darf mit dem Bau, sobald eine Erklärung der Gemeinde über die Erschließung und die §§ 14 und 15 Bau GB vorliegt.[421]

Wohngebäude geringer Höhe können auch dem vereinfachten Genehmigungsverfahren unterfallen. Dort wird nur die Vereinbarkeit mit den §§ 6, 7, 8 Abs. 3 und §§ 48 und 52 LBauO M-V sowie die Einhaltung der zulässigen Flächen und Baumassen.[422] Die beantragte Baugenehmigung gilt als erteilt, sobald die vorgeschriebenen Fristen nicht eingehalten werden.[423] Im herkömmlichen Baugenehmigungsverfahren sind vonseiten der Bauaufsichtsbehörde uneingeschränkt die öffentlich-rechtlichen Vorschriften zu prüfen.[424]

Bei der Errichtung von Gebäuden mit mehr als drei bis zu fünf Wohnungen ist auf dem Baugrundstück eine Spielfläche für Kleinkinder, bei Gebäuden mit mehr als fünf Wohnungen eine Kinderspiel- und Freizeitfläche bereitzustellen und zu unterhalten. Eine Teilfläche davon ist in unmittelbarer Nähe des Gebäudes anzulegen. Auf dieses Erfordernis kann verzichtet werden, wenn der Bedarf durch anderweitige Anlagen bereits gedeckt wird. Bei bestehenden Gebäuden kann die Bereitstellung von Kinderspielflächen verlangt werden, wenn dies

---

[420] Vgl. § 48 Abs. 1, 6 LBauO M-V.
[421] Vgl. § 64 Abs. 1, 3, 5 LBauO M-V.
[422] Vgl. § 63 Abs. 2; weitere Grenzen des Prüfungsumfangs ergeben sich aus den Absätzen 3-6.
[423] Vgl. § 43 Abs. 7 LBauO M-V.
[424] Vgl. § 72 Abs. 1 LBauO M-V.

die Gesundheit oder der Schutz der Kinder erfordern.[425] Gemeinschaftsanlagen, insbesondere Stellplätze und Garagen (§ 48), Kinderspielplätze (§ 8 Abs. 3 bis 5) und Plätze für Abfallbehälter (§ 43), sind zu errichten, wenn dies zur zweckentsprechenden Nutzung der Bauvorhaben erforderlich ist.[426]

In Gebäuden mit mehr als fünf Vollgeschossen müssen Aufzüge in ausreichender Zahl eingebaut werden, von denen einer auch zur Aufnahme von Lasten, Krankentragen und Rollstühlen geeignet sein muss. Für diese Fahrkörbe und die Durchgangsbreite der Türen werden Mindestmaße vorgegeben. Zur Aufnahme von Rollstühlen bestimmte Aufzüge sollen von der öffentlichen Verkehrsfläche stufenlos erreichbar sein und stufenlos erreichbare Haltestellen in allen Geschossen mit Aufenthaltsräumen haben. [427] In Wohngebäuden mit mehr als drei oberirdischen Geschossen muss mindestens eine Wohnung durch einen Eingang stufenlos erreichbar sein. Innerhalb dieser Wohnungen müssen die Zugangstüren zu Wohn- und Schlafräumen, zur Küche, zu einem rollstuhlgerechten Sanitärraum (Bad/WC) und, soweit vorhanden, zum Freisitz schwellenlos sein und eine lichte Durchgangsbreite von mindestens 0,90 m haben.[428] Von diesen Verpflichtungen können Ausnahmen zugelassen werden, sofern sie nur mit einem unverhältnismäßigen Mehraufwand erfüllt werden könnten. Außerdem müssen nach § 52 LBauO M-V bestimmte einem allgemeinen Besucherverkehr ausgesetzte Gebäudearten barrierefrei betreten und genutzt werden können.

Die Vorgaben zur Standsicherheit, Verkehrssicherheit, sowie zum Schutz gegen schädliche Einflüsse und Wärme-, Schall- und Erschütterungsschutz sind mit denen der Musterbauordnung inhaltsgleich.[429] Im Abfallbereich werden die Aufstellmöglichkeiten für entsprechende Behälter beschrieben.[430] Die Vorgaben für nicht überbaute Flächen sind mit denen der Musterbauordnung inhaltsgleich.[431]

Der Brandschutz ist in der Darstellung der Musterbauordnung 1997 angenähert. Eine Textgleichheit ist zwar nicht umfassend gegeben, deutet sich aber über weite Strecken an.[432] Folgloch sind die strukturellen Unterschiede und inhaltlichen Neuerungen der Musterbauordnung 2002 noch nicht enthalten und auf Landesebene umgesetzt. Hingegen sind die Vorschriften über Bauprodukte und Bauarten wiederum textgleich.[433]

---

[425] Vgl. § 8 Abs. 3, 4, 5 LBauO M-V.
[426] Vgl. § 9 LBauO M-V.
[427] Vgl. § 35 Abs. 5 LBauO M-V.
[428] Vgl. § 52 Abs. 7 LBauO M-V.
[429] Vgl. §§ 12, 13, 15, 16 LBauO M-V und §§ 12, 13, 15, 16 MBO 2002.
[430] Vgl. § 43 LBauO M-V.
[431] Vgl. § 8 Abs. 1 LBauO M-V und § 8 Abs. 1 MBO 2002.
[432] Vgl. §§ 14, 26ff LBauO M-V und §§ 17, 25 ff. MBO 1997.
[433] Vgl. §§ 17-15 LBauO M-V und §§ 17-25 MBO 2002.

2.7.3.3   Sachsen

Die Sächsische Bauordnung (SächsBO) vom 18. März 1999 (GVBl. S. 49) wurde zuletzt geändert am 14. Dezember 2001 (GVBl. S. 724). Sie umfasst 90 Vorschriften. Der Aufbau und die Gliederungsstrukturen sind denen der Musterbauordnung 1997 nahezu textgleich.

Die Tiefe der Abstandsflächen beträgt grundsätzlich 1 H. In Kerngebieten sind 0,5 H und in Gewerbe- und Industriegebieten 0,25 H ausreichend. In allen Fällen dürfen jedoch 3 m nicht unterschritten werden.[434] § 8 Abs. 2 SächsBO erlaubt es, Anforderungen an die Gestaltung der Geländeoberfläche zu stellen. § 10 SächsBO beschriebt Einfriedungspflichten für Baugrundstücke.

Aufenthaltsräume müssen eine für ihre Benutzung ausreichende Grundfläche und lichte Höhe von mindestens 2,40 m haben.[435] In Kellergeschossen sind Aufenthaltsräume und Wohnungen zulässig, wenn die Geländeoberfläche nicht mehr als 0,50 m über dem Fußboden der Aufenthaltsräume liegt. Aufenthaltsräume im Dachraum müssen eine lichte Raumhöhe von mindestens 2,30 m über mindestens der Hälfte ihrer Grundfläche haben. Bei einem nachträglichen Ausbau des Dachgeschosses zu Wohnzwecken ist eine geringere lichte Raumhöhe zulässig, wenn Bedenken wegen des Brandschutzes nicht bestehen.[436]

Die Anforderungen an die Ausstattung von Wohnungen im Bereich von Küchen, Kochnischen, Bädern und Toiletten sind mit denen der Musterbauordnung inhaltsgleich, wobei die Vorgaben für Küchen lediglich eingehalten werden „sollen".[437] Jede Wohnung soll einen Abstellraum haben. Für Wohngebäude ab drei Vollgeschossen sollen leicht erreichbare und gut zugängliche Abstellräume für Kinderwagen und Fahrräder hergestellt werden.[438]

Bauliche Anlagen sowie andere Anlagen, bei denen ein Zu- oder Abgangsverkehr zu erwarten ist, dürfen nur errichtet werden, wenn Stellplätze, Garagen und Abstellplätze für Fahrräder in ausreichender Anzahl, Größe und Beschaffenheit hergestellt werden. Die Anzahl der erforderlichen Stellplätze richtet sich vor allem nach Art und Zahl der vorhandenen und zu erwartenden Fahrzeuge der ständigen Benutzer und Besucher. Ist die Herstellung aus tatsächlichen Gründen nur unter großen Schwierigkeiten möglich, kann die Verpflichtung auch durch die Zahlung eines festzusetzenden Geldbetrages erfüllt werden.[439]

In Verfahrensrecht ist zwischen genehmigungsfreien (§ 63a SächsBO) und anzeigepflichtigen Vorhaben (§ 63 SächsBO) sowie dem vereinfachten

---

[434] Vgl. § 6 Abs. 5 SächsBO.
[435] Vgl. § 46 Abs. 1 SächsBO.
[436] Vgl. § 47 Abs. 1, 4 SächsBO.
[437] Vgl. §§ 46 Abs. 3, 48 SächsBO und § 48 Abs. 1, 3 und § 43 Abs. 1 MBO 2002.
[438] Vgl. § 46 Abs. 3, 4 SächsBO.
[439] Vgl. § 49 Abs. 1, 2 SächsBO.

(§ 62a SächsBO) und herkömmlichen Genehmigungsverfahren (§§ 62, 70 SächsBO) zu unterscheiden. Die Einordnung einzelner Gebäudearten ist wegen des verschachtelten und unübersichtlichen Aufbaus zunächst schwierig. Wohngebäude geringer und mittlerer Höhe sind nicht von der Genehmigungspflicht freigestellt. Sie unterfallen vielmehr dem Anzeigeverfahren, sofern sie innerhalb des Geltungsbereichs eines Bebauungsplans nach § 30 Abs. 1 oder 2 BauGB liegen.[440] Dazu hat der Bauherr vor Baubeginn die notwendigen Daten und Unterlagen der Bauaufsichtsbehörde mitzuteilen. Mit dem Bau darf drei Wochen nach dem bestätigtem Eingang der vollständigen Bauunterlagen begonnen werden.[441] Andernfalls ist das vereinfachte Genehmigungsverfahren durchzuführen. Der Prüfungsumfang ist auf die Vorgaben des BauGB und einzelne Vorschriften der Sächsischen Bauordnung begrenzt.[442]

Die Baugenehmigung ist zu erteilen, wenn dem Vorhaben keine öffentlich-rechtlichen Vorschriften entgegenstehen, die im bauaufsichtlichen Genehmigungsverfahren zu prüfen sind. Schall- und Wärmeschutz werden nicht geprüft. Die Baugenehmigungsbehörde hat auf das Erfordernis noch fehlender anderer öffentlich-rechtlicher Genehmigungen oder Erlaubnisse hinzuweisen.[443]

Bei der Errichtung von Gebäuden mit mehr als drei Wohnungen muss auf dem Baugrundstück eine Spielfläche für Kleinkinder, bei Gebäuden mit mehr als fünf Wohnungen zusätzlich eine Kinderspiel- und Freizeitfläche bereitgestellt und unterhalten werden. Dies kann auch nachträglich für bestehende Gebäude angeordnet werden. Die Pflicht entfällt, wenn das Bedürfnis bereits durch nahe gelegene Anlagen erfüllt werden kann.[444] Gemeinschaftsanlagen werden allgemein nicht berücksichtigt.

In Gebäuden mit mehr als fünf oberirdischen Geschossen müssen Aufzüge in ausreichender Zahl eingebaut werden, von denen einer auch zur Aufnahme von Lasten, Krankentragen und Rollstühlen geeignet sein muss. Fahrkörbe zur Aufnahme einer Krankentrage müssen eine nutzbare Grundfläche von mindestens 1,10 m x 2,10 m, zur Aufnahme eines Rollstuhls von mindestens 1,10 m x 1,40 m und die Türen eine lichte Durchgangsbreite von 0,90 m haben. Zur Aufnahme von Rollstühlen bestimmte Aufzüge müssen Haltestellen in allen Geschossen haben und von der öffentlichen Verkehrsfläche und von allen Wohnungen stufenlos erreichbar sein.[445] Bauliche Anforderungen an einzelne Wohnungen werden nicht gestellt. § 53 SächsBO schreibt für bestimmte Gebäudegruppen, die einem allgemeinen Besucherverkehr dienen oder die von Kranken,

---

[440] Vgl. § 2 Abs. 4, § 63a und § 63 Abs. 1, 2 SächsBO.
[441] Vgl. § 63 Abs. 1, 2, 8 SächsBO.
[442] Vgl. § 62a Abs. 1 SächsBO.
[443] Vgl. § 70 Abs. 1 SächsBO.
[444] Vgl. § 9 SächsBO.
[445] Vgl. § 35 Abs. 5 SächsBO.

Behinderten, alten Menschen und Personen mit Kleinkindern nicht nur gelegentlich aufgesucht werden, bauliche Rahmenbedingungen zur zweckentsprechenden und barrierefreien Nutzung vor.

Die Anforderungen an die Gestaltung von nicht überbauten Flächen von bebauten Grundstücken sind mit denen der Musterbauordnung inhaltsgleich.[446] Bei der Abfallentsorgung sind Abfallschächte zulässig. Sie sind allerdings so anzulegen, dass insbesondere im Bereich von Wohn- und Schlafräumen durch die Benutzung keine Belästigungen entstehen.[447] Die Regelungen zum Schutz gegen schädliche Einflüsse, zum Wärme-, Schall- und Erschütterungsschutz sowie zur Stand- und Verkehrssicherheit sind mit denen der Musterbauordnung inhaltsgleich.[448]

Im Brandschutz erfolgen die Anforderungen nach dem Aufbau der Musterbauordnung 1997. Die Anforderungen an Wohngebäude mit nicht mehr als zwei Wohnungen sind teilweise geringer ausgestaltet. Die Regelungen über Bauprodukte und Bauarten sind mit denen der Musterbauordnung textgleich.[449]

2.7.3.4   Sachsen-Anhalt

Die Bauordnung für das Land Sachsen-Anhalt (BauO LSA) vom 9. Februar 2001 (GVBl. S. 50) wurde zuletzt am 21. Juli 2003 (GVBl. S. 157) geändert. Sie umfasst 93 Einzelregelungen. Im Aufbau und bei der Gliederung ergeben sich zur Musterbauordnung

1997 keinerlei Abweichungen.

Die Tiefe der Abstandflächen beträgt grundsätzlich 0,8 H. In Kerngebieten genügt eine Tiefe von 0,5 H und in Gewerbe- und Industriegebieten eine Tiefe von 0,25 H. Sie muss jedoch in allen Fällen mindestens 3 m betragen.[450] § 10 BauO LSA enthält Ausführungen zur Einfriedungspflicht von Baugrundstücken.

Aufenthaltsräume müssen eine für ihre Benutzung ausreichende Grundfläche und lichte Höhe von mindestens 2,40 m über mindestens zwei Drittel ihrer Grundfläche haben. Für Aufenthaltsräume in Wohngebäuden mit nicht mehr als zwei Wohnungen, im Übrigen für einzelne Aufenthaltsräume und Teile von Aufenthaltsräumen kann eine geringere lichte Höhe gestattet werden.[451] In Kellergeschossen sind Aufenthaltsräume und Wohnungen zulässig, wenn das Ge-

---

[446] Vgl. § 8 Abs. 1 SächsBO und § 8 Abs. 1 MBO 2002.
[447] Vgl. § 43 SächsBO.
[448] Vgl. §§ 15, 16, 18, 19 SächsBO und §§ 15, 16, 18, 19 MBO 2002.
[449] Vgl. §§ 20-25 SächsBO und §§ 17-25 MBO 2002.
[450] Vgl. § 6 Abs. 5 BauO LSA.
[451] Vgl. § 49 Abs. 1 BauO LSA.

lände nicht mehr als 0,70 m über dem Fußboden der Aufenthaltsräume liegt. Im Dachraum müssen Sie eine lichte Raumhöhe von mindestens 2,20 m über mindestens die Hälfte ihrer Grundfläche haben.[452]

Bei den Vorgaben für Bäder und Toilettenräume ergeben sich keine Abweichungen zur Musterbauordnung.[453] Auch wird gefordert, dass jede Wohnung eine Küche oder Kochnische haben sowie über einen Abstellraum verfügen muss. Der Abstellraum soll mindestens 6 m² für jede Wohnung groß sein. Davon soll eine Abstellfläche von mindestens 1 m² innerhalb der Wohnung liegen. Für Wohngebäude mit mehr als vier Wohnungen sollen leicht erreichbare und gut zugängliche Abstellräume für Kinderwagen und Fahrräder hergestellt werden. Für Gebäude mit mehr als zwei Wohnungen sollen ausreichend große Trockenräume zur gemeinschaftlichen Benutzung eingerichtet werden.[454]

Bauliche Anlagen, bei denen ein Zugangs- oder Abgangsverkehr zu erwarten ist, dürfen nur errichtet werden, wenn Stellplätze oder Garagen für Kraftfahrzeuge in ausreichender Größe sowie in geeigneter Beschaffenheit hergestellt werden. Ihre Zahl und Größe richtet sich nach Art und Zahl der vorhandenen und zu erwartenden Kraftfahrzeuge der ständigen Benutzer und Besucher der Anlagen. Ist dies aus tatsächlichen Gründen nicht oder nur unter großen Schwierigkeiten möglich, kann die Gemeinde stattdessen die Zahlung eines Geldbetrages verlangen.[455] Sie müssen so angeordnet werden, dass keine unzumutbaren Belästigungen entstehen.

Die Bauordnung für Sachsen-Anhalt unterscheidet zwischen genehmigungsbedürftigen Vorhaben (§ 66 BauO LSA), genehmigungsfreien Vorhaben (§ 69 BauO LSA), der Genehmigungsfreistellung (§ 68 BauO LSA), dem vereinfachten (§ 67 BauO LSA) und dem umfassenden Baugenehmigungsverfahren (§§ 6, 71 BauO LSA). Die Errichtung von Wohngebäude geringer und mittlerer Höhe unterfällt der Genehmigungsfreistellung, sofern sie im Geltungsbereich eines Bebauungsplans nach § 30 Abs. 1 und 2 des Baugesetzbuches liegen. Mit dem Bauvorhaben darf einen Monat nach Eingang der erforderlichen Bauvorlagen bei der Gemeinde begonnen werden. Der Bauherr kann jedoch beantragen, dass für diese Vorhaben das Baugenehmigungsverfahren durchgeführt werden soll.[456] Sofern diese Voraussetzungen nicht vorliegen, ist das vereinfachte Genehmigungsverfahren durchzuführen. § 67 Abs. 1 BauO LSA schließt bestimmte Vorhaben hiervon aus und unterstellt sie dem umfassenden Genehmigungsverfahren. Im vereinfachten Genehmigungsverfahren beschränkt sich die Prüfung auf einzelne Vorschriften der Bauordnung, die §§ 29 bis 38 des Baugesetz-

---

[452] Vgl. § 51 Abs. 1, 4 BauO LSA.
[453] Vgl. § 52 BauO LSA und §§ 43 Abs. 1 und 48 Abs. 3 MBO 2002.
[454] Vgl. § 50 Abs. 4, 5, 6 BauO LSA.
[455] Vgl. § 53 Abs. 1, 7 BauO LSA.
[456] Vgl. § 68 Abs. 1,3 BauO LSA.

buches sowie andere öffentlich-rechtliche Vorschriften, sofern sie nicht bereits Inhalt eines Verfahrens sind.[457] Im herkömmlichen Genehmigungsverfahren wird eine Baugenehmigung erteilt, wenn öffentlich-rechtliche Vorschriften nicht entgegen stehen.

Bei der Errichtung von Gebäuden mit mehr als drei bis zu fünf Wohnungen ist auf dem Baugrundstück eine Spielfläche für Kleinkinder, bei Gebäuden mit mehr als fünf Wohnungen eine Kinderspiel- und Freizeitfläche bereitzustellen und zu unterhalten. Bei bestehenden Gebäuden kann die Bereitstellung von Kinderspiel- und Freizeitflächen verlangt werden, wenn dies die Gesundheit und der Schutz der Kinder erfordern. Auf die Bereitstellung kann verzichtet werden, wenn das Erfordernis bereits durch anderweitige Anlagen gedeckt ist.[458] Andere Gemeinschaftsanlagen müssen hergestellt werden, sobald und soweit dies zur Erfüllung ihres Zweckes erforderlich ist.[459]

§ 3 Abs. 3 BauO LSA beinhaltet bereits das Erfordernis, Menschen mit Behinderung und älteren Menschen, Kindern und Personen mit Kleinkindern das Betreten und die Benutzung von Bauten, die der Öffentlichkeit allgemein zugänglich sind, gefahrlos und ohne fremde Hilfe zu ermöglichen. Gebäude mit mehr als fünf oberirdischen Geschossen müssen Aufzüge in ausreichender Zahl haben. Von diesen Aufzügen muss mindestens ein Aufzug Kinderwagen, Rollstühle, Krankentragen und Lasten aufnehmen können und Haltestellen in allen Geschossen haben. Dieser Aufzug muss von allen Wohnungen in dem Gebäude und von der öffentlichen Verkehrsfläche aus stufenlos erreichbar sein und bestimmte Mindestmaße aufweisen, um eine zweckentsprechende Nutzung zu gewährleisten.[460] In Gebäuden mit mehr als zwei Wohnungen müssen die Wohnungen eines Geschosses barrierefrei erreichbar sein. In diesen Wohnungen müssen die Wohn- und Schlafräume, eine Toilette, ein Bad und die Küche oder Kochnische mit dem Rollstuhl zugänglich sein.[461] § 57 BauO LSA schreibt zudem die barrierefreie Nutzbarkeit bestimmter Gebäudearten, die überwiegend oder ausschließlich von Kranken, Menschen mit Behinderung, Kindern, älteren Menschen oder Personen mit Kleinkindern genutzt werden, vor. Von diesen Vorgaben können auf Antrag wegen baulichen Begebenheiten Abweichungen gestattet werden, sofern die Sicherheit der betroffenen Personengruppen nicht beeinträchtigt wird.

---

[457] Vgl. § 67 Abs. 1-3 BauO LSA.
[458] Vgl. § 9 Abs. 3-5 BauO LSA.
[459] Vgl. § 11 Bau O LSA, wobei zu solchen insbesondere für Kinderspiel- und Freizeitflächen (§ 9 Abs. 3 bis 5), für feste Abfälle und Wertstoffe (§ 48) und für Stellplätze und Garagen (§ 53) zählen.
[460] Vgl. § 39 Abs. 5, 6 BauO LSA.
[461] Vgl. § 50 Abs. 2 BauO LSA.

Bei Anordnung und Gestaltung der Baukörper sollen die Möglichkeiten rationeller Verwendung von Energie und Wasser berücksichtigt werden.[462] Die sonstigen Vorgaben zum Wärme-, Schall- und Erschütterungsschutz, zum Schutz gegen schädliche Einflüsse sowie zur Stand- und Verkehrssicherheit stimmen mit denen der Musterbauordnung überein.[463] Abfallschächte sind zulässig und werden in § 47 BauO LSA hinsichtlich ihrer Gestaltung und Isolierung näher beschreiben. Sie dürfen nicht an Wänden von Wohn- und Schlafräumen anliegen.

Der Brandschutz ist noch wie in der Musterbauordnung 1997 geregelt. Die grundsätzlichen Ausführungen in § 17 BauO LSA und § 17 MBO 1997 sind textgleich. Dies gilt auch für die §§ 29-35 BauO LSA über die Brandeigenschaften von Wänden, Decken und Dächern. Im Allgemeinen sind die Vorgaben für Wohngebäude mit nicht mehr als zwei Wohnungen geringer sind. Die Regelungen über Bauarten und Bauprodukte sind ebenfalls textgleich.[464]

2.7.4.3.5 Thüringen

Die Neubekanntmachung der Thüringer Bauordnung (ThürBO) vom 3. Juni 1994 (GVBl. S. 553) wurde zuletzt am 24. Oktober 2001 (GVBl. S. 269) geändert. Sie umfasst 85 Vorschriften. Der Aufbau und die Gliederung entsprechen denen der Musterbauordnung 1997. Im Landesgesetz sind jedoch mehrere Regelungen eingefügt worden, die nun mit dem Zusatz a) oder b) nachträgliche Einschübe erkennen lassen.

Die Tiefe der Abstandflächen beträgt grundsätzlich 1 H. In Kerngebieten genügt eine Tiefe von 0,5 H und in Gewerbe- und Industriegebieten eine Tiefe von 0,25 H. Jedenfalls muss sie immer mindestens 3 m betragen.[465] Nach § 9 Abs. 2 ThürBO können Anforderungen an die Gestaltung der Geländeoberfläche von Baugrundstücken gestellt werden. § 10 ThürBO konkretisiert die Einfriedungspflicht.

Aufenthaltsräume müssen eine für ihre Benutzung ausreichende Grundfläche und lichte Höhe von mindestens 2,40 m haben. Sie dürfen von Räumen, in denen größere Mengen leicht brennbarer Stoffe verarbeitet oder gelagert werden, nicht unmittelbar zugänglich sein.[466] In Kellergeschossen sind Aufenthaltsräume und Wohnungen zulässig, wenn das Gelände nicht mehr als 0,50 m über dem Fußboden der Aufenthaltsräume liegt. Aufenthaltsräume im Dachraum müssen eine lichte Raumhöhe von mindestens 2,30 m über mindestens der Hälf-

---

[462] Vgl. § 4 Abs. 3 BauO LSA.

[463] Vgl. §§ 15, 16, 18, 19 BauO LSA und §§ 12, 13, 15, 17 MBO 2002

[464] Vgl. §§ 20-28 BauO LSA und §§ 17-25 MBO 2002.

[465] Vgl. § 6 Abs. 5 ThürBO.

[466] Vgl. § 45 Abs. 5 ThürBO.

te ihrer Grundfläche haben. Bei einem nachträglichen Ausbau zu Wohnzwecken ist für Aufenthaltsräume im Dach- oder Kellergeschoss eine lichte Höhe von 2,20 m zulässig.[467]

Es dürfen nicht alle Aufenthaltsräume nach Norden liegen. Diese Bestimmungen gelten auch für Einraumwohnungen. An verkehrsreichen Straßen sollen die Aufenthaltsräume einer Wohnung überwiegend auf der vom Verkehrslärm abgewandten Seite des Gebäudes liegen. Jede Wohnung muss über einen Abstellraum verfügen, der mindestens 6 m² für jede Wohnung groß sein und wovon mindestens 1 m² innerhalb der Wohnung liegen muss. Für Wohngebäude ab drei Vollgeschossen sollen leicht erreichbare und gut zugängliche Abstellräume für Kinderwagen und Fahrräder hergestellt werden. In Gebäuden mit mehr als zwei Wohnungen soll eine Abstellmöglichkeit für Waschmaschinen entweder innerhalb der Wohnung oder in gemeinschaftlich nutzbarem Raum eingerichtet werden, wobei dort auch ein Trockenraum vorgehalten werden muss.[468] Die Anforderungen an die Ausstattung von Küchen, Kochnischen Bäder und Toilettenräume entsprechen denen der Musterbauordnung.[469]

Bauliche und sonstige Anlagen, bei denen ein Zu- oder Abgangsverkehr zu erwarten ist, dürfen nur errichtet werden, wenn Stellplätze oder Garagen sowie Abstellplätze für Fahrräder in ausreichender Zahl und Größe sowie in geeigneter Beschaffenheit hergestellt werden. Ist dies nicht oder nur unter großen Schwierigkeiten möglich, kann die Bauaufsichtsbehörde mit Einverständnis der Gemeinde gestatten, die Verpflichtung durch die Zahlung eines Geldbetrages zu erfüllen.[470]

Verfahrensrechtlich werden bauliche Anlagen in unterschiedliche Kategorien eingeordnet. Sie können von der Genehmigung freigestellt sein (§ 62 b, 63 ThürBO) und einem Anzeigeverfahren unterliegen, im vereinfachten Genehmigungsverfahren (§ 62 a ThürBO) oder im herkömmlichen Genehmigungsverfahren (§§ 62, 70 ThürBO) beschieden werden. Das Errichten und Ändern von Wohngebäuden geringer Höhe bedarf keiner Baugenehmigung, wenn die Gebäude keiner Befreiung, Ausnahme oder Abweichung bedürfen, im Geltungsbereich eines Bebauungsplans im Sinne des § 30 Abs. 1 BauGB liegen und sich der Bauherr verpflichtet, unvermeidbare Beeinträchtigungen von Natur und Landschaft durch Maßnahmen des Naturschutzes und der Landschaftspflege auszugleichen oder zu ersetzen. Der Bauherr hat der Bauaufsichtsbehörde seine Absicht zur Durchführung des Vorhabens schriftlich unter Beifügung der notwendigen Unterlagen anzuzeigen. Mit dem Bau darf einen Monat nach Eingang der Anzeige begonnen werden, sofern dies nicht behördlicherseits untersagt

---

[467] Vgl. § 47 Abs. 1, 4 ThürBO.
[468] Vgl. § 46 Abs. 4, 5, 6 ThürBO.
[469] Vgl. § 46 Abs. 4, § 48 ThürBO und § 43 Abs. 1, § 48 Abs. 3 MBO 2002.
[470] Vgl. § 59. Abs. 1-3, 7 ThürBO.

wird.[471] Im vereinfachten Genehmigungsverfahren werden die Nachweise über Standsicherheit sowie über den Schall- und Wärmeschutz nur auf Antrag überprüft. Sie sind von entsprechend qualifizierten Personen auszustellen und der Bauaufsichtsbehörde vor Baubeginn einzureichen.[472] Ansonsten ist eine Baugenehmigung zu erteilen, wenn dem Vorhaben keine öffentlich-rechtlichen Vorschriften entgegenstehen.[473]

Bei der Errichtung von Gebäuden mit mehr als drei bis zu fünf Wohnungen ist auf dem Baugrundstück eine Spielfläche für Kleinkinder, bei Gebäuden mit mehr als fünf Wohnungen eine Kinderspiel- und Freizeitfläche bereitzustellen und zu unterhalten. Bei bestehenden Gebäuden kann die Bereitstellung von Kinderspielflächen verlangt werden, wenn dies die Gesundheit und der Schutz der Kinder erfordern. In engen Ausnahmefällen kann diese Verpflichtung auch die Verpflichtung zur Beteiligung an der Finanzierung einer entsprechenden Anlage erfüllt werden.[474] Gemeinschaftsanlagen müssen hergestellt werden, sobald und soweit sie zur Erfüllung ihres Zweckes erforderlich ist.[475]

In Gebäuden mit mehr als fünf Vollgeschossen müssen Aufzüge in ausreichender Zahl eingebaut werden, von denen einer auch zur Aufnahme von Lasten, Krankentragen und Rollstühlen geeignet sein muss. Zur Aufnahme von Rollstühlen bestimmte Aufzüge sollen von der öffentlichen Verkehrsfläche stufenlos erreichbar sein und stufenlos erreichbare Haltestellen in allen Geschossen mit Aufenthaltsräumen haben. Für die entsprechenden Fahrkörbe werden Mindestmaße vorgegeben, wobei die Türen lediglich eine lichte Durchgangsbreite von 0,83 m aufweisen brauchen. Des Weiteren sind bauliche Anlagen und andere Anlagen und Einrichtungen, die von Behinderten, alten Menschen und Personen mit Kleinkindern nicht nur gelegentlich aufgesucht werden, so herzustellen und in Stand zu halten, dass sie von diesen Personen ohne fremde Hilfe zweckentsprechend genutzt. § 53 Abs. 2, 3 ThürBO benennt einzelne Gebäude und Anlagen, die diesen Vorgaben unterfallen. An die Gestaltung von Wohnungen werden keine besonderen Anforderungen gestellt.

An die Nutzung nicht überbauter Flächen von Baugrundstücken werden keine besonderen Vorgaben geknüpft. Auch sind die Regelungen zum Schutz vor schädlichen Einflüssen, zum Wärm-, Schall- und Erschütterungsschutz sowie zur Stand- und Verkehrssicherheit mit denen der Musterbauordnung in-

[471] Vgl. § 62 b, Abs. 1, 2, 4 ThürBO.
[472] Vgl. § 62 a Abs. 1-4 ThürBO.
[473] Vgl. §§ 62, 70 ThürBO.
[474] Vgl. § 9 Abs. 3-6 ThürBO.
[475] Vgl. § 10 ThürBO; zu solchen zählen insbesondere Kinderspielflächen (§ 9 Abs. 3 bis 6), Plätze für Abfall- und Wertstoffbehälter (§ 44) sowie Stellplätze, Garagen und Fahrradabstellplätze (§ 49).

haltsgleich.[476] Abfallschächte werden umfassend beschrieben, um die von ihnen ausgehenden möglichen Belästigungen der Bewohner gering zu halten. So dürfen sie nicht unmittelbar an den Wänden von Wohn- und Schlafräumen liegen.

Die allgemeinen Vorgaben zum Brandschutz sowie die Regelungen über Wände, Decken und Dächer sind mit denen der Musterbauordnung 1997 textgleich.[477] Im Übrigen sind sie inhaltsgleich. Die Vorschriften über Bauprodukte und Bauarten sind mit denen der Musterbauordnungen ebenfalls nahezu textgleich.[478]

2.8   Abweichungen zur Musterbauordnung

Die Darstellung in 2.7.2 und 2.7.3 zeigt, dass die einzelnen Landesbauordnungen verschieden Bereiche unterschiedlich regeln. Zum einen werden die Anforderungen an Bauvorhaben verschieden ausgestaltet und zum anderen werden im verfahrensrechtlichen Bereich keine einheitlichen Muster verwendet. Im Folgenden werden anhand der vorstehenden Ausführungen die unter 2.7.1 herausgearbeiteten Kriterien inhaltlich mit den betreffenden Regelungen der einzelnen Landesgesetze ausgefüllt, um einen zusammenfassenden Überblick über den Sachstand zugeben. Gleichfalls wird damit die Grundlage der unter 4.6.3 erfolgenden verfassungsrechtlichen Bewertung dieser Situation vor dem Hintergrund des Art. 72 Abs. 2 GG konkretisiert.

2.8.1 Wohnungswesen

Die Abstandflächen beschreiben den Teil der Geländeoberfläche, der zwischen einzelnen Gebäuden frei zu halten ist. Sie schwankt in den Ländern zwischen 0,4 H und 1 H, verlangt jedoch bei solchen zu Wohnzwecken fast überall mindestens 3 m. Lediglich Baden-Württemberg verlangt nur 2,5 m, wobei in Hamburg grundsätzlich 6 m verlangt werden.

Die Höhe von Aufenthaltsräumen zu Wohnzwecken ist durchschnittlich wie in der Musterbauordnung mit 2,4 m vorgegeben. 2,5 m verlangen nur Berlin und Hamburg, wobei in Hamburg in Wohnungen auch ein geringeres Maß zulässig ist. In Baden-Württemberg genügen hingegen 2,3 m. Im Dachgeschoss gilt diese Vorgabe nach der Musterbauordnung nicht für den Dachraum. In den einzelnen Ländern werden hingegen 2,2 m[479] oder 2,3 m[480] vorgegeben. Verein-

---

[476] Vgl. §§ 15, 16, 18, 19 ThürBO und §§ 13, 13, 15, 16 MBO 2002.

[477] Vgl. §§ 17, 26-19 ThürBO und §§ 17, 25-28 MBO 1997.

[478] Vgl. §§ 20-25 ThürBO und §§ 17-25 MBO 2002.

[479] Vgl. Baden-Württemberg, Bayern, Hessen, Niedersachsen, Rheinland-Pfalz, Sachsen-Anhalt.

[480] Vgl. Berlin, Bremen, Hamburg nur bei Wohngebäuden mit mehr als zwei Wohnungen, Saarland, Schleswig-Holstein, Brandenburg, Mecklenburg-Vorpommern; Sachsen lässt wie Thüringen auch geringere Höhen zu.

zelt wird wie in der Musterbauordnung lediglich beschrieben, dass insbesondere bei einem nachträglichen Ausbau geringere Höhen gestattet werden können, ohne ein Mindestmaß festzuschreiben.[481] In Kellergeschossen ist die Höhe des Fußbodens des Raumes zur angrenzenden Geländeoberfläche für die Einrichtung von Wohnraum maßgeblich. Hierzu sagt die Musterbauordnung nichts. Die einzelnen Länder nehmen 0,7 m[482] oder 0,5 m[483] als Zulässigkeitsvoraussetzungen. In Nordrhein-Westfalen genügen 0,8 m und Brandenburg erachtet 1,5 m als ausreichend. Baden-Württemberg benennt 1,5 m bis zur Fensterbrüstung und Hessen 1,4 m von der Geländeoberfläche bis zur Decke als Grundlage. In Mecklenburg-Vorpommern gelten die Anforderungen an Aufenthaltsräume nicht für Wohngebäude mit nicht mehr als zwei Wohnungen.

Bayern, Nordrhein-Westfalen, das Saarland, Brandenburg und Thüringen verlangen, dass nicht alle Räume einer Wohnung eine reine Nordlage aufweisen dürfen. Für die Anordnung der Wohn- und Schlafräume ist in Bayern und Thüringen zudem auf den Verkehrslärm Rücksicht zu nehmen.

Im Stellplatzrecht werden grundsätzlich bei der Errichtung von Wohngebäuden die Schaffung von Stallplätzen und Garagen für Pkw gefordert. Teilweise fließt bei der Bewertung der entsprechenden Erforderlichkeit auch die konkrete Anbindung an öffentliche Verkehrsmittel eine Rolle, wodurch die Notwendigkeit eher geringer zu werten ist.[484] Grundsätzlich ist es aber möglich, im Rahmen der Erfüllung dieser Verpflichtung je nach Sachlage auch durch die Zahlung eines entsprechenden Geldbetrages die Voraussetzungen herbei zuführen, wobei in Bremen im Einzelfall auf eine entsprechende Errichtung bestanden werden kann. Bayern betont zudem, dass durch diese Vorgaben die Schaffung von Wohnraum nicht wesentlich erschwert werden dürfe. Im Stellplatzrecht geht Berlin einen Alleingang und verlangt nur bei der Errichtung öffentlich zugänglicher Gebäude Stellplätze für Pkws in ausreichender Zahl für schwer gehbehinderte und behinderte Personen im Rollstuhl anzulegen. Ansonsten werden nach der allgemeinen Bedarfslage ausreichende Abstellmöglichkeiten nur für Fahrräder gefordert. In den übrigen Bundesländern werden wie in der Musterbauordnung Fahrradabstellplätze als Voraussetzung überwiegend erwähnt.[485] Lediglich Baden-Württemberg, Mecklenburg-Vorpommern und Sachsen-Anhalt verlangen dies in der Landesbauordnung nicht. Hessen verlagert die Konkretisierung der

---

[481] Vgl. Nordrhein-Westfalen, Sachsen, Thüringen.

[482] Vgl. Bayern, Bremen, Niedersachsen, Rheinland-Pfalz, Saarland, Schleswig-Holstein, Sachsen-Anhalt.

[483] Vgl. Berlin, Hamburg, Mecklenburg-Vorpommern, Sachsen, Thüringen.

[484] Vgl. Schleswig-Holstein.

[485] Vgl. in Bayern bei Gebäuden mit mehr als zwei Wohnungen, sowie in Bremen, Hamburg, Niedersachsen, Nordrhein-Westfalen, Rheinland-Pfalz, Saarland, Schleswig-Holstein, Brandenburg, Sachsen, Thüringen.

Voraussetzung in den Verantwortungsbereich der Gemeinden und formuliert eine entsprechende Satzungsermächtigung.[486]

Der Bereich der Ausstattung von Wohnungen mit Küchen bzw. Kochnischen, Bädern und Toilettenräumen ist nahezu übereinstimmend gehalten. Grundsätzliches Erfordernis ist die Sicherstellung einer ausreichenden Belüftung. Lediglich Hamburg und Niedersachsen beschreiben Grenzen für die Installation lediglich eines Kochplatzes.[487] Gesonderte und gemeinschaftlich nutzbare Wäschetrockenräume sind in der Musterbauordnung nicht berücksichtigt. Hingegen sind sie in vielen Bundesländern in Gebäuden mit mehr als zwei Wohnungen vorgesehen.[488] Weitere Länder berücksichtigen dies ebenfalls nicht.[489]

Die Musterbauordnung bestimmt auch die Herstellung von Abstellflächen für Kinderwagen und Fahrräder innerhalb von Wohngebäuden der Klassen 3-5.[490] Dies ist auch in allen Bundesländern der Fall, wobei allerdings die Voraussetzungen unterschiedlich sind. Teilweise wird eine Notwendigkeit bereits bei Gebäuden mit mehr als zwei Wohnungen gesehen.[491] Das Saarland und Sachsen-Anhalt verlangen die Bereitstellung dieser Flächen erst ab fünf Wohnungen in einem Gebäude. Bayern und Nordrhein-Westfalen setzten die Grenze, sobald sich Wohnungen in einem Obergeschoss befinden. Die übrigen Bundesländer knüpfen an die Gebäudehöhe an.[492]

Abstellräume sind in ausreichender Größe nach der Musterbauordnung in Wohngebäuden der Klassen 3-5 zu bedenken. Lediglich Brandenburg und Berlin schreiben dies nicht vor. Ein solches Erfordernis wird entsprechend der Musterregelung ohne nähere Größenangabe auch in Baden-Württemberg, Bayern, Hessen (sofern mehr als zwei Wohneinheiten), Niedersachsen, dem Saarland und Sachsen beschrieben. Die übrigen Länder konkretisieren dies und legen Min-

---

[486] Dies entspricht der Intention auch der MBO 2002, wonach das Stellplatzrecht sich an der regionalen Verkehrskonzeption und Verkehrspolitik orientieren soll.

[487] In Hamburg genügt erst in Wohnungen mit nicht mehr als zwei Aufenthaltsräumen ein Kochplatz mit zusätzlicher Lüftung. In Niedersachsen genügt in einer Wohnung mit nicht mehr als 50 m² Wohnfläche anstelle der Küche auch eine für sich lüftbare Kochnische.

[488] Vgl. Baden-Württemberg, Bayern, Berlin, Bremen, Hamburg, Niedersachsen, Nordrhein-Westfalen, Rheinland-Pfalz, Saarland, Schleswig-Holstein, Sachsen-Anhalt, Thüringen.

[489] Vgl. Hessen, Brandenburg, Mecklenburg-Vorpommern, Sachsen.

[490] Dies sind sämtliche Gebäude mit mehr als zwei Nutzungseinheiten, somit auch mehr als zwei Wohnungen.

[491] Vgl. Baden-Württemberg, Bremen, Hamburg, Hessen, Niedersachsen.

[492] Rehinland-Pfalz, Schleswig-Holstein, Mecklenburg-Vorpommern, Thüringen: mehr als 2 Vollgeschosse; Berlin, Sachsen: mehr als 3 Vollgeschosse; Brandenburg: ab Gebäuden mittlerer Höhe.

destgrößen fest, wonach jedenfalls auch innerhalb der Wohnung ein bestimmter Flächenteil zur Verfügung stehen muss.[493]

Anforderungen an die Gestaltung und Höhe der Geländeoberfläche werden in der Musterbauordnung nicht gemacht, hingegen aber aus Gründen des jeweiligen Erscheinungsbildes in einigen Ländergesetzen.[494] Auch werden Einfriedungen entgegen der Musterregelungen nur in einzelnen Landesbauordnungen beschrieben.[495]

2.8.2 Barrierefreies Bauen

Im Bereich des barrierefreien Bauens sind grundsätzlich öffentlich zugängliche Gebäude oder Solche, die aufgrund ihrer Bestimmung einem besonderen Besucherverkehr zur zweckentsprechenden Nutzung durch Menschen mit kleinen Kindern, behinderte oder ältere Personen ausgesetzt sind, so zu gestalten, dass sie ohne fremde Hilfe genutzt werden können. Hierzu werden in der Musterbauordnung und in allen Bundesländern entsprechende bauliche Maßnahmen wie Rampen, Aufzüge und Mindestmaße für Türen und Toilettenräume sowie Parkmöglichkeiten beschrieben. Von diesen Vorgaben kann jedoch im Einzelfall abgesehen werden, sofern die Umsetzung einen unverhältnismäßigen Mehraufwand auslöst.

Für sonstige Gebäude ist das Erfordernis von Aufzügen in ausreichender Zahl an die Gebäudehöhe geknüpft und orientiert sich überwiegend an der Zahl der Vollgeschosse.[496] Die Musterbauordnung verlangt eine entsprechende Installation ab einer Höhe von mehr als 13 m, was im Mittel auch den Regelungen der einzelnen Länder entspricht. Von diesen Aufzügen muss nach der Musterbauordnung mindestens ein Aufzug Kinderwagen, Rollstühle, Krankentragen und Lasten aufnehmen können und Haltestellen in allen Geschossen haben. Dazu werden entsprechende Mindestmaße der Fahrkörbe und Türen vorgeschrie-

---

[493] Größen für Abstellräume in Bremen: 3-6 m², 1 m² innerhalb; Hamburg, Rheinland-Pfalz, Schleswig-Holstein, Sachsen-Anhalt, Thüringen: 6 m², 1 m² innerhalb; Nordrhein-Westfalen: 6 m², 0,5 m² innerhalb; Mecklenburg-Vorpommern: 5 m², 1 m² innerhalb.

[494] So in Baden-Württemberg, Bayern, Berlin, Niedersachsen, Nordrhein-Westfalen, Rheinland-Pfalz, Saarland, Brandenburg, Mecklenburg-Vorpommern, Thüringen.

[495] In Baden-Württemberg, Bayern, Bremen, Hamburg, Niedersachsen, Rheinland-Pfalz, Saarland, Sachsen-Anhalt, Thüringen.

[496] Baden-Württemberg: höher als 12,5 m; Bayern, Nordrhein-Westfalen, Rheinland-Pfalz, Saarland, Brandenburg, Mecklenburg-Vorpommern, Sachsen, Sachsen-Anhalt, Thüringen: mehr als 5 Vollgeschosse; Berlin, Schleswig-Holstein: mehr als 4 Vollgeschosse; Bremen; Wohnungen über dem 4. Vollgeschoss möglich; Hamburg: Aufenthaltsräume höher als 13 m möglich; Hessen: Gebäude höher als 13 m; Niedersachsen: Gebäude höher als 12,25 m; Vollgeschossen haben eine Höhe von mindestens 2,3 m ohne Berücksichtigung der Dicke der Decken, etc.

ben.[497] Diesem Beispiel sind auch die meisten Bundesländer gefolgt.[498] Thüringen lässt bereits 0,83 m als Durchgangsbreite genügen. Baden-Württemberg legt zwar auf eine entsprechende Geeignetheit Wert, schreibt dazu aber keine Mindestmaße in der Bauordnung fest. Bestimmte Maße nennt auch Bayern nicht, fordert aber auch nicht die Aufnahmefähigkeit der Fahrkörbe von Krankentragen. Gemeinsam ist wiederum allen, dass sie von der öffentlichen Verkehrsfläche stufenlos erreichbar sein und stufenlose Haltestellen jedenfalls in allen Geschossen mit Wohnungen bzw. Aufenthaltsräumen aufweisen müssen.

Die Musterbauordnung verlangt, dass in Gebäuden mit mehr als zwei Wohnungen die Wohnungen eines Geschosses barrierefrei erreichbar sein müssen. In diesen Wohnungen müssen die Wohn- und Schlafräume, eine Toilette, ein Bad sowie die Küche oder Kochnische mit einem Rollstuhl zugänglich sein. Diese Vorgaben sind entsprechend in Bayern, Berlin, Bremen, Hamburg, Hessen, Nordrhein-Westfalen, Schleswig-Holstein und Sachsen-Anhalt (eine Wohnung) im Landesrecht verankert. In Niedersachsen ist die stufenlose Erreichbarkeit nur bei Gebäuden mit mehr als vier Wohnungen vorgesehen und lediglich jede achte Wohnung muss die betreffenden innen liegenden Räume rollstuhlgerecht gestalten. Rheinland-Pfalz, das Saarland und Brandenburg fordern beide Voraussetzungen erst ab Gebäuden mit mehr als vier Wohnungen. Mecklenburg-Vorpommern setzt die Grenze bei mehr als drei oberirdischen Vollgeschossen und fordert die barrierefreie Innengestaltung in lediglich einer Wohnung. Baden-Württemberg, Sachsen und Thüringen schreiben in der Landesbauordnung weder eine entsprechend stufenlose Erreichbarkeit noch eine rollstuhlgerechte Gestaltung der Räume vor.

Einige Bundesländer haben die Berücksichtigung der Belange der betreffenden Personengruppen in der Bauplanungsphase sowie in den allgemeinen Anforderungen an Bauvorhaben als Zielsetzung bereits in den allgemeinen Vorschriften der jeweiligen Gesetze aufgenommen.[499]

2.8.3 Ökologische Belange

Die Musterbauordnung verlangt ebenso wie die Ländergesetze bei der Durchführung von Bauvorhaben insbesondere die Berücksichtigung der Belange des Lebens oder der Gesundheit, und sowie den Schutz der natürlichen Lebensgrundlagen. Die hygienischen Anforderungen an Bäder und Toilettenräume sind ebenfalls inhaltsgleich. So werden grundsätzlich innerhalb von Gebäuden Toi-

---

[497] Fahrkörbe zur Aufnahme einer Krankentrage müssen eine nutzbare Grundfläche von 1,10 m x 2,10 m und Solche zur Aufnahme eines Rollstuhls mindestens 1,10 m x 1,40 m und die Türen eine lichte Durchgangsbreite von 0,90 m haben.

[498] So Brandenburg, Bremen, Hamburg, Hessen, Mecklenburg-Vorpommern, Niedersachsen, Nordrhein-Westfalen, Rheinland-Pfalz, Saarland, Sachsen, Sachsen-Anhalt, Schleswig-Holstein, Thüringen.

[499] So in Bremen, Niedersachsen, Rheinland-Pfalz, Saarland, Sachsen-Anhalt.

letten mit Wasserspülung verlangt und eine ausreichende Belüftung gefordert, sofern keine Fenster vorhanden sind.

Im Bereich der Abfalllagerung sind jedoch Unterschiede erkennbar. Die Vorgaben zur Gestaltung und örtlichen Lage einer getrennten Aufbewahrung sind zunächst im Wesentlichen gleich. Jedoch gibt es auffallende Differenzen bei der Nutzung und dem Einbau von Abfallschächten. Die Musterbauordnung sieht sie nicht mehr vor, beschreibt jedoch die Aufbewahrung fester Abfallstoffe. Baden-Württemberg berücksichtigt den Abfallbereich in der Landesbauordnung nicht. Hessen und Mecklenburg-Vorpommern ignorieren Abfallschächte ebenfalls in der Bauordnung. In Bremen und Schleswig-Holstein sind Abfallschächte näher beschrieben. Dort sind sie allerdings nur in Wohngebäuden nicht gestattet. Schleswig-Holstein erlaubt hiervon eine Ausnahme, sofern eine getrennte Abfalllagerung möglich ist. Andere Bundesländer erachten sie auch in Wohngebäuden für zulässig.[500] Niedersachsen und das Saarland haben den Reglungsbereich über Abfallschächte aus den Landesbauordnungen heraus in eine Verordnung verlagert, lassen sie aber zu. In Nordrhein-Westfalen sind Abfallschächte verboten; bestehende Anlagen waren nach dem 31.12.2003 außer Betrieb zu nehmen. In Brandenburg sind sie ebenfalls verboten.

Die Berücksichtigung der ökologischen Belange wird in einigen Landesgesetzen zusätzlich hervorgehoben. So sind in Niedersachsen, Nordrhein-Westfalen, Rheinland-Pfalz, dem Saarland und Sachsen-Anhalt bereits in den einleitenden Vorschriften ergänzende Gebote formuliert. Schleswig-Holstein geht hier am weitesten, indem die Dauerhaftigkeit, Umweltverträglichkeit und Widerverwertbarkeit der Bauprodukte hervorgehoben wird.

2.8.4 Sicherheit und Brandschutz

Die Regelungen der Musterbauordnung sind mit den in den einzelnen Ländergesetzen normierten Vorgaben zur Standsicherheit, Verkehrssicherheit, dem Schutz gegen schädliche Einflüsse sowie zum Wärm-, Schall- und Erschütterungsschutz inhaltsgleich und sogar nahezu textgleich. Die Sicherheitsbestimmungen für Bauprodukte und Bauarten sind ebenfalls nahezu textgleich. Sie gewährleisten einen einheitlichen Standard in diesem Bereich.

Die den Brandschutz berührenden Vorschriften der Landesbauordnungen regeln insbesondere die Abstandflächen, Flächen für die Feuerwehr, Wände, Decken, Dächer, Rettungswege, Aufzüge sowie Lüftungs- und Feuerungsanlagen. Sie sind im Detail zwar nicht immer identisch, Regeln die Anforderungen an die einzelnen Bauteile doch grundsätzlich sehr ähnlich, ohne nennenswerte

---

[500] So in Bayern (wobei dort verstärkt auf die Vermeidung einer gesteigerten Geruchsbelästigung Wert gelegt wird); Berlin (sagt nichts zur Schallisolierung); Hamburg; Rheinland-Pfalz (geringe Anforderungen an Gestaltung); Sachsen; Sachsen-Anhalt; Thüringen.

Verkürzungen mit Sicherheitsdenken zu offenbaren.[501] Verschiedene Unterschiede sind trotzdem in den folgenden Kategorien erkennbar.

Bei freistehenden Wohngebäuden geringer Höhe mit nicht mehr als ein bis zwei Wohnungen halten Bayern und Hessen in nahezu allen Bereichen Anforderungen an das Brandverhalten der besagen Bauteile vor. Die übrigen Länder reduzieren dies im Bereich der Wände, Pfeiler, Stützen und Treppenräume, wobei allerdings Baden-Württemberg und Nordrhein-Westfalen nicht einmal Außenwandverkleidungen benennen. Die Bereiche der Decken, Rettungswege, Treppen und Flure sind hingegen überall berücksichtigt.[502]

Sonstige Wohngebäude geringer Höhe sind länderübergreifend hinsichtlich der Wände, Pfeiler, Stützen, Decken, Rettungswege, Treppen und Aufzüge beschrieben. Baden-Württemberg, Bayern, Berlin, Bremen, Nordrhein-Westfalen, Schleswig-Holstein und Brandenburg stellen zudem zusätzliche Anforderungen an die Beschaffenheit der notwendigen Flure. Hiervon sehen Hamburg, Hessen, Niedersachsen, Rheinland-Pfalz, das Saarland, Mecklenburg-Vorpommern, Sachsen, Sachsen-Anhalt und Thüringen ab. Kein Landesgesetz stellt Vorgaben für außen liegende Treppenräume auf.[503]

Sonstige Gebäude geringer Höhe sowie alle höheren Gebäude sind in den Brandschutzvorschriften umfassend berücksichtigt. Merkliche Lücken in einzelnen Landesbauordnungen sind nicht ersichtlich.[504]

In Baden-Württemberg, Niedersachsen und dem Saarland sind die betreffenden Vorgaben neben der Landesbauordnung zusätzlich in einer ergänzenden Verordnung konkretisiert.[505]

Des Weiteren haben die einzelnen Bundesländer teilweise in den Bereichen Hochhäuser, Garagen, Gaststätten, Industriebau, Versammlungsstätten, Geschäftshäuser, Kindergärten und Kinderheime, Krankenhäuser und Schulen gesonderte Brandschutzregeln in Form von Richtlinien erlassen. Aber auch hierbei gibt es Unterscheide. Kein Bundesland hat all diese Bereich in dieser Form konkretisiert. Insbesondere Bremen und Hamburg haben beispielsweise lediglich Hochhäuser und Garagen berücksichtigt, wobei hingegen Hessen, Nordrhein-

---

[501] Vgl. Usemann, S. 21 ff.

[502] Vgl. Löbbert/Pohl/Thomas, *Beilage C*, S. 6-36. Hier sind in einer tabellarischen Übersicht je nach Bundesland die einzelnen Brandschutzanforderungen für die jeweiligen Bauteile aufgeführt.

[503] Vgl. Fn 528.

[504] Vgl. Fn 528.

[505] Baden-Württemberg: Allgemeine Ausführungsverordnung zur Landesbauordnung - LBOAVO- vom 17.11.1995, zul. geändert am 30.05.1996; Niedersachsen: Allgemeine Durchführungsverordnung zur Niedersächsichen Bauordnung -DVNBauO- vom 11.03.1987, zul. geändert am 06.06.1996; Saarland: Technische Durchführungsverordnung -TVO-vom 18.10.1996.

Westfalen, Mecklenburg-Vorpommern, Sachsen, Sachsen-Anhalt und Thüringen nahezu alle Kategorien vertieft haben.[506]

Eine allgemein gültige Richtlinie hat der Verein Deutscher Ingenieure (VDI) in der Richtlinie VDI 3891-1 vom 19.12.2001 erlassen. Sie beinhaltet den Brandschutz in der Gebäudetechnik und listet alle relevanten Gesetze, Normen und Richtlinien für den Brandschutz auf.

Als Besonderheit hält Baden-Württemberg mit der Vorgabe eines bestimmten Abstandes der Bauvorhaben von Waldflächen vor, um ein etwaiges Übergreifen im Brandfall zu verhindern.

2.8.5 Familie und Kindesentwicklung

Die Förderung der Kindesentwicklung und eine entsprechende Entlastung der Familie wird durch die Anordnung der Schaffung von Spielplätzen beabsichtigt. Nach der Musterbauordnung ist bei Gebäuden mit mehr als drei Wohnungen auf dem Grundstück oder in unmittelbarer Nähe ein ausreichend großer Spielplatz für Kleinkinder anzulegen, sofern sie zur Zweckerreichung erforderlich sind. Dies kann bei bereits bestehenden Gebäuden auch noch nachträglich angeordnet werden. Hieran orientieren sich Bayern, Berlin, Bremen, Hessen, Rheinland-Pfalz, das Saarland, Schleswig-Holstein und Sachsen. Bayern, Bremen, Rheinland-Pfalz und das Saarland lassen in Einzelfällen auch die Erfüllung dieser Verpflichtung durch die Zahlung eines (zweckgebundenen) Ablösebetrages zu. Baden-Württemberg setzt die Grenze zur Herstellungspflicht bereits bei Gebäuden mit mehr als zwei Wohnungen fest. Nordrhein-Westfalen formuliert diese Pflicht für Gebäude mit Wohnungen ganz allgemein, hält für die Bauaufsichtsbehörde aber eine Verzichtsmöglichkeit im Einzelfall offen. Brandenburg beschreibt Gebäude mit mehr als vier Wohnungen als Grenze und verweist für die Gestaltung auf die örtlichen Bauvorschriften.

Hamburg hält diese erst ab mehr als fünf Wohnungen für geboten, verlangt aber zudem eine Freizeitfläche anzulegen. Auch Sachsen fordert bei Gebäuden mit mehr als drei Wohnungen die Errichtung von Freizeitflächen. In Mecklenburg-Vorpommern, Sachsen-Anhalt und Thüringen werden Freizeitflächen ebenfalls bei Gebäuden mit mehr als fünf Wohnungen verlangt. Sie halten die Pflicht zur Schaffung von Spielplätzen in einem Rahmen von mehr als drei bis fünf Wohnungen je Gebäude. Niedersachsen hat die betreffenden Vorschriften aus der Bauordnung in ein gesondertes Spielplatzgesetz verlagert.

Spielflächen und Freizeitflächen zählen ebenso wie Stellplätze und Garagen für Kraftfahrzeuge und Stellplätzen für Fahrräder zu den so genannten Gemeinschaftsanlagen. Sie sind, sofern berücksichtigt,[507] immer dann anzulegen, wenn es eine zweckentsprechende Nutzung der Bauvorhaben erfordert.

---

[506] Vgl. Usemann, S. 23; Löbbert/Pohl/Thomas, S. 38-34.

[507] Gemeinschaftsanlagen werden in der Musterbauordnung nicht gesondert berücksichtigt. Dies ist hingegen in Baden-Württemberg, Berlin, Bremen, Hamburg, Hessen, Niedersachsen,

Diesen Bereich berühren auch die bereits in 2.8.1 und 2.8.2 beschriebenen Abstellflächen für Kinderwagen in bestimmten Gebäuden sowie eine entsprechende Zugänglichkeit der Gebäude. Das Saarland und Schleswig-Holstein schreiben die Berücksichtigung der Belange von Kindern und der Familie bereits in den allgemeinen Anforderungen an Bauvorhaben vor. Ebenfalls Schleswig-Holstein und Rheinland-Pfalz stellen ein entsprechendes Sicherheitsbedürfnis in den Vordergrund. Danach soll der Spielbereich in Sicht- und Rufweite zum Gebäude liegen. Zudem sind allein in Rheinland-Pfalz bei der Umsetzung und Planung von Bauvorhaben die Belange und Sicherheitsbedürfnisse von Frauen, Familien und Kindern zu berücksichtigen.

2.8.6 Definitionen und Fristen

Die Musterbauordnung 2002 teilt Gebäude nunmehr in einzelne Gebäudeklassen von 1 bis 5[508] und Sonderbauten ein. Die Musterbauordnung 1997 unterteilte Sie noch in solche geringer Höhe und Hochhäuser.[509] Diese Einteilung praktizieren auch Bayern, Niedersachsen, und Baden-Württemberg, wobei die letztgenannten Gebäude geringer Höhe als Solche bis 8 m Höhe benennen. Die Definition eines Gebäudes mittlerer Höhe wurde nicht verwandt, taucht jedoch in anderen Landesbauordnungen auf.[510] Diese Länder strukturieren die Gebäudeeinteilung wie

---

Nordrhein-Westfalen, dem Saarland, Schleswig-Holstein, Mecklenburg-Vorpommern, Sachsen-Anhalt und Thüringen der Fall.

[508]   1. Gebäudeklasse 1:
   a) freistehende Gebäude mit einer Höhe bis zu 7 m und nicht mehr als zwei Nutzungseinheiten von insgesamt nicht mehr als 400 m² und
   b) freistehende land- oder forstwirtschaftlich genutzte Gebäude,
   2. Gebäudeklasse 2:
   Gebäude mit einer Höhe bis zu 7 m und nicht mehr als zwei Nutzungseinheiten von insgesamt nicht mehr als 400 m²,
   3. Gebäudeklasse 3:
   sonstige Gebäude mit einer Höhe bis zu 7 m,
   4. Gebäudeklasse 4:
   Gebäude mit einer Höhe bis zu 13 m und Nutzungseinheiten mit jeweils nicht mehr als 400 m²,
   5. Gebäudeklasse 5:
   sonstige Gebäude einschließlich unterirdischer Gebäude.
   Höhe im Sinne des Satzes 1 ist das Maß der Fußbodenoberkante des höchstgelegenen Geschosses, in dem ein Aufenthaltsraum möglich ist, über der Geländeoberfläche im Mittel.
[509] *Gebäude geringer Höhe* sind Gebäude, bei denen der Fußboden keines Geschosses, in denen Aufenthaltsräume möglich sind, an keiner Stelle mehr als 7 m der Geländeoberfläche liegt.
   Hochhäuser sind Gebäude, bei denen der Fußboden mindestens eines Aufenthaltsraumes mehr als 22 m über der Geländeoberfläche liegt.
[510] *Gebäude mittlerer Höhe* sind dort Solche, bei denen das Maß der Fußbodenoberkante mehr als 7 m und weniger als 22 m beträgt.

noch die Musterbauordnung 1997 nach den einzelnen Höhenmaßen in der Dreiteilung.[511] Berlin definiert nur Hochhäuser, diese aber nach der besagten Formulierung.

Die Kategorisierung in Gebäudeklassen haben bereits Hessen, Rheinland-Pfalz, und das Saarland angenommen. Hessen entspricht dabei der Musterbauordnung, führt in Klasse 5 allerdings nur sonstige Gebäude bis 22 m Höhe auf. Rheinland-Pfalz teilt die einzelnen Klassen gänzlich anders ein.[512] Das Saarland orientiert sich ebenfalls nicht an der Musterregelung. Die gewählte Einteilung ist eher der von Rheinland-Pfalz angenähert.[513]

Unterschiedliche Fristen zum Baubeginn können sich für solche Bauvorhaben ergeben, die nicht einer Genehmigungspflicht unterliegen. Im Falle der Notwendigkeit einer Baugenehmigung kann es erst nach deren Erteilung umgesetzt werden. Die Musterbauordnung besagt, dass mit dem Bau von der Geneh-

---

[511] So Bremen, Hamburg, Nordrhein-Westfalen, Schleswig Holstein, Brandenburg, Mecklenburg-Vorpommern, Sachsen, Sachsen-Anhalt und Thüringen.

[512] Rheinland-Pfalz:

1. *Gebäudeklasse 1*: freistehende Wohngebäude mit einer Wohnung in nicht mehr als zwei Geschossen, andere freistehende Gebäude ähnlicher Größe, freistehende landwirtschaftliche Betriebsgebäude

2. *Gebäudeklasse 2*: Wohngebäude, bei denen der Fußboden keines Geschosses, in dem Aufenthaltsräume möglich sind, im Mittel mehr als 7 m über der Geländeoberfläche liegt,

    a) mit nicht mehr als zwei Wohnungen

    b) mit drei Wohnungen in freistehenden Gebäuden in Hanglage, wenn die dritte Wohnung im untersten

    Geschoss liegt und ihren Zugang unmittelbar vom Freien aus hat

3. *Gebäudeklasse 3*: Sonstige Gebäude, bei denen der Fußboden keines Geschosses, in dem Aufenthaltsräume möglich sind, im Mittel mehr als 7 m über der Geländeoberfläche liegt,

4. *Gebäudeklasse 4*: sonstige Gebäude.

[513] Saarland:

1. *Gebäudeklasse 1*: freistehende Wohngebäude mit einer Wohnung in nicht mehr als zwei Geschossen, andere

    freistehende Gebäude ähnlicher Größe, freistehende landwirtschaftliche Betriebsgebäude

2. *Gebäudeklasse 2*: Wohngebäude mit nicht mehr als zwei Wohnungen, bei denen der Fußboden eines jeden

    Geschosses, in dem Aufenthaltsräume möglich sind, an der zum Anleitern bestimmten Stelle nicht mehr

    als 7 m über der Geländeoberfläche liegt

3. *Gebäudeklasse 3*: Sonstige Gebäude, bei denen der Fußboden eines jeden Geschosses, in denen Aufenthalts

    räume möglich sind, an der zum Anleitern bestimmten Stelle nicht mehr als 7 m über der Geländeoberflä-

    che liegt

4. *Gebäudeklasse 4*: sonstige Gebäude

migungspflicht freigestellte Vorhaben einen Monat nach Vorlage der erforderlichen Unterlagen begonnen werden darf. Dem sind auch Baden-Württemberg, Bayern, Bremen, Hessen, Rheinland-Pfalz, Schleswig-Holstein, Brandenburg, Sachsen-Anhalt und Thüringen gefolgt. In Berlin ist der Baubeginn 6 Wochen nach dem Eingang der Unterlagen gestattet, wobei Hamburg nur zwei Wochen genügen lässt. In Nordrhein-Westfalen muss der Beginn des Bauvorhabens eine Woche vorher angezeigt werden. Niedersachsen und das Saarland lassen die Umsetzung erst zu, wenn die Gemeinde die Voraussetzung der Genehmigungsfreiheit schriftlich bestätigt hat. Dies ist auch in Mecklenburg-Vorpommern der Fall, wobei die Gemeinde gehalten ist, die entsprechende Erklärung innerhalb eines Monats abzugeben. Sachsen erlaubt den Baubeginn erst drei Wochen nach der behördlichen Bestätigung der Genehmigungsfreiheit.

2.8.7 Verfahrensrecht

Die Musterbauordnung 2002 sieht verfahrensfreie Vorhaben vor, stellt andere in einem bestimmten Verfahren von der Genehmigungspflicht frei und unterteilt den Genehmigungsvorbehalt in ein vereinfachtes und allgemeines Genehmigungsverfahren. Die Besonderheit zur Musterbauordnung 1997 ist nun, dass die einzelnen Bauvorhaben, die in die jeweiligen Kategorien eingeordnet werden sollen, auf sechs Module (A-F) mit unterschiedlicher Ausgestaltung verteilt sind, die sich mit verschiedenen Grenzen auf alle oben genannten Möglichkeiten der verfahrensrechtlichen Einordnung erstrecken. In der Musterbauordnung 1997 war es noch eindeutig vorgegeben, welche Vorhaben welcher Alternative des Verfahrens oder der Freistellung unterfielen.[514] Wegen der neuen Modultechnik ist die Darstellung der Unterschiede zu den Landesregelungen nur begrenzt möglich.

- *Baden-Württemberg* verwendet als einziges Bundesland ein Kenntnisabgabeverfahren, das im Kern einem Anzeige- oder Freistellungsverfahren gleich

---

[514] MBO 1997

-„§ 62 a vereinfachtes Baugenehmigungsverfahren:

(I) Im Baugenehmigungsverfahren werden

1.   Wohngebäude geringer Höhe,
2.   eingeschossige Gebäude, auch mit Aufenthaltsräumen, bis 200m² Grundfläche,
3.   landwirtschaftliche Betriebe, auch mit Wohnteil, bis 250 m² Grundfläche und nicht mehr als zwei oberirdischen Geschossen, ausgenommen Anlagen zum Lagern von Jauche und Gülle,
4.   Gebäude ohne Aufenthaltsräume bis 100 m² Grundfläche und nicht mehr als zwei oberirdischen Geschossen

nur nach Maßgabe der Absätze 2 bis 6 geprüft......"

-Von der Genehmigung freigestellt waren § 63 MBO 1997 letztendlich diverse Nutzungsänderungen vor allem in Wohngebäuden.

kommt. Darunter fallen insbesondere Wohngebäude, ausgenommen Hochhäuser, landwirtschaftliche Betriebsgebäude auch mit Wohnteil bis zu drei Geschossen, Gebäude ohne Aufenthaltsräume bis zu 100 m² Grundfläche und bis zu drei Geschossen, eingeschossige Gebäude ohne Aufenthaltsräume bis zu 250 m² Grundfläche. Diese Vorhaben müssen dazu innerhalb des Geltungsbereichs eines Bebauungsplans im Sinne des § 30 Abs. 1 BauGB oder im Geltungsbereich einer Satzung nach § 7 des Maßnahmengesetzes zum Baugesetzbuch (BauGB-MaßnahmenG) und außerhalb des Geltungsbereichs einer Veränderungssperre im Sinne des § 14 BauGB liegen.

Verfahrensfrei sind im Wesentlichen Nutzungsänderungen und Abbruchmaßnahmen. Ein vereinfachtes Genehmigungsverfahren wird nicht berücksichtigt.

- In *Bayern* werden insbesondere Wohngebäude geringer Höhe, auch in der Form von Doppelhäusern oder Hausgruppen, Gebäude geringer Höhe, die neben einer Wohnnutzung teilweise oder ausschließlich freiberuflich oder gewerblich im Sinn des § 13 der Baunutzungsverordnung (BauNVO) genutzt werden, oder Gebäude mittlerer Höhe, die ausschließlich zu Wohnzwecken oder neben einer Wohnnutzung teilweise oder ausschließlich freiberuflich oder gewerblich im Sinn des § 13 BauNVO genutzt werden, im Genehmigungsfreistellungsverfahren berücksichtigt, sofern sie Geltungsbereich eines Bebauungsplans im Sinne von §§ 12 und 30 Abs. 1 des Baugesetzbuches (BauGB) liegen, das Vorhaben den Festsetzungen des Bebauungsplans und den örtlichen Bauvorschriften nicht widerspricht, die Erschließung im Sinn des BauGB gesichert ist und die Gemeinde nicht erklärt, dass das Baugenehmigungsverfahren durchgeführt werden soll.[515]

Dem vereinfachten Genehmigungsverfahren unterfallen alle übrigen Gebäude, die keine Sonderbauten sind. Somit verbleiben alle Sonderbauten dem umfassenden Genehmigungsverfahren. Verfahrensfrei sind die übrigen Vorhaben, die ansonsten nicht ausdrücklich genannt sind.

- *Berlin* prüft Wohngebäude bis zu drei Vollgeschossen und Gebäude ohne Aufenthaltsräume mit insgesamt nicht mehr als 200 m² Geschossfläche und nicht mehr als zwei Vollgeschossen im Freistellungsverfahren, wenn sie innerhalb des räumlichen Geltungsbereichs eines Bebauungsplanes oder einer Rechtsverordnung über einen Vorhaben- und Erschließungsplan liegen, die Festsetzungen im Sinne von § 30 Abs. 1 des Baugesetzbuches enthalten, die Erschließung gesichert ist und die Bauaufsichtsbehörde nicht erklärt, dass das Genehmigungsverfahren durchgeführt werden soll.

---

[515] Ebenfalls fallen darunter eingeschossige gewerbliche Lagergebäude mit freien Stützweiten von nicht mehr als 12 m Höhe und mit Grundflächen von nicht mehr als 500 m², soweit sie keine Sonderbauten sind, in Gewerbe- und Industriegebieten eingeschossigen handwerklich oder gewerblich genutzten Gebäuden mit freien Stützweiten von nicht mehr als 12 m Höhe und mit Grundflächen von nicht mehr als 500 m², soweit sie keine Sonderbauten sind.

Dem vereinfachten Genehmigungsverfahren werden Wohngebäude bis zu drei Vollgeschossen, eingeschossige Gebäude, auch mit Aufenthaltsräumen, bis 200 m² Grundfläche und Gebäude ohne Aufenthaltsräume bis 100 m² Grundfläche und mit nicht mehr als zwei Vollgeschossen zugeordnet. Dem umfassenden Genehmigungsverfahren werden die übrigen Vorhaben unterstellt, sofern sie nicht bereits gänzlich von den Verfahren ausgenommen sind.

- Die Landesbauordnung von *Bremen* stellt Nutzungsänderungen innerhalb eines Wohngebäudes mit nicht mehr als zwei Wohnungen von jeglichen Verfahren frei. Im gesonderten Freistellungsverfahren werden Wohngebäude geringer und mittlerer Höhe, Wochenendhäuser von der Genehmigungspflicht freigestellt, sofern sie im Geltungsbereich eines Bebauungsplanes im Sinne von § 30 Abs. 1 oder 2 des Baugesetzbuches mit Festsetzungen nach der Baunutzungsverordnung, außerhalb des Geltungsbereichs einer Veränderungssperre im Sinne des § 14 Abs. 1 des Baugesetzbuches, eines förmlich festgelegten Sanierungsgebietes oder Entwicklungsbereiches im Sinne des § 142 bzw. § 165 oder § 172 des Baugesetzbuches liegen, Ausnahmen und Befreiungen nach § 31 des Baugesetzbuches und nach § 72 nicht erforderlich sind und die Erschließung gesichert ist.[516]

Diese genehmigungsfreien Vorhaben werden in vereinfachten Genehmigungsverfahren geprüft, sofern sie nicht den genannten Voraussetzungen entsprechen. Ebenso verhält es sich mit verfahrensfreien Vorhaben, die aus Gründen des Denkmalschutzes genehmigungspflichtig sind. Das vereinfachte Genehmigungsverfahren hält zudem eine Genehmigungsfiktion vor. Die übrigen Bauvorhaben unterfallen dem herkömmlichen Baugenehmigungsverfahren.

- *Hamburg* hat die Vorschriften zur Bauanzeige und zur Genehmigungsfreistellung aus der Bauordnung heraus in zwei Verordnungen verlagert.[517] Nach der Baufreistellungsverordnung werden bestimmte Anlagen, die allerdings nicht zu Wohnzwecken dienen, von der Genehmigungspflicht und einem Verfahren freigestellt. Die Bauanzeigverordnung berücksichtigt die Errichtung und Änderung von Wohngebäuden geringer Höhe, die ausschließlich Wohnzwecken dienen, nicht mehr als zwei Wohnungen aufweisen, keiner Ausnahmen oder Befreiungen bedürfen und im Geltungsbereich eines Bebauungsplanes in Sinne des § 30 Abs. 1 BauGB liegen und nimmt sie von der Genehmigungspflicht aus.

Ein vereinfachtes Baigenehmigungsverfahren ist nicht berücksichtigt. Die übrigen Vorhaben unterfallen dem allgemeinen Baugenehmigungsverfahren.

- In *Hessen* sind die in einer Anlage zur Bauordnung aufgeführten Vorhaben, die sämtlich nicht Wohnzwecken dienen, von der Genehmigungspflicht

---

[516] Hierunter fallen auch folgende Vorhaben: landwirtschaftliche Betriebsgebäude, auch mit Wohnteil, bis 250 m² Grundfläche mit nicht mehr als 2 oberirdischen Geschossen, ausgenommen solche mit Anlagen für Jauche und Flüssigmist und Gebäude ohne Aufenthaltsräume bis 100 m² Grundfläche und mit nicht mehr als 2 oberirdischen Geschossen.

[517] Vgl. 2.7.2.5.

freigestellt. Andere Vorhaben im beplanten Bereich unterfallen dem Freistellungsverfahren. Danach sind insbesondere Wohngebäude [518] von der Genehmigungspflicht ausgenommen, sofern sie im Geltungsbereich eines Bebauungsplanes im Sinne des § 30 Abs. 1 oder der §§ 12, 30 Abs. 2 des Baugesetzbuches liegen, keiner Ausnahme oder Befreiung nach § 31 des Baugesetzbuches bedürfen, keiner Abweichung nach § 63 bedürfen und die Erschließung gesichert ist.

Dem vereinfachten Genehmigungsverfahren, welches eine Genehmigungsfiktion vorsieht, unterfallen die Vorhaben des Freistellungsverfahrens, wenn deren Voraussetzungen nicht vorliegen. Die übrigen Vorhaben werden im herkömmlichen Genehmigungsverfahren mit einer Baugenehmigung beschieden.

- In *Niedersachsen* sind die in einem Anhang zur Bauordnung aufgeführten Baumaßnahmen, die nicht zu Wohnzwecken dienen, von der Genehmigungspflicht und einem entsprechenden Verfahren entbunden. Gemäß dem Freistellungsverfahren bedürfen keiner Baugenehmigung die Errichtung von Wohngebäuden geringer Höhe in Baugebieten, die ein Bebauungsplan im Sinne des § 30 Abs. 1 oder 2 des Baugesetzbuchs als Kleinsiedlungsgebiete oder als reine, allgemeine oder besondere Wohngebiete festsetzen, sofern das Vorhaben den Festsetzungen des Bebauungsplanes nicht widerspricht oder notwendige Ausnahmen oder Befreiungen bereits erteilt sind.

Im vereinfachten Genehmigungsverfahren werden Wohngebäude, ausgenommen Hochhäuser, auch mit Räumen für freie Berufe nach § 13 der Baunutzungsverordnung, wenn die Gebäude überwiegend Wohnungen und deren Nebenzwecken dienende Räume enthalten sowie eingeschossige Gebäude bis 200 m² Grundfläche,[519] beschieden. Die übrigen Vorhaben unterfallen dem herkömmlichen Baugenehmigungsverfahren. Auch die Teilung von Grundstücken ist genehmigungspflichtig.

- *Nordrhein-Westfalen* führt in der Bauordnung die Baumaßnahmen auf, die von einem Verfahren ausgenommen sind. Dabei handelt es sich insbesondere um Solche, die nicht Wohnzwecken dienen. Vom Freistellungsverfahren sind die Errichtung oder Änderung von Wohngebäuden mittlerer und geringer Höhe betroffen, wenn sie im Geltungsbereich eines Bebauungsplans im Sinne des § 30 Abs. 1 oder § 30 Abs. 2 des Baugesetzbuches liegen, das Vorhaben den Festset-

---

[518] sowie freistehende Gebäude bis zu 7 m Höhe mit nicht mehr als zwei Nutzungseinheiten von insgesamt nicht mehr als 400 m², freistehende landwirtschaftlich genutzte Gebäude, Gebäude bis zu 7 m Höhe mit nicht mehr als zwei Nutzungseinheiten von insgesamt nicht mehr als 400 m² und sonstige Gebäude bis zu 7 m Höhe.

[519] sowie landwirtschaftliche Betriebsgebäude mit nicht mehr als einem Geschoss bis 1 000 m² Grundfläche und Dachkonstruktionen bis 6 m Stützweite, bei fachwerkartigen Dachbindern bis 20 m Stützweite; Geschosse zur ausschließlichen Lagerung von Jauche und Gülle bleiben unberücksichtigt und Gebäude ohne Aufenthaltsräume mit nicht mehr als drei Geschossen und bis 100 m² Grundfläche.

zungen des Bebauungsplans nicht widerspricht und die Erschließung im Sinne des Baugesetzbuches gesichert ist. Dies gilt auch für Nutzungsänderungen von Gebäuden, deren Errichtung oder Änderung bei geänderter Nutzung genehmigungsfrei wäre. Für alle übrigen Vorhaben gilt das vereinfachte Genehmigungsverfahren. Die Regelung zählt sodann auf, welche Bauvorhaben hiervon ausgenommen und dem herkömmlichen Baugenehmigungsverfahren unterstellt werden.[520] Die Teilung von Grundstücken ist genehmigungspflichtig, die aber auch im Wege einer Fiktion Wirkung entfalten kann.

- In *Rheinland-Pfalz* sind insbesondere Vorhaben, die nicht zu Wohnzwecken dienen, von einem Verfahren entbunden. Das Freistellungsverfahren hat freistehende Wohngebäude mit einer Wohnung in nicht mehr als zwei Geschossen, andere freistehende Gebäude ähnlicher Größe, freistehende landwirtschaftliche Betriebsgebäude, Wohngebäude, bei denen der Fußboden keines Geschosses, in dem Aufenthaltsräume möglich sind, im Mittel mehr als 7 m über der Geländeoberfläche liegt mit nicht mehr als zwei Wohnungen oder mit drei Wohnungen in freistehenden Gebäuden in Hanglage, wenn die dritte Wohnung im untersten Geschoss liegt und ihren Zugang unmittelbar vom Freien aus hat[521], zum Gegenstand, sofern sie im Geltungsbereich eines Bebauungsplans im Sinne des § 12 oder des § 30 Abs. 1 BauGB liegen, den Festsetzungen des Bebauungsplanes entsprechen und die Erschließung gesichert ist.

Andernfalls unterfallen eben diese Vorhaben und landwirtschaftliche Betriebsgebäude mit nicht mehr als zwei Geschossen über der Geländeoberfläche, nicht gewerblich genutzte Gebäude bis zu 300 m³ umbauten Raums[522] dem vereinfachten Genehmigungsverfahren, das eine Genehmigungsfiktion vorhält. Die übrigen Vorhaben unterfallen dem herkömmlichen Baugenehmigungsverfahren.

- Im *Saarland* sind in der Landesbauordnung insbesondere solche Bauvorhaben von einem Verfahren ausgenommen, die nicht zu Wohnzwecken umgesetzt werden. Im Freistellungsverfahren werden Wohngebäude, Wochenendhäuser und Ferienhäuser, Büro- und Verwaltungsgebäuden und Gebäude, die sowohl dem Wohnen als auch Büro- und Verwaltungszwecken dienen, bei denen der Fußboden eines jeden Geschosses, in dem Aufenthaltsräume möglich sind,

---

[520] Das vereinfachte Genehmigungsverfahren gilt insbesondere nicht für die Errichtung und Änderung von Hochhäusern, baulichen Anlagen mit mehr als 30 m Höhe, baulichen Anlagen und Räumen mit mehr als 1.600 m² Grundfläche, Verkaufsstätten mit mehr als 700 m² Verkaufsfläche, Messe und Ausstellungsbauten, Büro- und Verwaltungsgebäuden mit mehr als 3. 000 m² Geschossfläche, Schulen, Hochschulen und ähnlichen Einrichtungen, etc.

[521] sowie sonstige Gebäude, bei denen der Fußboden keines Geschosses, in dem Aufenthaltsräume möglich sind, im Mittel mehr als 7 m über der Geländeoberfläche liegt.

[522] sowie Gewächshäuser bis zu 5 m Firsthöhe, oberirdische Garagen bis zu 100 m² Nutzfläche, Behelfsbauten und untergeordnete Gebäude, nicht gewerblich genutzte Lager-, Abstell-, Aufstell- und Ausstellungsplätze, Stellplätze, Sport- und Spielplätze, Werbeanlagen und Warenautomaten.

an der zum Anleitern bestimmten Stelle nicht mehr als 7 m über der Gelände-oberfläche liegt, berücksichtigt, wenn sie innerhalb des Geltungsbereiches eines Bebauungsplanes im Sinne des § 12 oder des § 30 Abs. 1 des Baugesetzbuchs und außerhalb des Geltungsbereiches einer Veränderungssperre im Sinne des § 14 Abs. 1 des Baugesetzbuches, eines förmlich festgelegten Sanierungsgebietes, Entwicklungsbereiches im Sinne der §§ 142, 156, 172 des Baugesetzbuches liegen.

Das vereinfachte Genehmigungsverfahren sieht eine Genehmigungsfiktion vor und gilt insbesondere für die im Freistellungsverfahren genannten Vorhaben sowie freistehende landwirtschaftliche Betriebsgebäude, auch mit Wohnteil, mit nicht mehr als drei Geschossen über der Geländeoberfläche sowie Gewächshäuser bis zu 4 m Firsthöhe.[523] Die übrigen Bauvorhaben unterfallen dem herkömmlichen Genehmigungsverfahren.

- In *Schleswig-Holstein* sind solche kleineren Vorhaben genehmigungs- und anzeigefrei, die nicht zu Wohnzwecken dienen. Im Freistellungsverfahren ist die Errichtung, Änderung, Erweiterung und der Abbruch von Wohngebäuden geringer Höhe, die innerhalb des räumlichen Geltungsbereiches eines Bebauungsplanes im Sinne des § 30 Abs. 1 oder 2 des Baugesetzbuches, außerhalb des Geltungsbereiches einer Veränderungssperre im Sinne des § 14 Abs. 1 des Baugesetzbuches oder eines Gebietes im Sinne der §§ 142, 165 und 172 BauGB liegen, berücksichtigt.

Das vereinfachte Genehmigungsverfahren mit der Möglichkeit der Genehmigungsfiktion gilt für die übrigen Vorhaben, die keine Sonderbauten sind.[524] Diese sind dem herkömmlichen Baugenehmigungsverfahren vorbehalten.

- In *Brandenburg* sind insbesondere Bauvorhaben, die nicht zu Wohnzwecken dienen, von einem Verfahren ausgenommen. Ansonsten wird für die Errichtung und Änderung von Wohngebäuden geringer Höhe sowie von Gewächshäusern mit nicht mehr als 5 m Höhe im Geltungsbereich eines rechtswirksamen Bebauungsplans nach § 30 Abs. 1 oder 2 des Baugesetzbuchs auf Wunsch des Bauherrn ein Bauanzeigeverfahren durchgeführt, wenn das Vorhaben den Festsetzungen des Bebauungsplans nicht widerspricht und die Erschließung gesichert ist.

---

[523] Hierzu zählen auch eingeschossige, oberirdische Geschäftshäuser und Gebäude, die für gewerbliche Betriebe im Sinne von § 53 Abs. 2 Nr. 12 bestimmt sind, bis zu 1.000 m² Grundfläche, Behelfsbauten und untergeordnete Gebäude, Stellplätze und oberirdische, eingeschossige Garagen bis zu 1.000 m² Nutzfläche, Verkaufs-, Ausstellungs-, Abstell- und Lagerplätze, Sport- und Spielplätze, Bolz- und Kinderspielplätze und Einfriedungen.
[524] Sonderbauten sind insbesondere Hochhäuser, Hochhäuser, bauliche Anlagen und Räume mit mehr als 1.600 m² Grundfläche, ausgenommen Wohngebäude, Verkaufsstätten, Messe- und Ausstellungsbauten mit mehr als 2.000 m² Geschossfläche, Versammlungsstätten und religiöse Zusammenkunftstätten für mehr als 100 Personen, Schulen, Hochschulen und ähnliche Ausbildungseinrichtungen sowie Justizvollzugsanstalten.

Das vereinfachten Genehmigungsverfahren wird bei der Errichtung und Änderung von Wohngebäuden geringer und mittlerer Höhe im Geltungsbereich eines rechtswirksamen Bebauungsplans nach § 30 Abs. 1 oder 2 des Baugesetzbuchs auf Antrag durchgeführt, wenn es den Festsetzungen des Bebauungsplanes nicht widerspricht und die Erschließung gesichert ist. Die übrigen Vorhaben unterfallen dem herkömmlichen Baugenehmigungsverfahren.

- *Mecklenburg-Vorpommern* stellt Vorhaben, die nicht Wohnzwecken dienen von einem Verfahren frei. Wohngebäude geringer Höhe mit nicht mehr als zwei Wohnungen bedürfen keiner Baugenehmigung und unterfallen dem Freistellungsverfahren, sofern sie sich in einem Baugebiet befinden, das in einem Bebauungsplan nach § 30 Abs. 1 des Baugesetzbuches als Kleinsiedlungsgebiet, reines oder allgemeines Wohngebiet, Wochenendhausgebiet oder Ferienhausgebiet festgesetzt ist, oder sich im Geltungsbereich eines vorhabenbezogenen Bebauungsplanes nach § 12 des Baugesetzbuches befindet und den Festsetzungen entspricht.

Im vereinfachten Genehmigungsverfahren sind Wohngebäude geringer Höhe, eingeschossige Gebäude, auch mit Aufenthaltsräumen, bis 200 m² Grundfläche und freistehende landwirtschaftliche Betriebsgebäude mit nicht mehr als zwei oberirdischen Geschossen sowie Gebäude ohne Aufenthaltsräume bis 100 m² Grundfläche und mit nicht mehr als zwei oberirdischen Geschossen berücksichtigt, wobei auch eine Genehmigungsfiktion vorgesehen ist. Die übrigen Vorhaben unterfallen dem herkömmlichen Genehmigungsverfahren.

- *Sachsen* stellt insbesondere solche Vorhaben, die nicht zu Wohnzuwecken genutzt werden, von einem Verfahren frei. Das Anzeigeverfahren ist vorgesehen für Wohn- und Bürogebäude geringer und mittlerer Höhe sowie Gebäude geringer und mittlerer Höhe, die neben der Wohnung freiberuflich im Sinne des § 13 der Baunutzungsverordnung genutzt werden, auch in Form von Doppelhäusern oder Hausgruppen, die innerhalb des Geltungsbereichs eines Bebauungsplans nach § 30 Abs. 1 oder 2 BauGB, außerhalb eines Gebietes im Sinne der §§ 142, 172 BauGB liegen und für die keine Veränderungssperre besteht.

Das vereinfachte Genehmigungsverfahren gilt für die sonstigen Vorhaben, mit Ausnahme der Sonderbauten.[525] Es beinhaltet eine Genehmigungsfiktion. Für sie gilt das herkömmliche Baugenehmigungsverfahren.

- *Sachsen-Anhalt* nimmt insbesondere Bauvorhaben, die nicht zu Wohnzwecken genutzt werden, von den Verfahren aus. Dem Genehmigungsfreistellungsverfahren sind Wohngebäuden geringer und mittlerer Höhe, Gebäude auch

---

[525] Sonderbauten sind insbesondere Hochhäuser, bauliche Anlagen mit mehr als 25 m Höhe über Geländeoberfläche, bauliche Anlagen und Räume mit mehr als 1600 m² Grundfläche, Verkaufsstätten sowie Messe- und Ausstellungsbauten mit mehr als 2000 m² Geschossfläche, Krankenhäuser, Entbindungs- und Säuglingsheime, Pflegeeinrichtungen, Gaststätten mit mehr als 60 Gastplätzen oder mehr als 30 Gastbetten, Schulen, Hochschulen und ähnliche Ausbildungseinrichtungen.

mit Aufenthaltsräumen, bis 200 m² Grundfläche und mit nicht mehr als zwei oberirdischen Geschossen, Gewächshäuser einschließlich untergeordneter Nebenanlagen bis zu 5 m Firsthöhe unterstellt,[526] wenn sie im Geltungsbereich eines Bebauungsplans nach § 30 Abs. 1 und 2 des Baugesetzbuches liegen und sie den Festsetzungen nicht widersprechen oder dass notwendige Ausnahmen oder Befreiungen bereits erteilt sind sowie die Erschließung gesichert ist.

Das vereinfachte Genehmigungsverfahren gilt für die bereits genannten Vorhaben und alle Übrigen, sofern sie nicht auch hiervon ausgenommen und dem herkömmlichen Baugenehmigungsverfahren zugeordnet sind.

- In *Thüringen* werden insbesondere solche Vorhaben, die nicht zu Wohnzwecken dienen von den Verfahren ausgenommen. Das Freistellungsverfahren gilt für Wohngebäude geringer Höhe, wenn sie im Geltungsbereich eines Bebauungsplans im Sinne des § 30 Abs. 1 BauGB und außerhalb eines Gebietes im Sinne der §§ 142, 172 BauGB liegen und keiner Befreiung, Ausnahmen oder Abweichungen bedürfen und sich der Bauherr verpflichtet, unvermeidbare Beeinträchtigungen von Natur und Landschaft auszugleichen oder zu ersetzen.

Im vereinfachten Genehmigungsverfahren sind Wohngebäuden mit nicht mehr als zwei Wohnungen mit Aufenthaltsräumen in nicht mehr als drei Geschossen, eingeschossigen Gebäuden, auch mit Aufenthaltsräumen, bis 150 m² Grundfläche eingeordnet.[527] Die übrigen Vorhaben unterfallen dem herkömmlichen Baugenehmigungsverfahren.

2.8.8 Privatisierungstendenzen

Durch die Reduzierung des Kontrollumfangs vonseiten der Bauaufsichtsbehörden in den einzelnen Verfahren obliegt es je nach der konkreten Ausgestaltung der Vorschriften mehr und mehr den am Bau beteiligten Personen, selbst kontrollierend, überwachend und prüfend die Verwirklichung der Bauvorhaben zu begleiten. Zudem sind die in den Varianten der Genehmigungsverfahren zu prüfenden öffentlich-rechtlichen Vorschriften teilweise umfassend und teilweise reduziert.

Die Musterbauordnung 2002 hat das Prüfprogramm im Baugenehmigungsverfahren im Kern auf spezifisch baurechtliche Anforderungen eingeschränkt. Die Bauaufsichtsbehörde prüft nur die Übereinstimmung mit den Vor-

---

[526] sowie landwirtschaftliche Betriebsgebäude, auch mit Wohnteil, bis 250 m² Grundfläche und mit nicht mehr als zwei oberirdischen Geschossen; ausgenommen Anlagen zum Lagern von Jauche und Gülle, landwirtschaftlich, forstwirtschaftlich oder erwerbsgärtnerisch genutzten Gebäuden bis 5 m Firsthöhe, wenn sie nur zum vorübergehenden Schutz von Tieren oder Pflanzen oder zur Unterbringung von Ernteerzeugnissen oder Geräten bestimmt sind.

[527] sowie landwirtschaftliche Betriebsgebäude, auch mit Wohnteil, bis 250 m² Grundfläche und mit nicht mehr als zwei Geschossen, ausgenommen Anlagen zum Lagern von Jauche und Gülle und Gebäuden ohne Aufenthaltsräume bis 100 m² Grundfläche und mit nicht mehr als zwei Geschossen.

schriften über die Zulässigkeit der baulichen Anlagen nach den §§ 29-38 BauGB, Anforderungen nach den Vorschriften der Musterbauordnung und den aufgrund dessen erlassenen Vorschriften sowie andere öffentlich-rechtliche Vorgaben, soweit wegen der Baugenehmigung eine Entscheidung nach anderen öffentlich-rechtlichen Vorschriften entfällt oder ersetzt wird. Der Prüfungsumfang im vereinfachten Genehmigungsverfahren stimmt hiermit überein, wobei als Unterschied das Bauordnungsrecht ausschließlich in Bezug auf beantragte Abweichungen geprüft wird.

Die derzeitige Fassung der Musterbauordnung regelt den Bereich der Prüfung und Bescheinigung der bautechnischen Nachweise völlig neu. Neben die klassische bauaufsichtliche Prüfung nach dem herkömmlichen „Vier-Augen-Prinzip" wird in Teilbereichen auf eine entsprechende hoheitliche Prüfung verzichtet und die Variante eines privaten Prüfsachverständigen genutzt, der im Auftrag der am Bau Beteiligten in einem rein privatrechtlichen Verhältnis die Einhaltung der bauordnungsrechtlichen Anforderungen prüft und bescheinigt. Allein in diesem unmittelbaren Rechtsverhältnis käme auch die Haftung für eine mangelhafte Erfüllung seiner Pflichten in Betracht. Insofern sind hierbei die Sphären bauaufsichtlicher und privater Prüfung und Prüfverantwortung klar geschieden.

Die Grenze von der privaten zur bauaufsichtlichen Prüfung verläuft in der Musterbauordnung 2002 bei Gebäuden der Klassen 1 bis 3 bzw. wie noch in der Musterbauordnung 1997 bei Gebäuden der Klassen 4 und 5.[528] Damit wird insbesondere bei Wohngebäuden bis zu einer Höhe von 7 m die Prüfverantwortung aus dem hoheitlichen Bereich ausgeklammert.

Gemeinsam haben jedenfalls die Musterbauordnung 2002 sowie die jeweiligen Landesgesetze, dass für von der Genehmigungspflicht ausgenommene und einem etwaig vorgesehenen Verfahren nur anzeigepflichtige Vorhaben die bautechnischen Nachweise grundsätzlich nicht bauaufsichtlich überprüft werden. Unterschiede bestehen allenfalls darin, welche Qualifikation die den Nachweis nach eigener Prüfung ausstellenden Personen oder Stellen aufweisen müssen.[529]

- In *Baden-Württemberg* gibt es kein vereinfachtes Genehmigungsverfahren. Das Prüfprogramm im herkömmlichen Baugenehmigungsverfahren ist beschränkt. Es sind nur die öffentlich-rechtlichen Vorschriften maßgeblich, die von der Baurechtsbehörde zu prüfen sind.[530] Hierbei handelt es sich um die §§ 29-38 BauGB einschließlich der Festsetzungen der Bebauungspläne, die Regelungen der Landesbauordnung sowie der aufgrund dessen erlassenen Vorschrif-

---

[528] Vgl. 2.8.6 zu den einzelnen Gebäudearten.

[529] Die MBO 2002 ist bei den §§ 61 Abs. 3 und 66 Abs. 2, 3, 4 offen. Es könnte wahlweise auch die bauaufsichtliche Prüfung einzelner Nachweise verlangt werden.

[530] § 58 LBO gibt im Wortlaut den Prüfungsumfang des Baugenehmigungsverfahrens nicht vor. Es wird lediglich allgemein der begrenzte Umfang hervorgehoben.

ten und, sofern es das Vorhaben erfordert, auch die konkret darauf bezogenen Normen des Immissionsschutzrechts, des Straßenrechts sowie des Denkmalschutzrechts.[531] Die Einzelheiten zu den vorzulegenden bautechnischen Nachweisen sind in eine Verordnung ausgelagert.[532] Danach entfällt die bauaufsichtliche Prüfung der Nachweise bei Wohngebäude geringer Höhe und sonstigen Gebäuden geringer Höhe bis 250 m² Grundfläche mit einer Wohn- oder Büronutzung.[533] Die Standsicherheitsnachweise müssen von einem besonders qualifizierten Ingenieur angefertigt werden. Bei den übrigen Vorhaben sowie Solchen, die dem Genehmigungsverfahren unterfallen, erfolgt hingegen eine hoheitliche bautechnische Prüfung der vorzulegenden bautechnischen Nachweise.

- In *Bayern* werden im vereinfachten Genehmigungsverfahren die Übereinstimmung mit den §§ 29 bis 38 BauGB und den Artt. 6 und 7 (Abstandsflächen), 11 (Baugestaltung), 52 und 53 (Stellplatzpflicht) BayBO bei baulichen Anlagen für gewerbliche und industrielle Zwecke, außer bei einfachen baulichen Anlagen, sowie die Anforderungen des baulichen Arbeitsschutzes und andere öffentlich-rechtliche Anforderungen geprüft, soweit wegen der Baugenehmigung eine Entscheidung nach anderen öffentlich-rechtlichen Vorschriften entfällt oder ersetzt wird. Der Prüfungsumfang im allgemeinen Genehmigungsverfahren ist beschränkt. Maßstab sind nur die §§ 29 ff BauGB, die Festsetzungen einer städtebaulichen Satzung sowie örtliche Bauvorschriften. Auf die Prüfung bauordnungsrechtlicher Vorschriften wird (nur) verzichtet, wenn die Bauvorlage von einem qualifizierten Entwurfsverfasser unterschreiben ist, der eine entsprechende Zulässigkeit insoweit eigenverantwortlich sicherstellen soll.[534]

Dies zeigt, dass die behördliche Prüftätigkeit durch private Sachverständigentätigkeit ersetzt werden kann. Sofern keine Pflicht zur Vorlage solcher Bescheinigungen wie beim Standsicherheitsnachweis und in Ausnahmefällen besteht, steht es dem Bauherren frei, durch die Einschaltung eines verantwortlichen Sachverständigen und Vorlage der entsprechenden Nachweise den Umfang der bauaufsichtlichen Prüfung insoweit einzuschränken.[535] Entsprechend verhält es sich bei den freigestellten Vorhaben sowie den dem vereinfachten Genehmigungsverfahren unterfallenden Vorhaben. Die notwendigen Nachweise müssen

---

[531] Vgl. Schlotterbeck/vArnim/Hager, § 58 Rdnr. 31 ff.

[532] Vgl. Verfahrensverordnung zur Landesbauordnung – LBOVVO, vom 13. November 1995 (GVBl. S. 617), zuletzt geändert 13. Februar 2001 (GVBl. S. 121).

[533] sowie landwirtschaftlichen Gebäuden bis zu 7 m Wandhöhe und einer Grundfläche von bis zu 250 m² bzw. 1200 m², nichtgewerblichen eingeschossigen Gebäuden mit Aufenthaltsräumen bis zu 250 m² Grundfläche, Gebäuden ohne Aufenthaltsräume bis zu 250 m² Grundfläche und nicht mehr als einem Geschoss oder Solchen bis zu 100 m² und nicht mehr als zwei Geschossen.

[534] Vgl. Schwarzer/König, Art. 66, S. 304.

[535] Vgl. Schwarzer/König, Art. 69, Rdnr. 19ff.

durch einen besonders qualifizierten Sachverständigen bescheinigt sein, um die Freistellungswirkung zu erzielen.[536]

- In *Berlin* prüft die Bauaufsichtsbehörde im vereinfachten Genehmigungsverfahren nur einzelne bauordnungsrechtliche Vorschriften hinsichtlich der Erschließung (§ 4, 5), der Abstandsflächen (§ 6), der Notwendigkeit von Kinderspielplätzen (§ 8) und Stellplätzen für Pkws und Fahrräder (§ 48), der Standsicherheit (§ 13) sowie die Anforderungen an behindertengerechtes Bauen (§ 50). Gegenstand sind aber auch andere öffentlich-rechtliche Vorschriften, insbesondere das Bauplanungsrecht. Im herkömmlichen Genehmigungsverfahren sind sämtliche Normen maßgebend, die, je nach Bauvorhaben, einschlägig sind.

Die im Freistellungsverfahren vorzulegenden Nachweise werden nicht bauaufsichtlich geprüft. An deren Stelle tritt die Verantwortlichkeit des Entwurfsverfassers, der bescheinigt, dass das Vorhaben den öffentlich-rechtlichen Vorschriften entspricht und etwaige weitere erforderliche Unterlagen vorhanden sind.[537] Im Übrigen werden die bautechnischen Nachweise in den Genehmigungsverfahren bauaufsichtlich geprüft.

- *Bremen* prüft im vereinfachten Baugenehmigungsverfahren die Übereinstimmung mit den Vorschriften über die Zulässigkeit der baulichen Anlagen nach den §§ 29 bis 38 des Baugesetzbuches, die Entscheidung über zu beantragende Ausnahmen und Befreiungen nach § 31 des Baugesetzbuches und § 72 BremLBO auch von den im vereinfachten Baugenehmigungsverfahren nicht zu prüfenden Vorschriften und anderen öffentlich-rechtlichen Anforderungen, soweit wegen der Baugenehmigung eine Entscheidung nach anderen öffentlich-rechtlichen Vorschriften entfällt oder ersetzt wird. Im herkömmlichen Genehmigungsverfahren werden jegliche für das betreffende Bauvorhaben einschlägige öffentlich-rechtliche Vorschriften geprüft.

Die Vorlageberechtigung der verschiedenen bautechnischen Nachweise ist je nach Art des Bauvorhabens an unterschiedlich qualifizierte Fachleute gebunden. Entsprechende Bescheinigungen können nur von ihnen angefertigt werden. Einer Prüfung bautechnischer Nachweise bedarf es nicht, soweit mit dem Bauantrag Nachweise vorgelegt werden, die von einem Prüfamt für Baustatik allgemein geprüft sind (Typenprüfung). Legt der Bauherr Bescheinigungen eines Sachverständigen oder einer sachverständigen Stelle mit der geforderten Qualifikation vor, so wird vermutet, dass die bauaufsichtlichen Anforderungen insoweit erfüllt sind.[538]

- In *Hamburg* ist für die in der Baufreistellungs- und Bauanzeigverordnung beschriebenen Bauvorhaben kein behördlicher Prüfungsumfang festgeschrieben.

---

[536] Vgl. Artt. 64 Abs. 5, 37 Abs. 2 und § 69 Abs. 4 BayBO. Die Anforderungen an die Qualifikation von den Sachverständigen sind in der Verordnung über die verantwortlichen Sachverständigen im Bauwesen vom 24. September 2001 (GVBl. S. 21) geregelt.

[537] Vgl. Wilke/Dageförde/Knuth/Meyer, § 56 a, Rdnr. 23.

[538] Vgl. § 71 Abs. 4, 5 BremLBO.

Ein vereinfachtes Genehmigungsverfahren ist nicht vorgesehen. Im herkömmlichen Genehmigungsverfahren werden die öffentlich-rechtlichen Vorschriften umfassend geprüft.[539]

Bautechnische Nachweise für die Standsicherheit, den Brandschutz, den Wärmeschutz und den Schallschutz werden bei freistehenden Wohngebäuden mit einem Vollgeschoss und mit nicht mehr als zwei Wohnungen, bei untergeordneten Gebäuden, bei oberirdischen Kleingaragen und bei anderen zur Wohnnutzung gehörenden Nebenanlagen nur auf Antrag geprüft, sofern sie von einem besonders qualifizierten Bauvorlageberechtigten unterschrieben sind.[540] Ansonsten unterliegen sie vollumfänglich der bauaufsichtlichen Prüfung.

- *Hessen* prüft im vereinfachten Baugenehmigungsverfahren die Vorschriften des Baugesetzbuches und aufgrund des Baugesetzbuches, Abweichungen von bauordnungsrechtlichen Vorschriften und weitere öffentlich-rechtliche Vorschriften, soweit wegen der Baugenehmigung eine Entscheidung nach diesen Vorschriften entfällt oder ersetzt wird.[541] Im herkömmlichen Genehmigungsverfahren beschränkt sich die Prüfung auf die Vorschriften des Baugesetzbuches und aufgrund des Baugesetzbuches, die Vorschriften der Landesbauordnung und aufgrund der Landesbauordnung, sowie andere öffentlich-rechtlichen Vorschriften, soweit wegen der Baugenehmigung eine Entscheidung nach diesen Vorschriften entfällt oder ersetzt wird oder in anderen öffentlich-rechtlichen Vorschriften kein Zulassungsverfahren vorgeschrieben ist.[542]

Nachweise für die Standsicherheit einschließlich der Feuerwiderstandsdauer tragender Bauteile, den vorbeugenden Brandschutz sowie den Schall- und Wärmeschutz sind von hierzu berechtigten Personen (Nachweisberechtigte) aufzustellen oder nach Prüfung auf Einhaltung der Anforderungen dieses Gesetzes oder aufgrund dieses Gesetzes durch Sachverständige zu bescheinigen. Eine entsprechende bauaufsichtliche Prüfung entfällt. Dies gilt nicht für Sonderbauten mit Ausnahme des Schall- und Wärmeschutzes. Einer Prüfung bautechnischer Nachweise bedarf es ferner nicht, soweit mit dem Bauantrag Nachweise vorgelegt werden, die von einem Prüfamt für Baustatik allgemein geprüft sind (Typenprüfung).[543]

- *Niedersachsen* prüft im vereinfachten Genehmigungsverfahren das städtebauliche Planungsrecht, das Abstandflächenrecht (§§ 7-13), das Stellplatzrecht (§§ 47, 47 a), Vorschriften über den Brandschutz und die Standsicherheit bei

---

[539] Vgl. § 69 Abs.1 HBauO.
[540] Vgl. § 63 Abs. 3 HBauO.
[541] Vgl. § 57 Abs. 1 HBO.
[542] Vgl. §§ 64 Abs. 1, 58 HBO; gemeint ist ein Prüfbereich für die Feststellung der Übereinstimmung des Vorhabens nach den dafür relevanten öffentlich-rechtlichen Vorschriften, die die Sachentscheidungskompetenz der Bauaufsichtsbehörde ausschließen, beschränken oder erweitern; vgl. Allgeier/von Lutzau, § 64, S. 491.
[543] Vgl. § 59 HBO als gesonderte Vorschrift zu bautechnischen Nachweisen.

unterirdischen Garagen mit mehr als 100 m² Nutzfläche sowie bei Wohngebäuden, die nicht Gebäude geringer Höhe sind und sonstige Vorschriften des öffentlichen Baurechts.[544] Im herkömmlichen Genehmigungsverfahren wird eben dieses öffentliche Baurecht geprüft, sofern Anforderungen an bauliche Anlagen,
Bauprodukte oder Baumaßnahmen gestellt werden oder die Bebaubarkeit von
Grundstücken geregelt wird.[545]

Die Einschränkungen der bauaufsichtlichen Prüfung der mit der Bauvorlage einzureichenden Nachweise ist in der Prüfeinschränkungs-Verordnung
(PrüfeVO) vom 06. Juni 1996 (GVBl. 252, 287) für das vereinfachte Genehmigungsverfahren beschrieben. Die Bauaufsichtbehörde kann im vereinfachten
Genehmigungsverfahren im Einzelfall die bauaufsichtliche Prüfung des von einem Sachverständigen ausgestellten Nachweises über die Standsicherheit anordnen. Ansonsten werden die Standsicherheit, die Nachweise über den Wärme-
und Schallschutz die Vereinbarkeit der Bauvorlagen mit den sonstigen Anforderungen der Niedersächsischen Bauordnung und den Vorschriften auf Grund der
Niedersächsischen Bauordnung nicht behördlich überprüft. [546] Im herkömmlichen Verfahren werden hingegen die bautechnischen Nachweise bauaufsichtlich
überprüft.[547]
- Die *nordrhein-westfälische* Landesbauordnung prüft im vereinfachten
Genehmigungsverfahren Vorschriften der §§ 29 bis 38 des Baugesetzbuches, der
§§ 4, 6, 7 (Bebaubarkeit, Abstandsflächen), § 9 Abs. 2 (Spielflächen), §§ 12, 13
(Gestaltung und Werbeanlagen) und 51 (Stellplatzrecht), bei Sonderbauten auch
§ 17 (Brandschutz), andere öffentlich-rechtliche Vorschriften, deren Einhaltung
nicht in einem anderen Genehmigungs-, Erlaubnis- oder sonstigen Zulassungsverfahren geprüft werden. Im herkömmlichen Genehmigungsverfahren werden
die öffentlich-rechtlichen Vorschriften geprüft, die im Baugenehmigungsverfahren zu prüfen sind. Dies ist in einem umfassenden Sinn zu verstehen, obwohl
sich aus dem Wortlaut des § 75 Abs. 3 S. 2, 3 BauO NRW eine Einschränkung
andeutet.[548]

Die bautechnischen Nachweise in Form einer Bescheinigungen eines
staatlich anerkannten Sachverständigen oder sachverständigen Stelle begründen
eine Vermutung, dass die bauaufsichtlichen Anforderungen insoweit erfüllt sind.
Im Hinblick auf die Standsicherheit und den Brandschutz einer baulichen Anlage sind Bescheinigungen über die Prüfung der entsprechenden Nachweise und

---

[544] Definition in § 2 Abs. 10 NBauO: „öffentliches Baurecht sind die Vorschriften dieses Gesetzes, die Vorschriften aufgrund dieses Gesetzes, das städtebauliche Planungsrecht und die
sonstigen Vorschriften des öffentlichen Rechts, die Anforderungen an bauliche Anlagen,
Bauprodukte oder Baumaßnahmen stellen oder die Bebaubarkeit von Grundstücken regeln."
[545] Vgl. Große-Suchdorf/Lindorf/Schmaltz/Wiechert, § 2 Rdnr. 74, § 75 Rdnr. 26.
[546] Vgl. § 75 a Abs. 4 NBauO, § 2 Abs. 2, 3 PrüfeVO.
[547] Umkehrschluss aus § 81 Abs. 1 Nr. 2 NBauO i.V.m. der PrüfeVO.
[548] Vgl. Gädtke/Temme/Heinz, § 75, Rdnr. 81 ff.

Bauvorlagen erforderlich. Die Bauaufsichtsbehörde kann die Vorlage solcher Bescheinigungen verlangen. Die Bauaufsichtsbehörde ist zu einer Überprüfung des Inhalts der Bescheinigungen nicht verpflichtet.[549]

- In *Rheinland-Pfalz* beschränkt sich die Prüfung im vereinfachten Genehmigungsverfahren auf die Zulässigkeit des Vorhabens nach den Bestimmungen des Baugesetzbuchs (BauGB) und der sonstigen öffentlich-rechtlichen Vorschriften. Bauordnungsrechtliche Vorgaben werden nicht genannt.[550] Im herkömmlichen Genehmigungsverfahren werden baurechtliche und sonstige öffentlich-rechtliche Vorschriften geprüft.

Bautechnische Nachweise, die von einem Prüfamt für Baustatik allgemein geprüft sind (Typenprüfung), bedürfen keiner nochmaligen Prüfung. Legt der Bauherr Bescheinigungen einer entsprechend qualifizierten sachverständigen Person vor, wird vermutet, dass die bauaufsichtlichen Anforderungen insoweit erfüllt sind. Die Bauaufsichtsbehörde kann die Vorlage solcher Bescheinigungen verlangen. Sie ist nicht verpflichtet, den Inhalt der Bescheinigungen zu überprüfen.[551]

- Das *Saarland* prüft im vereinfachten Genehmigungsverfahren die Zulässigkeit der Bauvorhaben nach den Vorschriften des Baugesetzbuches und des Maßnahmengesetzes zum Baugesetzbuch und sonstigen öffentlich-rechtlichen Vorschriften außerhalb des Bauordnungsrechts, den Nachweis der gesicherten Erschließung, die Einhaltung der Abstandsflächen und die Erfüllung der Kleinkinderspielplatzverpflichtung (§ 11) und der Stell- und Abstellplatzverpflichtung (§ 50).[552] Im herkömmlichen Genehmigungsverfahren erfolgt eine umfassende Prüfung der öffentlich-rechtlichen Vorschriften.

Einer Prüfung bautechnischer Nachweise bedarf es nicht, soweit mit dem Bauantrag Nachweise vorgelegt werden, die von einem Prüfamt für Baustatik allgemein geprüft sind (Typenprüfung). Legt der Bauherr Bescheinigungen eines qualifizierten Sachverständigen vor, so gelten die Anforderungen dieses Gesetzes und aufgrund dieses Gesetzes erlassener Vorschriften als eingehalten. Die Bauaufsichtsbehörde kann die Vorlage solcher Bescheinigungen verlangen.[553]

- In *Schleswig-Holstein* werden im vereinfachten Genehmigungsverfahren nicht geprüft, die Vereinbarkeit der Vorhaben mit den Vorschriften dieses Gesetzes und den Vorschriften aufgrund dieses Gesetzes außer der §§ 6, 7 (Abstandsflächen), 37 Abs. 2 (Dächer) und § 55 (Stellplätze), bei Gebäuden mittle-

---

[549] Vgl. § 72 Abs. 6 BauO NRW; hierzu werden in der Verordnung über bautechnische Prüfungen (Bau-PrüfVO) vom 6. Dezember 1995 (GVBl. S. 1241), zuletzt geändert am 20. Februar 2000 (GVBl. S. 226), insbesondere an die Qualifikation der Sachverständigen detaillierte Vorgaben beschrieben.

[550] Vgl. § 66 Abs. 3 LBauO.

[551] Vgl. § 65 Abs. 3, 4 LBauO.

[552] Vgl. § 67 Abs. 2 LBO.

[553] Vgl. § 72 Abs. 5, 6 LBO.

rer Höhe zusätzlich mit § 19 (Brandschutz), und auch nicht die Einhaltung der zulässigen Grund- und Geschossfläche und der zulässigen Baumasse, wenn die Vorhaben im Geltungsbereich eines Bebauungsplanes liegen, der hierüber Festsetzungen enthält.[554] Im herkömmlichen Genehmigungsverfahren erfolgt eine umfassende Prüfung der öffentlich-rechtlichen Vorschriften.

Die bautechnischen Nachweise werden im vereinfachten Genehmigungsverfahren grundsätzlich nicht geprüft, es sei denn, es handelt sich insbesondere um Gebäude mittlerer Hohe.[555] Ansonsten bedarf es einer Prüfung bautechnischer Nachweise nicht, soweit mit dem Bauantrag Nachweise vorgelegt werden, die von einem Prüfamt für Baustatik allgemein geprüft sind (Typenprüfung). Ebenfalls erfolgte keine bauaufsichtliche Prüfung bei freistehenden Wohngebäuden mit nicht mehr als zwei Wohnungen und untergeordneten eingeschossigen Anbauten an bestehende Wohngebäude geringer Höhe, wenn der Entwurfverfasser entsprechende Qualifikationen nachweisen kann.[556] Legt der Bauherr Bescheinigungen eines qualifizierten Sachverständigen oder einer sachverständigen Stelle vor, so wird vermutet, dass die bauaufsichtlichen Anforderungen insoweit erfüllt sind. Die Bauaufsichtsbehörde kann die Vorlage solcher Bescheinigungen verlangen.[557]

- In *Brandenburg* prüft die Bauaufsichtbehörde im vereinfachten Baugenehmigungsverfahren die Beachtung der Festsetzungen des Bebauungsplans und anderer öffentlich-rechtlicher Vorschriften, soweit diese für das Vorhaben beachtlich sind.[558] Im herkömmlichen Baugenehmigungsverfahren werden die Vorschriften des Baugesetzbuchs, die Vorschriften der Landesbauordnung und aufgrund der Landesbauordnung sowie andere öffentlich-rechtlichen Vorschriften, soweit diese für das Vorhaben beachtlich sind, geprüft.[559]

Die Einhaltung der Anforderungen an die Standsicherheit, den Brand-, Schall-, Wärme- und Erschütterungsschutz und die Energieeinsparung ist durch bautechnische Nachweise zu belegen. Die Prüfung der bautechnischen Nachweise erfolgt durch die Bauaufsichtsbehörde, das Bautechnische Prüfamt oder einen im Land Brandenburg anerkannten Prüfingenieur. Die Prüfung der bautechnischen Nachweise des Wärmeschutzes und der Energieeinsparung oder des Schallschutzes kann durch einen bauaufsichtlich anerkannten Sachverständigen erfolgen, der eine entsprechende Bescheinigung zu erstellen hat. Die Prüfung

---

[554] Vgl. § 75 Abs. 2 LBO.

[555] Geprüft werden sie zudem bei unterirdischen Garagen mit mehr als 100 m² Nutzfläche, bei Gebäuden mit unterirdischen Garagen mit mehr als 100 m² Nutzfläche und, mit Ausnahme von Wohngebäuden, bei baulichen Anlagen mit mehr als 10 m Höhe, bei Gebäuden mit mehr als 10 m Wandhöhe oder mit mehr als 12 m Spannweite, wie z.B. bei Hallen.

[556] Vgl. § 73 Abs. 4, 71 Abs. 2, 4 LBO.

[557] Vgl. § 73 Abs. 3, 3a LBO.

[558] Vgl. § 57 Abs. 3 BbgBO.

[559] Vgl. § 56 BbgBO.

der bautechnischen Nachweise für Gebäude geringer Höhe ohne Aufenthaltsräume mit nicht mehr als 150 m² Grundfläche entfällt. Einer Prüfung der Standsicherheitsnachweise bedarf es nicht, soweit Standsicherheitsnachweise vorgelegt werden, die von einer nach dem Recht eines Landes der Bundesrepublik
Deutschland für eine Typenprüfung zuständigen Behörde allgemein geprüft
sind.[560]

- In *Mecklenburg-Vorpommern* werden im vereinfachten Genehmigungsverfahren die Vorschriften der Landesbauordnung und der aufgrund der Landesbauordnung erlassenen Vorschriften mit Ausnahme der §§ 6, 7 (Abstandflächen), 8 Abs. 3 (Kinderspielplätze) und §§ 48 (Stellplätze) und 52 (barrierefreies
Bauen) nicht geprüft. Auch wird die Einhaltung der zulässigen Grund- und Geschossfläche sowie der zulässigen Baumasse nicht berücksichtigt.[561]

Die Nachweise über die Standsicherheit von Wohngebäuden geringer
Höhe mit nicht mehr als zwei Wohnungen werden im vereinfachten Genehmigungsverfahren nicht geprüft. Die Bauaufsichtsbehörde kann die Prüfung von
Nachweisen über die Standsicherheit nach Anhörung des Bauherrn anordnen.[562]
Ansonsten bedarf es einer Prüfung bautechnischer Nachweise nicht, soweit mit
dem Bauantrag Nachweise vorgelegt werden, die von einem Prüfamt für Baustatik
tik allgemein geprüft sind (Typenprüfung). Legt der Bauherr Bescheinigungen
eines Sachverständigen oder einer sachverständigen Stelle vor, so wird vermutet, dass die bauaufsichtlichen Anforderungen insoweit erfüllt sind. Die Bauaufsichtsbehörde kann die Vorlage solcher Bescheinigungen verlangen.[563]

- *Sachsen* beschränkt den Prüfungsumfang auf die Vorschriften des Baugesetzbuches und sonstige öffentlich-rechtliche Vorschriften außerhalb des Bauordnungsrechts. Aus dem Katalog der Landesbauordnung werden nur die Bebaubarkeit und die Abstandflächen (§§ 4-7), die Einhaltung der Stellplatzpflicht
(§ 49), örtliche Bauvorschriften (§ 83) und die Gestaltung (§ 12), die Zulässigkeit und Gestaltung von Werbeanlagen und Warenautomaten (§ 13) und die Zulässigkeit von Wohnungen im Kellergeschoss und in Dachräumen (§ 47) geprüft. Gegenstand des herkömmlichen Genehmigungsverfahrens sind nur die
entsprechend einschlägigen Vorschriften. Danach wird der Prüfungsumfang
zwar beschränkt, jedoch lassen sich die Grenzen nicht eindeutig ziehen.[564] Ausdrücklich werden nur der Wärme- und Schallschutz aus dem Prüfprogramm he-
rausgenommen.

Prüfaufträge für die Erstellung und Erteilung der bautechnischen Nachweisen werden im vereinfachten Genehmigungsverfahren und im Anzeigeverfahren vom Bauherren erteilt. Ansonsten wird dies von der Bauaufsichtsbehörde

---

[560] Vgl. § 66 BbgBO über bautechnische Nachweise.
[561] Vgl. § 63 Abs. 2 LBauO M-V.
[562] Vgl. § 63 Abs. 2, 5 LBauO M-V.
[563] Vgl. § 69 Abs. 3, 4 LBauO M-V.
[564] Vgl. § 70 Abs. 1 SächsBO; Dammert/Kober/Rehak/Wieth, § 70 Rdnr. 70 ff.

übernommen.[565] Die von einem entsprechend qualifizierten Sachverständigen angefertigten Standsicherheitsnachweise werden bei Gebäuden geringer Höhe und sonstigen baulichen Anlagen bis 10 m Höhe nicht geprüft. Bei Sonderbauten erfolgt eine bauaufsichtliche Prüfung der Nachweise. Bei den sonstigen Gebäuden mittlerer Höhe erfolgt eine Prüfung durch entsprechend qualifizierte Prüfingenieure oder andere besondere Prüfstellen.[566]

- In *Sachsen-Anhalt* wird im vereinfachten Genehmigungsverfahren die Zulässigkeit des Vorhabens nach den Vorschriften der §§ 29 bis 38 des Baugesetzbuches, nach anderen öffentlich-rechtlichen Vorschriften, deren Einhaltung nicht in einem anderen Genehmigungs-, Erlaubnis-, Bewilligungs- oder sonstigen Zulassungsverfahren geprüft werden, die Bebaubarkeit des Grundstücks, die Zugänge auf dem Grundstück, die Abstandflächen sowie Kinderspiel- und Freizeitflächen (§§ 4 bis 7 und 9 Abs. 3) sowie die Stellplatzpflicht (§ 53) und die örtlichen Bauvorschriften (§ 90) geprüft. Im herkömmlichen Baugenehmigungsverfahren werden die sonstigen öffentlich-rechtlichen Vorschriften umfassend geprüft.

Eine Kontrolle der bautechnischen Nachweise ist im vereinfachten Genehmigungsverfahren nicht vorgesehen. Auf Antrag des Bauherren hat die Bauaufsichtbehörde jedoch die vorzulegenden Nachweise über die Standsicherheit und den Brandschutz zu prüfen. Im herkömmlichen Genehmigungsverfahren werden sie hingegen umfassend kontrolliert.

- *Thüringen* reduziert den Prüfungsumfang im vereinfachten Genehmigungsverfahren um die bautechnischen Nachweise über die Standsicherheit sowie den Wärme- und Schallschutz insbesondere bei Wohngebäuden mit nicht mehr als zwei Wohnungen und Aufenthaltsräumen in nicht mehr als drei Geschossen,[567] sofern sie von besonders qualifizierten Sachverständigen ausgestellt sind. Auf Antrag kann jedoch eine bauaufsichtliche Prüfung erfolgen. Ansonsten erfolgt, wie im herkömmlichen Genehmigungsverfahren, eine umfassende Prüfung der öffentlich-rechtlichen Vorschriften.

---

[565] Vgl. § 14 ff. Durchführungsverordnung zur SächsBO (SächsBO-DurchführVO) vom 15. September 1999 (GVBl. S. 553).
[566] Vgl. Verwaltungsvorschriften des Sächsischen Staatsministeriums des Innern zur Sächsischen Bauordnung (VwVSächsBO) vom 26. Oktober 1999, (Abl. S. 378), zu §§ 62-63a SächsBO.
[567] Dies gilt auch für eingeschossige Gebäude, auch mit Aufenthaltsräumen, bis 150 m² Grundfläche, landwirtschaftliche Betriebsgebäude, auch mit Wohnteil, bis 250 m² Grundfläche und mit nicht mehr als zwei Geschossen, ausgenommen Anlagen zum Lagern von Jauche und Gülle, Gebäude ohne Aufenthaltsräume bis 100 m² Grundfläche und mit nicht mehr als zwei Geschossen.

2.9   Bundesweite Verteilung der Differenzen

Die einzelnen Abweichungen sind uneinheitlich über die verschiedenen Bundesländer verteilt. Da ähnliche Tendenzen eines Landesgesetzes nicht in allen Bereichen mit entsprechend daran angenäherten Regelungen eines anderen Bundeslandes Angleichungen aufweisen, ist eine übersichtliche Darstellung kaum möglich. So kann grundsätzlich nur auf 2.7.2, 2.7.3 und 2.8 für eine umfassende Aufstellung verwiesen werden. Trotzdem soll im Folgenden kurz dargestellt werden, ob und wo sich, allein an der geografischen Lage orientiert, eine Konzentration von ähnlichen Bestimmungen in den relevanten Bereichen erkennen lässt.

Im Bereich des Wohnungswesens sind die angenäherten oder übereinstimmenden Vorgaben zu Abstandsflächen, Aufenthaltsräumen, Stellplätzen, Ausstattung und Abstellmöglichkeiten bundesweit verteilt. Eine merkliche Häufung gibt es nicht.[568]

Bei der barrierefreien Erreichbarkeit einzelner Gebäudeteile schreiben nur die südlichsten Bundesländer Bayern und Baden-Württemberg keine Mindestmaße für die Fahrkörbe von Aufzügen vor. Eine rollstuhlgerechte Gestaltung bestimmter Wohnungen ist in den südöstlichen Bundesländern Baden-Württemberg, Sachsen und Thüringen nicht vorgesehen (Bayern hat dies erst Ende 2003 ins Landesrecht eingefügt).[569]

Die Regelungen über Abfallschächte sind ebenfalls bundesweit unterschiedlich. Lediglich Berlin, Sachsen, Sachsen-Anhalt und Thüringen kennzeichnen im ostdeutschen Bereich ein Erlaubnisgebiet auch in Wohngebäuden.[570]

Im Bereich der Gebäudesicherheit und des Brandschutzes sind keine bemerkenswerten regionalen Besonderheiten erkennbar.

Neben Kinderspielplätzen fordern die ostdeutschen Bundesländer Mecklenburg-Vorpommern, Sachsen, Sachsen-Anhalt und Thüringen die Erstellung einer Freizeitfläche.[571]

Bei der Definition einzelner Gebäude verwenden die südwestlichen Bundesländer Saarland, Rheinland-Pfalz und Hessen bereits die Einteilung in Gebäudeklassen. Ansonsten wird unterschiedlich, je nach Gebäudehöhe, entweder in zwei oder drei Gebäudearten unterteilt.[572]

---

[568] Vgl. 2.8.1.
[569] Vgl. 2.8.2.
[570] Vgl. 2.8.3.
[571] Vgl. 2.8.5.
[572] Vgl. 2.8.6.

Im Bereich des Verfahrensrechts ist den südwestlichen Bundesländern Hessen, Rheinland-Pfalz und dem Saarland eine Genehmigungsfiktion im vereinfachten Genehmigungsverfahren vorgesehen. Die westlichsten Bundesländer Nordrhein-Westfalen, Rheinland-Pfalz und das Saarland halten in herkömmlichen Genehmigungsverfahren eine umfassende bauaufsichtliche Prüfungspflicht vor. Ansonsten sind die unterschiedlichen Verfahren mit ihren unterschiedlichen Anforderungen an die Bauvorlagen strukturlos über die verschiedenen Bundesländer verteilt.[573]

Die geografischen Anordnungen der einzelnen Ausgestaltungen erscheinen nach dieser kurzen Betrachtung eher zufällig. So wird beispielsweise nur in Schleswig-Holstein und Rheinland-Pfalz inhaltsgleich ohne jegliche geografische Verbundenheit ein besonderes Sicherheitsbedürfnis von Frauen und Kindern festgeschrieben. Insgesamt gibt es keine auffallenden Nord-Süd oder Ost-West Gefälle bei den Gestaltungen der Ländergesetze.

---

[573] Vgl. 2.8.7 und 2.8.8.

3. Analyse der Untersuchung: Gründe für Abweichungen und Übereinstimmungen

Die Rechtssetzung ist das originäre Mittel der Politik, die Auffassung der Parlamentsmehrheit im Rahmen der Wertmaßstäbe des Verfassungsrechts in verbindliche Normen zu fassen. Bei einem Gesetz handelt es sich letztendlich um das Ergebnis einer politischen Willensbildung im Parlament als gesetzgebendem Organ. Dabei spielen neben den sachbezogenen Diskussionen auch die politischen Strömungen und Mehrheitsverhältnisse sowie das Abstimmungsverhalten der einzelnen Abgeordneten eine bedeutende Rolle.[574] Vor diesem Hintergrund soll die Analyse der derzeitigen Gesetzeslage in zwei Schritten erfolgen.

Zunächst werden beispielhaft einige Abweichungen in den Landesgesetzen anhand der den entsprechenden Beschlussfassungen im Gesetzgebungsverfahren zugrunde liegenden Plenarprotokollen und Drucksachen untersucht. Sodann erfolgt eine Konkretisierung der bereits in 2.6 angesprochenen (äußeren) Einflüsse auf ein Gesetzgebungsverfahren in Bezug auf die im Bauordnungsrecht relevanten Faktoren.

3.1 Beispielhafte Darstellung der gesetzgeberischen Motivation

Im Folgenden wird unter konkreter Betrachtung der einzelnen Landesbauordnungen zugrunde liegenden Gesetzgebungsverfahren anhand der jeweiligen Plenarprotokolle und Drucksachen dargestellt, welche Motive und politischen Interessen einen entsprechenden Gesetzesbeschluss je nach den Mehrheitsverhältnissen im Parlament geleitet haben. Den Schwerpunkt bildet dabei die barrierefreie Gestaltung von Wohnungen. Es handelt sich hierbei um eine Materie, die unabhängig von Besonderheiten im Einzelnen Bundesland aufgrund der gesellschaftlichen Entwicklung einen entsprechenden Reglungsbedarf im Bauordnungsrecht erzeugt. Insofern sind die gesetzgeberischen Hintergründe durchaus geeignet, hieran beispielhaft die Gründe darzustellen und zu untersuchen, aufgrund derer die geforderten Vorgaben teilweise lange im Landesrecht integriert sind und andernorts eben noch nicht, obwohl sich in der Sache keine Unterschiede ergeben. Zudem wird exemplarisch für das Land Baden-Württemberg gezeigt, warum es dort einen Alleingang in der verfahrensrechtlichen Gestaltung gibt.

3.1.1 Baden-Württemberg

In der Landesbauordnung für Baden-Württemberg gibt es als einzigem Bundesland ein Kenntnisabgabeverfahren, jedoch kein vereinfachtes Genehmigungsverfahren. Zudem ist die barrierefreie Erreichbarkeit von Wohnungen sowie die behindertengerechte Gestaltung der einzelnen Räume innerhalb der Wohnung nicht berücksichtigt. Hierbei ist noch anzumerken, dass von 1978 bis 1992 eine

---

[574] Vgl. 2.6, 2.6.2 bis 2.6.4.

CDU-Alleinregierung, von 1992 bis 1996 eine große Koalition aus CDU und SPD regierte und seit 1996 eine Koalition aus CDU, FDP/DVP diese Funktion innehat.

Die barrierefreie Erreichbarkeit bestimmter Wohnungen und eine entsprechend behindertengerechte Gestaltung wurde erstmals Anfang 1993 unter der Prämisse „Barrierefreies bauen für alle" in Form einer Beschlussempfehlung von Abgeordneten der SPD und CDU in die parlamentarische Diskussion eingebracht.[575] Im Zuge der Umsetzung der EG-Bauproduktenrichtlinie im Jahre 1995 wurde die barrierefreie Nutzbarkeit öffentlich zugänglicher baulicher Anlagen konkretisiert und ausgeweitet. Eine gesetzliche Verpflichtung zur entsprechenden Ausführung von einzelnen Wohnungen wurde auch nach Anhörung der betroffenen Wohlfahrts- und Behindertenverbände nicht in die Landesbauordnung aufgenommen. Eine solche Vorgabe würde die verfassungsrechtlichen Grenzen der Sozialbindung des Eigentums überschreiten. Stattdessen wurde im Allgemeinen Teil die Zielsetzung verankert, die Belange mobilitätseingeschränkter Personen bereits in der Planung von Bauvorhaben zu berücksichtigen.[576]

Für die Ausweitung dieser Anforderungen auf den Bereich des Wohnungsbaus plädierten im Rahmen der Beratungen die Fraktionen der Grünen und der FDP/DVP als Oppositionsparteien. Danach könne es nicht sein, dass die betroffenen Personengruppen nach dem Besuch einer öffentlichen baulichen Anlage letztlich wegen zu enger Türen, Aufzüge oder unüberwindbarer Schwellen am Wohnungszutritt gehindert bleiben. Aus diesem Grund sollten einzelne Wohnungen in größeren Wohnbauten entsprechenden Vorgaben unterworfen werden.[577]

Nach der Anfrage eines Abgeordneten der Fraktion der FDP/DVP vom 28.01.1997 ist wiederum das barrierefreie Bauen Gegenstand einer Stellungnahme des Wirtschaftsministeriums. Danach fehle es zwar an solchen Wohnungen für behinderte und alte Menschen, jedoch würde darauf im Rahmen der staatlichen Förderung Einfluss genommen werden. Um dem Bedarf an entsprechend gestalteten Wohnungen gerecht zu werden, sehe das Wohnungsbauförderungsprogramm entsprechende Förderansätze vor.[578]

Der Gesetzentwurf der Landesregierung zur Änderung der Landesbauordnung vom 30.10.2000 enthält keine neuen Ansätze zum barrierefreien Bauen.[579] Zwar wurden die Ansätze aus der Diskussion um entsprechende Vorgaben auch für Wohnungen in der parlamentarischen Beratung erneut eingebracht, aber beim Beschlussverfahren nicht entsprechend verabschiedet. Einen dies berück-

---

[575] Vgl. Beschlussempfehlung, LT-Drs. 10/1175 sowie Antrag, LT-Drs. 11/961, das entsprechende Material der Regierung zu überweisen.

[576] Vgl. LT-Drs. 11/5337, S. 71, 104 und 133.

[577] Vgl. Plenarprotokoll 11/71, vom 19.07.1995, S. 5924, 5926.

[578] Vgl. LT-Drs. 12/1021.

[579] Vgl. LT-Drs. 12/5676.

sichtigenden Gesetzentwurf brachte die Fraktion Bündnis 90/Die Grünen vergeblich ein.[580] Auch die SPD brachte einen weitergehenden Gesetzentwurf in die Diskussion ein, zog ihn aber vor der Abstimmung wieder zurück.[581] Die Fraktion Bündnis 90/Die Grünen hielt dieses Verhalten allein für Wahlkampftaktik und verwies auf ein entsprechendes Bedürfnis in der Bevölkerung. Nach Ansicht der SPD sollte jedoch zunächst geprüft werden, wie, ohne die abschreckende Kostenerhöhung, entsprechende Baumaßnahmen möglichst einfach und effizient umgesetzt werden könnten. Zudem sollte bei diesem Thema insgesamt eine erhöhte Kompromissbereitschaft an den Tag gelegt werden. Die FDP/DVP Fraktion verwies in diesem Zusammenhang darauf, dass barrierefrei nicht mit behindertengerecht gleichzusetzen sei und stimmte insoweit mit der CDU überein, zunächst die relevanten Verbände zu befragen und anzuhören, um einen Schnellschuss zu vermeiden. Mann stimmte insoweit mit der SPD überein, dieses Anliegen auf die folgende Legislaturperiode zu verlagern.[582] Dies ist bislang allerdings nicht geschehen.

In einer allgemeinen Anfrage eines Abgeordneten der CDU an das Wirtschaftsministerium vom 16.12.1993 hinsichtlich einer Einschätzung der Notwendigkeit der einheitlichen Gestaltung der Bauordnungen der Länder und insbesondere der des Landes Baden-Württemberg, antwortete es mit der Stellungsnahme, dass die Einheitlichkeit wichtig sei und entsprechende Bestrebungen vorhanden seien, allerdings ginge Baden-Württemberg teilweise im Rahmen des zulässigen Spielraums über die Vorgaben der Musterbauordnung hinaus, „was allerdings gute Tradition" habe.[583]

Das Kenntnisabgabeverfahren wurde im Zuge der Reform der Landesbauordnung von 1995 aus der seit 1990 bestehenden Baufreistellungsverordnung in die Landesbauordnung aufgenommen. Übergangsweise stand dem Bauherrn ein Wahlrecht zwischen diesem und dem herkömmlichen Genehmigungsverfahren zur Seite. Ziel war es, die Realisierung von Wohnbauvorhaben zu beschleunigen und die Verantwortung der am Bau Beteiligten zu stärken. Mit der Freistellung von Wohngebäuden bis zur Hochhausgrenze wurde bewusst über die Vorschläge der ARGEBAU hinausgegangen, wobei die Zielsetzungen der Musterbauordnung allerdings weiter Beachtung fanden.[584]

Ein vereinfachtes Genehmigungsverfahren wurde nicht verabschiedet. Hierfür plädierten jedoch die Grünen, die zudem das Kenntnisabgabeverfahren ablehnten, da dem Bauherrn so teilweise die Rechtssicherheit genommen würde,

---

[580] Vgl. LT-Drs. 12/5001.
[581] Vgl. LT-Drs. 12/5769.
[582] Plenarprotokoll 12/101 vom 14.12.2000, S. 7961-7965.
[583] Vgl. LT-Drs. 11/3177, S. 1, 3.
[584] Vgl. LT-Drs. 11/5337, S. 1, 71, 72, 110 ff; Plenarprotokoll 11/71 vom 19.07.2995, Abg. Dr. Lang, CDU: "... und das ist im Bundesgebiet einmalig; diese Regelung hat kein weiteres Bundesland in dieser weit gefassten Form ..."

er mangels behördlicher Prüfung der Voraussetzungen schlechter gestellt wäre und durch die damit zunehmende Zahl von Bauprozessen auch keine Entlastung der (Gerichts-) Behörden stattfände.[585] Ähnlich argumentierte die FDP/DVP, wonach der Rechtsfrieden mangels Rechtssicherheit erheblich gestört würde und nur ein generell vereinfachtes Genehmigungsverfahren allen Beteiligten eine klarere Rechtsorientierung geben könnte. Es hätte wenigstens wahlweise neben das Kenntnisabgabeverfahren gestellt werden können.[586] Die Regierung forderte hingegen, man könne nicht dauernd einen Abbau der Staatlichkeit und eine Reduktion von Genehmigungsverfahren begehren, und dann nicht „springen". Man könne nicht gleichzeitig beides haben. Eine hundertprozentige Sicherheit von Genehmigungsverfahren mit einer gleichzeitigen Entstaatlichung sei nicht möglich.[587] Ein zusätzliches vereinfachtes Genehmigungsverfahren würde bedeuten, dass die Verwaltung im Grunde genommen willkürlich prüfen könne, ob sie etwas unternimmt oder nicht.[588]

Die Anfrage einiger Abgeordneter der Bündnis 90/Die Grünen über die Erfahrungen mit dem Kenntnisabgabeverfahren im Mai 1997 ergab, dass es inzwischen für über 20 % der Wohnbauvorhaben durchgeführt wird und bislang keine Erkenntnisse vorliegen, dass die Rechtssicherheit der Beteiligten gefährdet wäre und entsprechend vermehrt Verfahren vor den zuständigen Gerichten und Behörden anhängig sind.[589]

Vor dem Hintergrund der Reform der Landesbauordnung im Jahre 2000 wurde unter anderem wegen eines Anstiegs der Anwendung des Kenntnisabgabeverfahrens auf 40 % aller Wohnbauvorhaben und einem entsprechenden Bedürfnis in bestimmten Konstellationen das Wahlrecht zum herkömmlichen Genehmigungsverfahren nunmehr unbefristet festgeschrieben.[590] Die Idee der Einbindung eines vereinfachten Genehmigungsverfahrens für einzelne Bauvorhaben wurde während der Beratungen im Landtag nicht wieder aufgegriffen und somit nicht weiter diskutiert.[591]

Diese Betrachtung der gesetzgeberischen Hintergründe der besagten Abweichungen in Baden-Württemberg zeigt, dass die bauordnungsrechtlichen Besonderheiten letztendlich mit dem politischen Engagement der die im Parlament bildende Regierungsmehrheit steht und fällt. Die von anderen Fraktionen in die Beratungen eingebrachten Vorschläge werden zwar argumentativ aufgenommen, sind im Ergebnis jedoch nicht von solchem Gewicht, dass der vonseiten

---

[585] Vgl. Plenarprotokoll 11/71, S. 5917 und 5924.
[586] Vgl. Plenarprotokoll 11/71, S. 5925 und 5927.
[587] Vgl. Plenarprotokoll 11/71, S. 5928.
[588] Vgl. Plenarprotokoll 11/71, S. 5917.
[589] Vgl. LT-Drs. 12/1449, S. 1, 2, 5.
[590] Vgl. LT-Drs. 12/5676, S. 1, 6, 10.
[591] Vgl. Plenarprotokoll 12/101 vom 14.12.2000, S. 7961 bis 7965.

der Regierung eingebrachte Gesetzentwurf doch noch in abgeänderter Form verabschiedet wird. Dies zeigt gerade die vonseiten der Regierungen angewandte geringe Intensität in der Diskussion, mit der die entsprechenden Argumente für weitere Änderungen durch eigenes Vorbringen überspielt werden.

3.1.2 Sachsen

Die Sächsische Landesbauordnung sieht bislang keine Vorgaben hinsichtlich der barrierefreien Erreichbarkeit und behindertengerechten Gestaltung einzelner Wohnungen vor. Die Musterbauordnung 1997 formulierte hierzu jedoch bereits ein entsprechendes Bedürfnis in der Gesellschaft.

Im Sächsischen Landtag wurde die Notwendigkeit des sozialen Wohnungsbaus zwar erkannt und auch oft angesprochen, jedoch beschränkte sich die Diskussion zunächst im Kern auf öffentliche Förderungsmöglichkeiten und Maßnahmen, um entsprechend gestalteten Wohnraum zu schaffen und zweckgebunden vermietet über einen langen Zeitraum bedarfsdeckend anbieten zu können.[592] In diesem Sinn ist ein Antrag des SPD Fraktion vom 16.04.1996 gefasst, indem es hauptsächlich um die Belegungsbindung für Alt- und Neubauwohnungen, die Mietpreisbindung im sozialen Wohnungsbau sowie die Förderung von entsprechenden (Um-) Baumaßnahmen ging.[593]

Auch im Zuge der großen Reform zur Vereinfachung des Baurechts im Jahr 1999 wurde die barrierefreie Gestaltung einzelner Wohnungen nur am Rande diskutiert. So wurden in diesem Bereich eher Begrifflichkeiten als merkliche Verbesserung der Vorgaben im Wohnungswesen eruiert. Ein Abgeordneter der PDS stellte in der Diskussion klar, dass selbst die technischen Baubestimmungen der DIN-Normen, hier die DIN 18 024 Teil 1 und 2 zum barrierefreien Bauen, nur unvollständig in Sachsen eingeführt würden.[594] Eine im Dezember 1999 gestellte kleine Anfrage an die Regierung hinsichtlich des Bedarfs an alten- und behindertengerechten Wohnungen blieb letztendlich offen, da man sich aufseiten des Staatsministers des Inneren nicht auf entsprechende Statistiken stützen konnte.[595]

Ein Antrag der PDS-Fraktion vom 11.04.2002 über altersgerechtes und barrierefreies Bauen unter anderem hinsichtlich der aktuellen Situation und der laufenden Förderprogramme ergab, dass insbesondere wegen der demografischen Entwicklung und der veränderten Bedürfnisse ein Orientierungs- und Aufklärungsbedarf der Bevölkerung in diesen Bereichen durchaus besteht.[596]

---

[592] Vgl. LT-Drs. 1/3992, kleine Anfrage des Abgeordneten Dr. Peter Jahns an die Staatsregierung vom 123.11.1993 mit Antwort des Staatsministers.
[593] Vgl. LT-Drs. 2/3166 mit Antwort des Staatsministers vom 13.05.1996.
[594] Vgl. Plenarprotokoll 2/97 vom 14.02.1999, S. 7021, 7024 ff.
[595] Vgl. LT-Drs. 3/0576 vom 28.12.1999 mit Antwort des Staatsministers vom 27.01.2000.
[596] Vgl. LT-Drs. 3/6252 mit Antwort des Staatsministers vom 26.04.2002.

Inzwischen wurde dieses Bedürfnis im Gesetzgebungsverfahren aufgegriffen und im Gesetzentwurf zur Neufassung der Sächsischen Bauordnung vom 20.11.2003 zur Anpassung an die Musterbauordnung 2002 berücksichtigt. Begründet wird dies mit den gewandelten gesellschaftlichen Erfordernissen, da der Anteil älterer und behinderter Menschen an der Gesamtbevölkerung immer größer würde.[597] Dieser Entwurf wurde nach der 1. Lesung im Landtag einstimmig an einzelne Ausschüsse zur weiteren Diskussion überwiesen.[598] Auf den damit einhergehenden Vorteil und die Verbesserung der Situation der betroffenen Personengruppen wird auch in einer weiteren parlamentarischen Diskussion über betreutes Wohnen für ältere Menschen eingegangen.[599]

Die Bewertung dieser Behandlung des barrierefreien Wohnungsbaus macht deutlich, dass sie zwar einen entsprechenden Diskussionsbedarf offenbarte, sich die Umsetzung der Ergebnisse an der Musterbauordnung 1997 vorbei aber auf das Gebiet der öffentlichen Förderung von derartigen Baumaßnahmen mit einer Zweckbindung des Wohnraums sowie einer Bezuschussung der Mietzinsen verlagerte. Erst jetzt wird in der Begründung des eingebrachten Gesetzentwurfs ein entsprechender Regelungsbedarf offen eingestanden.

3.1.3 Thüringen

Thüringen hat seine Landesbauordnung in zwei großen Schritten reformiert. Zum einen 1994 und zum anderen werden aktuell Anpassungen an die Musterbauordnung 2002 vorgenommen. Beim Stand der Untersuchung der Landesbauordnungen im Sinne von 2.7 von April 2004 waren im Landesrecht noch keine Vorgaben zur barrierefreien Gestaltung im Wohnungsbau vorgesehen.

Im Rahmen des Gesetzgebungsverfahrens im Jahre 1994 zur Änderung der Bauordnung brachten die Fraktionen der Bündnis90/Die Grünen und die der LL-PDS Änderungsanträge zum Gesetzentwurf der Landesregierung ein.[600] Hiernach sollte dem Prinzip barrierefreien Bauens besondere Beachtung geschenkt werden (LL-PDS) bzw. mindestens ein Geschoss barrierefrei gemäß den allgemein anerkannten technischen Regeln der Baukunst angelegt werden (Bündnis90/Die Grünen). Hierzu sah der Gesetzentwurf der Landesregierung keine Vorgaben vor.[601] Dies wurde im Rahmen der parlamentarischen Diskussion unter anderem damit verteidigt, dass eben diese Forderungen der besagten Parteien zu weit gingen und dem Bauherren noch dazu in rein formalistischer

---

[597] Vgl. LT-Drs. 3/9651-1, S. 1, 3, 33, 38;

[598] Vgl. Plenarprotokoll 3/94 vom 27.11.2003, S. 6788ff.

[599] Vgl. Plenarprotokoll 3/98 vom 15.01.2004, S. 7121.

[600] Vgl. LT-Drs. 1/3415 der Fraktion Bündnis90/Die Grünen; LT-Drs. 1/3418 der Fraktion LL-PDS.

[601] Vgl. LRg-Drs. 01/3002.

Weise Zusatzbelastungen aufgebürdet würden, welche die meisten von ihnen derzeit nicht tragen könnten.[602]

In diesem Zusammenhang wies der Innenminister nochmals darauf hin, dass alle daran ein Interesse hätten, dass barrierefrei gebaut würde. Zudem dürfte man nicht unterstellen, dass die Bauherren aus eigenem Antrieb keinerlei entsprechende Maßnahmen treffen würden und, sofern man sich zu einem derartigen Grundsatz in der Bauordnung bekennen würde, dieser dann umgehen in der Praxis umgesetzt würde.[603] Zugleich stellt er dar, dass es im Bereich des Bauens auch um Investitionen in das Land geht und eine Flut an Richtlinien einen Bauherren eher abhalten könnten, gerade hier zu investieren.[604]

Letztendlich wurden die weitergehenden Anträge damit abgelehnt, dass es auch noch Alternativen zur Einflussnahme auf das tatsächliche Baugeschehen gebe. Hierzu verwies man auf den sozialen Wohnungsbau sowie auf eine zweckgerichtete Wohnbauförderung. Den gewünschten Effekt über Änderungen in der Bauordnung herbeiführen zu können sei ein Irrglaube. Vielmehr könne das gemeinsame Ziel nur über die Förderinstrumentarien erreicht werden, um wirtschaftliche Anreize zu schaffen, damit entsprechend gebaut würde.

Im Gesetzgebungsverfahren zum Ersten Gesetz zur Änderung der Landesbauordnung sind nun die damals geforderten Vorgaben zur barrierefreien Erreichbarkeit und Gestaltung bestimmter Wohnungen im Gesetzentwurf der Landesregierung vom 30.04.2003 eingefügt.[605] Hiervon sind allerdings grundsätzlich nur Wohnungen im Erdgeschoss betroffen, wodurch sich nach der Gesetzesbegründung der damit entstehende Mehraufwand gering halten sollte. Zudem kann von einer entsprechenden Gestaltung abgesehen werden, wenn sie nur mit einem unverhältnismäßigen Aufwand umgesetzt werden könnte.[606] Hierbei drängte die Fraktion der PDS weiter und forderte eine Konkretisierung des Begriffs „unverhältnismäßiger Mehraufwand" um eine greifbare Grenze der Pflicht zu setzen. Zudem sollte nicht im Einzelnen festgelegt werden, welche Wohnungen diese Anforderungen erfüllen müssen. Vielmehr sollten die jeweiligen DIN-Normen in der jeweils aktuellen Fassung im Einzelfall herangezogen werden, um eine barrierefreie Gestaltung zu gewährleisten.[607]

Dies wurde unter anderem damit abgelehnt, dass es sich bei der angesprochenen Formulierung zunächst um einen unbestimmten Rechtsbegriff handele

---

[602] Vgl. Plenarprotokoll 1/115 vom 26.05.1994, Abgeordneter Dr. Häfner (CDU), S. 8935.

[603] Vgl. Plenarprotokoll 1/115 vom 26.05.1994, S. 8937 und 8940.

[604] Vgl. Plenarprotokoll 1/115 vom 26.05.1994, S. 8940.

[605] Vgl. LRg-Drs. 3/3287, S. 27 und 85.

[606] Vgl. LRg-Drs. 3/3287, S. 85 und 86; dies gilt insbesondere dann, wenn die zusätzlichen Kosten nicht aus den laufenden Erträgen erwirtschaftet werden könnten.

[607] Vgl. LT-Drs. 3/3954, Antrag der PDS-Fraktion vom 16.01.2004.

und im Übrigen der Gesetzentwurf in dieser Richtung ausreichend und der Musterbauordnung 2002 entsprechend ausgestaltet sei. [608]

Ähnlich wie in Sachsen stand die Einführung von Regelungen zur barrierefreien Ausrichtung im Wohnungswesen lange zur Diskussion. Die Opposition sah den richtigen Weg hierzu in einer Änderung der Landesbauordnung, wobei die Regierungsmehrheit diesen eher in der Schaffung finanzieller Anreize als in der Ausweitung gesetzlicher Einschränkungen für den Bauherren vermutete. Letztendlich setzte sich die Regierung mit ihrer Strategie zunächst durch, schwenkte jedoch später trotz gleicher Parteienaufteilung vor dem Hintergrund der Umsetzung der Musterbauordnung 2002 und dem erkannten Bedürfnis in der Bevölkerung auf eine entsprechende Änderung der Landesbauordnung um. Kern ist jedenfalls das Begehren der Regierung, zu hohe Kosten im Zusammenhang mit den notwenigen Baumaßnahmen zu reduzieren, damit potenzielle Bauherren nicht abgeschreckt werden. [609]

3.1.4 Bayern

In der Bayerischen Bauordnung sind erst mit dem Gesetz vom 09.07.2003 zur Gleichstellung, Integration und Teilhabe von Menschen mit Behinderungen die wesentlichen Elemente des barrierefreien Bauens, insbesondere im Bereich des Wohnungsbaus, in Kraft getreten. [610]

Begründet wurde dieser Schritt im Regierungsentwurf zur Gesetzesänderung damit, dass derartige Vorgaben in der Bauordnung bislang vermieden wurden, da sie im Widerspruch zu den von den bis dato durchgeführten Bauordnungsnovellen verfolgten Zielen der Verwaltungsvereinfachung und Deregulierung stünden. [611] Die Verfügbarkeit von barrierefreiem Wohnraum für Menschen mit Behinderungen wäre jedoch zur Verwirklichung einer selbstbestimmten Lebensweise von sehr großer Bedeutung. Da man jedoch auf die Marktmechanismen allein nicht (weiter) vertrauen könnte, wäre nun eine entsprechende Regelung in die Bayerische Bauordnung aufzunehmen. Zudem erfolgte ein Hinweis auf die übereinstimmende Normgebung in der Musterbauordnung. [612]

In den Jahren 2000 und 2001 stellten im Landtag einzelne Abgeordnete der Grünen jeweils Anträge zur Aufnahme des barrierefreien Bauens in die Bauordnung. Dazu wurde die Staatsregierung jeweils aufgefordert, einen entsprechenden Gesetzentwurf vorzulegen und darin insbesondere die Aufnahme der DIN 18025 und DIN 18024 umzusetzen. [613]

---

[608] Vgl. Plenarprotokoll 3/99 vom 29.01.2004, S. 8618 ff.
[609] Vgl. Plenarprotokoll 3/99 vom 29.01.2004, S. 8608 ff; LRg-Drs. 3/3287.
[610] Vgl. GVBl. S. 419, 424.
[611] Vgl. LT-Drs. 14/11230, S. 1, 10, 22.
[612] Vgl. LT-Drs. 14/11230, S. 22.
[613] Vgl. LT-Drs. 13/3779 vom 08.06.200 und LT-Drs. 14/8277 vom 12.12.2001.

In einer Interpellation einzelner Abgeordneter sowie der Landtagsfraktion der SPD aus dem April 1997 waren die Verbesserung der Chancen für Menschen mit Behinderungen Gegenstand der Erörterungen. Darin verwies die Staatsregierung vor dem Hintergrund der Barrierefreiheit beim Neu- und Umbau von öffentlichen Gebäuden im sozialen Wohnungsbau jedoch nur kurz auf die DIN-Normen 18025 Teil 1 und 2, Ausgaben 1992. Sie führte aus, dass in den besagten Bereichen des Bauens gerade diese die angesprochenen Ziele unterstützenden Regelungen zu beachten seien. Ein entsprechender zusätzlicher Regelungsbedarf wurde nicht ausgesprochen.[614]

Auch in Bayern wurde im Bereich des barrierefreien Bauens zunächst auf die finanzielle Förderung im Wohnungsbau gesetzt, um einen ausreichenden Bestand an zweckentsprechend gestaltetem Wohnraum vorzuhalten. Zudem sollten aus Gründen der Deregulierung übermäßig viele Detailvorgaben aus der Landesbauordnung heraus gehalten werden. Man erkannte jedoch, dass eine verlässliche Umsetzung der gesellschaftlichen Bedürfnisse in diesem Bereich eher erreicht wird, wenn eine Regelung die notwendigen Baumaßnahmen in Einzellfall unmittelbar vorschreibt, als dass finanzielle Anreize allein diesen Weg einleiten könnten.

3.1.5 Berlin
In Berlin befasste man sich bereits 1992 im parlamentarischen Geschehen intensiv mit der Schaffung und der Notwendigkeit von behindertengerechten Baumaßnahmen. So legt der Senat nach einem Gesuch des Abgeordnetenhauses vom 06.12.1991 diesem ein drei viertel Jahr später die in Zusammenarbeit mit den Behindertenverbänden erarbeiteten „Leitlinien zum Ausbau Berlins als behindertengerechte Stadt" zur Diskussion vor.[615] Darin wurden unter anderem rechtliche und soziale Schranken angesprochen, ohne deren Beseitigung eine zweckentsprechende Umsetzung der angesprochenen Ziele nicht möglich wäre. Zudem wurde dargelegt, dass es zu wenig rollstuhlgerechte und behindertenfreundliche Wohnungen gebe, um eine Flexibilität der Nutzung und damit eine soziale Integration zu erreichen.[616]

Eine entsprechende Änderung der Bauordnung zur Verbesserung der baulichen Gestaltung auch im Wohnungswesen wurde von der Regierungskoalition aus CDU und SPD am 29. April 1998 verabschiedet. Der entsprechende Gesetzentwurf wurde unter anderem damit begründet, dass die Aufnahme der Zielsetzung des Landes „für gleichwertige Lebensbedingungen von Menschen mit und ohne Behinderungen zu sorgen" in Art. 11 der Landesverfassung auch die Aufgabe enthalte, die Eingliederung der betreffenden Personengruppen in die Gesellschaft in allen Bereichen zu fördern und zu unterstützen. Diesem Anliegen

---

[614] Vgl. LT-Drs. 13/7894, S. 1, 8, 34 ff.
[615] Vgl. AH-Drs. 12/1928.
[616] Vgl. AH-Drs. 12/1928, S. 21 und 22.

sollte vor dem Hintergrund des Ergebnisses der Leitlinien von 1992 durch entsprechende landesgesetzliche Reglungen mehr Nachdruck verliehen werden.[617] Entsprechend wurde in der parlamentarischen Diskussion deutlich, dass mit der Erweiterung der Berliner Bauordnung erreicht werden sollte, dass nicht nur bei Neubauten sondern auch, soweit dies technisch möglich und wirtschaftlich zumutbar wäre, bei bereits bestehenden Gebäuden die Schaffung der notwendigen Voraussetzungen eingeleitet werden können.[618]

Die Fraktion Bündnis90/Die Grünen verlangte noch weitergehende Möglichkeiten, um nachträglich einen behindertengerechten (Um-) Bau bei bestehenden Gebäuden verlangen zu können. Dieses Begehren wurde jedoch als zu weit gehend abgelehnt.[619]

Als einziges Bundesland weicht Berlin von der Pflicht zur Schaffung von Stellplätzen grundlegend ab. Sie ist hier auf den Sonderfall von Einstellplätzen für Kraftfahrzeuge von Gehbehinderten und Schwerbehinderten im Rollstuhl im Zuge der Errichtung von öffentlich zugänglichen Gebäuden beschränkt.[620] Diese Neuregelung aus dem Jahr 1997[621] wurde durch eine zunächst auf zwei Jahre befristete Abschaffung der Stellplatzpflicht für Nichtwohngebäude aus dem Jahr 1994 eingeleitet.[622] Die derzeitige Fassung wurde im Achten Gesetz zur Änderung der Landesbauordnung für Berlin verabschiedet.[623] Im Vorfeld war allerdings noch beabsichtigt, die umfassende Stellplatzpflicht für alle Bauvorhaben wieder aufleben zu lassen.[624] Eine offizielle Begründung wurde für jedoch nicht veröffentlicht.[625]

Die Regierungskoalition Berlins aus CDU und SPD setzte bereits vier Monate nach der Veröffentlichung der MBO 1997 die Anforderungen an einen möglichst barrierefreien Wohnungsbau ins Landesrecht um. Einziger Diskussionspunkt war in diesem Verfahren eine etwaige weiter reichende Überschreitung der Vorgaben zur nochmaligen Annäherung an die angestrebten Ziele. Ansonsten herrschte im Berliner Abgeordnetenhaus Einigkeit zur Umsetzung der bereits in den Musterregelungen dargelegten Bedürfnisse.

---

[617] Vgl. AH-Drs. 13/3001, S. 3 und 5.
[618] Vgl. Plenarprotokoll 13/62 vom 29.04.1999, S. 4500 ff.
[619] Vgl. LT-Drs. 13/3212 sowie das Plenarprotokoll 13/62 vom 29.04.1999, S. 4503.
[620] Vgl. § 48 Abs. 1 BauO Bln.
[621] Vgl. GVBl. S. 422.
[622] Vgl. GVBl. S. 440.
[623] Vgl. AH-Drs. 13/1805, S. 2; Plenarprotokoll 13/30 vom 12.07.1997.
[624] Vgl. AH-Drs. 13/1587, S. 3, 10. Diese Idee wurde jedoch nach Beratungen in einem gesonderten Ausschuss wieder aufgegeben und letztendlich der Alleingang in diesem Bereich zur Abstimmung gestellt.
[625] Vgl. AH-Drs. 13/1805; Plenarprotokoll 13/30 vom 12.07.1997; Klinski, S. 96.

3.1.6 Barrierefreier Wohnungsbau

Die etwaigen Verzögerungen bei der Umsetzung der Vorgaben zum barrierefreien Wohnungsbau in die einzelnen Landesbauordnungen deutet sich bereits bei der Beschlussfassung der 95. Ministerkonferenz der ARGEBAU am 4. und 5. Dezember 1997 in Potsdam an. Selbst die Empfehlung zum Änderungsvorschlag der Musterbauordnung wurde lediglich mit sieben befürwortenden, fünf ablehnenden und drei enthaltenden Stimmen in die Diskussion eingebracht.[626]

Nach Ansicht der zustimmenden Vertreter würden mit der letztendlich auch verabschiedeten Fassung des überarbeiteten § 45 Abs. 2 MBO 1996 zum einen die verfassungsrechtlichen Grenzen der Sozialbindung des Eigentums beachtet und zum anderen dem Anliegen der Ministerkonferenz Rechnung getragen, Mehrkosten im Zusammenhang mit den Baumaßnahmen zu begrenzen. Die ablehnenden Vertreter sprachen sich mit den Argumenten gegen den eingebrachten Formulierungsvorschlag aus, dass die Barrierefreiheit nicht durch bauordnungsrechtliche Auflagen, die den Bemühungen um Vereinfachung der Bauordnung zuwiderlaufen, sondern durch eine Schulung der Architekten erreicht werden könnte. Zudem sei die Änderung nicht mit Artikel 14 des Grundgesetzes vereinbar, da eine solche gesetzgeberische Zielsetzung nicht mehr in einem ausgewogenen Verhältnis zu den damit verbundenen Eingriffen in die Eigentümerbefugnisse stände.[627]

Ausgelöst wurde diese Erweiterung durch einen Vorschlag des Landes Nordrhein-Westfalen. Die entsprechenden Bedenken wurden insbesondere vonseiten Bayerns vorgebracht. Im Ergebnis billigte die Ministerkonferenz die vom Allgemeinen Ausschuss beschlossenen Änderungen der Musterbauordnung und integrierte sie in deren Fassung von Dezember 1997. Die Abstimmung verlief jedoch denkbar knapp. Lediglich die Mindestzahl von acht Ländern gab seine Zustimmung, wobei sieben dagegen stimmten und eines sich enthielt.

Trotz der nach außen einheitlich auf den Weg gebrachten neuen Regelungen zum barrierefreien Wohnungsbau in der MBO 1997 waren die Lager bei der Entscheidungsfindung geteilt. Die gegen die Neuerung vorgebrachten Bedenken finden sich in den Argumentationen der unter 3.1.1 bis 3.1.5 aufgeführten Gesetzgebungsverfahren der Länder wieder. Zudem wurde einerseits ein entsprechendes Bedürfnis hervorgehoben, jedoch andererseits bei deren Verwirklichung auf außerhalb der Bauordnungen liegende Vorgehensweisen verwiesen, da ansonsten eine Deregulierung und Verfahrensvereinfachung nicht merklich umgesetzt werden könnte. Zudem dienten die verfassungsrechtlichen Bedenken sowie die Kostenfrage in manchen Ländern dazu, die Übernahme der beschlossenen Erweiterung ins Landesrecht zumindest zu verzögern.

---

[626] Vgl. Sitzungsniederschrift über die 95. Bauministerkonferenz am 04. und 05. Dezember 1997 in Potsdam.
[627] Vgl. Sitzungsniederschrift über die 95. Bauministerkonferenz am 04. und 05. Dezember 1997 in Potsdam.

Entgegen diesen geäußerten Bedenken sind es in der parlamentarischen Diskussion insbesondere die Grünen (Bündnis90/Die Grünen) gewesen, denen die Verschläge zum barrierefreien Wohnungsbau nicht weit genug gingen und entsprechend weitergehende eigene Vorstöße in die jeweiligen Gesetzgebungsverfahren einbrachten. Sofern auch die PDS dort vertreten war, zeigte auch sie ein entsprechendes Bewusstsein und eine aktive Beteiligung zugunsten der Barrierefreiheit im Bauwesen.

Die in einzelnen Gesetzgebungsverfahren angesprochenen verschiedenen DIN-Normen des Deutschen Instituts für Normung wurden zwar in Zusammenarbeit und Übereinstimmung mit den betroffenen Interessenverbänden ausgearbeitet und festgelegt, jedoch stellen sie keine mit gesetzlichen Regelungen vergleichbare verbindliche Vorgaben für das Bauwesen dar. Vielmehr handelt es sich bei ihnen in erster Linie um eine Standardisierung im Interesse Ihrer Einheitlichkeit, Vergleichbarkeit und Austauschbarkeit. Darüber hinaus kommt ihnen aber eine praktische Bedeutung für die Vereinheitlichung behördlicher Anforderungen an Qualität und Sicherheit von Materialien und Bauwerken und dergleichen im Interesse von der Gleichbehandlung und Verfahrensvereinfachung zu.[628] Sofern DIN-Normen jedoch vereinzelt in die jeweiligen Listen der technischen Baubestimmungen eines Landes aufgenommen wurden, können auch sie unmittelbare Wirkung auf die Bauausführung entfalten und zu verbindlichen Vorgaben für die Bauausführung werden.[629]

3.2 Allgemeine Hintergründe

In 2.6 wurden bereits verschiedene allgemein gültige Hintergründe betrachtet, die ein Gesetzgebungsverfahren beeinflussen können. In Bezug auf das Bauordnungsrecht ergibt sich danach Folgendes.

3.2.1 Beschlussverfahren der ARGEBAU

Wie sich in 3.1.6 gezeigt hat, ist der veröffentlichte Text einer jeden Musterbauordnung nicht unbedingt von der Unterstützung aller an der Abstimmung beteiligten Ländervertreter getragen. Eine Billigung und damit einhergehende Aufnahme von Änderungsvorschlägen in den Regelungstext der Musterbauordnung erfolgt bereits, wenn darüber im Beschlussverfahren in einfacher Mehrheit durch die anwesenden Vertreter der Länder abgestimmt wird. Abweichende Auffassungen gegen die so beschlossenen Neufassungen und Ergänzungen sind darin zwar schriftlich festzuhalten, jedoch hindern sie den Beschluss nicht an der Umsetzung.[630]

Vor diesem Hintergrund werden die von ablehnenden Vertretern erstellten Sitzungsniederschriften den jeweils zuständigen Ministern und Senatoren vorge-

---

[628] Vgl. BVerwG NJW 1987, S. 2886 und 2888.
[629] Vgl. Schneider H., *Gesetzgebung*, Rdnr. 402, 455.
[630] Vgl. Teil II. Geschäftsordnung der ARGEBAU.

legt (sofern Sie nicht selbst anwesend waren), um eine etwaige Anpassung der eigenen Landesbauordnung daran zu prüfen. Es ist allerdings eher unwahrscheinlich, dass sie die dem Abstimmungsverhalten bei der ARGEBAU zugrunde liegenden eigenen Motive umgehend ändern und so in einem Akt widersprüchlichen Verhaltens den Beschluss sofort im landeseigenen Parlament im Rahmen eines Regierungsentwurfs zur Änderung der Landesbauordnung umsetzen werden.

Die zustimmenden Ländervertreter werden hingegen weniger Mühe haben, mit den bereits in der Abstimmung der Bauministerkonferenz bewährten Argumenten die unterstützten Wandelungen ins eigene Landesrecht zu überführen. Hier werden die Musterbestimmungen im Gesetzgebungsverfahren mit dem Beistand der Abgeordneten der Regierungskoalition zur Anpassung der Landesbauordnung sicherlich ungehindert verabschiedet werden.

Man kann somit sagen, dass die letztendlich beschlossene Fassung der jeweiligen Änderung zwei Defizite aufweist. Zum einen stellt sie sich als kleinster gemeinsamer Nenner der sie unterstützenden Länder dar und zum anderen ist die zeitnahe Umsetzungswahrscheinlichkeit in den Ländern mit einer ablehnenden Haltung eher gering einzuschätzen.

Insofern liefert bereits das Beschlussverfahren der Bauministerkonferenz mit dem Prinzip der einfachen Mehrheit zur Änderung der Musterbauordnung als Leitfaden mit Außenwirkung für die gesamte Landesgesetzgebung im Bauordnungsrecht einen beachtlichen Grund für das unterschiedliche Umsetzungsverhalten der einzelnen Länder. Die Transformation ins Landesrecht wird zeitnah jedenfalls in dem Grade erfolgen können, indem eine entsprechende Zahl an Zustimmungen im Beschlussverfahren der Bauministerkonferenz die Neuerungen bereits stützen. So ließe sich eben am Abstimmungsergebnis der einzelnen Novellierungen erkennen, wie sich die Resonanz darauf künftig im Landesrecht widerspiegeln wird.

3.2.2 Rolle der Regierungen und des Parlaments in den Ländern

Eine Landesregierung ist stets bestrebt, im Interesse des eigenen Bundeslandes zu handeln. Grundsätzlich gelingt es in den Parlamentswahlen nicht einer Partei, die absolute Mehrheit zu erlangen. Die damit anstehenden Koalitionsverhandlungen und in eine Koalitionsvereinbarung mündenden Gespräche sind damit der erste Schritt, zur Ausrichtung des späteren Erfolges von Gesetzesinitiativen der Regierung. Diese parteiinternen und parteiübergreifenden Absprachen sind ein stabilisierendes Element für eine parlamentarische Mehrheit und damit für die Regierung. An ihrem Zustandekommen sowie an späteren Verhandlungen über ihre Umsetzung sind regelmäßig die führenden Politiker der koalitionswilligen Parteien beteiligt, die dann auch die maßgebenden Ämter in der Regierung und in den Koalitionsfraktionen einnehmen.[631]

Die Kehrseite ist hiervon, dass die nicht an der Regierungskoalition beteiligten Fraktionen in Gesetzgebungsverfahren mit von den Zielen der Regierungskoalition abweichenden Vorschlägen grundsätzlich nicht durchdringen. Die Abgeordneten der Regierungsmehrheit sind durch die verschiedenen Absprachen, an denen Sie beteiligt sind, in Ihrem Abstimmungsverhalten faktisch gebunden. Zunächst bindet den einzelnen Abgeordneten im Falle einer Parteizugehörigkeit das „Parteibuch". Als weiteres Bindungsglied ist die Koalitionsabsprache der jeweiligen Partei im Parlament zu sehen, die zwar nicht unbedingt inhaltlich von Parteiprogramm abweichen wird, jedoch durch die Qualität als Fraktionsabsprache eine neue Qualität bekommt. Als Drittes wirkt die bereits genannte Koalitionsvereinbarung mit einer anderen Fraktion zur Regierungsbildung im Abstimmungsverhalten einschränkend. Dieser Verbund ist umso fester geschmiedet, als Parlamentsmehrheit und Regierung von den nämlichen Parteien getragen werden, die regelmäßig das Interesse vereint, die nächste Wahl mit Erfolg zu bestehen und ihre Macht zu behaupten, zumal insbesondere die Regierungschefs den politischen Prozess maßgeblich beeinflussen. Etwaige partei- oder fraktionsinterne Sanktionsmöglichkeiten können zusätzlich die Einsicht des einzelnen Abgeordneten zugunsten der Regierungs- und Fraktionslinie lenken.[632]

Die vom jeweiligen Regierungswillen getragenen Beschlüsse der Bauministerkonferenz sind in einem Willensbildungsprozess im Rahmen der Ausschusssitzungen der ARGEBAU zustande gekommen, an denen die in den Ländern jeweils in der Opposition tätigen Parteien gerade nicht beteiligt waren. So wird das geschaffene Ergebnis länderintern präsentiert, an dem ausschließlich Vertreter der Regierungskoalition und Regierungsfraktionen beteiligt waren. Zwar steht der Opposition ungehindert die Möglichkeit offen, die eigenen Vorschläge im Parlament darzustellen und entsprechend dafür zu argumentieren, jedoch sind die Abgeordneten der Regierungsparteien nun zusätzlich von dem länderübergreifend gefasstem Beschluss der Bauministerkonferenz beeinflusst.[633] Auf diese Weise wird die Opposition zunehmend aus dem staatsorganschaftlichen Willensbildungsverfahren ausgeklammert und die Verhandlungsergebnisse kommen unter partikularer und nicht universaler Partizipation zustande.[634]

Dies zeigen auch die unter 3.1. dargestellten Auszüge aus den jeweiligen Gesetzgebungsverfahren. Die nicht von der Regierungskoalition getragen Gesetzentwürfe der Oppositionsfraktionen wurden im Gesetzgebungsverfahren auf

---

[631] Vgl. Klein, S. 221.
[632] Vgl. Klein, S. 210 (220-222).
[633] Vgl. 2.6.2, 4.4.2.4.2.1.1.
[634] Vgl. Benda/Maihofer/Vogel, § 15, *Grimm*, Rdnr. 11.

Initiative der Landesregierung mehrheitlich abgelehnt. Allenfalls eine Verweisung der Diskussion in einen gesonderten Ausschuss mit dem Ergebnis eines entsprechend geänderten Entwurfs zur Abstimmung könnte eine neue Richtung im parlamentarischen Verfahren eröffnen. Beispielhaft kann hierzu die Abschaffung der Stellplatzpflicht in Berlin genant werden, wobei mangels veröffentlichter Begründung nicht zweifelsfrei festgestellt werden kann, ob dies auf dem ohnehin bestehenden Regierungswillen oder einer überzeugenden Argumentation der Opposition zurückzuführen ist.[635] In den übrigen aufgezeigten Gesetzgebungsverfahren blieben die nicht an der Regierung beteiligten Fraktionen mit Ihren Vorschlägen erfolglos.

3.2.3 Praktische Erfahrungen

Die Landesbauordnungen sind Normen und Vorgaben zur Reglung der betreffenden Sachverhalte mit baurechtlichem Bezug. Danach werden Bauvorhaben und Nutzungsänderungen entsprechend eingeordnet und behördlich behandelt. Ein solcher Regelungsbedarf ergibt sich aus den Umständen des täglichen Lebens in diesem Bereich. Sie zeigen auf, ob die Begebenheiten einen Regelungsbedarf erzeugen oder ob bestehende Normen angepasst und verändert werden müssen. Letztendlich ist die Praxis die Quelle und gleichzeitig das Ziel für die gesetzgeberische Tätigkeit im vorliegenden Bereich.[636]

Nach den Ausführungen unter 3.1 wird erschlich, wie die Reglungsmaterie barrierefreies Bauen im Wohnungswesen hiervon geprägt ist. Zunächst wurde ein entsprechender Reglungsbedarf wegen der damaligen und heutigen Situation in der Gesellschaft erkannt und im Bereich des Baurechts konkretisiert. Es galt, den Wohnungsmarkt durch gesetzliche Vorgaben in die gewünschte Richtung zu lenken. Die rechtliche Umsetzung erfolgte zunächst uneinheitlich. Einige Länder hielten die Festschreibung der erkannten Bedürfnisse im Gesetzestext der jeweiligen Landesbauordnung für erforderlich, während andere Länder die Steuerung des Wohnungsmarktes durch die Schaffung finanzieller Anreize im Bereich staatlicher Förderungen für zweckmäßig hielten. Die praktischen Erfahrungen offenbaren jedoch, dass lediglich durch die Integration dieser Ziele in die Bauordnungen der bezweckte Erfolg in der Umsetzung der Motive tatsächlich eintreten sollte. Auf diese Weise zeigte die Praxis, dass die teilweise geschaffenen Förderungstatbestände nicht geeignet waren, die sich aus dem Umständen des täglichen Lebens ergebenden Ziele auch zu erreichen.

Gerade dies ist ein gutes Beispiel dafür, wie das tägliche Leben und die damit einhergehenden gesetzgeberischen Ansätze sich aus sich heraus entwickeln und belegen können, ob die in den legislatorischen Motiven begründeten Ambitionen tatsächlich erreichbar sind. Als Gesetzgeber ist man auf die Aus-

---

[635] Vgl. 3.1.5.
[636] Vgl. auch 2.4.6 vor dem Hintergrund der Musterbauordnungen.

wirkungen der einzelnen Maßnahmen auch angewiesen, um eben Erfolg oder Misserfolg feststellen und gegebenenfalls korrigierend eingreifen zu können. Dies ist auch bei grundlegenden Änderungen und Neueinführungen im bauordnungsrechtlichen Verfahrensrecht der Fall. Am Beispiel der Einführung des Kenntnisabgabeverfahrens in Baden-Württemberg zeigt sich, wie die Zweckmäßigkeit der geschaffenen Neuregelung in den parlamentarischen Diskussionen durch einzelne Anfragen nach der Akzeptanz der Neuregelung in der Bevölkerung beurteilt wurde.[637] Als sich zeigte, dass die Rate der Inanspruchnahme der Verfahrensvariante stetig anstieg und dies auch den behördenintern gewünschten Entlastungseffekt bewirkte, zeigten diese Daten, dass vormals vonseiten des Gesetzgebers offenbar der richtige Weg eingeschlagen wurde.

Die vereinzelten Vorstöße können in diesem Zusammenhang auch als experimentelle Gesetzgebung bezeichnet werden, bei der der Staat die Tauglichkeit einer gesetzlichen Regelung im Hinblick auf seine politische Zielsetzung erprobt. Es handelt sich dabei um einen Prozess der Rechtserkenntnis, der kritisch und rational beobachtet werden muss, um die gegebenenfalls durch eine Falsifizierung erlangten Daten für die Auswahl einer Reglungsalternative nutzen zu können.[638] Die Ergebnisse dieser Rechtstatsachenforschung ermöglichen es, die aufgedeckten wunden Punkte gezielt zu verändern.[639]

Insgesamt sind die praktischen Erfahrungen mit einzelnen gesetzlichen Konstruktionen geeignet, sowohl Abweichungen als auch Übereinstimmungen der Landesgesetze untereinander und zur Musterbauordnung zu erzeugen. Zu Übereinstimmungen kommt es grundsätzlich dann, wenn sich eine vorgeschlagene Änderung nach deren Einführung in einzelnen Ländern bewährt und somit offenbart, dass sich etwaige im Beschlussverfahren der ARGEBAU von anderen geäußerte Zweifel an deren Sinn und Zweck im Nachhinein als unrichtig darstellen. In dem Fall spricht alles für die Einführung dieser Änderungen auch in den zunächst mit Zurückhaltung vorgegangenen Ländern. Abweichungen sind dann zu erwarten, wenn die Praxis zeigt, dass zunächst übereinstimmend erarbeitete Vorgaben tatsächlich zu unzweckmäßigen Ergebnissen führen und die intendierten Ziele verfehlen. Abweichungen können auch dann entstehen, wenn sich ein Reglungsbedarf entwickelt, welcher in der Sache einen schnellen Handlungsbedarf erzeugt, jedoch nur vereinzelt und ohne weitere Absprachen im Rahmen der Bauministerkonferenzen zügig ins Landesrecht eingearbeitet werden kann.

---

[637] Vgl. 3.1.1.
[638] Vgl. Horn, S. 195, 220ff.
[639] Vgl. Schneider H., *Gesetzgebung*, § 5, Rdnr. 96.

3.2.4 Neuerungen – Rezeption der Neuerungen

Im Bauordnungsrecht kommt es insbesondere dann zu tatsächlich abweichenden Regelungen in den einzelnen Bundesländern, wenn entweder gerade eine neue Musterbauordnung verabschiedet wurde oder sich Teilbereiche temporär zum Diskussionsmittelpunkt entwickeln. Dies folgt zum einen aus der unterschiedlichen Umsetzungsdauer und zum anderen aus in den Ländern bestehenden unterschiedlichen Reglungen, die sodann einen daran ausgerichteten entsprechenden Änderungsbeschluss der ARGEBAU einleiten können.

Dies war beispielsweise Mitte der achtziger Jahre im Abstandsflächenrecht, welches die Lage baulicher Anlagen auf dem Grundstück in Ergänzung zum Bauplanungsrecht regelt, der Fall. Die Niedersächsische Bauordnung wich bereits seit 1973 durch einen Alleingang in den Abstandsbestimmungen von der Musterbauordnung 1960 und den damaligen Landesbauordnungen ab, da sich die dort angewandten Tatbestände in ihren Differenzierungen und Besonderheiten in der Praxis nicht bewährt hatten. So sind nach diesem Vorbild im Verlauf der Rechtsentwicklung die Musterbauordnungen 1981, 1990 und 1996 sowie andere Landesbauordnungen gestaltet worden.[640] Bis 1986 hatten lediglich fünf Bundesländer die von der Musterbauordnung 1981 geschaffenen Mustervorschriften in diesem Bereich, allerdings in jeweils untereinander abweichender gesetzlicher Ausgestaltung, ins Landesrecht eingeführt. Dem stand in den übrigen Ländern immer noch das alte System der Grenzabstände, Abstandflächen und Abstände gegenüber.[641] Eine übereinstimmende Linie erfuhr dieser Reglungsbereich erst wieder im Verlauf der neunziger Jahre. So pendelten sich die unterschiedlichsten Vorgaben in diesem Bereich wieder allmählich auf einen übereinstimmenden Wert ein[642] und ließen in Bezug zu den Musterreglungen nur noch wenig Kritik zu.[643]

Eine ähnliche Entwicklung lässt sich derzeit im Bereich des Verfahrensrechts erkennen. So waren es einzelne Länder, die mit ihren Neuerungen und innovativen Gesetzesgestaltungen im Zuge der Tendenz zur Beschleunigung, Deregulierung und Verfahrensvereinfachung Möglichkeiten schufen, diese Ideen anzuwenden, um die übrigen Länder von der Richtigkeit dieses Weges zu überzeugen. Hieraus entstanden zunächst äußerst individuelle Verfahrenssysteme, die sämtlich aus den gleichen Ansätzen hervorgingen.[644] So war es beispielsweise Bayern, welches im Jahre 1994 als erstes Bundesland die so genannte Schlusspunkttheorie aufgab, und in Anlehnung an ein Urteil des VGH München die Wirkung der Baugenehmigung nur auf solche öffentlich-rechtlichen

---

[640] Vgl. Große-Suchsdorf/Lindorf/Schmaltz/Wiechert, § 7, Rdnr. 12.

[641] Vgl. Orthloff , *Die Entwicklung des Bauordnungsrechts*, NVwZ 1986, S. 441.

[642] Vgl. 2.8.1.

[643] Vgl. Gädtke/Temme/Heintz, § 6, Rdnr. 19; Orthloff, *Die Entwicklung des Bauordnungsrechts,* NVwZ 1993, S. 326.

[644] Vgl. Orthloff, *Die Entwicklung des Bauordnungsrechts*, NVwZ 1995, S. 438.

Vorschriften beschränkte, die im bauaufsichtlichen Genehmigungsverfahren zu prüfen sind.[645] Man kritisierte damals, dass der bis dahin bestandene bundesweite Konsens ohne Not verlassen wurde. Die damit einhergehenden Beschleunigungseffekte wären gering und es würde lediglich eine Verkomplizierung des Verfahrensrechts erreicht.[646] Dieser Variante folgte sodann Baden-Württemberg. Das Bundesverwaltungsgericht entschied 1996 ebenfalls in dieser Richtung und stellte klar, dass damit die Schlusspunkttheorie nicht mehr als bundesrechtlich vorgegeben verstanden werden könne.[647]

Die Mitte der neunziger Jahre im Bezug auf die Baugenehmigung angetretenen Alleingänge von zunächst Bayern und sodann Baden-Württemberg haben sich bewährt und im Verlauf der Entwicklung weitere Länder von der Richtigkeit dieses Weges überzeugt. So zogen weiter Landesbauordnungen nach und die sich ausweitende Diskussion führte letztendlich zu einer Aufnahme dieses Konzepts in die Musterbauordnung 2002. Hieran lässt sich deutlich erkennen, das der Ausbruch einzelner Landesgesetzgeber aus den bestehenden Rahmen den Impuls zu Reformen geben kann, ohne dass zunächst langwierige Verfahren der Bauministerkonferenz einen bundesweiten Konsens schaffen müssten, um erst nach der Anpassung der Musterregelungen die praktische Einführung in die Landesrechtsordnungen einzuleiten. Sofern die Sonderwege sich bewähren und die erwarteten Ziele erreicht werden, breiten sie sich nach deren Rezeption im Bundesgebiet zunehmend aus und führen von einer zunächst ausgelösten Zersplitterung im Ergebnis hin zu einer weiterentwickelten neuen Übereinstimmung.

Inzwischen wird auch von den damaligen Gegnern dieser Durchbrechung traditioneller Grundsätze im Baugenehmigungsverfahren eingeräumt, dass der klassischen Baugenehmigung bundesweit keine Konzentrationswirkung zukommt. Vielmehr ergibt sich die Wirkung und der Umfang der erteilten Baugenehmigung aus dem Umfang der jeweils bestehenden behördlichen Sachentscheidungskompetenz.[648] Diese mehr und mehr überkommene Akzeptanz kann auch dazu führen, dass die Rechtsprechung an dem bereist lange bestehenden Wortlaut einer Landesbauordnung vorbei die Reichweite und den Umfang der Baugenehmigung einschränkt. So geschehen durch das OVG Münster in Nordrhein-Westfalen. Der Wortlaut von § 75 Abs. 1 BauO NRW und die gängige Kommentierung deutet das materiell-rechtliche Prüfprogramm nach der gesetzlichen Vorgabe in einem umfassenden Sinn.[649] Jedoch führt das Oberverwal-

---

[645] Vgl. VGH München BayVBl. 1994, S. 370; Art. 79 Abs. 1 BayBO i.d.F. vom 18.04.1994 (GVBl. S. 251).

[646] In diesem Sinn insbesondere Orthloff, *Abschied von der Baugenehmigung*, S. 118.

[647] Vgl. BVerwGE 99, S. 351.

[648] Vgl. Orthloff, *Die Entwicklung des Bauordnungsrechts*, NVwZ 2003, S. 663.

[649] § 75 Abs. 1 S. 1 BauO NRW „Die Baugenehmigung ist zu erteilen, wenn öffentlich-rechtliche Vorschriften nicht entgegenstehen"; Gädtke/Temme/Heintz, § 75, Rdnr. 81.

tungsgericht aus, dass in Nordrhein-Westfalen die Baugenehmigung nicht den Schlusspunkt eines Prüfverfahrens darstellt, welches sich auf alle öffentlich-rechtlichen Vorschriften erstreckt.[650]

Die ursprünglich vielen verschiedenen Ansätze zur Verfahrensvereinfachung und Beschleunigung, Deregulierung und Privatisierung im Bauordnungsrecht begannen mit Vorstößen einzelner Länder durch die Einführung von Anzeigverfahren, Kenntnisabgabeverfahren, vereinfachten Genehmigungsverfahren, teilweise mit Genehmigungsfiktionen, sowie der Verlagerung der betreffenden Vorschriften in Verordnungen. Die sich bewährenden Ansätze wurde in anderen Ländern und sodann in die Musterbauordnungen übernommen. Andere blieben im Laufe der Zeit auf der Strecke.[651]

3.2.5 Einfluss von Gesellschaft

Die das Bauordnungsrecht berührenden Veränderungen in den Bedürfnissen der Gesellschaft sind bundesweit grundsätzlich gleich. Zwar gibt es beispielsweise in einzelnen Bereichen Interessenverbände, die sich gegebenenfalls regional unterschiedlich intensiv für ihre Ziel einsetzen, jedoch werden auf diesen Wegen grundsätzlich die gleichen Anstöße zu Veränderungen unterstützt, die sich insgesamt übereinstimmend darstellen. Beispielhaft wurde dies unter 3.1 für den Bereich des barrierefreien Wohnungsbaus dargestellt. Dort zeigte sich auch, dass trotz der grundsätzlich gleichen Interessenlagen letztendlich in der Reichweite teilweise verkürzte, aber auch weiterreichende Reglungen geschaffen wurden. Ausschlaggebend dafür sind die in den Gesetzgebungsverfahren zutage getretenen politischen Machtverhältnisse mit ihren korrespondierenden und als zur Zielerreichung zweckmäßig angesehenen Umsetzungsvarianten.[652]

Anfang der 80′er Jahre waren es die Bestrebungen zur Schaffung von Wohnraum und zur Absenkung der damit verbundenen Baukosten, die Unruhe in die Bauordnungen brachten. So sollten die Anforderungen an die Gestaltung von Wohnungen in Dach- und Kellergeschossen vermindert werden, um die bereits vorhandene Bausubstanz mit möglichst wenig Aufwand aber unter Berücksichtigung der notwendigen Sicherheitsaspekte entsprechend umgestalten zu können.[653]

Eben dieses Sicherheitsbedürfnis stieg im Bewusstsein der Bevölkerung im Laufe der Zeit, sodass mehr und mehr die Mustervorschriften und die Bauordnungen in diesem Bereich präzisiert wurden. Den Kern bildet dabei der

---

[650] Vgl. OVG Münster BauR 2002, S. 432.

[651] So wurde im Bereich des Verfahrensrechts die zunächst weitgehende starre Abgrenzung der unterschiedlichen Verfahrensarten für bestimmte Bauvorhaben durch die Einführung eines Wahlrecht für den Bauherren zur Durchführung auch eines (eigentlich) nicht vorgesehenen Genehmigungsverfahrens teilweise wieder zurückgenommen.

[652] Vgl. 3.1-3.1.6.

[653] Vgl. Orthloff, *Die Entwicklung des Bauordnungsrechts*, NVwZ 1984, S. 279 ff.

Brandschutz. So müssen im Brandfall jedenfalls zwei Rettungswege zur Verfügung stehen und die möglichst hindernisfreie Verwendung von Rettungsgeräten gewährleistet sein. Auch im Inneren der Gebäude wurden zunehmend Anforderungen an die Feuerwiderstandsfähigkeit der Treppenräume und Flure formuliert. Wie sich gezeigt hat, sind die Anforderungen im Bereich der Sicherheit und des Brandschutzes zumindest ab Gebäuden mittlerer Höhe grundsätzlich inhaltsgleich. Jedoch fallen trotz gleicher Grundlagen insbesondere bei Solchen geringer Höhe zu Wohnzwecken in den Vorgaben für die Sicherheit auf notwendigen Fluren Reichweitenunterschiede auf.[654]

Auch sind die noch in den 60´er Jahren in größeren Wohnanlagen überwiegend installierten Abfallschächte Streitpunkt aktueller Diskussionen. Wo diese Anlagen zunächst den betreffenden Bewohnern die lästige Beseitigung der Hausabfälle erleichtern sollten, treten heute die Überschneidungen mit dem Brandschutz, dem Schallschutz, der Hygiene sowie dem Schutz vor Staub- und Geruchsbelästigungen in den Vordergrund.[655] Auch werden in diesem Zusammenhang die Schwierigkeiten bei der Mülltrennung angesprochen. So kommt es, dass Abfallschächte in der Musterbauordnung 2002 mit der kurzen Begründung nicht mehr im Vorschriftentext berücksichtigt wurden, da solche Anlagen nicht mehr gebaut würden.[656] Hingegen sind sie in mehreren Ländern weiterhin in der Landesbauordnung berücksichtigt und werden trotz der in der Sache grundsätzlichen überall gleichen Kritikansätze genutzt und meist im Bereich des Schallschutzes noch näher konkretisiert.[657]

Auch die im Verfahrensrecht bestehenden Unregelmäßigkeiten wurzeln letztendlich im Bedürfnis der Bevölkerung, die Verfahrensdauer abzukürzen und die behördeninternen Vorhaben zu Beschleunigen um auch die steigende Flut an Normen aus Gründen der Übersichtlichkeit und Bürgerfreundlichkeit zu reduzieren.[658]

Die Landesbauordnungen sind von vielen Bereichen beeinflusst, die jeder für sich von Zeit zu Zeit eine eigene Wandlung vollziehen und damit regelmäßig Anlass zur Reform des Bauordnungsrechts geben. Diese können entweder (weitgehend) einheitlich nach dem Erlass entsprechender Musterregelungen oder als in Pionierarbeit entwickelte Neuerungen ins Landesrecht umgesetzt werden. Wegen der vielen Berührungspunkte mit dem täglichen Leben und den weitreichenden Überschneidungen mit den Zielen verschiedenster Interessengruppen ist das Bauordnungsrecht ein sehr dynamischer Reglungsbereich. So geben die sich herausbildenden gesellschaftlichen Problemsituationen den Anstoß zum Handeln und schaffen entsprechende Reformvorschläge. Die konkrete

---

[654] Vgl. 2.8.4.
[655] Vgl. Gädtke/Temme/Heintz, § 46, Rdnr. 1.
[656] Vgl. Jäde, *Musterbauordnungen (MBO 2002)*, S. 144.
[657] Vgl. 2.8.3.
[658] Vgl. 2.5.3.

Umsetzung obliegt im Detail jedoch den Politikern im Parlament und offenbart dabei, ob neben einer zweckentsprechenden Umsetzung ins Landesrecht auch die angestrebte bundesweite Einheitlichkeit der zu schaffenden Regelungen nicht aus den Augen verloren worden ist.

3.2.6 Technische Reglungsvorgaben

Der in den Bauordnungen geregelte Bereich mit einem vorwiegend technischen Bezug ist der über Bauprodukte und Bauarten. Die einzelnen Vorgaben sind nahezu textgleich und unterscheiden sich inhaltlich nicht merklich. Dies liegt vor allem an der Grundlage ihrer Einführung in der aktuellen Fassung beziehungsweise dem Hintergrund dieser Übereinstimmungen in Form der Bauproduktenrichtlinie des Rates der Europäischen Gemeinschaft vom 11.02.1989.[659] Durch die Umsetzungspflicht ins nationale Recht blieb den Ländern in der Sache nur ein geringfügiger Spielraum. Diesen hat man auch nicht ausgereizt und im Ergebnis übereinstimmende Vorgaben verabschiedet.

Die daneben in den Ländern erlassenen Technischen Baubestimmungen beschreiben detaillierte Anforderungen an die einzelnen Baumaßnahmen. Es handelt sich dabei nicht um Rechtsvorschriften. Sie werden vielmehr von der Verwaltung in Gestalt der obersten Bauaufsichtsbehörde erarbeitet, veröffentlicht und eingeführt. Sie sind jedoch mehr als bloße Verwaltungsvorschriften, da ihnen jeweils kraft ausdrücklicher gesetzlicher Anordnung eine Allgemeinverbindlichkeit zukommt. Sie beinhalten in weiten Teilen von den nationalen und internationalen Normungsorganisationen erarbeitete Regelwerke, die sich vorwiegend in DIN-Normen und VDE-Vorschriften darstellen.[660] In den Landesbauordnungen ist ein entsprechender Absatz in den Allgemeinen Anforderungen formuliert, wonach die von den zuständigen Stellen durch „öffentliche Bekanntmachung als Technische Baubestimmungen eingeführten technischen Regeln" zu beachten sind.[661] Sie lassen dem Rechtsanwender und Bauherren nur einen geringen Spielraum. Die Beachtung der Technischen Baubestimmungen ist kein Selbstzweck sondern dient der Erfüllung der bauordnungsrechtlichen Anforderungen. So können geringe Abweichungen hingenommen werden, sofern die zu schützenden Rechtgüter nicht gefährdet werden.[662]

In den Bauordnungen sind zudem Vorgaben für so genannte haustechnische Anlagen und Feuerungsanlagen formuliert. Sie enthalten jedoch keine de-

---

[659] Vgl. 2.3.3 und 2.5.2.

[660] Vgl. Gädtke/Temme/Heintz, Einl. Rdnr. 17.

[661] Vgl. beispielhaft für Berlin, Nordrhein-Westfalen und Sachsen-Anhalt: § 3 Abs. 3 S. 1 BauO Bln und die Technischen Bestimmungen im Amtsblatt 2001, Nr. 21, S. 1652 ff; § 3 Abs. 3 S. 1 BauO NW und die Technischen Bestimmungen im Ministerialblatt Nordrhein-Westfalen Nr. 38 vom 29.07.2003; § 3 Abs. 4 S. 1 BauO LSA und die Technischen Bestimmungen im Ministerialblatt für das Land Sachsen-Anhalt, Nr. 2 vom 14.01.2004.

[662] Vgl. Wilke/Dageförde/Knuth/Meyer, § 5, Rdnr. 48.

taillierten technischen Vorgaben sondern beschreiben allgemein die Notwendigkeit einer angemessenen Wasser- und Abwasserentsorgung und die Beschaffenheit von Lüftungsanlagen sowie Installationsschächten und –kanälen. Hintergrund sind dabei jedoch wiederum im Kern Brandschutzanforderungen, um auch für diese Bestandteile der Gebäudeausstattung die allgemeinen Anforderungen zur Vermeidung der Feuer- und Rauchentwicklung und Ausbreitung festzuschreiben. Die Vorgaben zur Wasservorsorgung und Entsorgung enthalten bereits einen formulierten Teil der Erschließungsanforderungen.

Die in der Musterbauordnung und in den Landesbauordnungen getroffenen Regelungen über Bauprodukte und Bauarten sowie die ergänzend zusammengestellten Technischen Baubestimmungen lassen wenig Abweichungsspielraum zu. Dies liegt zum einen an den europarechtlichen Umsetzungsgeboten und zum anderen daran, dass neue Erkenntnisse und Vorgaben im Bereich der Gebäudetechnik im Gegensatz zu Wertungsfragen wie beispielsweise beim barrierefreien Bauen wenig bis gar keinen Diskussionsbedarf über Sinn und Unsinn beziehungsweise Vor- und Nachteile der Detailvorgaben zulassen. Dort sind eher die fachbezogenen Fakten als die politischen Meinungsbildung Schwerpunkt der Regelungsfindung.

3.2.7 Einfluss von Bundesrecht und der Rechtsprechung

Die Grenzen zum Bundesrecht, insbesondere in Form des Baugesetzbuches und der Baunutzungsverordnung, ist rein formal nach dem Gesetzeswerk sehr übersichtlich. Jedoch bestehen zwischen ihnen mehrere Schnittstellen, an denen die gesetzlichen Voraussetzungen in einander übergehen und durch unmittelbare oder mittelbare Verweisungen aufeinander Wechselwirkungen unter einander erzeugen.[663] Das Baurecht gliedert sich in die drei Ebenen des Bundes- Landes- und Kommunalrechts und ist durch viele Verknüpfungen dieser gekennzeichnet. So sind beispielsweise Erschließungsvoraussetzungen der §§ 29 ff BauGB auch in den Bauordnungen berücksichtigt, wenn Vorgaben zur Wasserversorgung und Wasserentsorgung sowie zu sonstigen Entsorgungs- und Versorgungsmöglichkeiten formuliert sind. Des Weiteren sind die Bestimmungen im Abstandflächenrecht nahe mit dem bundesrechtlichen Bauplanungsrecht verwandt und ergänzen es, indem sie die Lage der baulichen Anlage auf dem Baugrundstück regeln und somit bauplanungsrechtliche Vorgaben berühren.[664] Diese Bereiche des materiellen Bauplanungsrechts und des Bauordnungsrechts konkurrieren in der Weise miteinander, als dass sie die Vorgaben für Bauvorhaben vervollständigen und somit auf verschiedenen Ebenen zusammenwirken.[665]

Der Begriff der „baulichen Anlage" bildet im Landesrecht und in § 29 BauGB den Anknüpfungspunkt für die Anwendung des Bauplanungsrechts so-

---

[663] Vgl. Boeddinghaus, S. 7.
[664] Vgl. Jäde, *Strukturprobleme des Bauordnungsrechts II*, S. 90.
[665] Vgl. Orthloff, *Bauordnungsrecht – Zwischenbilanz*, S. 714.

wie die Einordnung in bauordnungsrechtliche Vorgaben, wobei er sich jedoch nicht mit dem bauplanungsrechtlichen Begriff des baulichen Vorhabens deckt, welcher unabhängig von der landesrechtlichen Genehmigungspflicht eingreift.[666] In diesem Bereich hält das Bundesverwaltungsgericht die Dispositionsfreiheit des Landesgesetzgebers für eingeschränkt mit der Folge, dass er bei Freistellungen von der Genehmigungspflicht stets die bundesrechtlichen Konsequenzen im Hinblick auf die §§ 30ff BauGB mit bedenken muss.[667] Trotz des sachlichen Zusammenhangs darf das Bauordnungsrecht das Bundesrecht nur ergänzen und ist bundesrechtkonform auszulegen.[668] Dem Landesgesetzgeber ist verwehrt, zusätzlich zu den §§ 30-37 BauGB bodenrechtliche Vorgaben aufzustellen, da diese eine abschließende Regelung darstellen.[669] Hintergrund ist Art 74 Nr. 18, 2. Alt. GG. Jedoch können außerhalb dieses Bereiches auf Landesebene weitere Voraussetzungen geschaffen werden, um die Zulässigkeit von Bauvorhaben zusätzlich einzuschränken.[670]

Nach § 29 Abs. 2 BauGB bleiben die Vorschriften des Bauordnungsrechts und andere Vorschriften des öffentlichen Rechts unberührt. Diese Regelung hat nur klarstellende Bedeutung und regelt das Verhältnis zwischen den Normbereichen nicht abschließend. Die Regelungskomplexe Bauordnungsrecht und städtebauliches Planungsrecht dienen unterschiedlichen Zielsetzungen. Sie schließen sich nicht gegenseitig aus. Ebenso wenig schließt die Unberührtheitsklausel aus, dass es zwischen ihnen zu Kollisionen kommt.[671] Vor dem Hintergrund des Kompetenzkataloges des Grundgesetzes ist die Grenze landesrechtlicher Gestaltungsmöglichkeiten in Anbetracht der Überschneidungen und Verzahnungen die des Art. 31 GG, sofern keine spezielleren Kollisionsnormen vorhanden sind.[672] Dabei sind jedoch zunächst eine bundesrechtskonforme Auslegung sowie eine im Geiste des bundesfreundlichen Verhaltens anzustrebende praktische Konkordanz zu bemühen, um das vielfältig verknüpfte System des Baurechts auf mehreren Ebenen im Gleichgewicht zu halten.[673]

Wie bereits in 3.2.4 am Ende aufgezeigt, ist auch die Entwicklung der Rechtsprechung geeignet, unter Beachtung des Gesetzeswortlauts und unter Berücksichtigung der unfassenden Erfahrungen in diesem Bereich, angelehnt an Tendenzen der Rechtsentwicklung die Richtung für die praktische Anwendung der Regelwerke neu auszurichten. Beispielhaft wird hier wiederholt die Einschränkung des Prüfungsumfangs der Bauaufsichtbehörde im Baugenehmi-

---

[666] Vgl. BVerwG NVwZ 2001, S. 1046; BVerwGE 44, S. 59 (61).
[667] Vgl. BVerwGE 72, S. 300 (324-325).
[668] Vgl. BVerwGE 89, S. 222 (230) m.w.N.
[669] Vgl. BVerwGE 55, S. 55, S.272 (277f).
[670] Vgl. Battis/Krautzberger/Löhr, § 29, Rdnr. 25, § 30, Rdnr. 13.
[671] Vgl. Schrödter, § 29, Rdnr. 26-29.
[672] Vgl. Weyreuther, *Eigentum, Öffentliche Ordnung und Baupolizei*, S. 1.
[673] Vgl. Jäde, *Das Bundesbaurecht und die neuen Landesbauordnungen*, S. 19.

gungsverfahren durch das OVG Münster genannt.[674] Dies zeigt den Anteil der Gerichte an den Veränderungen, die sie auch dann „erkennen", wenn sich die Gesetze so (noch) nicht ändern.[675] Teilweise wird eine aus der allgemeinen Marschrichtung ausreißende Urteilfindung kritisiert und gefragt, ob neue Richter ihre gegebenenfalls neuen Gedanken auf die bestehenden Normen übertragen und somit deren Inhalt anders bestimmen, ohne dabei die praktischen Folgen im Gesamtzusammenhang zu bedenken und in die Erwägungen mit einzubeziehen.[676]

Die Unterschiedlichkeit der Landesregelungen bedingt es zwar, dass die Rechtsprechung des einen Landes nicht unbesehen für das andere Land herangezogen werden kann.[677] Doch sind auch bundesgerichtliche Entscheidungen geeignet, die Rechtsmaterie Bauordnungsrecht zu prägen. So hat das Bundesverwaltungsgericht seinerzeit im Nachbarschutz durch die Anbindung des Rücksichtnahmegebots an die Schutznormtheorie klarstellend die Praktikabilität für den baurechtlichen Bereich erhöht.[678] Wegen der drittschützenden Wirkung des Abstandsflächenrechts bildet es den Schwerpunkt der nachbarlichen Konflikte und bietet somit genügend Potenzial für die Rechtsprechung, den Einzelfall zu formen und eine Orientierungshilfe zu bilden. Die damit einhergehende Gestaltung der Auswirkungen der jeweiligen Normen auf die Baupraxis geben dem Bauherren die Klarheit, die er bei der Planung und Durchführung benötigt, wenn der Gesetzeswortlaut die in Einzellfall auftretende Frage nicht eindeutig beantworten kann. Die Rechtsprechung erfüllt somit eine Konkretisierungsfunktion.[679] Sie kann die Landesgesetzgebung beeinflussen, in dem sie die Anwendungsbereiche und Reichweite einzelner Normen festlegt oder neu definiert und dadurch Anreize schafft, anhand der daran gewonnenen praktischen Erfahrungen auch im legislativen Bereich Anpassungen vorzunehmen. Sie kann die Auswirkungen einzelner Regelungen lenken und somit etwaige Unstimmigkeiten auf dieser Ebene korrigieren.

---

[674] Vgl. OVG Münster, BauR 2002, S. 432.

[675] Vgl. Orthloff, *Die Entwicklung des Bauordnungsrechts*, NVwZ 2003, S. 661.

[676] Vgl. Orthloff, *Kommunikationsdefizite im Verwaltungsprozess?*, S. 1310, 1313f.

[677] Vgl. Orthloff, *Die Entwicklung des Bauordnungsrechts*, NVwZ 1984, S. 280.

[678] Vgl. dazu BVerwG BRS 42 Nr. 182; BVerwG, BRS 40, Nr. 195; BVerwG BRS Nr. 36 Nr. 185.

[679] Beispielsweise regelt das so genannte „Erstreckungsverbot" die Lage der Abstandsflächen auf dem Baugrundstück. Die Reichweite dieses Verbots ist somit für die Baugestaltung und etwaige Abehrrechte der Nachbarn ausschlaggebend. So stellt ein Wechsel der Rechsprechung des OVG Lüneburg (NVwZ 1999, S. 716 und 697) zur Zulässigkeit der Erstreckung bis zur Mitte der öffentlichen Verkehrsfläche klar, dass diese nunmehr auch den „Gegenüberlieger" schütze. Konsequenz für die Baupraxis daraus ist, dass die Beachtung der genauen Flächengrenzen vor dem Hintergrund eines möglichen begründeten Einschreitens eines weiteren Personenkreises zunehmend an Bedeutung gewinnt.

Die Verteilung der Gesamtmaterie Baurecht auf die Gesetzgebungskompetenzen des Bundes und der Länder ist unübersichtlich. Bei der Gestaltung der Reglungen auf Bundes- und Landesebene hat man Vorgaben des Bundesverfassungsgerichts so gut wie möglich zu beachten versucht.[680] Jedoch hat sich im Laufe der Rechtsentwicklung eine merkliche Verknüpfung und Verzahnung beider Ebenen der Gesetzgebung entwickelt. Sie verweisen aufeinander, bauen aufeinander auf und müssen bei der Bewertung der Auswirkungen für die Praxis beachtet und berücksichtigt werden.[681] Die damit einhergehende Abhängigkeit der Regelungen voneinander bindet den Landesgesetzgeber, wenn er die Bereiche des Bodenrechts berührende Vorschriften auf den Weg bringt. So können durch Landesrecht nicht in beliebiger Weise einzelne Bauvorhaben dem Anwendungsbereich und Einfluss bundesrechtlicher Vorgaben entzogen werden. Der Kernbereich der bauordnungsrechtlichen Normen ist hingegen von bundesbaurechtlichen Einflüssen weitgehend verschont, sofern keine höherrangigen Werte unangemessen beeinträchtigt werden.

3.2.8 Bewertung der Gründe

Die einzelnen Landesbauordnungen weisen in vielen Bereichen Unterschiede im Gesetzestext sowie in der inhaltlichen Ausgestaltung und Reichweite auf. Die Intention der Bad Dürkheimer Vereinbarung ist jedoch, durch einverständlich geschaffene Musterregelungen eine grundlegende Vereinheitlichung der Landesbauordnungen zu erreichen, sofern örtliche Besonderheiten dem nicht entgegen stehen.

Ein Grund für die aufgezeigten Unterschiede ist im Beschlussverfahren der ARGEBAU zu sehen. Die Beschlüsse zur Änderung der Musterbauordnung werden mit einfacher Mehrheit gefasst.[682] Damit sind die eine Neuerung auslösenden Beschlüsse allenfalls von mehr als der Hälfte der Ländervertreter getragen. Die von den einzelnen Ministern und Senatoren ausgesandten oder begleiteten Gruppen zur Teilnahme an den Sitzungen der Bauministerkonferenz treten ihre Reise mit einer auf Landesebene jeweils vorgeprägten Zielsetzung und Abstimmungstendenz an. Diese wird sodann in den Beratungen und Beschlussverfahren der ARGEBAU verfolgt und letztendlich im Landesparlament einem Gesetzgebungsverfahren zugeleitet. Die ablehnenden Haltungen der nicht zustimmenden Ländervertreter werden zwar in dem Beschlussverfahren protokolliert, jedoch können sie bei einem entsprechenden Abstimmungsergebnis die Anpassung der Mustervorschriften nicht verhindern. So entsteht eine nach außen einheitlich auf den Weg gebrachte Musterbauordnung, die jedoch bei einem Vergleich des Abstimmungsergebnisses mit dem Umsetzungsverhalten der einzel-

---

[680] Vgl. zu den Einzelheiten 1.3, 1.3.2, 4.3.
[681] Dazu später eingehender in 4.6.2.
[682] Vgl. Teil II. der Geschäftsordnung der ARGEBAU.

nen Länder offenbart, dass die Unterschiede im bundesweiten Gesetzesbild sich am jeweiligen Kurs im Rahmen der Bauministerkonferenzen orientieren.[683]

Auch falls die Opposition im Landesparlament eines nicht zustimmenden Bundeslandes die Auffassung der zustimmenden Vertreter teilt und somit die Musterbauordnung unterstützt, sind die Chancen sehr gering, diese Motive im Gesetzgebungsverfahren auf Landesebene unter Überzeugung der Koalitionsabgeordneten entgegen dem Abstimmungsverhalten der Minister oder Senatoren bei der ARGEBAU doch ins Landesrecht umzusetzen.[684] Auf der parlamentarischen Ebene herrscht wegen der vielschichtigen Absprachen, in die die Volksvertreter eingebunden sind, ein faktischer Zwang sich nicht entgegen den parteiinternen Richtlinien im Gesetzgebungsverfahren zu verhalten.[685] Auch wenn diese Richtung grundsätzlich mit den persönlichen Motiven der Mehrheit der Regierungskollegen übereinstimmt, erzeugt sie insgesamt eine Gewissheit, mit den vonseiten der Regierung eingebrachten Gesetzentwürfen nicht zu scheitern.

Die Möglichkeit der Bauministerkonferenz die Musterbauordnung mit einer einfachen Mehrheit zu ändern hat zunächst den Vorteil, auf Neuerungen flexibler reagieren zu können. Jedoch birgt dies auch die Gefahr, dass eine Vielzahl von uneinheitlichen Beschlüssen die Umsetzungsaktivität bundesweit verschiebt und so ein insgesamt abweichendes Bauordnungsrecht hervorbringt, obwohl sich die einzelnen Länder nicht entgegen ihrem Abstimmungsverhalten im Rahmen der ARGEBAU verhalten.

Auch bei abweichenden Gesetzesvorhaben in den Ländern hat man die Einheitlichkeit des Bauordnungsrechts zwar grundsätzlich im Auge. Aber im Ergebnis ist selbst dieser Gedanke nicht unbedingt geeignet, entgegen dieser länderübergreifenden einvernehmlichen Zielrichtung die geplanten Normen zu verabschieden. Vielmehr wird in Zweifelsfällen auf den zulässigen Spielraum des Landesgesetzgebers in Bezug auf die Vorgaben der Musterbauordnung verwiesen.[686]

Häufig sind es die praktischen Erfahrungen des täglichen Lebens, die entweder die zustimmenden oder ablehnenden Positionen bestätigen oder entkräften. In ihnen wurzeln die Ansätze zu Änderungen und geben die Tendenzen für die Rechtsfortbildung. Ohne abweichende Alleingänge wäre es nicht möglich, die Akzeptanz von Neuerungen unter den Betroffenen auf verschiedensten Ebenen zu erforschen und damit einhergehend gegebenenfalls einen Nachbesserungsbedarf zu belegen, wenn sie erst nach einer Diskussion im Rahmen der ARGEBAU ins geltende Recht umgesetzt werden würden. Eine rein theoretische Erprobung von Neuregelungen kann eine empirische Bewertung nicht vollends ersetzen. So können mehrheitliche Zweifel an einer Reformidee zwar ei-

---

[683] Vgl. 3.2.1.
[684] Vgl. 3.1.
[685] Vgl. 2.6.2, 4.4.2.4.2.1.
[686] Vgl. 3.1.1.

nen Vorstoß auf Landesebene erzeugen und im Ergebnis auch rechtfertigen. Jedoch sind die gesellschaftlichen Bedürfnisse zu Änderungen im Bundesgebiet grundsätzlich gleich und müssten daher eine gewisse Einheitlichkeit erzeugen. Diesem Bedürfnis stehen jedoch die Grenzen der Politik gegenüber. Da der Weg von übereinstimmenden Problemlagen und Reformansätzen hin zu einem Gesetz jedoch zunächst die politische Ebene der Normsetzung überwinden muss, bleiben manche von ihnen wegen unterschiedlicher Ansichten zur zweckentsprechenden Umsetzung in die Rechtsordnung und möglichst effektiven Zielerreichung unter Beachtung allgemeiner Reformansätze eine bloße Idee oder werden trotz Einbußen bei der Einheitlichkeit im Bauordnungsrecht anderweitig ins Rechtssystem integriert. Es hat sich auch gezeigt, dass die Vereinheitlichungsbemühungen der Bauministerkonferenz in den Gesetzgebungsverfahren in den Ländern nicht genügend zur Geltung kommen und nicht die nötige Beachtung finden.[687] Eine auf diesem Hintergrund fußende Argumentation der unterstützenden Abgeordneten im Landesparlament könnte mit den umfassenden Normfindungsverfahren und der vielschichtigen Beleuchtung der Rechtsprobleme aufwarten, um so für eine unterstützende Haltung zu werben. Hingegen finden sich in den Plenarprotokollen großenteils politisch motivierte Ausführungen, die grundsätzlich von vorn herein eine beschlussfähige Mehrheit an Abgeordneten hinter sich haben.[688] Im Gegensatz zu den parlamentarischen Diskussionen werden in den Begründungen der verabschiedeten Gesetze jedoch häufiger Verweise auf die Musterbauordnung festgehalten. Dies ist in den untersuchten Verfahren jedenfalls immer dann geschehen, wenn eine Gesetzesänderung im Sinne der Mustervorgaben vollzogen wurde.[689] Bei der im Rahmen dieser Untersuchung durchgeführten Analyse der parlamentarischen Inhalte scheint es so, dass die Musterregelungen nebst Begründung in den Gesetzgebungsverfahren nicht den Stellenwert einnehmen, der ihnen zum Zwecke der Vereinheitlichung der Ländergesetzgebung zuständе und vorgesehen ist. Eine detaillierte Auseinandersetzung mit den Hintergründen und Motiven erfolgt in diesen Verfahren eher nur am Rande.

Neben den legislatorischen Hürden sind noch weitere Ebenen an der Entwicklung und Durchsetzung von Reformansätzen beteiligt, die jede für sich den ausschlaggebenden Ansatz beeinflussen, bevor er letztlich zur Anwendung kommen kann. Beispielsweise ist die Oppositionen regelmäßig gehindert, ihre konkreten Vorschläge der ARGEBAU zur Diskussion zu stellen. Zwar besteht die Möglichkeit, dass ihre Auffassung auch von anderen Teilnehmern der Bauministerkonferenz vertreten wird, jedoch sind Sie selbst an der zentralen Normfindung nicht beteiligt und können nur im internen Gesetzgebungsverfahren auf

---

[687] Vgl. 3.1-3.1.5.
[688] Vgl. Thüringen Plenarprotokoll 1/115, S. 8940; Bayern LT-Drs. 14/11230, S. 1, 10, 22; Berlin AH-Drs. 13/3001, S. 3 und 5.
[689] Vgl. Thüringen LRg-Drs. 3/3287; Sachsen LT-Drs. 3/9651.

Landesebene für die eigenen Reformen werben, wodurch ihr Wirkungsgrad stark eingeschränkt ist. Auch können Regierungswechsel und personelle Veränderungen im zuständigen Ministerium zwischen den Beschlussverfahren der Bauministerkonferenz und der daraus folgenden Gesetzgebung eine Kehrtwendung auf Landesebene erzeugen und somit der in der Sitzung der ARGEBAU abgegebenen Stimme die politische Grundlage entziehen.

Bundesrechtliche Reglungen grenzen die Reichweite und den Umfang bauordnungsrechtlicher Normerweiterung ein. Sie können unmittelbar keine Einheitlichkeit herbeiführen, beschreiben aber die Grenzen, in denen sich Abweichungen bewegen können und ein Kompetenzvorrang besteht. Die auf Landesebene angestrebten Neuerungen und Problemlösungen müssen in dieses rechtliche Umfeld passen. Soweit auf Bundesebene Recht zentral gesetzt wird, stimmt jedenfalls dieses rechtliche Umfeld für die dezentrale Normsetzung auf Landesebene überein. Insofern sind im Baurecht durch das Baugesetzbuch übereinstimmende oder ähnliche Lösungen in der Ländergesetzgebung begünstigt.[690] Die aufgezeigten Abweichungen bewegen sich jedoch in eben diesem Rahmen, und sind somit vor diesem Hintergrund nicht weiter angreifbar. Inwieweit die Wertungen des Grundgesetzes hiefür Raum lassen und mögliche Konsequenzen offenbaren, wird in 4.6.3 dargestellt.

Abweichungen in den Landesbauordnungen ergeben sich auch, wenn einzelne Länder die Regelungsschwerpunkte unterschiedlich setzen. Beispielweise hat Niedersachsen ein Spielplatzgesetz geschaffen, die anderen Bundesländer jedoch nicht und wie in der Musterbauordnung die betreffenden Vorgaben in den Landesbauordnungen formuliert.[691] Auch die ARGEBAU beschränkt ihre Normschaffung nicht auf die Musterbauordnung. Vielmehr werden auch ergänzende und ausführende Musterverordnungen ausgearbeitet und gemeinsam auf den Weg gebracht.[692] Auf Landesebene werden diese Verordnungen ebenfalls angewandt und umgesetzt. Die davon abweichend und zur Musterbauordnung ergänzend geschaffenen Verordnungen, gerade im Bereich des Verfahrensrechts, erzeugen jedoch eine zusätzliche Unübersichtlichkeit, die bei einer Betrachtung der Gesetzeslage zunehmend Verwirrung schafft.[693] Die in einzelnen Ländern unterschiedliche Anwendung und Gestaltung der Gesetzestechnik entspricht auch nicht der übereinstimmend vorgebrachten Tendenz zur Deregulierung. Ob und inwieweit diese Verteilung der Regelungsmaterie auf verschiedene Normebenen auch die Vorgaben der Kompetenzvorschriften des Grundgesetzes berühren, bleibt der Prüfung in 4.6.3 vorbehalten. Jedenfalls sind solche Auslagerungen nicht geeignet, die Übersichtlichkeit der Gesetzeslage zu fördern, auch

---

[690] Oebbecke, *Die unsichtbare Hand in der Ländergesetzgebung*, S. 472.

[691] Vgl.2.7.2.7.

[692] Vgl. 2.3.1.

[693] Vgl. zu ergänzenden Verordnungen Hamburg 2.7.2.5; Baden-Württemberg 2.7.2.1; Saarland 2.7.2.10;

wenn bei einer isolierten Betrachtung der jeweiligen Landesbauordnung eben diese als vereinfacht angesehen werden könnte.

Eine vereinheitlichende Wirkung entfalten die das Bauordnungsrecht berührenden Richtlinien des europäischen Gemeinschaftsrechts. Die staatsinterne Umsetzungspflicht in zeitlicher und sachlicher Hinsicht lässt wenig Möglichkeiten offen, in den einzelnen Bundesländern derart inhaltsdifferierende Normen zu schaffen, die Anlass zu begründeter Kritik vor dem Hintergrund der übereinstimmenden Rechtsfortbildung geben könnten.[694] Einen vergleichbaren Effekt haben die technischen Regelungsvorgaben. Aus diesen Gründen weisen die Vorschriften über Bauprodukte und Bauraten auch nahezu keinerlei merkliche Abweichungen in Text und Inhalt auf.

Vor diesem Hintergrund zeigt sich, dass die Landesparlamente durch die zentral geschaffenen Mustervorschriften nicht zu einem reinen Ratifizierungsorgan reduziert werden. Die unterschiedlichen Umsetzungszeiträume und die vielschichtigen Einflüsse in den einzelnen Ebenen der Rechtsentwicklung bis zur verabschiedeten Landesbauordnung sind geeignet, auch von den Beschlüssen der ARGEBAU abweichende Ergebnisse zu erzeugen. Dies ist im Wesentlichen der Politik zuzuschreiben. So sind die Gesetzgebungsverfahren in den Länderparlamenten von umfassenden Diskussionen und zusätzlich eingebrachten Alternativvorschlägen geprägt. Die parlamentarische Diskussion findet statt, bleibt aber im Ergebnis grundsätzlich ohne abändernden Erfolg bei Gesetzesinitiativen der Regierung, da die parteipolitische Konstellation von Regierung und Mehrheitsfraktion(en) eine Aktionseinheit bilden. Diese Aktionseinheit folgt im Ergebnis der in den Beschlussverfahren der Bauministerkonferenz vertretenen Auffassung, das Bauordnungsrecht fort zu entwickeln. Die Opposition besitzt zwar Kontrollrechte und Einflussmöglichkeiten, kann aber keine Entscheidungen gegen den Willen der Regierungsmehrheit erzwingen.

Die Musterbauordnungen stellen sich als ein Kompromiss dar, der als kleinster gemeinsamer Nenner in einem förmlichen Beschluss festgelegt aber anschließend nicht garantiert in eben dieser Form in allen Ländern umgesetzt wird. So ist auch die Musterbauordnung 2002 mit der im Bereich des Verfahrensrechts erstmals verwandten Modultechnik kein Garant für eine Zusammenführung der geltenden Rechtslage auf eine gemeinschaftliche Bahn. Vielmehr hat die Bauministerkonferenz zwar die einzelnen Module den vergleichbaren Gestaltungen in den Landesbauordnungen weitgehend angepasst, jedoch wird dadurch bereits die Grundlage der Ländergesetzgebung als Solche aufgespalten und uneinheitlich formuliert. Ob dies die Länder insgesamt zu einer Anpassung der eigenen Landesbauordnung bei den normierten Voraussetzungen und Reichweiten an das jeweilige Modul veranlasst, ist eher unwahrscheinlich.

---

[694] Vgl. 2.5.2.

4   Bewertung der Untersuchung unter Berücksichtigung der Bad Dürkheimer Vereinbarung im Verhältnis Bund und Länder

Die im Jahre 1955 zustande gekommene Bad Dürkheimer Vereinbarung hat das Ziel und den Zweck, eine Rechtszersplitterung, insbesondere im Bauordnungsrecht, durch eine länderübergreifende Kooperation und Koordination im Bereich der Gesetzesfindung und Gesetzgebung zu vermeiden. Es hat sich jedoch gezeigt, dass die tatsächliche Umsetzung dieser Übereinkunft nicht die intendierte Angleichung der Gesetzeslage realisiert.[695]

Da die Bad Dürkheimer Vereinbarung letztendlich die Grundlage der Zusammenarbeit der Länder im Bereich der ARGEBAU darstellt, stellt sich die Frage, ob sich aus dieser Absprache Konsequenzen oder Steuerungsmöglichkeiten für die Länder oder den Bund im Hinblick auf eine zielstrebigere Handhabung der Vereinheitlichung der Landesbauordnungen ergeben. Hierzu ist die Bad Dürkheimer Vereinbarung zunächst zu bewerten und rechtlich einzuordnen. Je nach ihrer Rechtsnatur können sich für die Beteiligten Pflichten ergeben, aufgrund derer sie gehalten sind, die Gesetzgebung nahe an den Musterregelungen zu orientieren, damit nicht aufseiten des Bundes die Option entsteht, selbst in diesem Bereich gesetzgeberisch tätig zu werden. Dazu wird die Rechtslage zur Gesetzgebung dahingehend untersucht, ob die gutachterliche Darstellung des bestehenden Kompetenzgefüges im Baurecht durch das Bundesverfassungsgericht von 1954 heute einer ergänzenden und unter Umständen zugunsten des Bundes abweichenden Bewertung zugänglich ist. Dazu erfolgt später unter 4.6.3 anhand der im zweiten Abschnitt gewonnenen empirischen Daten eine rechtliche Prüfung der Voraussetzungen des Art. 72 Abs. 2 Grundgesetz, um festzustellen, ob und wann die Grenze zur Uneinheitlichkeit im Bauordnungsrecht eine Möglichkeit des Bundes zum Erlass eines möglichst umfassenden, jedenfalls den Bereich des Wohnungswesens umfassenden Bundesgesetzes eröffnet.

4.1   Föderalismus und Bundesstaat

Der Föderalismus kann als politisches Grundprinzip bezeichnet werden, die freie Einung von differenzierten, grundsätzlich gleichberechtigten, in der Regel regional politischen Gesamtheiten zu gewährleisten, die auf diese Weise zu einem gemeinschaftlichen Zusammenwirken verbunden werden sollen.[696] Ein Bundesstaat ist ein Gesamtstaat auf der Ebene des Staatsrechts, bei dem die Ausübung der Staatsgewalt auf einen Zentralstaat und mehrere Gliedstaaten aufgeteilt ist.[697] Beide haben eine eigene staatliche Organisation und sind mit der Wahrnehmung staatlicher Interessen betraut.[698] Dem Zentralstaat wächst dabei eine

---

[695] Vgl. 1.3.2 und 2.8.

[696] Vgl. Hesse, *Verfassungsrecht*, Rdnr. 219 und zur Geschichte: Maier, S. 213ff.

[697] Vgl. Isensee, Hdb d. StR, Bd. IV, § 98, Rdnr. 5.

[698] Vgl. Maurer, *Staatsrecht*, § 10, Rdnr. 1.

eigentümliche Doppelfunktion zu. Zum einen ist er den Gliedstaaten gegenübergestellt, hier im Verhältnis Bund und Länder, und zum anderen umschließt er sie in Form der Bundesrepublik Deutschland.[699] Die gesamtstaatliche Verfassung verteilt dabei die Gesamtheit der staatlichen Aufgaben und Befugnisse zwischen den Zentralorganen des Bundes und den Ländern in der Weise, dass keine dieser Gewalten eine uneingeschränkte Kompetenzhoheit und somit Regelungsmacht erhält. Die Bundesorgane teilen sich demnach mit den gliedstaatlichen Organen all die Kompetenzen, die im Einheitsstaat einer einheitlichen staatlichen Organisation zufallen.[700] Der Bundesstaat kann damit als staatlicher Ausdruck der Idee des Föderalismus, als dessen rechtliches Formprinzip, gesehen werden.[701] Ihm liegt die politische Idee des Föderalismus zugrunde.[702]

Im deutschen Bundesstaat ergibt sich die Bedeutung der Gesetzgebung der Bundesländer aus dem föderalistischen Aufbau der Bundesrepublik. Den Ländern wird allgemein Staatsqualität[703] und dabei die Garantie eines Minimums an Kompetenzen zu eigener, richtungweisender und nicht nur Lücken füllender oder sonst untergeordneter Gesetzgebung zuerkannt.[704] Ihnen kommt auch eine eigene politische Kompetenz zu, denn die polyzentrische Ordnung der politischen Entscheidungsmacht, die zu den Wesenszügen des Bundesstaates gehört, kann nur aus eigenen Kompetenzen der Länder entstehen.[705] Da die Gesetzgebung das zentrale Mittel politischer Gestaltung darstellt, kommt ihr im sozialen Rechtsstaat eine wichtige Funktion zu. Durch die Ausweitung des Verfassungsgrundsatzes vom Vorbehalt des Gesetztes hat die Bedeutung der Gesetzgebung in den letzten Jahrzehnten mehr und mehr zugenommen und wurde durch die „Wesentlichkeitstheorie" des Bundesverfassungsgerichts noch ausgeweitet.[706]

---

[699] Vgl. Ipsen, Rdnr. 444.

[700] Vgl. Maunz/Zippelius, § 15 I 1, S. 106.

[701] Vgl. Schenke, S. 698.

[702] Vgl. Stern, § 19 II 3, S. 660; a.A. wohl Isensee, Hdb d. StR, Bd. IV, § 98, Rdnr. 4, der den Staatenbund als Verwirklichung des Föderalismus „in reiner Form" ansieht und den Bundesstaat der Mitte zwischen Föderalismus und Unitarismus zuordnet.

[703] Vgl. BVerfGE 1, S. 14 (34); 60, S. 175 (207).

[704] Vgl. Stern, § 19 III 2b, S. 669; Isensee, Hdb d. StR, Bd. IV, § 98, Rdnr. 269; Bullinger, S. 767.

[705] Vgl. Hesse, *Bundesstaatsreform und Grenzen der Verfassungsänderung*, S. 18ff.

[706] BVerfGE 40, S. 237 (248ff); 48, S. 89 (126f); 58, S. 257 (268ff).

4.1.1 Mustergesetze und Föderalismus

Nach verbreiteter Ansicht wirkt sich die Selbstkoordinierung der Länder im Bereich der Gesetzgebung zulasten der Länderparlamente aus. Die Entschlüsse zur Rechtsfortbildung würden hinter verschlossenen Türen gefällt und stellten sodann die Parlamente durch die Vorlage von Musterentwürfen vor vollendete Tatsachen.[707] Dieser hervorgehobene Funktions- und Machtverlust der Länderparlamente sei die Folge insbesondere der Ausklammerung der Opposition aus der Willensbildung und Diskussion über die Mustervorschriften.[708] Demzufolge trete das Parlament nicht als Entscheidungszentrum auf, sondern gleichsam nur noch als Ratifizierungsorgan eines Gesetzgebungsprozesses, dessen zentrale Entscheidungen außerhalb des Parlaments und seiner Verfahren getroffen würden. Das parlamentarische Gesetzgebungsverfahren mutiere damit zu einem Kontrollverfahren, dessen Gegenstand im Vorfeld abgestimmte pluralistische Aushandlungsprozesse seien.[709] Insbesondere seien in diesem Zusammenhang die Probleme der Rolle des Parlaments, der Bedeutungsverlust der Öffentlichkeit sowie die demokratische Legitimation etwaiger nichtstaatlicher Kooperationspartner zu nennen.[710]

Die Selbstkoordinierung der Länder im Bauordnungsrecht durch Mustergesetzentwürfe ist im Bereich der Verwaltungsgesetzgebung keine Besonderheit. Auf diese Weise erstrebt man unter anderem die durch die föderalistisch bestimmte Vielfalt veranlassten Verfahrensprobleme zu reduzieren und zu vereinfachen sowie die Rechtsmaterie zu vereinheitlichen, wie es beispielsweise beim Verwaltungsverfahrensgesetz der Fall war.[711] Musterentwürfe dienen zudem dazu, Rechtsgebiete neu zu gestalten und mit dem Bundesrecht abzustimmen und, beispielsweise beim Musterentwurf eines bundeseinheitlichen Polizeigesetzes, die Grundlage länderübergreifenden Verwaltungshandels zu bilden.[712] Bemängelt wird wiederum, dass die Vielfalt der Rechtsordnungen dabei jedenfalls auf der Strecke bleibt.[713] Es wird angeführt, dass der erhebliche organisatorische und finanzielle Aufwand zur Ausbildung entsprechender Simultanvorschläge in Anbetracht der darin gesetzten hohen Erwartungen als Vorwand genutzt werden könnten, gerade nicht von den verabschiedeten (Muster-) Fassun-

---

[707] Vgl. Hendler, S. 222; Schneider H., *Gesetzgebung*, S. 126; Kisker, S. 229-230; Klatt, *Interföderale Beziehungen im kooperativen Bundesstaat*, S. 197f; Ossenbühl, S. 1235; sowie bereits oben in 2.6.1 und 2.6.2.
[708] Vgl. Klein, S. 220; Klappstein, S. 127; Schneider H., *Gesetzgebung*, S. 124, § 7, Rdnr. 168.
[709] Vgl. Schuppert, S. 77 m.w.N; Oeter, S. 262f, 474f.
[710] Vgl. Schuppert, S. 96 m.w.N.
[711] Vgl. Ule/Sellmann, S. 837ff; Ule, S. 421.
[712] Vgl. Samper, S. 545.
[713] So auch Schink, S. 33ff bei seiner Untersuchung zu Musterentwürfen für untergesetzliches Recht.

gen abzuweichen, um die ausgewogene Vorschriftenkonstruktion nicht zu gefährden.[714]

Bei den Vorhaben der Simultangesetzgebung sind die Wege der vorbereitenden Abstimmungen und Koordination in den Regierungen und Verwaltungen der beteiligten Gesetzgeber vielfältig. Meist, wie auch im Falle der Musterbauordnung, trifft man jedoch als ersten Schritt auf einen Koordinierungsbeschluss einer Fachministerkonferenz und sodann auf einen sich daran ausrichtenden „Musterentwurf".[715] Die Länder streben durch Musterentwürfe im Bereich ihrer Gesetzgebungskompetenzen einen einheitlichen Rechtszustand an. Diese Unitarisierungstendenz durch die gewählte Form der Gesetzgebungstechnik schränkt die Entscheidungsfreiheit der Parlamente zwar de facto ein, jedoch ergibt sich insgesamt eine zusätzliche gliedstaatliche Einflussmöglichkeit bezüglich der Gesetzgebung auch des Zentralstaates, da durch die gemeinsam ausgearbeiteten Entwürfe bezweckt wird, dass alle Betroffenen ihre Rechtssetzung daran ausrichten.[716] Insofern kann durch die Berührungspunkte und Schnittstellen mit dem Bundesrecht mittelbar auch auf dieses Einfluss genommen werden.

4.1.2 Reformdiskussion (Modernisierung des Bundesstaates/Föderalismus)

Derzeit herrscht eine Diskussion zur Modernisierung der bundesstaatlichen Ordnung bzw. zur Reform des Föderalismus in Deutschland. Dabei geht es um eine teilweise Neuordnung des Bund-Länder-Verhältnisses sowie um eine Entflechtung von Entscheidungszuständigkeiten und eine Stärkung eigener Kompetenzen der Länder. Damit einher geht auch ein Bedürfnis zur Neuordnung der Gesetzgebungskompetenzen von Bund und Ländern.[717]

Die letzte weitergehende Verfassungsreformdiskussion fand 1994 durch die Gemeinsame Verfassungskommission von Bundestag und Bundesrat in einem Gesetz zur Änderung des Grundgesetzes ihren Abschluss.[718] Im Mittelpunkt stand auch dort bereits unter anderem die Forderung der Länder nach einer Stärkung des Föderalismus. Dieses Ziel sollte insbesondere durch eine Neuregelung der Vorschriften über die Verteilung der Gesetzgebungsrechte erreicht werden.[719] Zum damaligen Zeitpunkt sah man den deutschen Bundesstaat in entscheidender Weise einerseits durch eine wachsende Kompetenzstärkung des Bundes und andererseits durch ebenso wachsende Kompetenzschwächungen zulasten der Länder mehr und mehr gekennzeichnet.[720] Es galt, die zurücklie-

---

[714] Vgl. von Mutius, S. VIII.

[715] Vgl. Klappstein, S. 127.

[716] Vgl. Hendler, S. 222.

[717] Vgl. dazu insbesondere Möstl, S. 1ff; Bösert, S. 89ff; Hennecke, S. 845ff.

[718] Gesetz zur Änderung des Grundgesetzes vom 27.10.1994 (BGBl. I, S. 3146).

[719] Vgl. Ryback/Hofmann, S. 230.

[720] Vgl. Scholtz, *Die gemeinsame Verfassungskommission von Bundestag und Bundesrat*, S. 9.

gende Entwicklung wachsender legislatorischer Zentralisation zu überprüfen und gegebenenfalls zu korrigieren. Am Ende eines schwierigen politischen Tauziehens zwischen Bund und Ländern hielt der Gesetzgeber bei den Änderungen des Grundgesetzes an den bisherigen Grundstrukturen fest und versuchte, durch eine Präzisierung der Einzelnormen mehr Möglichkeiten für eine Wahrnehmung von Gesetzgebungsbefugnissen durch die Länder zu eröffnen.[721]

So wurde in Bezug auf die Rechtssetzung die Sperrwirkung des Art. 72 Abs. 1 GG in zeitlicher und inhaltlicher Hinsicht präzisiert. In Absatz 2 löste die neu formulierte Erforderlichkeitsklausel die frühere so genannte Bedürfnisklausel ab und soll damit dessen Justiziabilität verbessern. Die Neufassung des Absatz 3 beschreibt die Voraussetzungen einer Verlagerung von Gesetzgebungrechten vom Bund auf die Länder und führt damit auch den Aspekt der Stärkung landesrechtlicher Zuständigkeiten in diesem Sinne fort.[722] Im Bereich der Kompetenzkataloge wurden Erweiterungen zugunsten der Länder, aber auch zugunsten des Bundes vorgenommen.[723] Insgesamt wurde ein Gesamtkompromiss zwischen den Interessen des Bundes und der Länder gefunden, der den Erfordernissen eines auch in der Gesetzgebung kooperativen Föderalismus Rechnung zu tragen versucht und der im Ergebnis auch fast durchgehend von großen Mehrheiten der Gemeinsamen Verfassungskommission getragen war.[724]

Die aktuelle Reformdebatte wird wiederum von einer Kommission getragen. Die gemeinsame Kommission von Bundestag und Bundesrat zur Modernisierung der bundesstaatlichen Ordnung wurde am 07. November 2003 ins Leben gerufen. Sie soll entsprechende Vorschläge mit dem Ziel erarbeiten, „die Handlung- und Entscheidungsfähigkeit von Bund und Ländern zu verbessern, die politischen Verantwortlichkeiten deutlicher zuzuordnen sowie die Zweckmäßigkeit und Effizienz der Aufgabenerfüllung zu steigern," und diese den gesetzgebenden Körperschaften vorlegen. Dazu sollen insbesondere die Zuordnung der Gesetzgebungszuständigkeiten auf Bund und Länder sowie die Zuständigkeiten und Mitwirkungsrechte der Länder in der Bundesgesetzgebung überprüft werden.[725]

Die vormals den „unitarischen"[726] und „kooperativen"[727] Bundesstaat kennzeichnende Verlagerung von Kompetenzen auf den Bund und die gleich-

---

[721] Vgl. Ryback/Hofmann, S. 230f.

[722] Vgl. vMünch, Art. 72, Rdnr. 30 ff.

[723] Vgl. dazu im Einzelnen BGBl. I, S. 3146ff.

[724] Vgl. BT-Drs. 12/6000, S. 33; die Gesetz gewordene Fassung beruht auf einer Beschlussempfehlung des Vermittlungsausschusses BT-Drs. 12/8423, welche von den Vorstellungen des Bundesrates geprägt war (BR-Drs. 886/94).

[725] Vgl. BT-Drs. 15/1683 sowie entsprechend BR-Drs. 750/03.

[726] Dazu grundlegend Hesse, *Der Unitarischen Bundesstaat*; sowie Hendler, S. 210;

[727] Vgl. Kisker, *Kooperation im Bundesstaat*; Benz, S. 85; Klatt, *Interföderale Beziehungen im kooperativen Bundesstaat*, S. 186ff.

sam als Kompensation[728] hierfür immer stärkeren Mitwirkungs- und Beteiligungsrechte der Länder im Bundesrat zielten in genau die umgekehrte Richtung der jetzigen Reformvorschläge zur Entflechtung von Entscheidungszuständigkeiten einschließlich einer Schwächung der Beteiligungsrechte des Bundesrates und eine Stärkung eigener Kompetenzen der Länder.[729] Auf diesem Weg soll ein Abbau von blockadeanfälligen Verflechtungen und Beteiligungsrechten der Länder auf Bundesebene erfolgen, zumal derzeit die Vertretung von Länderinteressen im Bundesrat in vielen Bereichen (Zustimmungsgesetze) bei politisch bedeutsamen Vorhaben durch von den Bundesparteien bestimmte taktische Überlegungen überlagert werden kann.[730]

Im Bereich der Gesetzgebung streben die Länder bei der Reformdiskussion an, für bestimmte in der konkurrierenden Gesetzgebungskompetenz des Bundes stehende Gegenstände ein eigenständiges Zugriffsrecht zu erlangen, wonach ihnen die Möglichkeit eingeräumt würde, ganz oder teilweise von den Reglungen des Bundes abweichende Vorschriften zu beschließen, die auch dann in Kraft blieben, würde der Bund seinerseits novellieren.[731] Die Länder erhielten somit die Möglichkeit zu regional begrenzten Experimenten, die bei Erfolg auch bundesweit zur Anwendung kommen könnten. In diesem Zusammenhang ist insbesondere das Wohnungswesen (Art. 74 Abs. 1 Nr. 18 GG) im Gespräch.[732] Die vormals noch diskutierte Forderung auch nach einer Rückverlagerung der Materie Bodenrecht (BauGB) wurde nicht weiter aufgegriffen.[733]

Hintergrund der Kompetenzrückführung zugunsten der Länder ist die Stärkung der Landesparlamente als die vom Volk gewählten obersten Organe der politischen Willensbildung. Dazu haben die Landesparlamente mit der Einsetzung eines Föderalismuskonvents in Abstimmung aller Landtagspräsidenten und Fraktionsvorsitzenden der Landesparlamente ein Zeichen gesetzt, um ihre Ziele geschlossen nach außen zu vertreten und in den Dialog der Kommission zur Modernisierung der bundesstaatlichen Ordnung mit aufzunehmen.[734] Hierzu wurde am 31. März 2004 die so genannte Lübecker Erklärung auf den Weg gebracht, wonach als Reformvorschlag neben die konkurrierende Gesetzgebung eine Vorranggesetzgebung der Länder treten sollte. Dies entspricht dem bereits

---

[728] Vgl. Dreier, Art. 50, Rdnr. 16 m.w.N.; es wird dort auch herausgestellt, dass zwar durch die verloren gegangene Gestaltungsmöglichkeit des Landesparlaments an Einfluss auf die Bundesgesetzgebung durch den Bundesrat über ihre Regierungsvertreter gewonnen wird, dies jedoch als Konsequenz auf Landesebene eine Machtverschiebung von der Legislative auf die Exekutive bedeutet.
[729] Vgl. Möstl, S. 298; zur Entwicklung und den einzelnen Begriffen des deutschen Föderalismus vgl. Bauer, Hartmut, S. 838-842.
[730] Vgl. Janssen, S. 43.
[731] Vgl. Bösert, S. 91.
[732] Vgl. Hennecke, S. 847.
[733] Vgl. Möstl, S. 312 m.w.N.
[734] Vgl. Hennecke, S. 848;

beschriebenen möglichen Zugriffsrecht auf festzulegende und bereits bundesge-setzlich geregelte Materien.

Der bemängelte Machtverlust der Landesparlamente kann nicht nur durch eine Umgestaltung der Gesetzgebungsrechte gebremst werden. Vielmehr muss auch die Verlagerung des Schwerpunkts der Rechtsfortbildung auf die Exekuti-ve aufgefangen und wieder mehr auf die parlamentarische Diskussion gesetzt werden. Die Möglichkeiten zur Gestaltung des Landes- und Bundesrechts soll dem dafür originär bestimmten Organ entsprechend seiner eigentlichen Zweck-bestimmung zugeführt werden.

4.2 Übertragung der Diskussion auf das Bauordnungsrecht

In der vorstehenden Untersuchung hat sich gezeigt, dass ein durch einvernehm-liche Absprachen und Beschlüsse der Bauministerkonferenz auf die Abgeordne-ten im Landesparlament wirkender faktischer Zwang zur Umsetzung der abge-stimmten Regelung sich nicht in dem Maße realisiert, als dass sich der viel zi-tierte Machtverlust der Länderparlamente durch Kooperationsabsprachen vorlie-gend entsprechend deutlich eingestellt hätte. Vielmehr ist es die jeweils im Ge-setzgebungsverfahren eingebrachte Tendenz der jeweiligen Regierung, die auf-grund der Mehrheitsverhältnisse im Plenum und den Koalitions- und Fraktions-absprachen ein entsprechend erfolgsversprechendes Umsetzungsergebnis und somit Abstimmungsverhalten der einzelnen Abgeordneten bedingt.[735]

Die im Zusammenhang mit den Reformvorschlägen zur Modernisierung des Bundesstaates das Bauordnungsrecht berührenden Aspekte finden sich vor allem im Bereich der intendierten Stärkung der Gesetzgebungskompetenzen der Länder wieder. Mangels begrifflicher Berücksichtigung der Gesamtmaterie „Baurecht" in den Kompetenzkatalogen berühren insbesondere die Bereiche des Art. 74 Abs. 1 Nr. 18 GG und des Art. 75 Abs.1 Nr. 4 GG das Baurecht insge-samt unter Heranziehung des korrigierenden Gesichtspunktes des Sachzusam-menhangs.[736] Hintergrund der Vereinheitlichungsbemühungen der Länder im Bauordnungsrecht ist die Abwendung der durch das Bundesverfassungsgericht festgestellten Möglichkeit des Bundes, nach der geltenden Kompetenzsituation wegen Art. 74 Abs. 1 Nr. 18 GG für den Bereich des „Wohnungswesens" auf Bundesebene bauordnungsrechtliche Vorschriften zu erlassen. Hierauf verstän-digte man sich in der Bad Dürkheimer Vereinbarung.[737]

Die von den Ländern in die Reformdiskussion eingebrachten „Zugriff"-smöglichkeit auf Materien der konkurrierenden Gesetzgebung zum Erlass voll-umfänglicher Regelungen auf Landesebene würde ihnen unter Einbeziehung der die Gesamtmaterie Baurecht berührenden genannten Bereiche den Weg zur Baugesetzgebung auf Landesebene ohne Einschränkungen eröffnen. In dem Fall

---

[735] Vgl. 3.2.8 am Ende, 2.6.1 und 2.6.2.
[736] Vgl. BVerfGE 3, S. 407 (412ff).
[737] Vgl. bereits 1.3, 1.3.1, 1.3.2 sowie nachfolgend 4.3, 4.3.1 und 4.3.2.

würde der Bad Dürkheimer Vereinbarung sozusagen die Geschäftsgrundlage entfallen.

Eine ähnliche Konsequenz ergäbe sich auch, wenn lediglich einzelne Materien aus dem bestehenden Katalog des Art. 74 Abs. 1 Nr. 18 GG gestrichen würden, um so den Weg zur Landesgesetzgebung zu erweitern. Hierzu nennen die Länder insbesondere den Bereich des „Wohnungswesens".[738] Die vormals im Jahre 2002 von der Enquete-Kommission des Bayerischen Landtages – Reform des Föderalismus – Stärkung der Landesparlamente –aufgeworfene Empfehlung, im Katalog des Art. 74 Abs. 1 Nr. 18 GG auch das „Bodenrecht", den „Grundstückverkehr" sowie das „landwirtschaftliche Pachtwesen" zur Rückführung von Gesetzgebungskompetenzen des Bundes an die Länder zu streichen, wird von der Kommission zur Modernisierung der bundesstaatlichen Ordnung (gegründet 2004) nicht weiter verfolgt. Bereits in der Enquete-Kommission gab es Zweifel an der Notwendigkeit der Rückführung insbesondere des „Bodenrechts". Die Reformempfehlung wurde seinerzeit nur mit acht gegenüber sieben Stimmen getragen, wohingegen die übrigen Empfehlungen nahezu einstimmig auf den Weg gebracht wurden.[739] Die Zweifel wurden damit begründet, dass es sich bei den Materien Grundstücksverkehr und Wohnungswesen um Solche mit sozialpolitischem Einschlag handele, die von ihrer Grundtendenz zum bürgerlichen Recht gehörten. Das Bodenrecht, beziehungsweise in erster Linie das Städtebaurecht, könne im Interesse einer geordneten und berechenbaren Reglung der Bodennutzung und des Grundeigentums nicht von Land zu Land abweichend geregelt werden. Mit der Überantwortung des Bodenrechts an den Landesgesetzgeber wäre die gesamte städtebauliche Entwicklung gefährdet. Es habe sich vielmehr seit mehr als 70 Jahren bewährt, dass das Planungsrecht vom Bund geregelt würde.[740]

Das derzeit aber weiter verfolgte Begehren, jedenfalls den Bereich des „Wohnungswesens" zu streichen, hätte im Falle seiner Umsetzung zur Folge, dass die dem Bund durch das Gutachten des Bundesverfassungsgerichts eingeräumte Zuständigkeit „auch einzelne das Wohnungswesen berührende baupolizeiliche Vorschriften"[741] zu erlassen, entfiele. Auch dies würde, wie die Festschreibung eines Zugriffrechts der Länder, die Grundlage der Bad Dürkheimer Vereinbarung als Hintergrund der praktizierten Mustergesetzgebung im Bauordnungsrecht unmittelbar berühren. Die derzeit in Art. 72 Abs. 2 GG festgeschriebene Hürde würde sodann nicht mehr den Maßstab festlegen, an dem sich vorliegend etwaige Abgrenzungsprobleme bei den Gesetzgebungsbefugnissen in den betreffenden Bereichen zu orientieren hätten.

---

[738] Vgl. Bösert, S. 91; Möstl, S. 312.
[739] Vgl. Bayerischer Landtag, *Reform des Föderalismus*, S. 54.
[740] Vgl. Bayerischer Landtag, *Reform des Föderalismus*, S. 55.
[741] Vgl. BVerfGE 3, S. 407 (433).

4.3 Inhalt der Bad Dürkheimer Vereinbarung

Die Grundlage für die Bad Dürkheimer Vereinbarung bildet das Gutachten des Bundesverfassungsgerichts vom 16.07.1954. Danach fällt das „Baupolizeirecht im bisher gebräuchlichen Sinn" ausschließlich in die Gesetzgebungskompetenz der Länder. Dem Bund steht lediglich nach Art. 74 Nr. 18 GG im spezifischen Bereich des Wohnungswesens die konkurrierende Gesetzgebung zu.[742]

Der Bundesgesetzgeber verzichtet auf diese Befugnis, soweit als Ergebnis der Zusammenarbeit zwischen dem Bund und den Ländern eine grundsätzlich einheitliche Regelung der Landesbauordnungen erreicht wird. Die Länder sollen nur insoweit abweichen, als dies durch örtliche Begebenheiten geboten ist. Demnach überlässt der Bund den Ländern die Gestaltung des Bauordnungsrechts im Bereich des Wohnungswesens, solange dies umfassend und einheitlich geschieht.

4.3.1 Konkretisierung des Bereichs „Wohnungswesen"

Bei dem Bereich des Wohnungswesens handelt es sich um Angelegenheiten, die sich auf zu Wohnzwecken dienende Gebäude beziehen.[743] Dies betrifft Gebäude, die überwiegend der Wohnnutzung dienen und außer Wohnungen allenfalls Räume für die Berufsausübung freiberuflich oder ähnlich Tätiger sowie regelmäßig Garagen und Nebenräume enthalten. Wohngebäude unterliegen spezifischen Anforderungen, die der Sicherung der in ihnen betriebenen Nutzung dienen.

4.3.2 Verhältnis „Wohnungswesen" zum übrigen Bauordnungsrecht

Grundsätzlich regelt das Bauordnungsrecht die Ausführung baulicher Anlagen auf dem Grundstück und enthält im Einzelnen ordnungsrechtliche Vorschriften über deren Errichtung, Instandhaltung, Änderung, Nutzung, Nutzungsänderung sowie den Abbruch. Es verfolgt die Ziele Gefahrschutz, Verunstaltungsschutz, Verwirklichung sozialer Standards und teilweise bereits die Umweltverträglichkeit.[744]

Fraglich ist jedoch, wie groß der Anteil an Wohngebäuden im Verhältnis zu den übrigen Bauvorhaben ist. Erst dadurch lässt sich feststellen, wie groß die Bedeutung für die Länder ist, einen ordnungsrechtlichen Einfluss auf die Baumaßnahmen in regionalen Angelegenheiten zu haben. Die im Jahr 1998 erteilten Baugenehmigungen und Baufertigstellungen im Hochbau im Bereich des Wohnungswesens übersteigen die sonstigen Vorhaben ca. um das Fünffache.[745] Mit mehr als drei Viertel aller Baumaßnahmen stellt es somit einen wesentlichen Teil der Gegenstände des Bauordnungsrechts dar. Ein Übergang der Regelungs-

---

[742] Vgl. 1.3.2.
[743] Vgl. Maunz/Dürig/Herzog, Art. 74, Rdnr. 208.
[744] Vgl. Finkelnburg/Ortloff, S. 7.
[745] Vgl. Statistisches Jahrbuch 2000, S. 222 (225).

befugnis auf den Bund würde bedeuten, dass die Länder bei ca. 80 % aller Bauvorhaben nicht mehr ohne weiteres die Möglichkeit hätten, auf regionale Besonderheiten im eigenen Interesse und auf eigene Initiative Rücksicht zu nehmen.

4.4 Untersuchung der Bad Dürkheimer Vereinbarung

Die Frage der Rechtsnatur und der Bindungswirkung der Bad Dürkheimer Vereinbarung ist entscheidend für die Relevanz der Abweichungen der einzelnen Landesgesetze untereinander und deren grundsätzlichen Unterschieden zur Musterbauordnung. Erzeugt sie greifbare Handlungs- und Unterlassungspflichten für die Parteien, könnten sich rechtliche Konsequenzen im Falle eines Verstoßes gegen den Vereinbarungsinhalt ergeben. Damit bestünden ein Druckmittel um den/die Abweichler anzuhalten, ihr Verhalten zu korrigieren und die Gleichförmigkeit wieder herzustellen beziehungsweise ein Gesetzesvorhaben nicht umzusetzen. Sollten sie dem sodann nicht nachkommen, würden sich je nach der rechtlichen Einordnung der Bad Dürkheimer verschiedene Möglichkeiten in Bezug auf das Schicksal der vereinbarten Zusammenarbeit ergeben, die gegebenenfalls auch mit verfassungsgerichtlicher Hilfe überprüft und festgestellt werden könnten.

4.4.1 Mögliche Formen

Die Kooperationsformen im Bundesstaat sind vielfältig. Neben rein informellen Verfahrensweisen durch bloße Besprechungen werden auch die Zusammenarbeit in Konferenzen und Ausschüssen stetig ausgeübt, um die Länderinteressen zu koordinieren und mit dem Bund in Einklang zu bringen. Eine weitere Ebene bilden die als vertragliche Übereinkünfte im weiteren Sinn einzuordnenden Möglichkeiten der Zusammenarbeit. In Betracht kommt dabei neben dem Staatsvertrag und dem Verwaltungsabkommen die Koordinationsabsprache oder ein bloßes Gentlemen's Agreement, wobei eine rechtliche Bindungswirkung grundsätzlich nur bei den ersten Beiden anzunehmen ist.[746] Bei ihnen sind Tatbestand und Rechtsfolge so genau umschrieben, dass die intendierten rechtlichen Wirkungen ohne weitere innerstaatliche Umsetzungsakte erfüllt werden. Sie sind „self-executing". Im Folgenden werden die Formen einer auf Absprachen beruhender Zusammenarbeit zunächst näher dargestellt, um im weiteren Verlauf der Untersuchung die Bad Dürkheimer Vereinbarung entsprechend rechtlich einordnen zu können.

---

[746] Vgl. Rudolf, HdB d. StR, Bd. IV, § 105, Rdnr. 50.

4.4.1.1 Staatsvertrag

Als Staatsverträge werden diejenigen Vereinbarungen qualifiziert, bei denen die zu regelnde Materie unter Parlamentsvorbehalt steht.[747] Der Gegenstand kann dabei nach dem Recht der Länder nur durch förmliches Gesetz Geltung erlangen und umgesetzt werden. Er kann bereits geregelt worden sein oder wird durch den Vertrag lediglich geändert oder die Partei zum Erlass solcher Vorschriften verpflichtet.[748] Es kommt darauf an, ob Bereiche der Gesetzgebung betroffen sind. Dabei ist auf den Vorbehalt des Gesetzes abzustellen. Aus dieser Qualifikation ergibt sich die Zustimmungsbedürftigkeit der Verträge durch die Landesparlamente. Sie ist ein wesentliches Merkmal eines Staatsvertrages.[749] Durch den Akt der Zustimmung seitens der Landesparlamente wird der Staatsvertrag transformiert und insgesamt zu objektivem Recht innerhalb der Landesrechtsordnung. Er entfaltet eine rechtliche Bindungswirkung zwischen den Parteien.[750]

4.4.1.2 Verwaltungsabkommen

Verwaltungsabkommen sind ebenfalls self-executing. Sie bedürfen keiner weiteren innerstaatlichen Rechtssetzungsakte.[751] Der Unterschied zum Staatsvertrag besteht darin, dass zur Umsetzung der vereinbarten Materie die gesetzgebenden Körperschaften der Länder nicht tätig werden müssen.[752] Die Durchführung muss ausschließlich mit Mitteln der Exekutive einschließlich Rechtssetzung durch Verordnungen bewirkt werden können.[753] Die Verwaltungsabkommen müssen sich auf Gegenstände beziehen, die von der Exekutive in eigener Zuständigkeit geregelt werden können.[754] Für die Qualifikation als Verwaltungsabkommen kommt es auf die innerstaatliche Kompetenzverteilung zwischen Exekutive und Legislative an.[755] Ob die getroffenen Abkommen rechtlich verbindlich oder unverbindlich sind, hängt vom Einzelfall ab. Es ist aber grundsätzlich, wie beim Staatsvertrag, von einer rechtlichen Bindungswirkung auszugehen.

4.4.1.3 Koordinationsabsprachen

Koordinationsabsprachen sind Vereinbarungen, die im Gegensatz zu den vorangegangenen Möglichkeiten nicht unmittelbar innerstaatlich angewendet werden können. Sie verpflichten die Parteien oder empfehlen ihnen, dass ihre Organe die notwendigen Maßnahmen zur Erreichung des Vertragszwecks, die nach dem

---

[747] Vgl. Rudolf, HdB d. StR, Bd. IV, § 105, Rdnr. 53.

[748] Vgl. Vedder, S. 162.

[749] Vgl. Vedder, S. 158.

[750] Vgl. Kirchhoff, HdB d. StR, Bd. III, § 59, Rdnr. 152 ff.

[751] Vgl. Rudolf, HdB d. StR, Bd. IV, § 105, Rdnr. 52.

[752] Vgl. Grawert, *Verwaltungsabkommen zwischen Bund und Ländern*, S. 52.

[753] Vgl. Vedder, S. 157.

[754] Vgl. Rudolf, HdB d. StR, Bd. IV, § 105, Rdnr. 56.

[755] Vgl. Grawert, *Verwaltungsabkommen zwischen Bund und Ländern*, S. 52.

jeweiligen internen Recht notwendig sind, zu ergreifen.[756] Zur Realisierung des Zweckes bedarf es regelmäßig weiterer Normsetzungsakte. Sie sind daher „non-self-executing", da es eines weiteren Aktes der Partner der Absprache bedarf, um ihren eigentlichen Sinn zu erfüllen. Auch diese Absprachen können rechtliche Bindung erzeugen. Sie kann darin bestehen, dass die Parteien durch ein Organ oder eine Behörde verpflichtet werden, die erforderlichen rechtlichen Maßnahmen einzuleiten, um die Vereinbarung umzusetzen. Ob eine rechtliche Bindung entsteht und gewollt ist, muss am Einzelfall ermittelt werden.

4.4.1.4 Gentlemen´s Agreement

Es gibt auch Koordinationsabsprachen, denen jede rechtliche Bindungswirkung fehlt. Dabei handelt es sich grundsätzlich um politische Absichtserklärungen.[757] Diese so genannten Gentlemen´s Agreements erzeugen bei den Parteien, ähnlich einem Ehrenwort, ein Vertrauen darauf, dass ein entsprechendes Verhalten an den Tag gelegt wird. [758]

4.4.1.5 Bewusst vom Bund offen gelassene Materie

Im Bereich der konkurrierenden Gesetzgebung gemäß Artt. 72, 74 GG kann es auch vorkommen, dass seitens des Bundes eine Materie absichtlich nicht geregelt wird. Er lässt im Bereich der ihm zustehenden Gesetzgebungskompetenz bewusst eine Lücke, damit die Länder diese in eigener Sache regeln können. Dabei bedient er sich teilweise so genannter Experimentierklauseln. Der Bund kann jedoch jederzeit von seinem Recht zur Gesetzgebung Gebrauch machen und so nach Art. 31 GG die Regelungen der Länder außer Kraft setzen, sofern die Voraussetzungen des Art. 72 Abs. 2 GG vorliegen.

4.4.2 Einordnung Bad Dürkheimer Vereinbarung

Es gilt nun, die Bad Dürkheimer Vereinbarung in diese Kategorien einzuordnen. Dazu werden zunächst die Fundstellen in der Literatur wieder gegeben, die sich explizit auf sie beziehen. Bereits hieraus könnten sich Anhaltspunkte für ihre rechtliche Einordnung ergeben. Sodann wird die Verhandlungsphase bis zum Abschluss der Bad Dürkheimer Vereinbarung ausführlich anhand der die Parteien bewegenden Hintergründe dargestellt. Anhand dieser Grundlage können im weiteren Verlauf die Rechtsnatur sowie etwaige sich daraus ergebende Bindungswirkungen untersucht werden. Dies gibt im Ergebnis Aufschluss darüber, ob und wie sich die Parteien zu einer zeitnahen und inhaltsgleichen Umsetzung der Musterbauordnungen anhalten lassen könnten.

---

[756] Vgl. Rudolf, HdB d. StR, Bd. IV, § 105, Rdnr. 57.
[757] Vgl. Rudolf, HdB d. StR, Bd. IV, § 105, Rdnr. 60.
[758] Vgl. Grassel, S. 33.

4.4.2.1 Stellungnahmen zur Bad Dürkheimer Vereinbarung

- *Schneider* führt im Anhang an seine Ausführungen über Verträge zwischen Gliedstaaten im Bundesstaat alle in der Zeit von 1949 bis 1961 zwischen den deutschen Bundesländern abgeschlossenen Staatsverträgen und Verwaltungsabkommen auf. Es werden dabei auch Vereinbarungen zwischen mehreren Ländern und dem Bund aufgenommen, die zugleich ein Abkommen der beteiligten Länder untereinander darstellen. Dort[759] ist auch die Bad Dürkheimer Vereinbarung aufgeführt. Eine konkrete rechtliche Einordnung stellt dies jedoch nicht dar. Sie wird zwar als Verwaltungsabkommen qualifiziert, es erfolgt aber keine Beurteilung etwaiger rechtlicher Bindungswirkungen. In den vorausgehenden Ausführungen geht Schneider auf die Bedeutung der Beschlüsse von Ressortministerkonferenzen ein, wobei auch Musterentwürfe zu Landesgesetzen berücksichtigt werden. Er schreibt ihnen, je nach Formulierung im Einzelfall, eher einen empfehlenden Charakter zu. Trotzdem würden sie im Allgemeinen respektiert und umgesetzt. Er bezeichnet die Beschlüsse als dritte Form zwischengliedstaatlicher Abmachungen.

- In dem Vorwort zu der Veröffentlichung der letzten Musterbauordnung[760] erfolgt ebenfalls keine ausdrückliche Bewertung der Bad Dürkheimer Vereinbarung in Bezug auf ihre rechtliche Verbindlichkeit. Jedoch deutet die Formulierung „... ist zu erwarten, dass der Bund von seiner Gesetzgebungskompetenz keinen Gebrauch machen würde, wenn die Länder die Bauaufsicht möglichst einheitlich und umfassend regeln." darauf hin, dass die Verfasser von einer an die genannten Voraussetzungen orientierten Bindung des Bundes hinsichtlich seiner Enthaltsamkeit ausgehen. Zudem habe der Bund wiederholt auf die Bedingungen seines gesetzgeberischen Unterlassens hingewiesen. Diese Hinweise kann man als Mahnungen an die Länder verstehen, ihren Teil der Vereinbarung einzuhalten.

- *Giese*[761] gibt im Anhang an seine Ausführungen über Staatsverträge und Verwaltungsabkommen einen Überblick über die seit 1945 in der Bundesrepublik geschlossenen Verträge der Bundesländer untereinander und mit dem Bund. Unter Nr. 11 ist zwar das Abkommen zwischen Bund und Ländern über die Gestaltung der von den Ländern herauszugebenden Bauordnungen von 1954 aufgeführt. Dies lässt aber wiederum keinen Schluss auf dessen Rechtsnatur oder rechtliche Bindungswirkungen zu. Der Verfasser unterscheidet im Vorfeld zwischen Vereinbarungen mit Rechtscharakter und solchen rein politischer Natur. Eine konkrete Zuordnung der im Anhang aufgeführten Absprachen zu den vorherigen Ausführungen erfolgt jedoch nicht.

---

[759] Vgl. Schneider H., *Verträge zwischen Gliedstaaten im Bundesstaat*, S. 61, Nr. 170.
[760] Vgl. Böckenförde/Temme/Krebs, Einf., S. VIII.
[761] Vgl. Giese, S. 170.

- *Grawert*[762] erwähnt die Bad Dürkheimer Vereinbarung ebenfalls nur im Anhang zu seinen Ausführungen über Verwaltungsabkommen. Er weist jedoch darauf hin, dass die darin genannten Abkommen nach ihrer Bezeichnung oder ihrem Abschlussverfahren die Annahme eines Vertrages nahe legen, ohne den Vertragscharakter im Einzelfall untersucht zu haben.

- *Proksch*[763] spricht in Bezug auf die Bad Dürkheimer Vereinbarung davon, dass der Bund den Ländern zugesichert habe, unter den genannten Voraussetzungen von seiner Teilzuständigkeit auf dem Gebiet des Bauordnungsrechts keinen Gebrauch zu machen. Gleichzeitig würde den Ländern die Musterbauordnung lediglich mit der Empfehlung übersandt, diese den Landtagen zur Beschlussfassung vorzulegen. Dies deutet auf einen Bindungswillen der Parteien hin, soweit sich die Anderen der Absprache entsprechend verhalten.

- *Gnatzy*[764] bezeichnet sie lediglich als eine Verständigung des Bundes mit den Ländern, von seinem Gesetzgebungsrecht keinen Gebrauch zu machen.

- *Hirschmüllers*[765] Untersuchung bezieht sich lediglich auf die ARGEBAU. Er geht dabei auf die Beschlüsse der Fachministerkonferenz ein. Ohne Begründung stellt er kurz und allgemein fest, dass nach Auffassung der Arbeitsgemeinschaft weder einstimmig noch mehrheitlich gefasste Beschlüsse für die Beteiligten rechtlich verbindlich seien, die einstimmig Gefassten aber in aller Regel entsprechend durchgeführt würden.

- *Jagenlauf*[766] bezeichnet die ARGEBAU als externe Gemeinschaftseinrichtung, die jedoch keine Rechtsakte mit Außenwirkung setzt.

Es ist keine konkrete Stellungnahme zu der Bad Dürkheimer Vereinbarung zu finden. Sie wird lediglich im Anhang einiger älterer Abhandlungen aufgeführt. Die neueren Textstellen und Aufsätze, die sich mit der Gesetzgebung im Bauordnungsrecht befassen, erwähnen die Absprache immer nur am Rande. Es wird immer von einem „... Verzicht des Bundes, sofern ..." gesprochen. Sie wird zwar im Zusammenhang mit dem Bauordnungsrecht des Öfteren erwähnt. Es scheint aber so, als dass sich noch niemand differenziert mit der Vereinbarung auseinander gesetzt hat. Ansonsten hätte man in diesem Zusammenhang darauf stoßen müssen. Die Verfasser, die sich mit ihr zumindest am Rande befassen, zitieren sich meist gegenseitig. Das könnte daran liegen, dass die Bad Dürkheimer Ver-

---

[762] Vgl. Grawert, *Verwaltungsabkommen zwischen Bund und Ländern*, S. 299ff., Nr. 141.
[763] Vgl. Proksch, S. 27, 28.
[764] Vgl. Gnatzy, S. 91.
[765] Vgl. Hirschmüller S. 30ff.
[766] Vgl. Jagenlauf, Anhang I, S. 144, Nr. 40.

einbarung als Solche kürzlich erstmals, und zwar im Internet, veröffentlicht wurde und es auch keine von allen Beteiligten unterzeichnete Urkunde der Absprache gibt.[767] Auch in der aktuelleren Literatur wird hauptsächlich auf ältere Quellen Bezug genommen.

Die Ausführungen zur ARGEBAU geben allerdings Anhaltspunkte dafür, inwiefern die Beschlüsse den gemeinsamen Willen widerspiegeln und so zu einem übereinstimmenden Handeln der Beteiligten führen können.

4.4.2.2. Zustandekommen und Intention

Zunächst ist festzustellen, dass für die Bad Dürkheimer Vereinbarung keine gesonderte Vertragsurkunde angefertigt wurde. Ihr Abschluss ergibt sich aus einem Briefwechsel und zwei Treffen zwischen dem Bundesminister für Wohnungsbau und den für das Wohnungswesen zuständigen Minister und Senatoren der Länder. In diesem Rahmen fand am 21.01.1955 in Bad Dürkheim eine Besprechung mit Vertretern der zuständigen Minister und Senatoren statt, bei der die Konstituierung eines gemeinsamen Bauordnungsausschusses von Bund und Ländern sowie dessen Aufgaben festgelegt wurden. Hierüber wurde ein Bericht angefertigt, welcher den zuständigen Ministern und Senatoren zwecks Stellungnahme und Zustimmung zugesandt wurde. Diesem sechs Seiten umfassenden Schriftstück wurde allgemein zugestimmt. Es bildet die schriftliche Grundlage und Niederlegung der am 21.01.1955 getroffenen Vereinbarung. Grundlage der gemeinsamen Arbeit soll das vom Bundesverfassungsgericht erstellte Gutachten sein.

Dieses Treffen ist jedoch bereits der zweite Schritt im Rahmen der Zusammenarbeit von Bund und Ländern. Es handelt sich dabei um die Umsetzung einer bereits im Oktober 1954 getroffenen Abmachung. Diese ist in gleicher Weise zustande gekommen wie die vom 21.01.1955. Nach einer Besprechung, welche auf Initiative des Bundesministers für Wohnungsbau stattfand und den gleichen personellen Rahmen umfasste, wurde ein Bericht über die Sitzung angefertigt, dem wiederum alle Parteien zustimmten. Darin verständigte man sich darauf, dass der Bundesgesetzgeber von seiner Befugnis im Bereich des Wohnungswesens keinen Gebrauch machen werde, sofern eine Bauordnungsrechtskommission gebildet wird. Diese sollte eine Musterbauordnung erarbeiten, die die Grundlage für die zu erlassenen Landesgesetze darstellte. Für eine möglichst einheitliche und umfassende Umsetzung der Musterordnung in den Ländern sollten die zuständigen Minister und Senatoren durch empfehlende Stellungnahmen sorgen. Diese Vereinbarung bildet die Grundlage für die am 21.01.1955 erfolgte Konkretisierung der Zusammenarbeit. Aus diesem Grunde ist in dem Bericht vom Januar 1955 auch ausdrücklich nichts darüber gesagt worden, dass der Bund auf die Ausübung seines Gesetzgebungsrechts verzichtet. Die Voraus-

---

[767] Vgl. 4.3.2.2.

setzungen für den angebotenen Verzicht vom Oktober 1954 werden durch die Bildung der Bauordnungskommission erst geschaffen. Sie stellt die Erfüllung einer der Anforderungen des Bundes an die Länder dar.

Demnach besteht die Bad Dürkheimer Vereinbarung aus zwei Stufen. In der Ersten, aus dem Oktober 1954, legten die Parteien das „Ob" einer Zusammenarbeit und deren Gründe fest, in der Zweiten wurde das „Wie" konkretisiert. Die Initiative ging vom Bundesminister für Wohnungsbau aus, um eine weitere „unerwünschte und unsachliche Rechtszersplitterung" zu vermeiden.

Aus der Betrachtung der Berichte lassen sich die Interessen des Bundes und der Länder ableiten. Aus der ersten Stufe geht hervor, dass der Bund ohne die praktische Umsetzung der zweiten Stufe und dem tatsächlichen Eintritt der Rechtsvereinheitlichung nicht auf die Ausübung seiner Gesetzgebungskompetenz verzichten wird. Daraus ergibt sich bereits eine gegenseitige Beziehung der Interessen des Bundes und der Länder. Das Ziel des Bundes der Rechtsvereinheitlichung soll durch ein Zugeständnis an die Länder durchgesetzt werden. Die Länder wollen ihre bestehenden Befugnisse nicht verlieren und legen dafür einen Teil ihrer eigenständigen Entscheidungsmacht ab. Zur Durchsetzung ihrer Interessen legen sie sich gegenseitig Pflichten auf. Diese Interessen und Pflichten deuten darauf hin, dass es bei den Besprechungen nicht nur um die Festlegung eines gemeinsamen politischen Willens ging, dessen Wirkung frei widerruflich wäre. Es deutet darauf hin, dass der Bestand der Vereinbarung rechtlich fixiert werden sollte. Die Parteien geben einen bestimmten Teil ihrer Befugnisse zugunsten der anderen Partei auf, um im Gegenzug ein Ziel zu erreichen, welches ihnen ansonsten nicht mit gleichem Erfolg zugänglich wäre. Ohne eine rechtliche Bindung der jeweils anderen Seite ist eine solche Disposition der eigenen Befugnisse nur begrenzt denkbar. Das Risiko der Untreue ist zu hoch. Es ist nicht ersichtlich, warum man der anderen Partei Zugeständnisse machen sollte, ohne sicher zu sein, dass diese ihren Teil der Vereinbarung einhält, was aber zur Erreichung der eigenen Ziele unbedingt erforderlich ist. Eine rechtliche Bindungswirkung liegt im Interesse beider Parteien, denn daraus können sich mögliche rechtliche Schritte ergeben, um die Gegenpartei zur Erfüllung anzuhalten. Diese Motive haben sie durch die Zustimmungen zu den jeweiligen Berichten zum Ausdruck bringen wollen. Auf den vorhergehenden Besprechungen hatten sie die Gelegenheit, ihre Positionen darzustellen und dabei die für ihre Interessen möglichen Vorteile auszuhandeln. Die Berichte sind das Ergebnis dieser Verhandlungen.

4.4.2.3 Rechtsnatur

Die Einordnung einer Absprache in die vorgenannten Definitionen kann nicht einfach über ihre Bezeichnung oder ihr Verfahren erfolgen, denn die Verschiedenheit dieser ist nicht Voraussetzung, sondern Konsequenz einer Unterscheidung in Bezug auf die Natur einer Vereinbarung.[768] Die für eine Abgrenzung denkbaren Kriterien formeller und materieller Art lassen sich den einzelnen Bezeichnungen nicht in bestimmter Weise zuordnen.[769] Demnach kann allein aus der Betitelung als „Vereinbarung" nicht geschlossen werden, dass es sich weder um einen Staatsvertrag noch um ein Verwaltungsabkommen handelt. Es kommt auch nicht darauf an, ob für die Absprache eine gesonderte Vertragsurkunde angefertigt wurde. Dies sind lediglich Indizien.

Anhaltspunkte für eine Einordnung und das Vorliegen eines Rechtsbindungswillens lassen sich aus dem Wortlaut, dem Inhalt und den tatsächlichen Umständen des Zustandekommens finden.[770] Daneben ist auf den konkreten Vereinbarungsgegenstand abzustellen. Bei genauer Betrachtung stellt dieser sich folgendermaßen dar.

Gegenstand der Bad Dürkheimer Vereinbarung ist die Ausübung der Gesetzgebungskompetenz des Bauordnungsrechts im Bereich des Wohnungswesens. Es handelt sich beim Bauordnungsrecht zwar um eine Materie, die unter Parlamentsvorbehalt der Länder steht. Jedoch besteht nach der Bad Dürkheimer Vereinbarung keine Pflicht zur wörtlichen Umsetzung der Musterbauordnung durch die Legislative. Es sollen seitens der Kommission durch die jeweiligen Minister und Senatoren lediglich Empfehlungen ausgesprochen werden.

Die für das Bauwesen zuständigen Minister und Senatoren der Länder und der Bundesminister für Wohnungsbau bilden im Rahmen der ARGEBAU eine Musterbauordnungs-Kommission. In gemeinsamen Beratungen soll eine Musterbauordnung erarbeitet und durch Beschluss festgelegt werden. Des Weiteren obliegt dem Ausschuss die Aufgabe, die Umsetzung des Mustergesetzes in das Landesrecht den Ländern zu empfehlen.

Letztendlich ist das Ergebnis eine legislative Betätigung in Form der Verabschiedung einer angepassten Landesbauordnung. Jedoch folgt unmittelbar aus der Bad Dürkheimer Vereinbarung keine Verpflichtung dazu. Die Verpflichtung liegt vielmehr darin, gemeinsam eine Musterbauordnung zu erarbeiten und deren Umsetzung in den Länderparlamenten voranzutreiben. Die Zusammenarbeit soll als Voraussetzung für den Verzicht des Bundes zwar eine einheitliche Regelung hervorbringen, jedoch ist diese Bedingung des Bundes nicht an ein konkretes Umsetzungsgebot im Rahmen der Arbeit der Bauministerkonferenz gekoppelt. Es kommt allein auf das am Ende stehende Ergebnis an.

---

[768] Vgl. Schneider H., *Verträge zwischen Gliedstaaten im Bundesstaat*, S. 8.
[769] Vgl. Grawert, *Verwaltungsabkommen zwischen Bund und Ländern*, S. 31.
[770] Vgl. Hirschmüller, S. 123.

Bei den Empfehlungen handelt es sich im Ergebnis um die Ausübung des Gesetzesinitiativrechts in einer ganz bestimmten Richtung. Jedoch steht das Gesetzesinitiativrecht unter anderem den Regierungen zu und nicht einem einzelnen Regierungsmitglied. Die Minister und Senatoren haben ihre Gesetzesentwürfe dem Kabinett zur Beschlussfassung vorzulegen. Die Regierung fasst die Beschlüsse darüber mit Stimmenmehrheit. Die beschlossene Vorlage wird sodann dem Parlament zur Beratung vorgelegt und von dem zuständigen Minister oder Senator in der Sitzung vertreten.[771]

Die Bad Dürkheimer Vereinbarung bezieht sich somit nicht auf einen Gegenstand der Gesetzgebung, sondern betrifft den Zuständigkeitsbereich der Minister und Senatoren in ihrer Eigenschaft als Teil der Exekutivspitze, die nur den Anstoß zur eigentlichen legislativen Tätigkeit geben können. Das Parlament ist in die Absprache weder aufseiten des Bundes noch der Länder mit einbezogen. Insoweit können nur die einzelnen Minister und Senatoren in ihrem Verhalten gebunden sein. Sie haben die Empfehlungen zur Umsetzung der Musterbauordnung auszusprechen. Ähnlich sieht es auf der Seite des Bundes aus. Es wird zwar seitens des Bundesministers gesagt, dass der Bundesgesetzgeber von der ihm zuerkannten Kompetenz auf diesem Gebiet unter der Voraussetzung der Einheitlichkeit der Landesgesetze keinen Gebrauch machen werde. Jedoch ist wiederum nur der Minister und nicht etwa das Parlament an dieser Aussage beteiligt. Dies bedeutet also lediglich, dass der Bundesminister von einem ihm unter Umständen zustehenden Gesetzesinitiativrechts keinen Gebrauch machen würde. Weiter reicht sein Handlungsspielraum auch nicht. Als ein initiativ bindendes Abkommen überträgt es keine Zuständigkeiten, sondern regelt lediglich deren Ausübung bei unveränderter sachlicher Grundlage.

Die im Anschluss erfolgende Reaktion der Länder stellt keine Tätigkeit der Legislative im Sinne eines Staatsvertrages dar. Zur Anwendbarkeit der Bad Dürkheimer Vereinbarung ist es auch nicht nötig, sie in geltendes Landesrecht zu transformieren. Mangels Erfordernis der Zustimmungsbedürftigkeit und der Art des Zustandekommens handelt es sich nicht um einen Staatsvertrag.

Für eine Qualifikation als Verwaltungsabkommen müsste es zur Durchführung der Bad Dürkheimer Vereinbarung nötig sein, auf Landesebene exekutiv tätig zu werden. Die an der Kommission beteiligten Minister und Senatoren sind Teil der Exekutive. Sie müssen an den Sitzungen der Kommission teilnehmen und an den Beratungen über die Ausgestaltung der Musterordnung und etwaigen Änderungen mitwirken. Insoweit erfüllen die zuständigen Minister und Senatoren diesen Teil der Vereinbarung in eigener Zuständigkeit. Das Vorantreiben der Umsetzung in den Ländern in Form von empfehlenden Stellungnahmen seitens der Minister und Senatoren an die Legislative fällt ebenfalls in ihr Ressort.

---

[771] Vgl. GO der Landesregierungen unter Ergänzung durch die GGO.

Den Gegenstand der Zusammenarbeit im Rahmen der Musterbauordnungskommission regeln sie somit in eigener Zuständigkeit. Jedoch ist dies lediglich die Umsetzung einer der Bedingungen des Bundes, unter denen er auf seine Befugnis verzichtet. Die andere Bedingung, die als Ergebnis eine möglichst einheitliche und umfassende Landesgesetzgebung auf der Grundlage der Musterbauordnung verlangt, liegt nicht in ihren Händen. Ihr einziger Einfluss auf die Umsetzung liegt in den Empfehlungen an die Parlamente. Die bei den Beratungen getroffenen Beschlüsse sind innerstaatlich nicht anwendbar. Die Teilnehmer sind zwar Teil der Exekutive und müssen in dieser Eigenschaft auch tätig werden, jedoch können sie das eigentliche Ziel der Vereinbarung, eine im Ergebnis möglichst einheitliche Landesgesetzgebung, nicht in eigener Zuständigkeit mit eigenen Mitteln erreichen. Demnach handelt es sich nicht um ein Verwaltungsabkommen.

Die Bad Dürkheimer Vereinbarung könnte eine Koordinationsabsprache darstellen. Es geht um die Verpflichtung eines Organs, die notwendigen Maßnahmen zur Erreichung des Vereinbarungszwecks zu ergreifen. Zur Realisierung dieses Zweckes bedarf es des Erlasses eines der Musterbauordnung weitgehend entsprechenden Landesgesetzes. Aufgrund der Beschlüsse haben die Minister und Senatoren Empfehlungen an die Regierungen zur Einbringung einer entsprechenden Gesetzesvorlage auszusprechen und sich für deren Erfolg einzusetzen. Dies entspricht der oben genannten Definition einer Koordinationsabsprache.[772] Zweck und Intention ist die Zusammenarbeit mit dem Ziel der Vereinheitlichung der Landesgesetzgebung im Bauordnungsrecht.

4.4.2.4   Bindungswirkung
Hinsichtlich der Bindungswirkung ist zwischen drei verschiedenen Ebenen zu unterscheiden. Zum einen besteht eine Beziehung des Bundes zu den Ländern beziehungsweise der jeweiligen Minister und Senatoren zueinander. Zum anderen ist die horizontale Ebene der Länder untereinander zu bedenken. Des Weiteren stehen sie als Teile der Regierung den Parlamenten gegenüber. Es fragt sich nun, inwieweit auf den einzelnen Ebenen zwischen den Subjekten eine Bindungswirkung besteht und welche Folgen diese möglicherweise hat.

4.4.2.4.1   Rechtliche Bindungswirkung
Als Koordinationsabsprache auf Exekutivebene erzeugt die Bad Dürkheimer Vereinbarung keine rechtliche Verpflichtung des Landes. Sie wäre zwar wünschenswert um die Verwirklichung des Vereinheitlichungsgedankens zu erreichen, ist aber verfassungsrechtlich unzulässig. Eine rechtliche Bindung des Gesetzgebers würde zu einer verfassungswidrigen Selbstpreisgabe der Länder führen. Sie gäben ihre Regelungsbefugnis in die Hände einer gemeinsamen Einrich-

---

[772] Vgl. 4.3.1.3.

tung und müssten, auch im Falle widerstreitender eigener Interessen, diese zurückstellen und den Entwurf übernehmen. Dies käme einer Fremdherrschaft der Legislative durch die Kommission gleich, zumal der Gesetzgeber nicht einmal an den Sitzungen der Kommission beteiligt ist.

Des Weiteren läge ein Verstoß gegen das Prinzip der Gewaltenteilung vor. Die Exekutive würde das Verhalten der Legislative bestimmen und könnte ihre Interessen mangels Kontrollmöglichkeiten durch das Parlament ungehindert durchsetzen.

Durch die Bad Dürkheimer Vereinbarung würde die Befugnis des Bundes zur Gesetzgebung im Bereich des Art. 74 Nr. 18 GG eingeschränkt. Im Falle einer rechtlichen Bindungswirkung gegenüber den Ländern wäre er nicht mehr allein Herr der Materie. Es ist jedoch nicht möglich, dass der Bund auf eine ihm durch das Grundgesetz zugewiesenen Kompetenz ganz verzichtet.[773] Anders sieht es aus, wenn er lediglich davon absieht, eine Materie durch Gesetz zu regeln, um sie kooperativen Lösungsmöglichkeiten zu überlassen.[774] Dabei wird nicht von der Kompetenz an sich, sondern nur von deren Ausübung im konkreten Fall abgesehen. Sie wird lediglich zur Ausübung mit der Option einer späteren Rückholbarkeit überlassen.[775]

Somit käme eine rechtliche Verpflichtung zur Enthaltsamkeit bei der Gesetzgebung im Bereich des Bauordnungsrechts aufseiten des Bundes einem verfassungsrechtlich unzulässigen Kompetenzverzicht gleich. Ohne Möglichkeit der jederzeitigen Rückholbarkeit stellt dies faktisch eine Änderung der grundgesetzlichen Kompetenzverteilung dar. Unmittelbar aus der Bad Dürkheimer Vereinbarung ergibt sich eine solche Möglichkeit nicht.

4.4.2.4.2 Bindungswirkung auf andere Art und Weise

Wenn aus der Absprache unmittelbar keine rechtliche Bindungswirkung der Parteien abzuleiten ist, kommt allenfalls eine sich aus dem Bindungswillen der Beteiligten und den Hintergründen der Kooperation bildende politische Verbindlichkeit in Betracht. Dabei spielen die jeweiligen Interessenlagen eine wichtige Rolle, da sich durch die grundsätzlich übereinstimmenden Motive eine Art Schicksalsgemeinschaft bildet, der man durch gemeinschaftlich gefasste Beschlüsse eine „Außenwirkung" verleiht. Zudem steht hinter dem Ergebnis des Textes einer neuen Fassung der Musterbauordnung ein nicht unerheblicher Verwaltungsapparat und ein damit einhergehender entsprechender Kostenaufwand, der zugleich einem leichtfertigen Scheitern des gemeinsamen Vorhabens entgegen stehen könnte.

---

[773] Vgl. Rengeling, HdB d. StR, Bd. IV, § 100, Rdnr. 12.
[774] Vgl. Rengeling, HdB d. StR, Bd. IV, § 100, Rdnr. 12.
[775] Vgl. Rudolf, HdB d. StR, Bd. IV, § 105, Rdnr. 62.

4.4.2.4.2.1 Im Verhältnis der Länder untereinander

Die Bauministerkonferenz beschließt die Musterregelungen in einem besonderen Beschlussverfahren, um möglichst allen Interessen und Anregungen ausreichend Rechnung tragen zu können. Diese Beschlüsse binden die jeweiligen Minister und Senatoren und haben nach einer entsprechenden Empfehlung an die Landesregierungen grundsätzlich zur Folge, dass ein entsprechender Gesetzentwurf ins Parlament eingebracht wird. Es stellt sich somit die Frage, ob sich aus den Beschlüssen der Bauministerkonferenz eine weitergehende Bindungswirkung für die Regierungen oder gar den Gesetzgeber ergeben könnte.

4.4.2.4.2.1.1 Willensübereinstimmung durch Beschlüsse

Im Rahmen der Zusammenarbeit der Länder im Zuge der Beratungen der Bauordnungskommission werden Entscheidungen in Form von Beschlüssen getroffen. Nach der Geschäftsordnung der ARGEBAU werden diese grundsätzlich einstimmig gefasst. Alle Teilnehmer sind gleichberechtigt und verfügen über eine Stimme. Sollte es doch nicht zur Einstimmigkeit kommen, werden in dem jeweiligen Beschluss auch die Auffassungen der nicht Zustimmenden und Abwesenden zum Ausdruck gebracht. In eiligen Angelegenheiten kann dies auch auf schriftlichem Wege herbeigeführt werden. Auch bei organisatorischen Fragen reichen Mehrheitsbeschlüsse aus.[776] Hinsichtlich der Bedeutung von solchen Beschlüssen lassen sich im Wesentlichen folgende Richtungen erkennen.

Schneider[777] sprach sich als einer der Ersten dafür aus, dass die Konferenzbeschlüsse ein öffentlich-rechtliches Verhältnis zwischen den Ländern begründen würden. Deren detaillierte Ausgestaltung lege die Landesexekutive in ihren Maßnahmen vollständig fest. Außerdem verlören die Beschlüsse ihren Sinn, wenn sie nicht als echte Bindung der Beteiligten untereinander verstanden würden.

Dagegen wurde angeführt[778], dass Beschlüsse nur die Aufgabe erfüllen sollen, die Landespolitik hinsichtlich der Gesetzgebung zu koordinieren. Dies ließe sich besser durch politische Versprechungen erfüllen, da alle Beteiligten dabei erwarten könnten, dass sich die Länder, auch ohne rechtliche Pflichten, an solche Absprachen halten würden. Deshalb reiche eine nur moralische Verpflichtung für die Erreichung des intendierten Zweckes aus. Man könne einen Vertragsschluss nur dann annehmen, wenn der jeweilige Fachminister von dem nach der Verfassung vertretungsberechtigten Organ zum Vertragsabschluss ermächtigt wäre und der von ihm ausgehandelte „Vertragstext" dann später die Zustimmung der verfassungsgemäß zuständigen Organe erhielte.

---

[776] Vgl. GeschO ARGEBAU.
[777] Vgl. Schneider H., *Verträge zwischen Gliedstaaten im Bundesstaat*, S. 10ff.
[778] Vgl. Giese, S. 71ff.

Nach *Grassl*[779] handelt es sich bei den Beschlüssen immer dann um lediglich politische Versprechen, wenn in ihnen oder in der Geschäftsordnung nicht der Wille zu einer rechtlichen Bindungswirkung erkennbar ist.

Hirschmüller[780] stellt auf den Rechtsbindungswillen der Beteiligten ab und plädiert insgesamt für eine rechtliche Bindungswirkung. Sofern die Übereinkunft in einer gesonderten Urkunde niedergelegt und detailliert geregelt würde, könne man ihnen einen gewissen vertraglichen Charakter nicht absprechen. Rein politische Versprechen kämen nur in Betracht, wenn ein Rechtsbindungswille nicht erkennbar sei. Dies sei zum Beispiel der Fall, wenn einer der Beteiligten aus verfassungsrechtlichen Gründen zum „Vertragsschluss" nicht berechtigt wäre.

Aus der einer Kommissionsentscheidung zugrunde liegenden gemeinsamen Willensrichtung könnte sich eine aus den jeweiligen Beschlüssen ergebende rechtliche Verbindlichkeit ergeben. Das wäre zumindest dann der Fall, wenn sie Vertragscharakter hätten. Dazu wären korrespondierende Erklärungen erforderlich.[781] Bei den Entscheidungen der Kommission handelt es sich aber um gleichgerichtete, kongruente Richtungen. Die Teilnehmer treten nicht als Vertragsparteien, sondern lediglich als Mitglieder der Bauministerkonferenz in Erscheinung. Die Beschlüsse erscheinen nach Außen als einheitliche Akte und nicht als Vertrag. Außerdem wird die gemeinsame Willensrichtung bereits durch die Bad Dürkheimer Vereinbarung verbindlich festgesetzt. Die Beschlüsse sind die Umsetzung der Absprache mit lediglich empfehlendem Charakter an die Länder. Die aus der Willensfestlegung folgende Empfehlung löst im Rahmen der politischen Koordination in Form eines politischen Versprechens eine moralische Verpflichtung zur Erreichung des erstrebten Zweckes aus. Es ist dabei zu erwarten, dass die erforderlichen Schritte von den Ministern und Senatoren eingeleitet werden. Diese stellen hier die Mitwirkung des Parlaments in Form der Verabschiedung einer an die Musterbauordnung angepassten Landesbauordnung dar. Das gegenseitige Interesse an der fortdauernden Kooperation hält die Beteiligten dazu an, nicht leichtfertig von den Beschlüssen abzuweichen.[782]

Der Wortlaut der Musterbauordnung wird durch Beschluss der Bauordnungskommission festgelegt. Sie bringt den gemeinsamen Willen zum Ausdruck, abgesehen von örtlichen Besonderheiten, die Landesgesetze in diesem Sinn zu gestalten. Für den Willen einer möglichst ausgeprägten Verbindlichkeit für die Beteiligten spricht zum einen der große Aufwand, der hinter den Beratungen und der Organisation der Konferenzen steht. Es wurde eigens zu diesem Zweck eine Kommission gebildet, die unter erheblichem Verwaltungsaufwand ihre Koordinierungstätigkeit ausübt. Es sind diverse Verhandlungs- und Unter-

---

[779] Vgl. Grassel, S. 67ff.
[780] Vgl. Hirschmüller, S. 115, 120; 148ff.
[781] Vgl. Hirschmüller, S. 143.
[782] Vgl. Pietzcker, S. 51.

suchungsphasen zu durchlaufen, bis schließlich ein alle Besonderheiten berücksichtigendes akzeptables Ergebnis vorliegt. Der gesamte Aufwand erscheint nur sinnvoll, wenn das „ob" und „wie" der Umsetzung ins Landesrecht nicht im freien Belieben der Länder steht. Zum anderen spricht auch die Intention der Bad Dürkheimer Vereinbarung und der Wille und die Interessen der Länder, dass der Bundesgesetzgeber von seiner ihm durch das Gutachten des Bundesverfassungsgerichts von 1954 lediglich partiell zuerkannten Kompetenz im Bereich des Bauordnungsrechts keinen Gebrauch macht, für einen Bindungswillen. Wegen des hohen Anteils von 80% aller Gebäude als Wohngebäude wäre der Verlust der Regelungsbefugnis für die Länder eine merkliche Beschneidung ihrer Befugnisse. Um die Voraussetzungen des Art. 72 Abs.2 GG in ihrem Sinn zu wahren, müssen die Länder ihre Gesetze möglichst nah an dem Musterentwurf orientieren. Um dies zu gewährleisten, ist eine möglichst große Verbindlichkeit erforderlich.

Diese Intention und dieser Hintergrund lassen auf eine politische Bindungswirkung der Länder als Solche schließen. Es ist im Interesse des Gesamtstaates, wenn die Legislative sich an die Vorgaben der Regierungen bei der Gesetzesvorlage durch den jeweiligen Minister oder Senator hält. Eine rechtliche Pflicht des Gesetzgebers entfalten die Beschlüsse nicht. Dies ist aus verfassungsrechtlichen Gründen auch nicht möglich. Deshalb verbleibt nur die Möglichkeit, den bestehenden Bindungswillen auf moralischer Ebene zu manifestieren. Zudem ist in den Beschlüssen der Gesetzeswortlaut genau vorgegeben. Die detaillierte Niederschrift in einer gesonderten Urkunde legt ebenfalls die Annahme nahe, dass man sich, soweit es möglich und zulässig ist, binden wolle.

4.4.2.4.2.1.2 Auswirkungen im Verhältnis der Minister und Senatoren zum Parlament

Aus der Bad Dürkheimer Vereinbarung folgt neben der Mitwirkung bei der Entwicklung eines Musterentwurfs lediglich die Pflicht der Minister und Senatoren, dessen Umsetzung zu empfehlen. Diese Empfehlung beruht auf einem gemeinsam gefassten Beschluss. Der Wille zur wörtlichen Umsetzung ist aufseiten der zuständigen Minister und Senatoren gegeben. Sie liegt jedoch nicht in ihren Händen. Möglicherweise besteht ein faktischer Zwang des Parlaments zur Umsetzung. Dieser Zwang könnte gegebenenfalls hinter der Bereitschaft zur Erfüllung der Begehren der Regierung stehen.

Die Gefahr der verfassungsrechtlich unzulässigen Selbstpreisgabe ist dabei nicht in gleichem Maße wie bei einer umfassenden rechtlichen Verpflichtung gegeben. Sie lässt sich durch eine Abschwächung der Bindungswirkung vermeiden. Eine Möglichkeit dazu stellt die lediglich auf ein Organ begrenzte Bindungswirkung dar.[783] Dabei binden sich die Partner einer Absprache nur hin-

---

[783] Vgl. Kisker, S. 210.

sichtlich des künftigen Verhaltens bestimmter Organe und bleiben hinsichtlich des künftigen Verhaltens anderer Organe frei. Im Falle der Bad Dürkheimer Vereinbarung wurden von vorn herein nur die jeweiligen Minister und Senatoren als Exekutivorgane angesprochen. Als Teile der Regierungen der Länder schlossen sie die Vereinbarung jeweils für ihren Zuständigkeitsbereich. Der Gesetzgeber wird indes erwähnt, bleibt aber insgesamt ausgenommen. Konsequenz ist hierbei, dass zwar keine verfassungsrechtlich unzulässige Selbstpreisgabe durch eine rechtliche Verpflichtung vorliegt, der Gesetzgeber aber als bündnisfreies Organ die Verwirklichung des hinter der Absprache stehenden Zieles theoretisch unmöglich machen kann. Er ist regelmäßig in der Lage, Maßnahmen der Exekutive durch gesetzliche Regelungen zu korrigieren, wobei die Empfehlungen der Minister und Senatoren an die Parlamente ohne Außenwirkung nicht einmal eine in diesem Sinn relevante Maßnahme der Exekutive darstellen.

Eine sinnvolle und ergiebige Kooperation ist hingegen nur möglich, wenn sich die Beteiligten auf die Zusagen ihrer Partner verlassen können. Dies ergibt sich schon aus bundesstaatlichen Überlegungen. Im Falle der Bad Dürkheimer Vereinbarung sind die Parteien jedoch nicht das Land als Solches, sondern lediglich die Minister und Senatoren als Regierungsmitglieder und Teile der Exekutive. Sie können zwar darauf vertrauen, dass die Empfehlungen an die Parlamente abgegeben werden. Jedoch bringt sie dies auf ihrem Weg zur Rechtsvereinheitlichung nicht wesentlich weiter, da der Gesetzgeber rechtlich nicht daran gebunden ist. Er könnte jederzeit von der ihm durch das Grundgesetz verliehenen Kompetenz Gebrauch machen, ohne auf die Zustimmung jedes einzelnen Landes angewiesen zu sein. Die Tätigkeit des Gesetzgebers in einer bestimmten Richtung ist aber als deren Zweck die intendierte Grundlage der Bad Dürkheimer Vereinbarung.

Diese Freiheit scheint die Kooperation aber nicht zu beeinträchtigen, denn sie ist nicht zu überschätzen. Die Zusammenarbeit ohne Rechtspflicht wird nämlich nicht nur durch die Pflege eines kollegialen Stiels geschützt. Es kann dabei für nicht einbezogene Organe wie den Gesetzgeber ein gewisser faktischer Zwang entstehen. Es kann den Parlamenten unter Umständen schwer fallen, gegenüber Gesetzeswünschen nach Empfehlung einer bundesweit arbeitenden Bauministerkonferenz auf eine Umsetzung angesichts eines möglichen teilweisen Verlustes der Gesetzgebungskompetenz für das Land zu verzichten. Zudem führt eine Fachministerkonferenz zu einem Kontaktprivileg der Landesregierungen und damit zu einem faktischen Vorrang der Exekutive vor der Legislative.[784]

Die Konferenzen haben zwar zunächst nur beratende Funktion. Ihre Entscheidungen in Bezug auf die Mustergesetze richten sie aber in Form von Empfehlungen an die jeweiligen Regierungen. Diese Empfehlungen stellen bereits

---

[784] Vgl. Schneider P., S. 138.

die Mustergesetze dar. In der Verfassungswirklichkeit ergibt sich aus diesen Empfehlungen, sowie vor allem aus den Mustergesetzentwürfen, eine erhebliche Einwirkung auf die Landesgesetzgebung.[785] Zwar tritt auch hier keine rechtliche Bindung ein. Jedoch werden die Parlamente dadurch einem faktischen Druck ausgesetzt, die Empfehlungen und Entwürfe ohne grundsätzliche Änderungen zu übernehmen. Insofern wird der Verantwortungsschwerpunkt auf eine effektive Weise in den Bereich der Exekutive verlagert.[786]

Wegen der fachlichen Kompetenz des jeweiligen Ministers oder Senators auf dem Gebiet des Baurechts stehen sie dem Sachgebiet Bauordnungsrecht wesentlich näher als das Parlament. Das Entwurfsverfahren der Kommission soll im Ergebnis ein sachlich, rechtlich und politisch ausgewogenes Mustergesetz hervorbringen. Im Zweifel würde auch der Gesetzgeber Gremien oder Sachverständige mit der Beurteilung schwieriger Sachfragen beauftragen und das Ergebnis als Arbeitsgrundlage für weitere Beratungen zur Hand nehmen. Auf diese Weise erlangen die Beschlüsse eine gewisse Autorität. Die sorgfältige Vorbereitung sowie das jeweilige, meist einstimmige Abstimmungsergebnis, geben Ihnen einen weit höheren Stellenwert bei der Verabschiedung der Gesetze als einen rein informatorischen Charakter.[787]

Des Weiteren wird das Mustergesetz unter Teilnahme eines Landesvertreters ausgehandelt und stellt eine Kompromissformel dar, mit deren Hilfe die Interessen aller Länder berücksichtigt und etwaige unvermeidliche Opfer in Einklang gebracht und angemessen verteilt werden können. Das Parlament kann wegen seiner Größe und Schwerfälligkeit nicht in gleicher Intensität wie die Bauordnungskommission im Sinne der Rechtsvereinheitlichung eine möglichst allen Bedürfnissen gerecht werdende (Muster-) Bauordnung entwickeln. Insofern kommt ihr eine Schlüsselrolle zu. Durch die Verpflichtung der Regierung, ihre Gesetzesvorlagen zur Diskussion zustellen und die Möglichkeit der Parlamente diese in ihrem Sinn zu verändern, ist die rechtliche Position des Gesetzgebers nicht beeinträchtigt. Ihm verbleibt weiterhin die maßgebende Entscheidungszuständigkeit. Jedoch übt die Exekutive eine effektive Gestaltungskraft dadurch aus, dass sie ständig, intensiv und umfangreich an der Perfektionierung des Normverbundes Bauordnungsrecht arbeitet. Die Kooperation soll von vornherein die Koordination fördern und die Akzeptanz des Gesetzesvorhabens steigern. Dies wird zudem durch das Abstimmungsverfahren unterstrichen, welches bei den Konferenzen die Beschlussfassung bestimmt. Deshalb wird die Gestaltungsfreiheit des Parlaments letztendlich nur dann aktuell werden, wenn es um Gesetzesvorhaben geht, die bedeutsame Strukturprobleme haben oder die in der Öffentlichkeit umstritten sind.[788]

---

[785] Lichtenstern, S. 115.

[786] Bachof in: Aussprache VVDStRL Bd. 21, S. 120.

[787] Fuß, S.137,138.

[788] Vgl. Grawert, *Gesetzgebung zwischen Politik und Demokratie*, S. 108.

Das Kontaktprivileg führt zu einer Verschiebung der Verhältnisse zugunsten der Exekutive. Es fällt dem Parlament außerordentlich schwer, gegenüber Gesetzgebungswünschen auf Empfehlung eines Ministers oder Senators hart zu bleiben, welche auf dem Beschluss einer bundesweit arbeitenden Kommission beruhen.[789]

Der eingebrachte Gesetzentwurf geht auf eine Initiative der Regierung zurück. Damit entscheidet sie bereits, welche Gesetzesalternative überhaupt zur Beschlussfassung kommt. Diese vorgegebene Richtung wird durch die politischen Bande zwischen den Abgeordneten der Regierungsfraktion nahezu automatisch zum Erfolg geleitet. Es kann ein starker Druck für den Abgeordneten bestehen, nicht von der Gesetzesinitiative abweichend tätig zu werden. Er könnte dafür verantwortlich gemacht werden, ob eine bestimmte Regelung bundeseinheitlich gilt oder nicht. Er steht möglicherweise vor der Entscheidung, einem Gesetz gegen seine politische Überzeugung zustimmen zu müssen, weil das Argument der Einheitlichkeit stärker wiegt und letztendlich doch als das kleinere Übel angesehen wird.[790] Insoweit wird die Vereinheitlichung als Ergebnis freiwilliger Kooperation von den Landesparlamenten mehr oder weniger hingenommen.[791]

Das neue Gesetz geht letztendlich aus dem Zusammenwirken von legislativen und exekutiven Organen hervor. Die eigentliche politische Entscheidung über das Gesetz erfolgt aber bereits in der Bauministerkonferenz. Wird es dort beschlossen und hat der jeweilige zustimmende Minister oder Senator nun die entsprechende Empfehlung auszusprechen, wird seinem Begehren als Bestandteil der Regierung entsprochen werden und es kommt zu der Gesetzesvorlage im Parlament. Dort hat die Regierung regelmäßig die Parlamentsmehrheit inne. Insoweit wird es zum Beschluss des Gesetzes kommen. Als entsprechender Minister oder Senator kann man also sicher sein, dass mögliche Einwände der Opposition grundsätzlich nicht zu einer grundlegenden Änderung „seines" Musterentwurfs führen.

Dies setzt die Regierung und den Gesetzgeber in einen Wirkungszusammenhang. In der repräsentativen Demokratie bildet das Parlament den verfassungsmäßigen Mittelpunkt der politischen Willensbildung. Dieser politische Wille entspricht dem Grunde nach dem der Regierung. Es bildet zwar das Zentrum der Gesetzgebung aber kein Monopol. Der gesamte Vorgang vollzieht sich in einer Funktionsverschränkung.[792] Aus diesem Grund wird sich das Ergebnis eines Gesetzgebungsverfahrens grundsätzlich im Sinne des jeweiligen Ministers als Teil der Regierung darstellen. Da die Parlamentsmehrheit und die Regierung somit im gleichen Boot sitzen, wird sie es sich wohl kaum leisten können, die

---

[789] I.E. Vgl. Kisker, S. 226-230.

[790] Vgl. Hofmann, S. 70.

[791] Vgl. Schneider P., S. 130.

[792] Vgl. Grawert, *Gesetzgebung zwischen Politik und Demokratie*, S. 102.

Regierung offen im Stich zu lassen. Dadurch wird die Möglichkeit, die Zustimmung zu verweigern, zu einem „nicht praktikablen Veto".[793]

Der Bindungswille der Beteiligten beim Beschluss des Musterentwurfes und der tatsächliche Einfluss der Regierung auf die Haltung des Parlaments sorgen dafür, dass die Mustergesetze umgesetzt werden. Dies ergibt eine faktische Bindung des Gesetzgebers an den Inhalt der Musterentwürfe. Die Tatsache, dass es vorliegend trotzdem zu merklichen Unterschieden[794] zwischen den Landesgesetzen im Bauordnungsrecht gekommen ist, widerspricht zunächst diesem Ergebnis. Jedoch zeigt 3.8, dass die Praxis der Gesetzgebung im Bauordnungsrecht sich wegen der dort genannten Gründe nicht hürdenlos der Musterbauordnung unterwirft.

4.4.2.4.2.2 Bindungswirkung im Verhältnis Bund und Länder

Aufseiten des Bundes würde eine rechtliche Verpflichtung zu einem Verzicht seinerseits auf die Ausübung einer Gesetzgebungskompetenz führen. Ein solcher Kompetenzverzicht ist jedoch verfassungsrechtlich nicht zulässig.

Er könnte von seinem Gesetzgebungsrecht ohne Zustimmung der einzelnen Gliedstaaten jederzeit Gebrauch machen. Das nützt ihm aber wenig, wenn es gilt, ein einheitliches Lebensverhältnis zu regeln, das dem Bund gemäß dem Gutachten des Bundesverfassungsgerichts, welches nach der Bad Dürkheimer Vereinbarung die Grundlage der Zusammenarbeit sein soll, nur zum Teil unterworfen ist. In solchen Fällen ist eine sachgerechte Regelung nur durch Erweiterung der Bundeskompetenz oder, wenn dies nicht möglich ist, durch Absprache zu erreichen.[795] 1954 hat man sich mangels anderweitiger Perspektiven für die Kooperation auf Exekutivebene entschieden.

Hinsichtlich des Verhältnisses des Bundesministers zum Bundesgesetzgeber muss man feststellen, dass eine legislative Betätigung ohnehin nur unter den Voraussetzungen des Art. 72 Abs. 2 GG möglich wäre, da die Länder den Bereich des Bauordnungsrechts bereits umfassend regeln. Diese juristische Hürde auf dem Weg zu einem umfassenden Bundesgesetz ist höher anzusetzen, als eine politische Bindungswirkung und moralische Verpflichtung aus einer Vereinbarung mit den Ländern. Insoweit gibt das Grundgesetz den entscheidenden Maßstab vor, an dem sich die bundesgesetzgeberische Tätigkeit zu orientieren hat.

Die Pflichten der Länder gegenüber dem Bund und umgekehrt ergeben sich aus dem den Beschlüssen zugrunde liegenden Bindungswillen aller Beteiligten und sind mit denen der Länder untereinander im wesentlich gleich. Dies ergibt sich daraus, dass der Bundesminister als Mitglied der Bauordnungskommission an dessen Tätigkeiten beteiligt ist. Hinsichtlich der Möglichkeiten des

---

[793] Vgl. Kisker, S. 125.

[794] Vgl. 2.8.

[795] Vgl. Kisker, S. 225.

Bundesministers, auf Gesetzesinitiativen Einfluss zu nehmen, kann ebenfalls nach oben verwiesen werden.

4.4.2.4.2.2.1 Die Bundestreue als Bindeglied

Der Grundsatz der Bundestreue stellt einen wesentlichen Inhalt des bundesstaatlichen Prinzips dar. Er entspricht dem eigentümlichen Grundverhältnis von Gesamtstaat und Gliedstaaten im Bundesstaat.[796] Die Länder müssen auf die Belange des Gesamtstaates und der Bund umgekehrt auf die der Länder Rücksicht nehmen. Als ungeschriebener Verfassungsgrundsatz begründet er nicht selbstständig ein eigenständiges Rechtsverhältnis. Vielmehr werden Rechte und Pflichten innerhalb eines bestehenden Rechtsverhältnisses modifiziert, begrenzt oder begründet.[797] Dabei kommen neben Unterlassungs- auch Tätigkeitspflichten in Betracht. Die wechselseitigen rechtlichen Beziehungen, innerhalb derer die Treue zu wahren ist, müssen bereits bestehen. Die Bundestreue hat akzessorischen Charakter.[798] Sie kann auch eine Kompetenzausübungsschranke darstellen.[799]

Bei Vorliegen einer vertraglichen Vereinbarung kann der Grundsatz unter anderem eine Bindungswirkung für die Parteien begründen.[800] Als Konkretisierung der bundesstaatlichen Treuepflicht ist in diesem Zusammenhang vor allem der Grundsatz pacta sunt servanda hervorzuheben. Rechtsfolge ist, dass bundesverfassungsrechtlich unbedenkliche Vereinbarungen für die Parteien rechtlich bindend sind.[801]

4.4.2.4.2.2.2 Die Bad Dürkheimer Vereinbarung als Grundlage des Treuegedankens

Der Grundsatz der Bundestreue kommt regelmäßig zum Tragen, wenn Bund und Länder wechselseitig rechtliche Beziehungen begründet haben, innerhalb derer sie zu wahren ist. Jedoch entfaltet die Bad Dürkheimer Vereinbarung bezüglich der Umsetzung des Musterentwurfs gerade keine rechtlichen Pflichten.

Nach dem Bundesverfassungsgericht kommt der Treugedanke jedoch bereits dann zum Tragen, wenn die wechselseitigen rechtlichen Beziehungen lediglich durch Verhandlungen begründet werden.[802] Dies bezieht sich auf die Gestaltung der Verhandlungen, die im Bereich der Gleichordnung zwischen Bund und Ländern zu einer Übereinkunft führen sollen. Die Bundestreue wird

---

[796] BVerfGE 31, S. 314 (354).
[797] Vgl. Stern, S. 402.
[798] Vgl. Isensee, HdB d. StR, Bd. IV, § 98, Rdnr. 157.
[799] Vgl. BVerfGE 12, S. 205 (239); BVerfGE 14, S. 197 (215); BVerfGE 43, S. 291 (348).
[800] Vgl. Bauer, Hans, S. 361.
[801] Vgl. Bauer, Hans, S. 363.
[802] Vgl. BVerfGE 13, S. 54 (75 ff).

auf das Procedere und den Stiel der Verhandlungen zwischen den Parteien im Verfassungsleben angewendet.[803]

Wenn die Phase der Verhandlung zwischen Bund und Ländern, die zum Abschluss eines rechtlich verbindlichen Vertrages führen sollen, bereits vom Grundsatz der Bundestreue beeinflusst, werden, dann muss er innerhalb einer bereits bestehenden Vereinbarung mit nicht rechtlichem Charakter auch zum Tragen kommen. Denn diese Situation stellt zwar ein Weniger zum rechtlich verbindlichen Vertrag dar, ist aber ein Mehr zu der Phase der Verhandlungen, in der lediglich eine Annäherung erzielt werden soll, aber noch nicht, wie im Fall der Bad Dürkheimer Vereinbarung, bereits manifestiert wurde.

Insoweit begründet die Bundestreue innerhalb der Hauptpflicht zur gesetzgeberischen Tätigkeit eine Nebenpflicht. Durch die Absprache haben die Länder einen Vertrauenstatbestand geschaffen, der ihre Tätigkeit in eine bestimmte Richtung lenken soll. Jedoch wurde diese Beziehung durch die Minister und Senatoren als Teil der Exekutive geschaffen und nicht durch die jeweiligen Gesetzgeber. Er könnte nur durch die Bundestreue gebunden werden, wenn er sich selbst mit dem Bundesgesetzgeber verständigt hätte, bestimmte Regelungen zu treffen.[804]

Insofern ist die besagte Nebenpflicht eine solche der Regierung, eine dem Musterentwurf entsprechende Gesetzesvorlage durch Ausübung ihres Gesetzesinitiativrechts in das Parlament einzubringen.

4.4.2.4.2.2.3   Die Artt. 72, 74 GG als Ansatzpunkt für ein Treueverhältnis

Eine weitere Beziehung, aus der sich die Berücksichtigung der Bundestreue ergibt, folgt aus dem Grundgesetz. Die Artt. 72, 74 GG setzten den Bund und die Länder im Bereich der konkurrierenden Gesetzgebung zueinander in einen verfassungsrechtlichen Bezug. Innerhalb dieses Verhältnisses entfaltet die Bundestreue ihre Wirkung hinsichtlich der Ausübung der Gesetzgebungskompetenz. Dabei kann sich eine Schranke des Gestaltungsermessens des Landesgesetzgebers ergeben.[805] Das Bundesverfassungsgericht stellte bereits 1954 fest[806], dass in den Fällen, in denen die Auswirkungen einer gesetzlichen Regelung nicht auf den Raum eines Landes begrenzt blieben, der Landesgesetzgeber Rücksicht auf die Interessen des Bundes und der übrigen Länder nehmen müsse. Der Treuegedanke soll einen interessengemäßen Ausgleich zwischen den im Grundgesetz verbürgten Rechten der Länder und den in der Natur der Sache liegenden Bedürfnissen des Gesamtstaates schaffen.[807] Er begründet eine verfassungsrechtli-

---

[803] Vgl. BVerfGE 12, S. 205 (255ff).
[804] Vgl. Zitzelsberger, S. 195.
[805] Vgl. Bayer, S. 105 ff.
[806] Vgl. BVerfGE 4, S. 115 (140).
[807] Vgl. Bayer, S. 107.

che Pflicht des Gesetzgebers, bei der Behandlung von Gesetzesvorlagen mit Bezug auf das Bund-Länder-Verhältnis zu intensivem Nachdenken.[808]

Bei der Bad Dürkheimer Vereinbarung ist es auf allen Seiten das Ziel, eine Rechtszersplitterung im Bereich des Bauordnungsrechts zu vermeiden. Darauf haben sich alle Parteien verständigt und bringen diesen Gedanken durch die Erarbeitung eines Mustergesetzes regelmäßig zum Ausdruck. Bund und Länder haben im gesamtstaatlichen Interesse dasselbe Motiv. Sie haben es entsprechend im Rahmen der Gesetzgebung zu beachten. Die überregionalen Auswirkungen ergeben sich aus den Unterschieden, die eine abweichende Landesgesetzgebung auf die Gesamtmaterie Bauordnungsrecht hat.

Fraglich ist aber, wie weit das Gestaltungsermessen durch die Bundestreue begrenzt ist. Eine mögliche Grenze gibt Art. 72 Abs. 2 GG vor. Es wird dabei auf die Gleichwertigkeit der Lebensverhältnisse im Bundesgebiet und die Wahrung der Rechts- und Wirtschaftseinheit im gesamtstaatlichen Interesse abgestellt. Ob diese Vorgaben durch den Treuegedanken verschärft werden, ist jedoch zweifelhaft. Die Klagemöglichkeiten vor dem Bundesverfassungsgericht geben dem Bund und den Ländern ausreichenden Rechtsschutz. Gäbe die Bundestreue die Chance, sich unter Berufung allein darauf beim Gegenstand der konkurrierenden Gesetzgebung vor dem Bundesverfassungsgericht gegen einzelne Gesetze zu wehren, würden die Voraussetzungen des Klageverfahrens nach Art. 93 Abs. 1 Nr. 2 a GG unterlaufen. Außerdem müsste man bei der Überprüfung der Verletzung des gesamtstaatlichen Interesses im Rahmen der Bundestreue sowieso die Kriterien des Art. 72 Abs.2 GG prüfen.

Letztendlich wird man eine Verletzung der Bundestreue nur dann annehmen können, wenn zugleich die Voraussetzungen des Art. 72 Abs. 2 GG vorliegen. Vorher ist eine relevante Beeinträchtigung der Rechtseinheit noch nicht anzunehmen.

4.5 Ergebnis

Es handelt sich bei der Bad Dürkheimer Vereinbarung um eine Koordinationsabsprache ohne rechtliche Bindungswirkung. Durch den sich aus den gefassten Beschlüssen zum Ausdruck kommenden einheitlichen Willen ergibt sich eine moralische Verpflichtung im Interesse des Gesamtstaates, ein entsprechendes Gesetz zu erlassen. Durch den politischen Einfluss der Regierung auf das Parlament wegen der dort bestehenden Mehrheitsverhältnisse und die aufwendige Arbeit der Kommission kommt es „theoretisch" nicht vor, dass ein Gesetzentwurf nicht umgesetzt wird. Das Kontaktprivileg der Regierung führt zu einem faktischen Vorrang ihrerseits vor der Legislative und bringt durch den Wirkungszusammenhang beider ein Gesetz auf den Weg und ans Ziel. Der Möglichkeit des Bundes, das Bauordnungsrecht zu regeln, steht neben der morali-

---

[808] Vgl. Bauer, Hans, S. 194.

210

schen Verpflichtung gegenüber den Ländern die Hürde des Art. 72 Abs. 2 GG
gegenüber. Bund und Länder sind durch ihre einheitliche Motivation und den
Gedanken der Bundestreue angehalten, die Rechtseinheit zu bewahren und einer
Zersplitterung dieses Rechtsgebietes ihren Möglichkeiten entsprechend entge-
genzuwirken.

Die Untersuchung der tatsächlichen Gesetzeslage und der tatsächlich in
den Länderparlamenten in 2.7.2, 2.7.3 und 2.8 hat jedoch gezeigt, dass diese
„theoretischen" Folgewirkungen der Beschlüsse der Bauministerkonferenz auf
das Ergebnis eines sich daran anschließenden Gesetzgebungsverfahrens sich
nicht grundsätzlich entsprechend einstellen und in Gesetzeskraft erwachsen.
Vielmehr können weitere äußere Einflüsse auftreten, die die noch in den Konferenzen bekundeten konkreten Absichten der Ländervertreter im weiteren Verlauf
länderintern bis zum Gesetzgebungsverfahren schwinden lassen. Es kann jedoch
festgestellt werden, dass die im Wege der Kooperation bekundeten und verfolgten Ziele, sich verlässlicher an dem eigenen Abstimmungsverhalten als an dem
Abstimmungsergebnis orientieren, sofern die jeweiligen Beschlüsse nicht einstimmig gefasst wurden. In dieser Hinsicht ist jedenfalls eine konsequente Umsetzung der zur Diskussion gestellten Länderinteressen ins Landerecht erkennbar.

4.6 Möglichkeit des Bundes zum Erlass eines umfassenden Bundesge-
setzes

Die in den fünfziger Jahren vom Bundesverfassungsgericht begutachtete Verteilung der Gesetzgebungskompetenzen im Bereich des Baurechts auf den Bund
und die Länder blieb in den vergangenen Jahren nicht kritiklos. Neben einem
mangelnden Bezug zur praktischen Auswirkung der Aufteilung der Gesetzgebungsrechte zwischen Wohnungsbau und Nichtwohnungsbau wird angemerkt,
dass dessen Argumentation und Umschreibung des Baupolizeirechts „im bisher
gebräuchlichen Sinn" zu sehr auf historischen Betrachtungen als auf einer ab-
sehbaren Entwicklung der Rechtsmaterie beruht.

4.6.1 Trennung von Wohnungsbau- und Nicht-Wohnungsbaugesetzgebung

Das Gutachten des Bundesverfassungsgerichts von 1954 gesteht dem Bund keine Zuständigkeit zur Gesetzgebung für die Gesamtmaterie Baurecht zu. Dies
beruht zum einen darauf, dass man bewusst davon abgesehen habe, den Begriff
„Baurecht" in den Zuständigkeitskatalog des Grundgesetzes mit aufzunehmen.
Zum anderen rechtfertige auch die Heranziehung des korrigierenden Gesichtspunktes des Sachzusammenhangs auf der Grundlage der dem Bund einzeln zugewiesenen Materien des Zuständigkeitskataloges keine umfassende Zuständigkeit des Bundes für die Gesamtmaterie Baurecht. All die einzelnen Sachgebiete
stünden selbstständig nebeneinander und seien völlig gleichwertig. Insbesondere

könne die Gesamtmaterie Baurecht nicht allein aus dem Begriff Bodenrecht hergeleitet werden, denn daneben seien andere Bereiche gestellt, die mehr oder weniger auch baurechtliche Elemente enthalten. Sie sind nicht als Teil einer Gesamtmaterie gemeint, sondern als selbstständige Sondermaterien.[809]

Das Bundesverfassungsgericht hat die Zuständigkeit des Bundes für das „Baupolizeirecht im bisher gebräuchlichen Sinn" insoweit bejaht, als es Bestandteile des heutigen Planungsrechts enthält. Des Weiteren hat es allgemein festgestellt, dass die Ordnungsgewalt ein Annex des Sachgebietes ist, auf dem der Gesetzgeber tätig wird. Die Zuständigkeit zur Gesetzgebung umfasst in einem Sachbereich auch die Regelung der Polizeigewalt in dem entsprechenden Sachgebiet. Aus diesem Grund steht dem Bund das Recht zu, einzelne spezifisch auf das Wohnungswesen im Sinne des Art. 74 Nr. 18 GG zugeschnittene polizeiliche Vorschriften zu erlassen, also höchstens bei Angelegenheiten für solche für Gebäude, die Wohnzwecken dienen.

Dies ist eine theoretisch klare Begrenzung der Bundeszuständigkeit dahingehend, dass der Bund auch eine Bauordnung, eine völlig Umfassende, erlassen könnte, sofern sie sich auf Wohngebäude beschränkt und sich nicht auf die ihr verwehrten, eigens genannten Fabriken, gewerblichen Anlagen usw. bezieht.

Praktisch ist die Abgrenzung zwischen Baupolizeirecht als Ländersache und dem Wohn- und Planungswesen als Sache des Bundes schwierig. Man wird sich bei fast jeder Vorschrift streiten können, ob sie dem Bundesrecht zugänglich ist oder nicht.[810] Dazu sind beide Bereiche zu eng miteinander verwandt, als dass man sie sachlich sinnvoll trennen und unterschiedlich regeln könnte.

4.6.2 Kompetenz des Bundes aus heutiger Sicht

Es fragt sich jedoch, ob das moderne Baurecht den zuständigen Behörden nicht Funktionen und Befugnisse zugewiesen hat, die den engen Rahmen ursprünglicher polizeilicher Gefahrenabwehr („im bisher gebräuchlichen Sinn") und Sicherheitsgewährleistung überschreiten und nunmehr Aufgaben vorsehen, die den klassischen polizeilichen Bereich verlassen haben. Im klassischen Polizeibegriff wurden neben dem Sicherheitszweck auch wohlfahrtsstaatliche Vorstellungen verfolgt. Diese mussten allerdings der öffentlichen Sicherheit dienen.[811] Später ist es dann zu einer nachhaltigen Ausmerzung der Wohlfahrtsaufgabe aus dem Bereich der Polizei und ihre Beschränkung auf die Gefahrenabwehr im Bereich der Sicherheit und Ordnung gekommen.[812] Im Zuge dieses Wandels hat sich das Bauplanungsrecht als selbstständiges Gebiet aus den früher herkömmlicherweise baupolizeilich geregelten Materien des Baurechts herausgebildet. Darauf ist auch das Bundesverfassungsgericht in seinem Gutachten eingegangen. Pla-

---

[809] Vgl. BVerfGE 3, S. 407 (412ff).
[810] Vgl. Werner, S. 484.
[811] Vgl. Lisken/Denninger, S. 9.
[812] Vgl. Lisken/Denninger, S. 11.

nungsrecht sei Bodenrecht im Sinne des Art. 74 Nr. 18 GG, soweit die Planung eine unmittelbare Beziehung zum Grund und Boden habe, die Pläne also feststellen, in welcher Weise der Eigentümer sein Grundstück nutzen dürfe. Insoweit regeln sie die rechtliche Qualität des Bodens. Als Kriterium für den Begriff des Bodenrechts wird dabei angesehen, „dass es den Grund und Boden unmittelbar zum Gegenstand rechtlicher Ordnung habe, also die rechtlichen Beziehungen des Menschen zum Grund und Boden beträfe."

Wenn aber die städtebauliche Planung kein Polizeirecht mehr ist und die Umstellung der Charakterisierung der Planung mittlerweile auch ordnungsrechtliche Vorschriften über die Art und das Maß der baulichen Nutzung aus dem Bauordnungsrecht in das Bauplanungsrecht überführt hat, ist zu überlegen, den gleichen Schritt beim Bauordnungsrecht zu unternehmen, sofern eine Auslegung der Begrifflichkeiten dies zu lässt.

In einem Beschluss des Bundesverfassungsgerichts vom 28.10.1975 hat es seine Ausführungen zur Kompetenzverteilung im Bereich des Baurechts aus dem Gutachten zunächst bestätigt.[813] Darin erfolgt jedoch keine Überprüfung des „Wandels der Verhältnisse" sowie des „Sachzusammenhangs" und der „Natur der Sache" in Bezug auf die Gesetzeslage im Bauordnungsrecht zum damaligen Zeitpunkt. Das Bundesverfassungsgericht zitiert vielmehr Textstellen aus dem Gutachten von 1954, ohne dazu weitere Ausführungen zu machen. Ergänzt wird jedoch die Aussage, dass das Bauordnungsrecht – früher als Baupolizeirecht bezeichnet – weiterhin eine selbstständige Rechtsmaterie darstellt.

Das Gutachten von 1954 sowie der Beschluss aus dem Jahre 1975 haben nicht geprüft, ob unter dem von ihm an sich anerkannten Sachzusammenhangsgesichtspunkten eine Teilung in Wohnungsbaupolizei und sonstige Baupolizei überhaupt möglich ist. Eine Kompetenzgrundlage laut Sachzusammenhang ist nach dem Bundesverfassungsgericht gegeben, „... wenn eine dem Bund ausdrücklich zugewiesene Materie verständigerweise nicht geregelt werden kann, ohne dass zugleich eine nicht ausdrücklich zugewiesene andere Materie mitgeregelt wird, wenn also ein Übergreifen in nicht ausdrücklich zugewiesene Materie unerlässliche Voraussetzung für die Regelung einer dem Bundesgesetzgeber zugewiesenen Materie ist." Dabei ist nach dieser Formulierung der Begriff der Unerlässlichkeit an der Verständigkeit zu messen.[814] Eine unverständige Trennung ist also ausgeschlossen.

Bislang wurden keine getrennten Vorschriften für Wohnbauten und sonstige Bauten erlassen. Im Prinzip sind alle Gebäude grundsätzlich gleich und daher stets zusammen behandelt worden. Vorbehaltlich der besonderen Benutzungsarten sind die Standfestigkeit, die Feuersicherheit, die Verkehrssicherheit usw. gemeinsam geregelt worden, ohne dass man sagen könnte, dass dies unver-

---

[813] Vgl. BVerfGE 40, S. 261 (265f).
[814] Vgl. Dittus, *Baupolizei?*, S. 284.

ständig gewesen wäre.[815] Tragende Begriffe wie „Räume zum dauernden Aufenthalt von Menschen" oder „bauliche Anlagen" ziehen sich begriffsnotwendig durch alle Gebäudearten und –zwecke hindurch. Sie stehen einer verständigen Trennung entgegen. Ansonsten würde ein reglementativer Dualismus entstehen, der am notwendigen Zusammenhang beider Bereiche scheitern würde. Wegen der diffizilen Abgrenzung der Zuständigkeiten lassen sich Wohnungsbaugesetzgebung und Nicht-Wohnungsbaugesetzgebung praktisch nicht trennen.[816]

Fraglich ist, ob diese Trennung überhaupt notwendig ist, oder ob der Bund unter diesen Umständen nicht sogar doch für beide Bereiche umfassende Regelungen erlassen könnte. Mangels Prüfung der Teilbarkeit dieser Bereiche hat das Gutachten ebenso wenig dazu gesagt, welche Konsequenzen sich für die Gesetzgebungszuständigkeit im Falle der Unteilbarkeit ergeben. Es ist daher zu untersuchen, unter welchen Voraussetzungen eine einheitliche Regelung durch den Bundesgesetzgeber unter Beachtung der Maßgaben des Gutachtens des Bundesverfassungsgerichts gerechtfertigt ist.

An dieser Stelle sind wiederum die Ausführungen des Bundesverfassungsgerichts zu einer Kompetenzgrundlage kraft Sachzusammenhang heranzuziehen. Die bauordnungsrechtlichen Vorschriften über bauliche Anlagen stellen ihrer Natur nach auch eine rechtliche Qualifizierung des Grund und Bodens dar.[817] Es macht keinen kompetenzerheblichen Unterschied, ob die Anforderungen unmittelbar an den Grund und Boden oder an die baulichen Anlagen gestellt werden. Nach dem Rechtsbewusstsein sind sie wesentliche Bestandteile der Grundstücke und können nicht Gegenstand besonderer Rechte sein.[818] Umgekehrt stellt das Planungsrecht unmittelbare Anforderungen an bauliche Anlagen. Vor allem werden in der bundesrechtlichen Baunutzungsverordnung je nach Art des Baugebietes Vorgaben für die Gestaltung und Beschaffenheit der Gebäude sowie Stellplätze und Garagen formuliert. Zudem werden im Landesrecht Regelungen über Abstandsflächen und überbaubare Flächen getroffen, die neben den Erschließungsvoraussetzungen den Grund und Boden unmittelbar zum Gegenstand rechtlicher Ordnung haben. Insoweit ist eine klare Grenze zwischen Bauordnungs- und Bauplanungsrecht nicht mehr gegeben. Beide Bereiche sind mittlerweile miteinander verschmolzen und gehen in einander über. Es kommt daher zu vielen Schnittstellen zwischen dem Baugesetzbuch des Bundes und den Landesbauordnungen der Länder.[819]

Dies zeigt, dass das vom Bundesverfassungsgericht aufgestellte Kriterium der Unmittelbarkeit in Bezug auf das Bodenrecht bei der Aufspaltung des Baurechts in Bundes- und Landesrecht nicht konsequent durchgehalten worden ist.

---

[815] Vgl. Dittus, *Baupolizei?*, S. 284.
[816] Vgl. Wiechert, S. 241.
[817] Vgl. Ernst, S. 410.
[818] Vgl. Ziegler, S. 378 (380).
[819] Vgl. Dahlke-Piehl, S. 81 ff.

Es finden sich sowohl im Landesrecht der Bundeskompetenz zuzuordnende Regelungen als auch im Bundesrecht Vorschriften, die ordnungsrechtlichen Charakter haben. Diese Entwicklung beruht gerade auf dem engen Zusammenhang zwischen dem Bodenrecht und den dieses zum Gegenstand habenden ordnungsrechtlichen Vorschriften.

Nun hat das Bundesverfassungsgericht selbst in einem Beschluss vom 29.04.1958[820] eine auch auf das Baurecht bezogene Entscheidung getroffen, die diese Überlegungen stützt. Es führt darin aus, das die Gesamtheit der Normen, die der Aufrechterhaltung der öffentlichen Sicherheit und Ordnung dienen, keinen selbstständigen Sachbereich im Sinne der grundgesetzlichen Verteilung der Gesetzgebungszuständigkeiten zwischen Bund und Ländern bildet. Die Ordnungsgewalt erscheint vielmehr als ein Annex des Sachbereichs, auf dem man tätig wird. Danach umfasst die Zuständigkeit zur Gesetzgebung in einem Sachbereich auch die Regelung der Polizeigewalt. Steht dem Bund ein solches Recht auf einem bestimmten Lebensgebiet zu, muss er demnach auch das Recht haben, die dieses Lebensgebiet betreffenden spezialpolizeilichen Vorschriften zu erlassen.

In diesem Punkt bezieht sich der Beschluss auf das Gutachten von 1954. Es wird auf das Kriterium des Sachzusammenhangs verwiesen, in dem die Aufrechterhaltung der öffentlichen Sicherheit und Ordnung notwendig mit dem jeweiligen Sachgebiet verknüpft ist. Es wird weiter ausgeführt, dass nur solche Regelungen als Polizeirecht im engeren Sinn bezeichnet werden können und somit in die Zuständigkeit der Länder fallen, bei denen die Aufrechterhaltung der öffentlichen Sicherheit und Ordnung den alleinigen und unmittelbaren Gesetzeszweck bildet.

Später setzt sich das Bundesverfassungsgericht in dem Beschluss jedoch in einen gewissen Widerspruch zu seinen Gutachten. Darin lehnte es noch einen Sachzusammenhang zwischen dem Baurecht und dem Baupolizeirecht ab, da es als Teil des Polizeirechts „eine Rechtsmaterie für sich" und deshalb nach wie vor Ländersache sei. In dem Beschluss wird dann allerdings gesagt, dass unter anderem das Baurecht als besonderes Teilgebiet des Verwaltungsrechts angesehen wird, dessen Ziel, eine Gefahr für die öffentliche Sicherheit und Ordnung einzudämmen, Selbstzweck und nicht lediglich Annex dieses Sachbereichs ist. Dass heißt, dass die sicherheitspolizeilichen Nebentendenzen eines Regelungskomplexes in der Zuständigkeitsfrage gegenüber der nichtpolizeilichen Haupttendenz nicht durchzuschlagen vermögen, weil die Sicherheitsgewährleistung als besonderer Teil des eigentlichen Verwaltungsbereichs und somit als Verwaltungspolizei zu gelten habe.[821] Das Bauordnungsrecht hat nicht den alleinigen und unmittelbaren Gesetzeszweck, die Aufrechterhaltung der öffentlichen Si-

---

[820] Vgl. Beschluss vom 29.04.1958, DVBl. 1959, S. 393ff.
[821] Vgl. Dittus, Anmerkung zum Beschluss vom 29.04.1958, DVBl. 1959, S. 394.

cherheit und Ordnung zu gewährleisten. Diesen Inhalt sieht der Beschluss aber als Polizeirecht im engeren Sinn an und schreibt es unter den genannten Voraussetzungen der Zuständigkeit der Landesgesetzgeber zu. Selbst das Gutachten beschränkte die Befugnisse der Baupolizeibehörden grundsätzlich darauf, von der Allgemeinheit oder dem Einzelnen Gefahren abzuwehren, durch die die öffentliche Sicherheit und Ordnung bedroht wird.

Das Bauordnungsrecht ist mittlerweile aus ordnungsrechtlichen Normen, solchen der Ästhetik, der öffentlichen Wohlfahrt, sozialstaatlichen Zielen und denen mit allgemein planungsrechtlicher und städtebaulicher Art zu einem einzigen Komplex verschmolzen. Des Weiteren sind ordnungsrechtliche Gedanken in das Bundesrecht übergegangen. Danach hat das Landesrecht keineswegs den alleinigen Regelungszweck, die öffentliche Sicherheit und Ordnung aufrechtzuerhalten. Dies zeigt auch die anschauliche Betrachtung von *Schulte* unter Auseinadersetzung mit dem materiellen Polizeibegriff und einer Aufschlüsselung des Rechtsgüterschutzes im Bauordnungsrecht.[822] Danach hat sich das Bauordnungsrecht von dem materiellen Polizeirecht gelöst und durch eine Ausweitung seiner Generalklauseln lediglich einen rechtsstaatlichen Minimalbestand des Polizeibegriffs behalten.[823] Die Spezialvorschriften zu wohlfahrts- und sozialstaatlichen Zielsetzungen gehen den Generalklauseln vor. Durch die Ausweitung der Regelungsbereiche im Bauordnungsrecht stützen sich einzelne Vorschriften nicht mehr auf die Gesetzgebungskompetenz für das Polizeirecht, sondern mehr auf Materien der konkurrierenden Gesetzgebung, von denen der Bund keinen oder keinen abschließenden Gebrauch gemacht hat.[824]

Das Bauordnungsrecht steht mit dem Bundesbaurecht in einem inneren Zusammenhang und ist entgegen der Ausführung des Bundesverfassungsgerichts keine Rechtsmaterie für sich. Dazu hat es sich zu weit von den Kernaufgaben des Polizeirechts entfern.[825] Eine zwingende Verknüpfung des Polizeibegriffs mit dem Bauordnungsrecht ist nicht mehr sachgerecht. So geht der klassische Polizeibegriff an dem heutigen Regelungsgehalt des Landesbaurechts sowie der klassischen Abgrenzung zum bundesrechtlichen Bodenrecht vorbei.[826] Das Baurecht ist eine Gesamtmaterie, die nur zum Teil eine sicherheitsbezweckte, in ihren wesentlichen Zügen vielmehr eine gesamtheitsfördernde, ökonomische und daseinsvorsorgerische Angelegenheit ist.[827] Diese Annahme wird durch den Beschluss von 1958 durch das Bundesverfassungsgericht selbst erzeugt.

Man könnte den Beschluss von 1958 als Ansatz zu einem allgemeinen Anschauungswandel hinsichtlich der Regelungsbefugnis von Ordnungsvor-

---

[822] Vgl. Schulte, S. 156ff.
[823] Vgl. Schulte, S. 98ff, m.w.N.
[824] Vgl. Schulte, S. 223f.
[825] Vgl. Roth, S. 159-161, 195.
[826] Vgl. Weyreuther, *Eigentum Öffentliche Ordnung und Baupolizei*, S. 26f.
[827] Vgl. Dittus, Anmerkung zum Beschluss vom 29.04 1958, DVBl. 1959, S. 395.

schriften aus den Zuständigkeitsvorgaben des Grundgesetzes sehen. In dem Gutachten sagt das Bundesverfassungsgericht, dass die Voraussetzungen für die Möglichkeit eines Bedeutungswandels für die das Baurecht berührenden Zuständigkeitsvorschriften aus dem Grundgesetz zumindest in den damals erst fünf Jahren seit dessen Erlass noch nicht vorlagen. Auch sei dies im Jahre 1975 noch nicht der Fall gewesen.[828] Dies kann sich aber in den darauf folgenden 29 Jahren bis heute geändert haben. Nach dem Gutachten kann eine Verfassungsbestimmung einen Bedeutungswandel dann erfahren, „wenn in ihrem Bereich neue, nicht vorausgesehene Tatbestände auftauchen, oder bekannte Tatbestände durch ihre Einordnung in den Gesamtablauf einer Entwicklung in neuer Beziehung oder Bedeutung erscheinen."

Durch den Beschluss von 1958 ist das Bundesverfassungsgericht selbst einen Schritt weiter bei der Entwicklung der Zuständigkeitsvoraussetzungen von Ordnungsvorschriften aus dem Sachzusammenhang ausgegangen. Es bezeichnet den Bedarf, die öffentliche Sicherheit und Ordnung zu gewährleisten, als Selbstzweck des zu regelnden besonderen Teils des Verwaltungsrechts und nicht mehr lediglich als dessen Annex. Dadurch wird wegen des Bezugs des Beschlusses zum Baurecht von der Vorstellung Abstand genommen, das Baupolizeirecht sei eine Rechtsmaterie für sich. Dieser Bereich wird nunmehr einem besonderen Sachbereich, dem Baurecht, zugeordnet. Letztendlich ist dies ein Ergebnis, das sich nach der Abspaltung des Planungsrechts aus dem klassischen Polizeirecht hin zum Bodenrecht bei der Entwicklung des Polizeibegriffs und der sich stetig verselbstständigenden und erweiternden Bereiche des besonderen Verwaltungsrechts bereits angedeutet hatte. Zu dem stand 1954 die Entwicklung des Baurechts insgesamt noch am Anfang. Man war gerade erst dabei, in Gremien ein möglichst einheitliches Bauordnungsrecht zu entwickeln. Dazu wurde ein Sachverständigenausschuss einberufen, der 1950-1955 unter Verwendung des Entwurfs eines Baugesetzbuchs von 1942 einen Musterentwurf für das Bauordnungsrecht aufstellen wollte. Ziel war es, eine Vereinheitlichung der Gesetze des Baurechts zu erreichen. Das Ergebnis dieser Arbeit, der so genannte „Wedler-Entwurf" bildete später die Arbeitsgrundlage für die durch die Bad Dürkheimer Vereinbarung geschaffene Musterbauordnungskommission, die 1960 einen ersten Musterentwurf für das Bauordnungsrecht der Länder vorgelegt hat.

Die Ausführungen des Bundesverfassungsgerichts im Jahre 1975 bestätigen zwar die Auffassung der Einordnung des Bauordnungsrechts als eine Rechtsmaterie für sich. Jedoch erfolgte dies vor dem Hintergrund der Abgrenzungen der Zielrichtungen von Bundes- und Landesbaurecht sowie der Situation

---

[828] Das Bundesverfassungsgericht verweist in seinem Beschluss von 1975 in Bezug auf den Wandel jedoch lediglich auf die Ausführungen des Gutachtens. Eigene Feststellungen zur Gesetzeslage im Jahre 1975 werden nicht niedergelegt.

der Rechtsfortbildung noch vor der ersten Musterbauordnung[829] und nicht unter dem Aspekt der Feststellung des konkreten Regelungsgehalts der Landesbauordnungen und unter der Würdigung der ab 1981 allein erfolgten acht Neufassungen der Mustervorschriften und zahlreichen Änderungen der Landesgesetze. Mittlerweile sind das Bauordnungsrecht und das Städtebaurecht eng miteinander verzahnt.[830] Neben begrifflichen Parallelen wird das Bauordnungsrecht durch das Bodenrecht aufgrund der planungsrechtlichen Vorgaben umklammert.[831]

Von einer solchen Entwicklung konnte man 1954 und 1975 wohl nicht ausgehen. In dessen Verlauf haben sich die Bereiche des Planungs- und Ordnungsrechts zu einander in Abhängigkeit gesetzt. Ihre Beziehung ist aufgrund der heutigen wesentlich umfassenderen Gesetzeslage weit enger als noch vor 50 beziehungsweise 29 Jahren. Zu dem ist auch das Baurecht, insbesondere das Bauordnungsrecht, von der Europäisierung betroffen und wird durch externe Vorgaben zur Einarbeitung von Regelungen angehalten, durch die es zunehmend zu einer Gesamtmaterie verschmilzt. Von derartigen Vorgängen wird das Bundesverfassungsgericht gerade im Hinblick auf seine historische Argumentation bei der Begutachtung und Auslegung des Polizeibegriffs nicht ausgegangen sein können. Insofern kann vor dem Hintergrund auch des Beschlusses von 1958 und des beschriebenen Sachzusammenhangs der Regelungsbereiche unter Berücksichtigung der gesamten rechtlichen Entwicklung gesagt werden, dass die Tatbestände des Bauordnungsrechts durch die Unteilbarkeit von Wohnungsbaupolizeirecht und Nicht-Wohnungsbaupolizeirecht sowie durch ihre Rolle in der Entwicklung des gesamten Baurechts im Gegensatz zu 1954 und 1975 zu den übrigen damals angesprochenen Bereichen mittlerweile in einer neuen Beziehung stehen. Durch den Bedeutungswandel ist dem Bund Kraft Sachzusammenhangs von Bauordnungsrecht und Bodenrecht im Sinne des Art. 74 Nr. 18 GG eine umfassende Regelungsbefugnis für die Gesamtmaterie Baurecht zuzubilligen. Somit kann der Bundesgesetzgeber alle Bereiche des Baurechts auch ordnungsrechtlich regeln.

Zudem ist das auf § 97 BVerfGG a.F.[832] beruhende Gutachten nicht einem Urteil gleichzusetzen. Die eigentliche Aufgabe der Justiz ist die Entscheidung von Streitfällen und nicht die Erstattung von mehr oder weniger verbindlichen Gutachten.[833] Dies sagte auch das Bundesverfassungsgericht in einem Vorschlag zur Änderung des BVerfGG. Es sei eine für das Gericht wesensfremde Aufgabe, die weiter die Gefahr einer Ansehensminderung mit sich bringt, da die Gutachten keine Bindungswirkung entfalten und daher die Möglichkeit besteht, dass

---

[829] Das Bundesverfassungsgericht bezieht sich dabei auf Lage und Situation noch vor der im Jahre 1960 erfolgten Verkündung des Bundesbaugesetzes.

[830] Vgl. Schrödter, S. 1270.

[831] Vgl. Weyreuther, *Eigentum, Öffentliche Ordnung und Baupolizei*, S. 1.

[832] Aufgehoben durch Änderungsgesetz vom 21.07.1956 (BGBl. I S. 662).

[833] Vgl. Umback/Clemens, *Bundesverfassungsgerichtsgesetz*, § 97 BVerfGG.

die Verfassungsorgane und die anderen Gerichte sich nicht an die Rechtsauffassung des Gutachtens halten.[834] Auch sagt der Beschluss von 1975 in seinem Tenor nichts über die Abgrenzung und die Regelungsbefugnisse des Bundes- und Landesbaurechts aus.

Für den sachlichten Zusammenhang und der Qualifizierung des Baurechts und des Bauordnungsrechts als umfassende Gesamtmaterie sind in der Literatur viele stimmen zu finden.

Bereits 1956 hat *Dittus* in seiner Aufsatzreihe „Baupolizei?"[835] auf einen notwendigen Regelungszusammenhang hingewiesen. Seiner Ansicht nach sei das Bauordnungsrecht als Bauwerksrecht Bestandteil des Bodenrechts im Sinne des Art. 74 Nr. 18 GG. Es stünde mit dem Planungsrecht nicht nur in einem logischen, unmittelbaren und zwingenden Zusammenhang, sondern sei mit diesem auch inhaltlich wesensgleich. Beides stelle eine Befassung mit dem gleichen Gegenstand unter gleichen Motiven mit gleicher Zielrichtung nur in verschiedenen Stadien dar.

Ein Jahr vorher hat *Ernst*[836] bereits einen Sachzusammenhang des Bauordnungsrechts zum Bodenrecht hergestellt. Dieser ergebe sich daraus, dass landesrechtliche Bestimmungen die durch die Planung festgelegten und vorgenommenen rechtlichen Qualifizierungen des Grund und Bodens fortführen und im Einzelnen verfeinern. Deshalb hätte sie den Grund und Boden unmittelbar zum Gegenstand ihrer Regelungen und gehörten deshalb zum Bodenrecht.

Werner[837] plädiert ebenfalls dafür, das Kriterium des Sachzusammenhangs weit auszulegen und wegen des Wandels des Polizeibegriffs von einer Gesetzgebungskompetenz des Bundes für das Baupolizeirecht über den Begriff des Bodenrechts auszugehen.

Später hält *Schrödter*[838] dazu an, wegen der engen Verzahnung des Städtebaurechts mit dem Bauordnungsrecht aufgrund des sachlichen Zusammenhangs notwendigerweise über eine Vereinheitlichung beider Materien nachzudenken.

Ziegler[839] hält den Dualismus von Städtebaurecht und Bauordnungsrecht ebenfalls für gekünstelt und befürwortet unter dem Gesichtspunkt des Sachzusammenhangs mit dem Bodenrecht als Bauwerksrecht eine Ausweitung der Bundeskompetenz. Dabei geht er auch auf einen Bedeutungswandel der in dem Gutachten von 1954 benutzten Begriffe ein. Vier Jahre später[840] macht er unter Bezug auf den Beschluss des Bundesverfassungsgerichts von 1958 einen formu-

---

[834] Vgl. Geiger, S. 216.
[835] Vgl. DVBl. 1956, S. 249ff.; 281ff.; 320ff.
[836] Vgl. DVBl. 1955, S. 410ff.
[837] Vgl. DVBl. 1954, S. 481ff.
[838] Vgl. DVBl. 1984, S. 1252ff.
[839] Vgl. ZfBR 1980, S. 275ff.
[840] Vgl. DVBl. 1984, S. 378ff.

lierten Vorschlag zur Aufnahme des Bauordnungsrechts in ein umfassendes (Bundes-) Baugesetzbuch.

Schulte[841] hat aufgezeigt, dass sich das Bauordnungsrecht zunehmend vom klassischen Polizeibegriff entfernt. Er vertritt die Auffassung, dass das Bundesverfassungsgericht über ein entpolizeilichtes Bauordnungsrecht nicht entschieden habe und sich eine umfassende Gesetzgebungskompetenz des Bundes aus den Einzelmaterien herleiten lasse. Ein wesentliches Teilgebiet des Bauordnungsrechts unterfalle demnach dem Bodenrecht.

All diesen Ausführungen liegt der Gedanke zugrunde, dass es einen notwendigen Sachzusammenhang des Bauordnungsrechts zum übrigen Baurecht gibt und es deshalb mit diesem unter dem Gesichtspunkt des Bodenrechts seitens des Bundes geregelt werden könnte und sollte.

Aus diesem Grund steht dem Bund gegenüber den Ländern ein Mittel zur Verfügung, mit dem er sie zu einer Umsetzung der Musterbauordnung anhalten kann. Es ist also nicht etwa so, dass er wegen der Unmöglichkeit der Trennung von Wohnungsbauordnungsrecht und Nicht-Wohnungsbauordnungsrecht kein Mittel zur Hand hat, um die Motive der Bad Dürkheimer Vereinbarung gegebenenfalls mit Nachdruck zu verwirklichen. Aus dem heutigen Blickwinkel ist es für den Bund unter Inaussichtstellung eines umfassenden Bundesgesetzes auf der Grundlage des Art. 74 Nr. 18 GG entgegen den Ausführungen des Bundesverfassungsgerichts von 1954 und 1975 möglich, den Vereinheitlichungsgedanken auf die eine oder andere Weise durchzusetzen.

Demnach steht dem Bund mangels rechtlicher Möglichkeiten zur Verpflichtung der Länder zur Umsetzung der Musterentwürfe unmittelbar aus der Bad Dürkheimer Vereinbarung das Druckmittel zur Hand, unter Umständen von seiner umfassenden Gesetzgebungskompetenz Gebrauch zu machen. Dies sollte die Länder bei der Bedeutung dieses Rechtsgebietes in die intendierte gemeinsame Richtung lenken können, um das Motiv der Bewahrung der Rechtseinheit und der Vermeidung der Zersplitterung dieses Rechtsgebietes zu erreichen.

Im Falle eines Handelns der Länder gegen die Intention der Bad Dürkheimer Vereinbarung würde man sich in Widerspruch zu seinen eigenen Verhalten setzten. Auf der einen Seite plädiert man für die Rechtseinheit und arbeitet in hohem Maße mit, ein solches Ergebnis in Form eines Mustergesetzes zu entwickeln, und auf der anderen Seite wendet man sich von dem gemeinsam erzielten Kompromiss ab und verfährt doch nur nach seinen eigenen Interessen, obwohl man durch die wiederholte Tätigkeit in der Kommission den Vereinheitlichungswillen regelmäßig bestätigt. Ein solches Verhalten wird aber allgemein

---

[841] Vgl. Schulte, S. 227ff.

als unzulässig angesehen und verstößt gegen den Grundsatz von Treu und Glauben.

4.6.3 Auswirkung der aktuellen Gesetzeslage hinsichtlich der Kriterien von Art. 72 Abs. 2 des Grundgesetzes

Die im Kompetenzgefüge des Grundgesetzes festgeschriebene „Erforderlichkeitsklausel" in Form des Art. 72 Abs. 2 GG bildet die greifbarste Hürde und Grenze zum Erlass einer bundesgesetzlichen Regelung im Bauordnungsrecht, insbesondere in Bezug auf Wohnungswesen. In diesem Zusammenhang gilt es die in 2.7.2, 2.7.3 und 2.8 dargestellte Gesetzeslage an den Voraussetzungen dieser Vorschrift zu überprüfen. Die nachfolgende Darstellung soll Aufschluss darüber geben, ob die in 4.6.2 aufgezeigte Möglichkeit des Bundes zum Erlass eines umfassenden Baugesetzes auch materiell wegen der bereits existierenden umfassenden Reglungen der Länder besteht und ausgeübt werden könnte. Ausgerichtet wird die Prüfung an der aktuellen Rechtsprechung des Bundesverfassungsgerichts. Es hat in seinen Entscheidungen zur Altenpflege und zum Ladenschlussgesetz die Voraussetzungen zum Erlass eines Bundesgesetztes im Bereich der konkurrierenden Gesetzgebung weiter konkretisiert und die Wertungen in Bezug auf die einzelnen Kriterien näher dargelegt.[842] Jedenfalls kann die Gegenüberstellung der normierten Voraussetzungen und der derzeitigen Gesetzeslage die Grenze konkretisieren, wann eine Befugnis des Bundes zur Rechtssetzung in den betreffenden Bereichen nicht mehr zweifelhaft erscheint und zur „Herstellung gleichwertiger Lebensverhältnisse im Bundesgebiet oder der Wahrung der Rechts- und Wirtschaftseinheit im gesamtstaatlichen Interesse" ausgeübt werden könnte. Insofern geht es im Folgenden um die Frage, ob bzw. ab wann, eine Neufassung auf Bundesebene „erforderlich" erscheint. Eine Bundeskompetenz besteht nicht, wenn landesrechtliche Regelungen zum Schutz der in Art. 72 Abs. 2 GG genannten gesamtstaatlichen Rechtsgüter ausreichen.[843]

Die Erforderlichkeitsklausel nennt zwei Alternativen, um den Leitbegriff der Erforderlichkeit fassbar zu machen. Sie bezieht sich auf „die Herstellung gleichwertiger Lebensverhältnisse im Bundesgebiet" oder „die Wahrung der Rechts- und Wirtschaftseinheit im gesamtstaatlichen Interesse".[844] Bei diesen Voraussetzungen handelt es sich um unbestimmte Rechtsbegriffe.[845] Das bedeutet, sie sind inhaltlich von unterschiedlicher Präzision. Eine Anwendung erfordert im Einzelfall eine Wertung und oft auch eine Prognose. Dazu müssen unterschiedliche Gesichtspunkte je nach Sachlage berücksichtigt, bewertet und ge-

---

[842] Vgl. BVerfGE 106, S. 62 (135ff, 143 ff); Urteil des Bundesverfassungsgerichts vom 09.06.2004, Az.: -1 BvR 6636702 -, Rdnr. 100ff
[843] Vgl. BVerfG NJW 2003, S. 41 (53).
[844] vMünch, Kunig, Art 72 GG, Rdnr. 25.
[845] Vgl. Maunz/Dürig/Herzog, Art. 72 GG, Rdnr. 19.

geneinander abgewogen werden.[846] Sie zu konkretisieren gilt es durch die nachstehende Untersuchung und rechtliche Prüfung der Tatbestandsmerkmale des Art. 72 Abs. 2 GG.

Der Gesetzgeber hat damit zwei gleichwertige und alternative Zielvorgaben formuliert. Die abstrakte Ausfüllung dieser Merkmale bereitete wegen der Unbestimmtheit zunächst Schwierigkeiten. Jedoch hat das Bundesverfassungsgericht die Tatbestandsmerkmale kürzlich in einer Entscheidung vom 24.10.2003 zum Altenpflegegesetz erstmals näher konkretisiert.[847] In einem weiteren Urteil zum Ladenschlussrecht vom 09.06.2004 war die konkurrierende Gesetzgebung wiederum Gegenstand der Entscheidungsfindung. In den Entscheidungsgründen wurden die Voraussetzungen des Art. 72 Abs. 2 GG jedoch nicht weiter dargestellt. Vielmehr verwies das Gericht auf die konkretisierten Anforderungen in seiner Entscheidung vom 24.10.2003.[848]

4.6.3.1 Kriterien der 1. Alt. „Herstellung gleichwertiger Lebensverhältnisse" des Art. 72 Abs. 2 GG in Bezug auf das Bauordnungsrecht

Die „Gleichwertigkeit der Lebensverhältnisse" zielt im Wortlaut der Vorschrift nicht mehr auf deren Einheitlichkeit ab[849]. Vielmehr soll die Änderung den regionalen Besonderheiten der einzelnen Länder Rechnung tragen. Dieses Erfordernis ist allerdings nicht schon dann erfüllt, wenn es nur um das In-Kraft-Treten bundeseinheitlicher Regelungen geht. Ebenso wenig ist dies der Fall, wenn lediglich eine Verbesserung der Lebensverhältnisse in Rede steht.[850] Stattdessen soll dieses Rechtsgut erst dann bedroht sein, wenn sich die Lebensverhältnisse in den Ländern in erheblicher, das bundesstaatliche Sozialgefüge beeinträchtigender Weise auseinander entwickelt haben oder sich eine solche Entwicklung konkret abzeichnet.[851] Dem entspricht es auch, wenn sich eine Entwicklungsschere der Lebensverhältnisse in den Ländern findet oder anbahnt. Dies rechtfertigt ein Eingreifen des Bundesgesetzgebers, sobald das Sozialgefüge der Bundesrepublik beeinträchtigt wird.[852] Nur einer substanziellen Beeinträchtigung der Gleichwertigkeit der Lebensverhältnisse der Bürger, die etwa Anlass zu einer Binnenwanderung oder der Gefährdung des sozialen Friedens führen könnte, darf der Bund durch ein Bundesgesetz entgegenwirken.[853]

---

[846] Vgl. Maurer, § 7, Rdnr. 27 f, 29.

[847] Vgl. BVerfGE 106, S. 62 (135ff, 143 ff); BVerfG NJW 2003, S. 4 1 (52 ff).

[848] Vgl. Urteil des Bundesverfassungsgerichts vom 09.06.2004, Az.: -1 BvR 6636702 -, Rdnr. 100ff.

[849] So noch Art. 72 Abs. 2 Nr. 3 GG a. F: "die Wahrung der *Einheitlichkeit* der Lebensverhältnisse".

[850] Vgl. BVerfGE 106, S. 62 (144).

[851] Vgl. BVerfG NJW 2003, S. 41 (52).

[852] Vgl. BVerfGE 106, S. 62 (144).

[853] Vgl. Deppenheuer, S. 183.

Übertragen auf das Bauordnungsrecht bedeutet dies, dass die Kriterien der Untersuchung die Bereiche seines Normenkomplexes berühren müssen, welche das Sozialgefüge insgesamt und die Lebensverhältnisse der Bürger betreffen. Lebensverhältnisse sind offenbar die Verhältnisse, in denen die Bürger leben. Es kommt also darauf an, ob die Verhältnisse der Bürger wenigstens mittelbar beeinflusst werden.[854] Bezugspunkt sind die Lebensbedingungen in all ihrer Unbestimmtheit. Darunter fällt das gesamte soziale, wirtschaftliche und politische Umfeld, in dem die Bürger existieren und welches ihre Lebenswirklichkeit prägt. Es geht dabei auch um die wirtschaftlichen und politischen Rahmenbedingungen, wie sie von der Rechtsordnung mitbestimmt und gestaltet werden.[855] Eine konkret fassbare Grenze erlangen die „Lebensverhältnisse" jedoch nicht.

Vorliegend berührt diesen Bereich vor allem das **Wohnungswesen**. Die Voraussetzungen für die Schaffung von Wohnraum sind an bestimmte Umstände geknüpft. Die in den Ländergesetzen bestehenden Hürden und Förderungsmöglichkeiten berühren die sozialen und wirtschaftlichen Belange der Bürger unmittelbar. Die Nutzungsmöglichkeit einer Immobilie bzw. eines Teiles davon zu Wohnzwecken bedeutet für die Berechtigten einen wirtschaftlichen Vorteil. Der Bedarf an Wohnraum richtete sich nach den sozialen Anforderungen der Gesellschaft, welche wiederum in unmittelbarem Zusammenhang mit der wirtschaftlichen Bedeutung und Lage der Region stehen. Letztendlich wird das gesamte Zusammenleben durch die Begebenheiten im Wohnungswesen geprägt. Durch Erleichterungen und Vereinfachungen können Ballungsräume geschaffen werden. Des Weiteren sind einschränkende Vorgaben geeignet, auf politischer Ebene steuernd in die Entwicklung des Wohnungswesens einzugreifen.

Die Lebensverhältnisse werden zusätzlich von den Regelungen des Bauordnungsrechts zur **Barrierefreiheit** des Bauens beeinflusst. Die Anforderungen an Bauvorhaben zur Regelung von Zugangsmöglichkeiten für ältere Menschen sowie von körperlich benachteiligten Personengruppen, die beispielsweise auf einen Rollstuhl oder eine andere Art von Gehhilfe angewiesen sind, prägen das Bild der Gesellschaft in diesem Bereich. Daran zeigt sich die Anerkennung und Umsetzung von Zielen im sozialen Bauwesen, wobei für die betroffenen Bürger die bestehenden Vorzüge oder Nachteile einer landsgesetzlichen Regelung schnell offenbar werden. Hierzu zählen auch die Förderung von **Familie** und die Berücksichtigung einer gesunden **Kindesentwicklung**. Das Erfordernis von Spielflächen soll das Familienleben entlasten und in näherer Umgebung die Möglichkeit zur freien Entfaltung des kindlichen Spieltriebes schaffen. Ebenso sind Gemeinschaftsanlagen in Form von Freizeitanlagen geeignet, einen entsprechenden Ausgleich zu bewirken. Diese Aspekte berühren das bundesstaatli-

---

[854] Vgl. vMangold/Klein/Pestalozza, Art. 72 Abs. 2 GG, Rdnr. 350.
[855] Vgl. vMangold/Klein/Starck, Art. 72 Abs. 2 GG, Rdnr. 92.

che Sozialgefüge unmittelbar. Ob dadurch der soziale Frieden jedoch gefährdet wird, hängt von den Ausmaßen der damit verbundenen Vor- und Nachteile ab.

Die Abkehr von einer vorwiegend präventiven Kontrolle im Verfahrensrecht zu einer zunehmend repressiven behördlichen Aufsicht zieht für die am Bau Beteiligten Nachteile mit sich. Die **Privatisierungstendenzen** verlagern die Bürokratie aus dem amtlichen Bereich in die Sphäre der Privaten. Auf diese Weise werden zusätzliche Kosten und unter anderem die Prüfverantwortlichkeit auf den Bürger abgewälzt. Je nachdem, wie sich diese Bestrebungen in den Ländergesetzen bereits niedergeschlagen haben, sind die Lebensverhältnisse der Betroffenen berührt. Dem Einen steht gegebenenfalls die Möglichkeit offen, eine rechtliche Prüfung des Bauvorhabens im Rahmen der hoheitlichen Tätigkeit zu erreichen, während ein Anderer den Inhalt und den Umfang seiner Prüfpflichten erst noch selbst konkretisieren muss und somit Gefahr läuft, wegen eventueller Lücken in seinem Vorgehen wesentlich später oder nur unvollkommen einen Baubeginn zu ermöglichen. Damit können, je nach Umfang des Bauvorhabens, für die Bauträger, Architekten und Bauherren merkliche Benachteiligungen zu den am Bau Beteiligten entstehen, die zwar in einem anderen Bundesland tätig sind, ansonsten jedoch keine Unterschiede in ihren Tätigkeitsfeldern und Begehren ersichtlich sind.

Der **Brandschutz** und die weiteren Anforderungen an die **Sicherheit** der Bauvorhaben ist einer der wesentlichen Komplexe im Bereich der Gefahrenabwehr. Letztendlich ist die Zielsetzung zwar in allen Landesbauordnungen die gleiche. Jedoch können sich die Wege zu deren Verwirklichung unterscheiden. Ein in mehreren Jahren von der ARGEBAU entwickeltes und in der MBO 2002 umgesetztes neues Brandschutzkonzept soll helfen, die angestrebten Zwecke effektiver anzugehen und umzusetzen. Teilweise stoßen diese Bemühungen jedoch auf Ablehnung. Ob konkrete Normen in den Ländergesetzen zur Förderung dieses Zweckes geeignet sind oder nicht, gilt es im Folgenden festzustellen. In wieweit sich daraus eine erhöhte Sicherheit für die betroffenen Bürger ergibt und ob sich daraus eine Beeinträchtigung der Gleichwertigkeit der Lebensverhältnisse ablesen lässt, kann nur durch eine geeignete Gegenüberstellung der Rechweite der Vorschriften ermittelt werden.

Die hygienischen Vorgaben für Abfallentsorgungsmöglichkeiten sowie die Anforderungen an Bäder und Toiletträume begründen einen gewissen Standard in Gebäuden. So kann die Zulässigkeit von Abfallschächten oder Anlagen für feste Abfallstoffe in bestimmten Bauvorhaben die Wohnqualität in verschiedenen Stufen beeinträchtigen. Wo solche Anlagen nicht zugelassen sind, besteht nicht einmal die Gefahr einer benachteiligenden Ausrichtung der Gebäudegestaltung. Andererseits können solche Vorkehrungen gerade im gewerblichen Bereich durchaus vorteilhaft sein. Ebenso verhält es sich beim Schutz vor schädlichen Einflüssen und der Gestaltung sonstiger haustechnischer Anlagen. Insgesamt geht es dabei um die Berücksichtigung der **ökologischen Belange**.

Deren Manifestation in den Ländergesetzten beschreibt die Rahmenbedingungen, in denen die jeweiligen Bewohner ihren Alltag verbringen müssen. All diese Regelungsgegenstände des Bauordnungsrechts berühren die Lebensverhältnisse der Bürger im Bundesgebiet unmittelbar bzw. mittelbar. In wieweit durch die in 2.8 aufgezeigte Gesetzeslage in diesen Bereichen das bundesstaatliche Sozialgefüge tatsächlich beeinträchtigt wird und ob sich eine vor diesem Hintergrund kompetenzrechtlich relevante Entwicklungsschere anbahnt, bleibt der nachfolgenden Untersuchung vorbehalten. Erst dort soll begutachtet werden, ob die „Herstellung gleichwertiger Lebensverhältnisse" durch den Erlass eines Bundesgesetzes „erforderlich" geworden ist und somit gemäß Art. 72 Abs. 2 GG auch zulässig wäre.

4.6.3.2 Untersuchung der Gesetzeslage im Bauordnungsrecht anhand der Kriterien der 1. Alternative

Das öffentliche Baurecht umfasst die Vorschriften über die Zulässigkeit und Grenzen, Ordnung sowie Förderung der Nutzung von Grund und Boden durch bauliche Anlagen im Hinblick auf deren Errichtung, Nutzung, Veränderung und Beseitigung. Die Regelungen reichen dabei bis zur Ausführung der einzelnen baulichen Anlage auf dem Grundstück sowie bis zu den Voraussetzungen und dem Verfahren der Baugenehmigung.[856] Zusammengefasst obliegen dem Bauordnungsrecht dabei die Gefahrenabwehr, die Baugestaltung zur Verhütung von Verunstaltungen sowie Sozial- und Wohlfahrtsaufgaben.[857] Von diesen Anforderungen werden die Lebensumstände der am Bau Beteiligten berührt. Diese Personen werden sowohl in privaten als auch in gewerblichen Bereichen betroffen, sobald ihre Lebensbedingungen mit diesen Sachgebieten in Kontakt kommen. Bauliche Anlagen, insbesondere in Form von Wohngebäuden, haben ein nicht unerhebliches wirtschaftliches Potenzial und stellen den Mittelpunkt des täglichen Lebens dar und bestimmen damit auch das soziale Umfeld der betroffenen Personengruppen.

Anknüpfungspunkt für die Gesetzgebungsrechte ist vorliegend die Gleichwertigkeit dieser Lebensverhältnisse. Dieses Kriterium entspricht mehr dem föderalistischen Gedanken als der noch in Art 72 Abs. 2 GG a.F. verwandten Idee der nivellierenden Vereinheitlichung und soll insbesondere den regionalen Interessen der einzelnen Länder Rechnung tragen.[858] Dadurch wird ausgedrückt, dass nicht jede Form einer Ungleichbehandlung die vorgesehene Rechtsfolge auslösen können soll.[859] Vielmehr ist eine Relation zwischen den beanstandeten Verhältnissen und der vorgesehenen Regelung gemeint,[860] womit es in

---

[856] Vgl. Reichel/Schulte, § 1, Rdnr. 9.
[857] Vgl. Werner/Pastor/Müller, S. 239
[858] Vgl. VerfG NJW 2003, S. 41 (52).
[859] Vgl. Dreier, Art. 72, Rdnr. 19,
[860] Vgl. vMangold/Klein/Pestalozza, Art. 72, Rdnr. 352f.

Bezug auf das Erfordernis derer Herstellung auf die Umstände des Einzelfalls ankommt. Es stellt sich somit die Frage, ob die Betroffenen in einzelnen oder mehreren Ländern aufgrund etwaiger Mängel in den Landeregelungen deutlich schlechter gestellt werden.[861] Sollte dem so sein, könnte jedoch eine begründete Prognose der künftigen Entwicklung der betreffenden Unterschiede die Erforderlichkeit einer bundesgesetzlichen Regelung entfallen lassen, sofern die betreffenden Beanstandungen durch bereits ins Werk gesetzte Änderungen überholt werden könnten.[862] Um dies heraus zustellen, wird nach einer Beleuchtung der einzelnen Regelungsbereiche eine Gesamtbetrachtung der jeweils relevanten und im Einzelnen zu untersuchenden und dargestellten Bereiche vorgenommen. Grundlage bildet die unter 2.7.2, 2.7.3 und 2.8 vorgebrachte Gesetzeslage.

4.6.3.2.1 Wohnungswesen

Als Anknüpfungspunkt kommen zunächst die den Bereich des Wohnungswesens berührenden Vorschriften der Landesbauordnungen in Betracht.[863] Hierzu wurden in 2.7.2, 2.7.3 und 2.8 insbesondere die Reglungen über Abstandsflächen, Aufenthaltsräumen, Wohnungen (Ausstattung), Abstellflächen in Gebäuden, Stellplätze für Fahrräder und Kraftfahrzeuge sowie vereinzelt ergänzende Vorgaben aufgezeigt. Diese Reglungskomplexe gilt es nun im Hinblick auf eine das bundesstaatliche Sozialgefüge beeinträchtigende Entwicklungsschere in den Lebensverhältnissen der Betroffenen zu überprüfen. Dies kann im Ergebnis über eine mögliche Beeinträchtigung der geforderten Gleichwertigkeit Aufschluss geben.

- Das *Abstandflächenrecht* soll eine zu dichte Bauweise baulicher Anlagen vermeiden, um damit für eine ausreichende Belichtung, Belüftung und Besonnung der in den Gebäuden gelegenen Räume zu sorgen und den nachbarlichen Wohnfrieden durch Schutz vor Einsichtnahme und akustischer Belästigung gewährleisten. Zudem werden dadurch unbebaute Flächen für die Unterbringung der für die Nutzung der Gebäude erforderlichen Anlagen vorgehalten und Gesichtspunkte des Brandschutzes berücksichtigt.[864] Die diesen Bereich betreffenden landesrechtlichen Vorschriften schwanken in der grundsätzlich geforderten Größenordnung zwar zwischen 0,4 H und 1 H, wobei auch die Ermittlung der Wandhöhe „H" nicht einheitlich erfolgt. Jedoch verlangen alle Länder bis auf Baden-Württemberg und Hamburg im Bereich der Wohnnutzung mindestens 3 m bzw. 2,5 m oder 6 m. Diese Mindestangabe beschreibt die Grenze zur unzulässigen Unterschreitung der zweckgebunden Geländeoberfläche und somit den Wert, der den Sinn und Zweck der gesetzlichen Vorgabe faktisch (noch) ge-

---

[861] Vgl. BVerfG NJW 2003, S. 41 (54).
[862] Vgl. BVerfG NJW 2003, S. 41 (55).
[863] Vgl. 2.7.1.1.
[864] Vgl. Allgeier/vLutzau, S. 142f.

währleistet und nahezu übereinstimmend festgeschrieben ist. Die Überschreitung in Hamburg begünstigt die Betroffenen. Die Unterschreitung allein in Baden-Württemberg ist zum einen äußert gering und zum anderen wegen der ansonsten bestehenden Übereinstimmung nicht geeignet, eine ausschlaggebende Beeinträchtigung der Lebensverhältnisse zu begründen.

-   *Aufenthaltsräume* sind Räume, die nicht nur zum vorübergehenden Aufenthalt von Menschen bestimmt oder geeignet sind. Sie werden von Nebenräumen oder Nutzflächen innerhalb von Gebäuden unterschieden, da sie im Interesse der Gesundheit und Sicherheit der Menschen, die sich alltäglich darin aufhalten, besondere bauaufsichtliche Anforderungen erfüllen müssen. Zudem ermöglichen sie die Schaffung von Wohnraum und bedingen somit eine entsprechende Nutzungsmöglichkeit im Interesse der sozialen Gestaltung der jeweiligen Umgebung und dienen damit auch dem Gesundheitsschutz und der Wohlfahrtspflege.[865] Vorliegend ist zwischen den allgemeinen Vorgaben und solchen für Aufenthaltsräume in Dach- und Kellergeschossen zu unterscheiden. Die grundsätzliche Höhe wird übereinstimmend mit 2,4 m bis 2,5 m gefordert, wobei lediglich Baden-Württemberg 2,3 m genügen lässt. Im Dachgeschoss werden zwischen 2,2 m und 2,3 m für ausreichend gehalten. Drei Länder lassen im Einzelfall sogar geringere Höhe genügen. In Kellergeschossen ist die Belichtungsmöglichkeit durch ausreichende Fensteröffnungen ausschlaggebend. Dafür wird an die Geländeoberfläche oder die Fensterbrüstung in Relation zum Fußboden des Raumes angeknüpft. Die geringsten Anforderungen sind in Hessen, Brandenburg und Baden-Württemberg zu finden. Aufenthaltsräume sind allgemein bundesweit an die gleichen Vorgaben gekoppelt, wobei die geringeren Anforderungen in Baden-Württemberg nicht besonders ins Gewicht fallen, da in Vollgeschossen bei einer Höhe von 2,3 m keine merklichen Einschränkungen der Nutzung erkennbar sind.

Anders sieht es eher bei solchen im Dachgeschoss aus. Durch den Ausbau des Dachgeschosses kann im Hinblick auf die Einsparung von Grund und Boden im öffentlichen Interesse vereinfacht Wohnraum geschaffen werden. Wegen der Unterschiedlichkeit in der Gestaltung von Dachaufbauten können Anforderungsunterschiede in einer Differenz von 0,10 m auf 2,2 m bei jedenfalls sieben Bundesländern (und drei weiteren im Einzelfall) bereits für den Eigentümer und potenzielle Bewohner merkliche Vorteile bei einer Nutzungsänderung zur Schaffung von Aufenthaltsräumen begründen, sofern auch die übrigen Voraussetzungen für Wohnungen gewahrt sind. Aus dieser Gruppe stechen Hessen und Baden-Württemberg heraus, die auch in Kellergeschossen geringere Anforderungen offenbaren.

---

[865] Vgl. Gädtke/Temme/Heintz, § 48, Rdnr. 1ff.

Die Vereinfachung zur Schaffung von Wohnraum erlaubt eine konzentrierte und intensivere Nutzung von Gebäuden. Damit gehen zunächst wirtschaftliche Vorteile der Eigentümer für einerseits private und andererseits gewerbliche Zwecke sowie etwaiger Mieter einher. In Dach- und Kellergeschossen wird Wohnraum grundsätzlich günstiger angeboten und erlaubt insgesamt eine effizientere Nutzung der vorhandenen Bausubstanzen. Diese Möglichkeiten bestehen in den Bundesländern mit strengeren Anforderungen nicht in gleichem Umfang. Insofern sind die Eigentümer bei entsprechenden Geschosshöhen zwischen 2,2 m und 2,3 m wegen der gesetzlichen Vorgaben bei der Nutzungsänderung benachteiligt, obwohl sich in der Sache bei vergleichbaren Gebäuden in anderen Ländern keine Unterschiede ergeben. Entscheidend ist lediglich die jeweils geltende Rechtsordnung und nicht etwa die ansonsten vergleichbare Bausubstanz.

Durch diese Vorgaben werden die Lebensverhältnisse der Eigentümer und Bauherren unmittelbar sowie der potenziellen Nutzer wenigstens mittelbar berührt. Der betreffende Bereich der abweichenden Regelungen ist jedoch lediglich im Dachgeschoss von Belang, da dort nicht unbedingt einheitliche Grundmaße der Räumlichkeiten je nach Einzelfall und Konstruktion der Dachaufbauten die Einrichtung von Aufenthaltsräumen zulassen. Jedoch sind es auch diese Besonderheiten, die letztendlich die baulichen und objektbezogenen Merkmale ausmachen und nicht pauschalisiert werden können. Wegen der großen Anzahl an Variation in diesem Bereich sind ohnehin nicht sämtliche Dachgeschosse zum Ausbau geeignet, sondern von vorn herein nur Einzelne. Die Zahl der von diesem relevanten Anteil nun wiederum in den Bereich der genannten Abweichungen Fallenden, dürfte noch geringer sein. Eine lediglich ausschnittsweise Benachteiligung bei den Voraussetzungen zur Schaffung von Wohnraum ist aber nicht geeignet, das bundesstaatliche Sozialgefüge derart zu beeinträchtigen, als dass sich nunmehr tatsächliche Auswirkungen hiervon im täglichen Leben bemerkbar machen würden. Zudem stellen die Wohnungen und Aufenthaltsräume in den Geschossen, die nicht zum Dach- oder Kellerbereich gehören den wesentlichen Teil und Kernbereich der zu Wohn- und Aufenthaltszwecken bestimmten Nutzfläche dar. Und in eben diesem Bereich, sind die Unterschiede nicht als relevant einzustufen.

-       Im Bereich der Ausstattung von *Wohnungen* mit Küchen bzw. Kochnischen, Bädern und Toilettenräumen sind keine auffallenden Unterschiede erkennbar. Das grundsätzliche Erfordernis der Sicherstellung einer ausreichenden Belüftung ist in allen Landesbauordnungen formuliert. Abstellflächen außerhalb und innerhalb der Wohnung sind nur in Berlin und Brandenburg nicht vorgesehen. In den übrigen Ländern variiert die Mindestgröße für innerhalb liegende Flächen/Räume zwischen 1 m^2 und 6 m^2. Sie dienen der Aufbewahrung von oft sperrigen Gegenständen, die nicht im täglichen Leben gebraucht werden, um so den Wohnbereich merklich zu entlasten. Vor diesem Hintergrund wirkt sich das

Fehlen solcher Flächen benachteiligend für die Nutzer der jeweiligen Wohnungen aus und setzt den Wohnstandard herab. Dieses Gefälle im Ausstattungsstandard zu zwei Ländern lässt sich jedenfalls im Vergleich zu benachbarten Ländern als auffallend kennzeichnen, da es einen ausfüllenden Bereich des täglichen Lebens unmittelbar berührt und eine Befreiung des Wohnbereichs von störenden Gegenständen bedingt.

Eine zur gemeinschaftlichen Benutzung bestimmte Abstellfläche innerhalb von Gebäuden ist hingegen länderübergreifend vorgesehen, um die Möglichkeit zu schaffen, größere, häufig gebrauchte Dinge wie Kinderwagen oder Fahrräder geschützt unterzubringen. Bei Gebäuden mit mehr als zwei Wohnungen wird überwiegend deren Bereitstellung festgeschrieben. Die Schwelle hierfür liegt allerdings im Saarland, Sachsen-Anhalt, Berlin, Brandenburg und Sachsen höher, womit sich eine ungleiche Ausstattung der betreffenden Gebäude ergibt, die die jeweiligen Bewohner in den oberen Geschossen im Vergleich zum Nachbarland benachteiligt.

Eine ähnliche Schieflage in der vorgeschriebenen Gebäudeausstattung ergibt sich auch im Bereich von gemeinschaftlich nutzbaren Trockenräumen. Sie sind in Hessen, Brandenburg, Mecklenburg-Vorpommern und Sachsen nicht vorgesehen. Danach offenbaren Berlin und insbesondere Brandenburg die geringsten Anforderungen bei der gesetzlichen Vorgabe der den eigentlichen Wohnraum ergänzenden und entlastenden Ausstattungsmerkmale.

In Bezug auf die Ausrichtung der Wohnräume legen nur fünf Bundesländer Wert auf die Gewährleistung einer reinen Nordlage. Bayern und Thüringen fordern dabei zusätzlich die Berücksichtigung von Verkehrslärm, um eine an den jeweiligen Begebenheiten orientierte und möglichst störungsfreie Wohnatmosphäre zu gewährleisten.

Die Unterschiede der in den Landesbauordnungen beschriebenen Wohnungs- und Gebäudeausstattung mit Abstellmöglichkeiten und gemeinschaftlichen Nutzungsräumen haben einen unmittelbaren Einfluss auf den Lebensmittelpunkt der Bewohner. Ob diese Merkmale nun zwingend erforderlich sind, um in gewissen Mindeststandards angemessen „Wohnen" zu können, hängt von einer wertenden Betrachtung ab. Zweck dieser Regelungen ist die Entlastung des unmittelbaren Wohnbereichs und die Erweiterung des zusätzlich nutzbaren Gemeinschaftsbereichs als eine ergänzende Leistung des Wohnbereichs. Sie sollen allerdings auch Familien und ältere Menschen entlasten, indem Kinderwagen und Gehhilfen dort leicht erreichbar und gut zugänglich verbleiben können, sofern sie in der Wohnung nicht gebraucht werden. Es wird zudem bezweckt, Rettungswege frei von Gegenständen zu halten.[866] Diese Tendenz hat sich zwischenzeitlich in den Bauordnungen als Grundausstattung weitgehend etabliert. Eine solche Grundausstattung beschreibt den Maßstab, an dem sich die Bewer-

---

[866] Vgl. zum Hintergrund Große-Suchsdorf/Lindorf/Schmaltz/Wiechert, § 44, Rdnr. 14, 15.

tung der Wohnungssituation ausrichtet und deren wirtschaftliche Einordnung mitbestimmt. Auch sind sozialstaatliche und sicherheitsrechtliche Gesichtspunkte mitbestimmend. All diese Vorgaben stellen Mindestanforderungen für Wohnraum dar. Der Kernbereich liegt darin, ein störungsfreies und gesundheitlich einwandfreies Wohnen zu gewährleisten. Er spiegelt sich aus Gründen des Gesundheitsschutzes und der Wohlfahrtspflege in den beschriebenen Vorgaben wider und sieht neben einer Mindestgrundfläche und ausreichender Belichtung und Belüftung auch Nebenräume, insbesondere Abstellräume, vor.[867] Abstell- und Lagerräume sind auch bei kleinen Wohnungen erforderlich und beschreiben damit eine Voraussetzungen zur Schaffung von Wohnraum.[868]

Vor diesem Hintergrund sind die unterschiedlichen Anforderungen in den Landesbauordnungen an die Wohnungsausstattung geeignet, für die Einen Hürden und die Anderen Erleichterungen bei der Nutzungsänderung und bei der Neuerrichtung von Wohngebäuden zu erzeugen, da je nach Bundesland unterschiedliche Mindeststandards an die Zulässigkeit der jeweiligen Bauvorhaben gekoppelt sind. Zudem ist die wohlfahrtsstaatliche Intention in den Ländern ohne entsprechend formulierte Mindestanforderungen nicht den Standards entsprechend zugunsten der Bürgen umgesetzt.

Die uneinheitliche Forderung nach (privaten) Abstellflächen und gemeinschaftlichen Trockenräumen sowie die unterschiedlichen Vorgaben für gemeinschaftlich nutzbare Abstellräume berühren zwar die Lebensumstände der Bürger, jedoch folgt allein hieraus noch keine das bundesstaatliche Sozialgefüge beeinträchtigende Entwicklung, die eine Entwicklungsschere in den Lebensverhältnissen mit sich bringen würde. Auch wenn die Nebenräume und insbesondere die Abstellflächen mittlerweile zu den Mindestanforderungen für Wohnungen im Sinne des Bauordnungsrechts zählen, beschreiben sie zunächst nur einen Teil dessen Kernbereichs, der sich in einer ergänzenden Ausgestaltung des Wohnraums zu dessen Entlastung niederschlägt, wobei ein Verzicht hierauf die Wohnbedingungen noch nicht in unzumutbare Verhältnisse abrutschen lassen würde. Dieses entlastende Moment in der Lebensführung durch erweiterte Gemeinschafts- und Individualnebenräume hat im Ergebnis nicht die Wirkung einer zwingend notwendigen Vorhaltung dieser Flächen, da dadurch keine zusätzliche Belastung erzeugt wird, sondern lediglich eine mögliche Entlastung nicht stattfindet. Im Übrigen ist in den Kernbereichen der Wohnungsstandards eine Einheitlichkeit festzustellen und es gibt keine weiteren nachteiligen Lücken in einzelnen Landesrechtsordnungen. Insofern verbleibt zwar eine Beeinträchtigung der Lebensverhältnisse, jedoch werden dadurch keine substanziellen Werte der Wohlfahrts- und Sozialstaatszielsetzung wesentlich vereitelt.

---

[867] Vgl. Gädtke/Temme/Heintz, § 48, Rdnr. 1; Finkelnburg/Orthloff, § 5 Nr. 4, S. 48.
[868] Vgl. HessVGH, BRS Bd. 42, Nr. 124.

- Im Bereich der *Stellplatzbestimmungen* wird die Verpflichtung zur Errichtung von Flächen im Freien zum Abstellen von Kraftfahrzeugen und Fahrrädern, insbesondere des Besucherverkehrs, außerhalb des öffentlichen Verkehrsraumes beschrieben, um eben Diesen zu entlasten, sofern ein entsprechender Zu- und Abgangsverkehr zu erwarten ist.[869] Die Landesbauordnungen sehen dabei auch die Möglichkeit vor, diese Verpflichtung durch die Zahlung eines Ablösebetrages zu erfüllen. Lediglich Berlin beschreitet hier einen Alleingang, in dem Abstellmöglichkeiten für Kraftfahrzeuge nur bei öffentlich zugänglichen Gebäuen geschaffen werden müssen, im Übrigen jedoch eine ausreichende Anzahl für Fahrräder gefordert wird. Fahrradabstellmöglichkeiten werden in Baden-Württemberg, Mecklenburg-Vorpommern und Sachsen-Anhalt nicht berücksichtigt. Die Voraussetzungen dieser Verpflichtung werden in den Landesgesetzen für den Einzelfall in einer Erforderlichkeitsbetrachtung beschrieben. Anhand dieser Gesetzeslage ist keine auffallende Beeinträchtigung des Sozialgefüges zu erkennen. Im bundesweiten Vergleich ist auch nicht der berliner Alleingang geeignet, für einen entsprechenden Ansatz den Ausschlag zu geben. Die Hauptstadt der Bundesrepublik ist wegen des seit der Wiedervereinigung dort stattfindenden Umbau- und Erweiterungskonzepten derartigen regionalen Besonderheiten ausgesetzt, sodass sich eine entsprechende individuelle Regelung rechtfertigen lassen kann.[870]

- Die Vorschriften für die Gestaltung und Höhenlage der *Geländeroberfläche* beschreiben lediglich die Möglichkeit der zuständigen Behörden, tatsächlichen Einfluss auf das in der Natur vorhandene Gelände zu nehmen. Es werden jedoch keine konkreten Kriterien dazu beschrieben. Damit sind die Unterschiede in der Gesetzeslage nicht für die vorliegende Prüfung relevant. Sie beziehen sich je nach Sachlage auf den Einzelfall.

4.6.3.2.2 Barrierefreier Wohnungsbau

Das Bedürfnis zur barrierefreien Erreichbarkeit und Nutzung öffentlich zugänglicher Gebäude ist in allen Landesbauordnungen gleichermaßen berücksichtigt und ausgestaltet. Lediglich fünf Bundesländer gehen indes soweit, der Berücksichtigung der Belange der betroffenen Personengruppen bereits in der Bauplanungsphase ausreichend Beachtung zu schenken und formulieren entsprechende Zielvorgaben in den Landesbauordnungen.

Hinsichtlich der übrigen Gebäudearten kommt es im Bereich der Aufzüge und Wohnungsgestaltung zu Unterschieden. Im Bereich der für die Installation von Aufzugsanlagen erforderlichen Gebäudehöhen gibt es keine merklichen Abweichungen. Auch müssen sämtliche Aufzüge von der öffentlichen Verkehrs-

---

[869] Vgl. Klinski, S. 40ff.

[870] Vgl. 3.1.5, wobei leider keine Begründung dieser Gesetzeslage in den Dokumentationen der Landesgesetzgebung zu finden ist.

fläche stufenlos erreichbar sein und stufenlose Haltestellen jedenfalls in allen Geschossen mit Aufenthaltsräumen und Wohnungen aufweisen. Die Beschaffenheit der Fahrkörbe soll grundsätzlich die Aufnahme von Krankentragen, Rollstühlen und Kinderwagen gewährleisten. Dazu werden teilweise konkrete Mindestmaße vorgegeben oder allgemein deren Geeignetheit dazu gefordert. Die Aufnahmefähigkeit von Krankentragen ist in Bayern nicht ausdrücklich erwähnt. Thüringen lässt eine Türbreite von lediglich 0,83 m statt 0,9 m genügen. Diese Unterschiede sind jedoch gering und schränken im Bedarfsfall die Nutzbarkeit der Aufzuganlagen nicht gegenüber den übrigen Vorgaben ein.

In der Gestaltung von Wohnungen haben acht Bundesländer entsprechend der Musterregelung festgelegt, dass in Gebäuden mit mehr als zwei Wohnungen die Wohnungen eines Geschosses barrierefrei erreichbar und deren interne Aufteilung rollstuhlgerecht strukturiert sein muss. In vier anderen Ländern wird eine entsprechende Stufenlosigkeit erst ab vier Wohnungen gefordert und in einem Landesgesetz davon muss auch nur jede achte Wohnung entsprechend gestaltet sein. Drei weitere Bundesländer haben in der Landesbauordnung weder die stufenlose Erreichbarkeit, noch die rollstuhlgerechte Gestaltung von einzelnen Wohnungen niedergelegt. Die Zielsetzung des barrierefreien Bauens ist im Bereich von Wohnungen und Wohngebäuden unterschiedlich stark in den Landesgesetzen formuliert. Dies ist jedoch nicht durch regionale Besonderheiten im zu regelnden Sachverhalt begründet, da die betroffenen Personengruppen bundesweit in gleicher Weise auf Hilfsmittel und Erleichterungen im täglichen Leben angewiesen sind. Es zeichnet sich ein dreistufiges Gefälle in der gesetzlichen Berücksichtigung der Belange behinderter und körperlich benachteiligten Personen ab, wonach jedenfalls in der Hälfte des Bundesgebiets eine günstige und sie unterstützende Gesetzeslage besteht. Die übrigen Landesbauordnungen setzen diese Bedürfnislage herab oder vernachlässigen Sie gänzlich. Dass eine anderweitige Variante zur Zielerreichung in der Schaffung entsprechenden Wohnraumes im Wege der Förderung entsprechender Baumaßnahmen nicht den gleichen Wirkungsgrad erreicht, hat sich in 3.1.6 gezeigt.

Die zwingende Festschreibung der erforderlichen Einzelheiten der Bauausführung ist der direkteste Weg, eine zielgerichtete Umsetzung des barrierefreien Bauens zu erreichen. Die derzeitige Situation offenbart ein Ungleichgewicht in der Berücksichtigung des barrierefreien Wohnungsbaus in den einzelnen Landesbauordnungen. Damit werden im Kern sozialstaatliche Aufgaben unterschiedlich intensiv zur Verbesserung und Unterstützung der Belange der betroffenen Personengruppen angegangen und umgesetzt. Die Perspektiven der Betroffenen auf die Nutzung einer entsprechend gestalteten Wohnung sind unterschiedlich, da sich insbesondere bei Neubauten, aber auch bei Nutzungsänderungen, die Forderungen der Landesbauordnungen niederschlagen. Dies zieht letztendlich eine sich von einander entfernende Entwicklungen in der Wohnungssituation nach sich, welche sich aufgrund tatsächlicher Begebenheiten kaum rechtfertigen lassen kann. Es zeichnet sich vielmehr eine objektive Benachteiligung je nach geltendem Landesrecht ab.

Hintergrund der intendierten gesetzgeberischen Zielrichtung ist das Sozialstaatsprinzip. Es leitet sich aus den Formulierungen in Art. 20 Abs. 1 und Art. 28 Abs. 1 S. 1 GG ab und beschreibt eine auf Bundes- und Länderebene alle Staatsgewalt bindende Staatsleitlinie mit einem entsprechenden Gestaltungsauftrag an den Gesetzgeber.[871] Damit wird der Staat zur Herstellung und Erhaltung sozialer Gerechtigkeit und sozialer Sicherheit verpflichtet. Zwingend ist allerdings nur, das er die Mindestvoraussetzungen für ein menschenwürdiges Dasein der Bürger schafft.[872] Im Zusammenspiel mit den Freiheitsrechten ergibt sich daraus zudem das Ziel der Chancengleichheit in Bezug auf die Angleichung der tatsächlichen Voraussetzzungen zum Erwerb materieller und immaterieller Rechtsgüter sowie für den Ausgleich sozialer Unterschiede im Sinne einer ausgeglichenen Sozialordnung zu sorgen.[873] Im Laufe der Zeit ist der für den sozialen Ausgleich typische Besserstellungskomparativ neben seinem spezifischen Bezug auf die Arbeiterschaft nun auch auf Gruppen, die im Vergleich zur sozialen Normalität schlechter gestellt sind, ausgedehnt worden.[874] So gilt es für das Gemeinwesen zur Kompensation sozialer Nachteile, zum Beispiel zugunsten von Schwerbeschädigten, auf soziale Ungleichheiten zu reagieren.[875] Das Sozialstaatsprinzip konkretisiert sich damit auch auf die Fürsorge für Hilfsbedürftige wie insbesondere alte Menschen und Solche mit körperlichen Benachteiligungen. Es geht um eine Ordnung, die im Vergleich der Lebensverhältnisse der Menschen untereinander erscheint.[876]

Vorliegend bestimmt das Sozialstaatsprinzip im Bereich des „sozialen Wohnungsbaus" die Verpflichtung zur Schaffung von barrierefrei gestalteten baulichen Anlagen. Es sollen gewisse Mindeststandards für ein menschenwürdiges Dasein der betroffenen Personengruppen vorgehalten werden, wobei ein bundesweites Gleichgewicht zu beachten ist. Die Unterschiede in der dargestellten Gesetzeslage offenbaren zunächst ein Ungleichgewicht der auf Landesebene geforderten Mindestanforderungen. Die Lebensumstände der betroffenen Personengruppen werden damit verschiedenen Perspektiven unterworfen. Die Landesbauordnungen zwingen grundsätzlich die jeweiligen Bauvorhaben zur Anpassung an die gesetzlichen Vorgaben, wohingegen eine etwaige zielorientierte Förderung entsprechender Baumaßnahmen mehr auf die Freiwilligkeit der Bauherren, unterstützt durch finanzielle Anreize, setzt. Dies rechtfertigt die Prognose, dass die Bundesländer mit der normierten Verpflichtung eine kalkulierbare

---

[871] Vgl. Maunz/Dürig/Herzog, Art. 20, II. Abschnitt, VIII Rdnr. 6; BVerfGE 50, S. 57 (108).

[872] Vgl. Dreier, Art. 20 (Sozialstaat), Rdnr. 30ff.

[873] Vgl. Jarass/Pieroth, Art. 20, Rdnr. 107, 108.

[874] Vgl. Dreier, Art. 20 (Sozialstaat), Rdnr. 40.

[875] Vgl. Zacher, HdB d. StR, Bd. I, § 25, Rdnr. 34.

[876] Vgl. Umbach/Clemens, *Grundgesetz*, Art. 20, Rdnr. 198; Rdnr. 188.

Anpassung des Wohnungsmarktes an die Bedürfnisse der betroffenen Personengruppen erreichen werden. Die damit einhergehende erhöhte Chance auf entsprechend gestalteten Wohnraum kann bei einer vergleichbar schwierigeren Situation auf dem „heimischen" Wohnungsmarkt die Betroffenen durchaus dazu bewegen, in einem anderen Bundesland dessen erhöhtes Angebot näher zu betrachten und ggf. den Wohnort dorthin zu verlagern. Die ungleiche Ausformung der Gesetzeslage beeinträchtigt die Chancengleichheit der im Sinne des barrierefreien Bauens geschützten und geforderten Personengruppen auf Bundesebene vor dem Hintergrund der sozialstaatlichen Ausgestaltung des Bundesstaates. Zwar mögen einzelne Landesrechtsordnung durch abweichende Wege zur Zielerreichung isoliert betrachtet im Sinne der sozialstaatlichen Ordnung gehandelt haben, konkretisieren sich aber auf Bundesebene die angesprochenen Defizite in der Gesamtrechtsordnung. Die Gesamtheit von Zentralstaat und Gliedstaaten ist in ihrer Ausrichtung nicht gleichwertig. Auch wenn die bundesstaatliche Ordnung gerade Differenzierungen in den gesetzlichen Ausgestaltungen erlaubt und auch fordert, darf dabei keine Schwächung der Rechtsposition der betroffenen Bürger mit der Konsequenz einer (merklich) nachteiligen Auswirkung auf deren Lebensumstände erzeugt werden. Damit ist die dargestellte Gesetzeslage geeignet, das bundesstaatliche Sozialgefüge in beeinträchtigender Weise zu berühren. Die Relation der jeweiligen Vorgaben zu einander offenbart eine auffallende Distanz, wodurch die Gleichwertigkeit der Lebensverhältnisse fraglich erscheint. Die sich in diesem Bereich andeutenden Entwicklungstendenzen in der Gesetzgebung könnten diesem Ergebnis allerdings entgegen wirken. Dazu wird in der Gesamtbetrachtung der die 1. Alternative des Art. 72. Abs. 2 GG berührenden Umstände unter 4.6.3.2.7 eingehend Stellung genommen.

4.6.3.2.3 Ökologische Belange
Die Landesbauordnungen regeln die Berücksichtigung der Angelegenheiten des Lebens, der Gesundheit, sowie der natürlichen Lebensgrundlagen übereinstimmend. Ebenso sind die Vorgaben zur Bepflanzung und Begrünung bestimmter Flächen weitgehend angeglichen formuliert. Entsprechend verhält es sich bei den hygienischen Anforderungen von Bädern und Toilettenräumen.

Im Bereich der Regelungen über Anlagen für feste Abfallstoffe und Wertstoffe ergeben sich jedoch Unterschiede. Abfallschächte werden noch in den überwiegenden Landesbauordnungen beschrieben. Dabei geht es im Wesentlichen um Brandschutz-, Schallschutz- und hygienische Anforderungen. Drei Landesgesetze machen zu diesem Bereich keinerlei Ausführungen. Andere knüpfen an die Möglichkeit der Mülltrennung an oder verbieten Sie im Bereich von Wohngebäuden. In Nordrhein-Westfalen waren die bestehenden Anlagen zum 01.01.2004 außer Betrieb zu nehmen. Hintergrund dieser Tendenz zum Verzicht auf Abfallschächte ist zum einen das seit den sechziger Jahren gestiegene Umweltbewusstsein und zum anderen der Höhe Kostenaufwand für Wartung und Personal zur Kontrolle der Schächte und Sammelräume.[877] Die vormals zu deren Installation bewegenden Motive einer möglichst aufwandsfreien Nutzung des Wohnbereichs ist den aktuellen Zielen gewichen. Die geforderte Trennung einzelner Abfallarten ist bei der Nutzung von Abfallschächten nur unzureichend möglich. Insofern müssten die betroffenen Personen ohnehin ab und zu den Weg zur Abfalllagerstätte antreten, um dort gesondert gesammelte Stoffe abzulagern. Damit wird jedoch das ursprüngliche Motiv der Erleichterung einer lästigen Abfallentsorgung obsolet. Die Personal- und Wartungskosten fallen bei zentralen Abfallbehältern ebenfalls nicht an. Vor diesem Hintergrund bestehen zwar Unterscheide in der Gestattung von Abfallschächten in den einzelnen Landesrechtsordnungen. Jedoch sind die durch deren Ausklammerung aus der Planung und Nutzung für die jeweiligen Personen entstehenden Mehraufwendungen im täglichen Leben wegen des dieser Regelung zurunde liegenden Zweckes nicht geeignet, eine Beeinträchtigung im Sozialgefüge auf Bundesebene zu begründen.

Im Grundgesetz und den einzelnen Landesverfassungen ist der Umweltschutz als Staatsziel formuliert.[878] Die in einzelnen Landesgesetzen besonders hervorgehobenen umweltrechtlichen Vorschriften zeugen zwar von einer unterschiedlichen Gewichtung der ökologischen Belange. Jedoch handelt es sich bei diesen weitergehenden Formulierungen grundsätzlich um Zielvorstellungen und allgemein gehaltene Gebote, die generalklauselartig abgefasst sind. Sie erzeugen wenig konkrete Anhaltspunkte, um daran anknüpfend prüfungsrelevante Begebenheiten zu offenbaren, woraus sich im Einzelnen für diese Betrachtung fassbare Berührungspunkte der Lebensumstände einzelner Personengruppen ableiten lassen könnten.

4.6.3.2.4 Sicherheit und Brandschutz

Die Vorschriften in den Landesbauordnungen über den Brandschutz und die weiteren Vorgaben zur Sicherheit spiegeln den Kernbereich der Gefahrenabwehr im Bauordnungsrecht wider. Die Sicherheitsanforderungen beschreiben Pflichten für die jeweiligen Adressaten, dass von den Bauvorhaben und den Baumaßnahmen keinerlei Gefahren für die öffentliche Sicherheit und Ordnung ausgehen dürfen. Dies gilt auch für die beschriebenen Bauprodukte und Bauarten. Wegen der in diesem Bereich bestehenden Inhaltsgleichheit und in weiten Teilen sogar Textgleichheit können sich allein daraus keinerlei die Gleichwertigkeit der Lebensverhältnisse beeinträchtigende Auffälligkeiten ableiten lassen.

Im Bereich der Vorschriften zum Brandschutz fällt zunächst nur die unterschiedliche Regelungs- und Gesetzessystematik auf. Inhaltlich sind keine merklichen Verkürzungen vorhanden, die ein jeweils erhöhtes Gefahrenpotenzi-

---

[877] Vgl. Gädtke/Temme/Heintz, § 46, Rdnr. 1f.
[878] Vgl. Sachs, Art. 20a, Rdnr. 4.

al erzeugen könnten. Die Mehrzahl der Bauordnungen enthält die brandschutz-rechtlichen und brandschutztechnischen Vorgaben im Gesetzestext. Baden-Württemberg, Niedersachsen und das Saarland haben die Einzelregelungen auf ergänzende Verordnungen verlagert. Eine Anknüpfung an Gebäudeklassen se-hen nur Hessen, Rheinland-Pfalz und das Saarland vor. Weitere Einzelheiten werden als „technische Vorschriften" mit Verweisen auf DIN-Vorschriften zur Geltung gebracht. Diese Verteilung der Regelungsstandorte ist allerdings für die 1. Alternative von Art. 72 Abs. 2 GG nicht relevant.

4.6.3.2.5 Familie und Kindesentwicklung

Nach den Landesbauordnungen besteht bei der Neuerrichtung, dem Umbau oder der Erweiterung von Gebäuden die Pflicht, einen privaten Spielplatz zu schaf-fen, sobald dadurch eine Mindestanzahl von Wohnungen auf dem Grundstück überschritten wird. Den Kindern soll in der Nähe der Wohnung eine Spielmög-lichkeit im Freien zur Verfügung stehen, die sie von ihrem Zuhause gefahrlos erreichen können und bei deren Benutzung sie von der Wohnung aus beaufsich-tigt werden können. Anknüpfungspunkt ist die Förderung der Gesundheit und der Schutz der Kinder.[879] Die Wohlfahrtspflege bedingt diese Vorgabe, um eine ungestörte Entwicklung zu körperlich und seelisch gesunden, geistig und sozial aktiven Menschen zu gewährleisten, die vorliegend in zulässiger Weise als Ver-pflichtung der privaten Grundstückeigentümer ausgestaltet ist.[880] Hiervon unab-hängig ist die gemeindliche Pflichtaufgabe, öffentliche Spielplätze zu schaffen. Unterschiede ergeben sich in den einzelnen Landesbauordnungen in der Anzahl der geforderten Wohnungen, um eine entsprechende Verpflichtung auszulösen. Überwiegend ist dies ab Gebäuden mit mehr als drei Wohnungen der Fall. In Brandenburg genügen dazu mehr als vier. In Hamburg, Sachsen-Anhalt, Thürin-gen und Mecklenburg-Vorpommern genügen bis zu fünf Wohnungen, bevor das Erfordernis entsteht. Die Hälfte der Länder sehen die Möglichkeit vor, durch die Zahlung eines Geldbetrages an die Gemeinde zur Finanzierung öffentlicher Spielplätze die (private) Verpflichtung abzulösen. Dies wird grundsätzlich nur gestattet, wenn eine entsprechende Herstellung für den Bauherren nicht möglich oder unzumutbar erscheint. Insofern wird dadurch die mit der Vorgabe einer privaten Spielplatzpflicht bezwecke Zielsetzung nicht gefährdet, da sie an tat-sächliche Begebenheiten im Einzelfall anknüpft und einen Ausnahmefall be-schreibt.

Die Anknüpfungspunkte der Spielplatzpflicht in einem Rahmen von bis zu sechs Wohnungen, wobei in den Vorschriften jeweils von „mehr als drei bis fünf Wohnungen" die Rede ist, sind nicht geeignet, die Lebensverhältnisse der Betroffenen zu beeinträchtigen. Die Vorgaben sind variabel und eröffnen einen

---

[879] Vgl. Dammert/Kober/Rehak/Wieth, § 9, Rdnr. 1ff.
[880] Vgl. OVG Berlin BRS 30 Nr. 97; BRS 35 Nr.115; OVG Lüneburg BRS 33 Nr. 93.

Beurteilungsspielraum, wann genau die Pflicht im Einzelfall als vorliegend erachtet wird. Insofern sind die Unterschiede der gesetzlichen Vorgaben nicht besonders auffällig. Hinzu kommt, das der Zweck der Spielplatzpflicht in Form der Wohlfahrtaufgabe ergänzend und originär auch als gemeindliche Pflichtaufgabe außerhalb des Bereichs der Privaten besteht und somit die Bewohner mit Spielplätzen und Freizeitflächen zu versorgen sind, womit eine Gefährdung des Wohles der Bürger, insbesondere der betroffenen Kinder, allein aufgrund der Unterschiede in den Landesbauordnungen nicht ohne weiteres begründet werden kann. Im Falle einer entsprechenden Bedürfnislage muss jedenfalls die öffentliche Spielplatzpflicht von der Exekutive erfüllt werden, um eine ausreichende Vorhaltung dieser zweckgebundenen Flächen zu gewährleisten.

Die Relevanz der Unterschiede in der Berücksichtigung von Abstellflächen für Kinderwagen innerhalb von Gebäuden zur Entlastung der Familien wurde bereits unter 4.6.3.2.1 dargestellt.

4.6.3.2.6 Privatisierungstendenzen

Im Zuge der Reformen des Baugenehmigungsverfahrens wurde die Eigenverantwortlichkeit des Bauherren und der übrigen am Bau Beteiligten zunehmend gestärkt. Dies geht mit einer Reduzierung des Prüfungsumfangs der Bauaufsichtsbehörde in den Genehmigungsverfahren einher, wonach die öffentlich-rechtlichen Vorschriften nicht unbedingt umfassend sondern nur (noch) ausschnittsweise geprüft werden. Dies hängt jeweils davon ab, für welches Bauvorhaben welches Verfahren eingreift und ob dieses Verfahren mit einer behördlichen Entscheidung endet. Ergeht eine abschließende behördliche Entscheidung in Form einer Baugenehmigung, richtet sich deren Feststellungswirkung nach dem jeweiligen Prüfungsumfang der Bauaufsichtsbehörde. Damit vermittelt eine bestandskräftige Baugenehmigung dem Bauherren nur insoweit eine Absicherung und Schutz, wie deren Feststellungswirkung reicht. Dritte können die Genehmigung auch nur insoweit anfechten, als darin Feststellungen zur Vereinbarkeit des Vorhabens mit drittschützenden Normen gemacht werden. Unberührt bleibt jedenfalls die Verpflichtung der am Bau Beteiligten, sich an die gesamten Vorgaben des materiellen Baurechts zu halten. Wird ein Verstoß außerhalb des gesetzlichen Prüfprogramms festgestellt oder ist keine abschließende Baugenehmigung vorgesehen, kann die zuständige Behörde mit bauaufsichtlichen Maßnahmen gegen das Vorhaben vorgehen.

Die in 2.8.8 aufgezeigten Unterschiede der einzelnen Landesbauordnungen in der Festschreibung des jeweiligen Prüfungsumfangs zeigen, dass im *herkömmlichen Baugenehmigungsverfahren* in zehn Ländern eine unbeschränkte Prüfung der das Bauvorhaben berührenden öffentlich-rechtlichen Vorschriften erfolgt.[881] Die anderen Länder beschränken diesen Umfang und verlagern somit einen Teil dieses Verantwortungsbereichs auf die am Bau Beteiligten. Mecklenburg-Vorpommern verlangt nach dem Gesetzeswortlaut zunächst eine allumfassende Prüfung. Nach den dazu erlassenen Verwaltungsvorschriften sind allerdings einzelne Normen aus verschiedenen Gesetzen hiervon im Regelfall ausgenommen. Sachsen und Niedersachsen beschränken den Prüfungsumfang auf jene Vorschriften, die im Kern baurechtliche Anforderungen an die Bauvorhaben beinhalten. Sofern dies der Fall ist, erfolgt jedoch eine umfassende Überprüfung der betreffenden baurechtlichen Regelungen. Hessen reduziert die zu prüfenden Vorschriften mit baurechtlichem Bezug im weiteren Sinn auf jene des Baugesetzbuches, der Landesbauordnung sowie der aufgrund dessen erlassen Vorschriften nebst Solchen, „soweit wegen der Baugenehmigung eine weitere behördliche Entscheidung entfällt oder ersetz wird." Dies ist in Baden-Württemberg entsprechend geregelt, wobei die Vorgaben des Baugesetzbuches nur im Bereich der §§ 29-38 überprüft werden. Dieser weiteren Einschränkung folgt auch Bayern und macht die Prüfung der landesrechtlichen Baubestimmungen davon abhängig, ob die Bauvorlage von einem besonders qualifizierten Entwurfverfasser unterschrieben ist.

Die Einschränkung der Feststellungswirkung einer Baugenehmigung im herkömmlichen Baugenehmigungsverfahren unterscheidet sich in Mecklenburg-Vorpommern von den vollumfänglichen Prüfungen der öffentlich-rechtlichen Vorschriften damit nur minimal.[882] Die ebenfalls einschränkenden Formulierungen in den Bauordnungen Niedersachsens, Hessens und Sachsens in Bezug auf „andere öffentlich-rechtliche Vorschriften" bei der bauaufsichtlichen Prüfung klammern letztendlich die Orientierung der Bauaufsichtsbehörde an die Anforderungen anderen Fachrechts an das Vorhaben nicht vollends aus. Es sind jedenfalls auch die Vorschriften vom behördlichen Prüfungsumfang erfasst, für die das jeweilige Fachrecht nicht ausdrücklich selbst bestimmt hat, dass ihre Einhaltung im Baugenehmigungsverfahren geprüft werden soll.[883] Sachsen bestimmt zudem ausdrücklich, dass auf fehlende ergänzende Genehmigungen oder Erlaubnisse hinzuweisen ist. Die Reglung in Baden-Württemberg bewirkt nach dem Gesetzeswortlaut im Vergleich hierzu keine zusätzlichen Beschränkungen. Lediglich werden, wie in Bayern, der Schall- und Wärmeschutz nicht geprüft.

Die in den *herkömmlichen* Genehmigungsverfahren bestehenden Unterschiede im Prüfungsumfang sind damit nicht grundlegend. Die Einschränkung

---

[881] Berlin; Brandenburg; Bremen; Hamburg; Nordrhein-Westfalen; Rheinland-Pfalz; Saarland; Sachsen-Anhalt; Schleswig-Holstein und Thüringen. Beschränkungen bestehen in Baden-Württemberg, Bayern, Hessen, Mecklenburg-Vorpommern, Niedersachsen und Sachsen.

[882] Vgl. VVLBauO M-V 72 (Baugenehmigung und Baubeginn § 72), 72.1.

[883] Vgl. für *Niedersachsen* Große-Suchsdorf/Lindorf/Schmaltz/Wiechert, § 2 Rdnr. 75, Einl. Rdnr. 19ff; *Hessen* Allgeier/vonLutzau, § 58, S. 440; *Sachsen* Dammert/Kober/Rehak/Wieth, § 70, Rdnr. 4f.

im Gesetzeswortlaut auf die von der Bauaufsichtsbehörde zu prüfenden Vorschriften hat weiterhin die Konsequenz, dass grundsätzlich sämtliche bauvorhabenbezogenen Vorschriften des Baunebenrechts geprüft werden. Sofern sich darin ergänzende Genehmigungs- und Erlaubnispflichten ergeben, sind sie zusätzlich zu erfüllen. Es obliegt damit dem Landesgesetzgeber, diesen Prüfungsumfang genauer zu beschreiben und Besonderheiten des Fachrechts hervorzuheben.[884] Im Übrigen ist es eine Obliegenheit der Bauaufsichtsbehörde, den Antragsteller möglichst frühzeitig auf die Erforderlichkeit weiterer öffentlich-rechtlicher Gestattungen für das Vorhaben hinzuweisen.[885] Zudem bleiben etwaige zusätzliche Erlaubnisse nach dem Baunebenrecht weiterhin erforderlich und müssen lediglich ergänzend eingeholt werden. Es ist auch nicht erforderlich, das sie die Wirkung einer umfassenden Unbedenklichkeitsbescheinigung entfaltet und damit jegliche Zulassungen und Gestattungen beinhalten muss.[886] Eine damit einhergehende Differenz in der Feststellungs- und Bindungswirkung der Baugenehmigungen berührt dessen Kernbereich damit nicht.

Derzeit bestehen in Bezug auf die Baugenehmigungen im herkömmlichen Genehmigungsverfahren keine grundlegenden Unterschiede in dessen Reichweite, da auch die bauvorhabenbezogenen Vorschriften des Baunebenrechts geprüft werden. Die Landesbauordnungen sind im betreffenden Regelungsbereich sehr ähnlich. Ob und inwieweit in verschiedenen Landesrechtsordnungen bereits einzelne vormals noch von der Bauaufsichtbehörde geprüfte Rechtsbereiche nun in die Prüfungsbefugnis und unter die Aufsicht anderer Fachbehörden gestellt wurden, wird hier nicht weiter untersucht, da jedenfalls aus baurechtlicher Sicht die bauvorhabenbezogenen öffentlich-rechtlichen Vorschriften länderübergreifend von der Feststellungs- und Bindungswirkung erfasst werden. Hieraus ergeben sich im Bereich des herkömmlichen Baugenehmigungsverfahrens jedenfalls keine das bundesstaatliche Sozialgefüge beeinträchtigenden Umstände, da die materiellen Anforderungen unverändert die Grundlage der Gestaltung der Bauvorhaben vorschreiben.

Das *vereinfachte Genehmigungsverfahren* endet ebenfalls mit einer positiven behördlichen Entscheidung in Form einer Baugenehmigung. Es ist bis auf in Baden-Württemberg in allen Landesbauordnungen verankert. Auch hierbei sind Unterschiede im Prüfungsumfang erkennbar. Voraussetzung ist übereinstimmend, dass das jeweilige Bauvorhaben im Geltungsbereich eines Bebauungsplanes liegen und dessen Festsetzungen entsprechen muss. Die Überprüfung des materiellen Bauordnungsrechts ist weitgehend ausgeschlossen. Deren Einhaltung liegt damit grundsätzlich im Verantwortungsbereich der Bauherrschaft und insbesondere des Entwurfverfassers. Sofern doch Regelungen der

---

[884] Vgl. BVerwG BRS 57 Nr. 186.

[885] Vgl. Schwarzer/König, § 72, Rdnr. 16.

[886] Vgl. zur Aufgabe der Schlusspunkttheorie durch das Bundesverwaltungsgericht BVerwG BauR 1996, S. 225; BauR 1997, S. 292f; vgl. 2.5.3.2, vgl. FN 151.

Bauordnungen im Prüfrahmen enthalten sind, handelt es sich dabei meist um das Abstandflächenrecht, die Stellplatz- und Spielplatzpflicht. Die geringsten Vorgaben in diesem Bereich weisen Bayern, Hessen und das Saarland auf. Etwas weiter geht es in Berlin, Hamburg, Mecklenburg-Vorpommern, Niedersachsen, Nordrhein-Westfalen, Sachsen und Schleswig-Holstein.[887] Gänzlich ungeprüft bleibt die Landesbauordnung im materiellen Teil in Brandenburg, Bremen, Rheinland-Pfalz und Thüringen. Die Vorschriften des Baunebenrechts werden außer in Hamburg, Mecklenburg-Vorpommern, dem Saarland und Thüringen im vereinfachten Genehmigungsverfahren ebenfalls geprüft.[888] Bautechnische Nachweise werden regelmäßig nicht geprüft, wenn eine Typenprüfung vorgelegt werden kann. Ansonsten entfällt eine Überprüfung, sofern eine Bescheinigung von entsprechend qualifizierten Sachverständigen vorgelegt wird.

Der Anwendungsbereich dieses Verfahrens ist bundesweit nicht einheitlich geregelt. Am umfassendsten ist er in Bayern, Sachsen und Schleswig-Holstein. Dort unterliegen alle Vorhaben, mit Ausnahme der Sonderbauten, dem vereinfachten Genehmigungsverfahren.[889] Bei Wohngebäuden ist in Bayern, Brandenburg, Bremen, Hamburg, Hessen, Niedersachsen, Nordrhein-Westfalen, Sachsen, Sachsen-Anhalt und Schleswig-Holstein als Grenze der noch dem vereinfachten Verfahren unterfallenden Vorhaben die Höhe von ca. 7 m-22 m des Fußbodens über der Geländeoberfläche festgelegt. Hingegen ist in Berlin, Mecklenburg-Vorpommern, Rheinland-Pfalz, dem Saarland und Thüringen diese bereits bei Solchen bis zu 7 m Höhe des Fußbodens festgelegt.[890] Ansonsten unterfallen sie dem herkömmlichen Genehmigungsverfahren. Eine Genehmigungsfiktion ist lediglich in Bremen, Hessen, Nordrhein-Westfalen, Rheinland-Pfalz, Schleswig-Holstein, Mecklenburg-Vorpommern und Sachsen vorgesehen. Brandenburg sieht zudem die Möglichkeit vor, auf Antrag auch für die dem vereinfachten Verfahren unterfallenden Bauvorhaben das herkömmliche Baugenehmigungsverfahren durchzuführen.

Der wesentliche Unterschied bei der Betrachtung der vereinfachten Genehmigungsverfahren besteht darin, dass der Prüfungsumfang der Bauaufsichtsbehörde vor allem im Bereich des Baunebenrechts merkliche Unterschiede auf-

---

[887] Geprüft werden weiter (beispielhaft) die Zugänge und Zufahrten (Berlin) die Standsicherheit (Berlin, ggf. in Niedersachsen), Vorgaben für unbebaute Flächen, Rettungswege (Hamburg), barrierefreies Bauen (Berlin, Mecklenburg-Vorpommern), die Baugestaltung (Bayern, Hamburg, Nordrhein-Westfalen) sowie Werbeanlagen und Warenautomaten (Sachsen, Nordrhein-Westfalen).

[888] Vgl. Hamburg § 2 Abs. 1 HamBWoBauErlG; Mecklenburg-Vorpommern § 63 Abs. 2 LBauO M-V; Saarland § 67 Abs. 2 LBO; Thüringen § 62a Abs. 2 ThürBO.

[889] Als Sonderbauten gelten insbesondere Hochhäuser, bauliche Anlagen mit mehr als 22-30 m Höhe, Messe- und Ausstellungsbauten, Krankenhäuser, Pflegeheime, gewerbliche Anlagen mit mehr als 1.600 m^2 Grundfläche etc.; Art. 2 Abs. 4 BayBO; § 2 Abs. 3 SächsBO.

[890] Dies stellt auch in Baden-Württemberg die Grenze vom Kenntnisabgabeverfahren zum herkömmlichen Genehmigungsverfahren dar.

weist. Mit diesen Unterschieden gehen Abweichungen in der Feststellungs- und Bindungswirkung der Baugenehmigung einher. Die Folge sind je nach Prüfungsumfang erhöhte Rechts(un)sicherheiten für die Bauherren, da die Bestandskraft der erteilten Baugenehmigung unterschiedlich weit reicht. Ebenso gewährt die durch Fristablauf eintretende Fiktion der Genehmigung nun zunächst einen Vorteil in Form des Wegfalls der formellen Illegalität des Bauvorhabens. Ob dies nun mit auffallenden Vorteilen für die Praxis verbunden ist, soll im Rahmen der Prüfung der 2. Alternative des Art. 73 Abs. GG dargestellt werden, da mangels materiell-rechtlicher Rechtmäßigkeitsfiktion nicht nur eine Rechtsbehelfsanfälligkeit gegenüber dem Nachbarn bleibt, sondern auch ein behördliches Rücknahmerisiko besteht. Dort ist der verfassungsrechtliche Ansatzpunkt etwaiger Rechtsunsicherheiten enthalten. Die entsprechende Prüfung erfolgt unten unter 4.6.3.4.1.

Vorliegend geht es um die Frage der Beeinträchtigung der Lebensverhältnisse der Betroffenen durch in Bezug auf das Baunebenrecht abweichende Feststellungs- und Bindungswirkungen einer im vereinfachten Genehmigungsverfahren erteilten Baugenehmigung und um die Notwendigkeit der Beibringung (privater) Sachverständigenbescheinigung durch den Bauherren im Rahmen der Bauvorlage. Die Folge ist, dass je nach den Vorgaben im Baunebenrecht gegebenenfalls ergänzende Genehmigungen bei anderen Behörden eingeholt werden müssten. Dies kann im Ergebnis zwar zu einem Mehraufwand des Bauherren bei der Schaffung der Voraussetzungen für den Baubeginn führen. Jedoch werden dabei im Ergebnis keine weitergehenden materiell-rechtlichen Forderungen an ihn gestellt. Der Unterschied besteht lediglich im formalen Sinn, als dass nun eine Baugenehmigung ohne Konzentrationswirkung ergeht, die es unter Umständen zu ergänzen gilt. Wegen der Obliegenheit der Bauaufsichtbehörde zur Information über weitergehende Genehmigungsbedürfnisse erwachsen ihm jedoch keine derartigen Nachteile, die eine Entwicklungsschere in den Lebensverhältnissen erzeugen würden. Dem Bauherren werden somit sämtliche für die Verwirklichung des Bauvorhabens notwendigen Anforderungen vorgegeben und mitgeteilt, wie es bereits bei einer umfassenden Zuständigkeit der Bauaufsichtbehörden der Fall war. Der Unterschied besteht nur darin, dass gegebenenfalls zusätzlich weitere staatliche Stellen hinzugezogen werden müssen und nicht mehr alle Erfordernisse von „einer" Behörde zu beachten und zu bewerten sind, womit sich die Grundanforderungen an das Vorhaben jedoch nicht ändern.

Ein praktischer Unterschied kann sich noch daraus ergeben, dass eine Baugenehmigung als Bauverwaltungsakt häufig die Grundlage der Entscheidung kreditgebender Institute für die Risikobewertung in Bezug auf eine Darlehensvergabe ist. Diese könnten nun gehalten sein, eine eigene unabhängige Überprüfung und adäquate Risikobewertung im Hinblick auf die Darlehenshöhe durchzuführen, was allerdings auf Kosten des Bauherren geschehen würde.[891] Etwaige Verstöße gegen materiell-rechtliche Vorgaben, die mangels nochmaliger behördlicher Prüfung nicht erkannt wurden, bringen die Gefahr mit sich, dass das im Zeitpunkt des Baubeginns aufgrund einer offenbar rechtmäßigen Vermögensdisposition verwirklichte Bauvorhaben später durch repressive bauaufsichtliche Eingriffe oder Beanstandungen Dritter unvorhersehbar entwertet wird.[892] Zwar stünden dem Bauherren im Falle einer fehlerhaften Bewertung der Sach- und Rechtslage durch den (privaten) Sachverständigen oder Entwurfverfasser zivilrechtliche Regressansprüche gegen diese zur Seite, jedoch werden dabei Insolvenzrisiken und etwaige Haftungsbegrenzungen zulasten des Bauherren auf ihn verlagert.

Die teilweise unterschiedlich geforderte Beibringung der bautechnischen Nachweise durch Sachverständige anstelle einer auf Antrag erfolgenden (nochmaligen) behördlichen Überprüfung erzeugt zwar unmittelbare Kosten für den Bauherren zu deren Vergütung, jedoch stehen diese keineswegs außer Verhältnis zu den damit ansonsten verbundenen Genehmigungs- und Prüfungsgebühren der staatlichen Stellen.[893] Dies ergibt sich aus beispielhaft von der Landeregierung Nordrhein-Westfahlen auf der Grundlage eines Gutachtens erstellten Modelrechnungen, wonach durch die Verlagerung der Prüfungen allein in den Bereich der Privaten keine nennenswerte Verteuerung eintritt.[894] Die im Übrigen geäußerten Bedenken hinsichtlich etwaiger Kostenerhöhungen oder vermehrter Kreditrisiken beruhen im Wesentlichen auf Erwartungen, die sich aus Schätzungen möglicher Kostenfaktoren für die betreffenden Sachverständigenbüros ergeben.[895]

Vor diesem Hintergrund sind auch die Unterschiede in den vereinfachten Genehmigungsverfahren nicht geeignet, die Erforderlichkeit einer bundesgesetzlichen Regelung zur Herstellung gleichwertiger Lebensverhältnisse zu rechtfertigen. Ob dies allerdings zur Wahrung der Rechts- oder Wirtschaftseinheit der Fall sein kann, wird unter 4.6.3.4.1 erörtert.

Die Landesbauordnungen sehen in Ergänzung zu den Genehmigungsverfahren noch gänzlich *verfahrensfreie Vorhaben* und Solche vor, die einem so genannten Freistellungsverfahren unterfallen. Die verfahrenfreien Vorhaben sind länderübergreifend in einem gesetzlichen Katalog aufgeführt und bedürfen weder einer Baugenehmigung noch einer Anzeige bei der Bauaufsichtbehörde. Es handelt sich dabei grundsätzlich um planungs- und bauordnungsrechtlich unproblematische Vorhaben, die in aller Regel nicht geeignet sind, öffentliche Schützgüter oder Rechte Dritter zu berühren, sodass eine präventive Kontrolle

---

[891] Vgl. Simon, S. 582 (582).
[892] Vgl. Gnatzy, S. 447.
[893] Vgl. Ritter, S. 550.
[894] Vgl. Vorlage der Landesregierung Nordrhein-Westfahlen LT-Vorlage 11/3555.
[895] Vgl. Gnatzy, S. 427f.

im Rahmen eines Baugenehmigungsverfahrens nicht erforderlich ist. Im Umfang weisen die einzelnen Aufzählungen in den Ländergesetzen keine merklichen Unterschiede auf.

Bei den *Freistellungsverfahren* gibt es hingegen bereits formale Unterschiede in der Bezeichnung und auch solche in der Gestaltung. Gemeinsam ist zunächst allen, dass es für jeweils bestimmte im Gesetz aufgezählte und an sich genehmigungspflichtige Vorhaben darum geht, beim Vorliegen besonderer privilegierender Voraussetzungen nach einer Information der Bauaufsichtbehörde über dessen Art und Umfang ohne das Erfordernis einer Baugenehmigung mit dem Bau beginnen zu können.[896] Hierunter fallen im Kern in Baden-Württemberg, Bayern, Bremen, Hessen, Sachsen-Anhalt und Schleswig-Holstein Wohngebäude geringer Höhe, kleinere, höchstens zweigeschossige landwirtschaftliche Betriebsgebäude und Solche ohne Aufenthaltsräume (Bürogebäude) zwischen 100 m2 und max. 500 m^2 Grundfläche sowie Wochenendhäuser. Berlin, das Saarland und Sachsen beschränken den Anwendungsbereich auf lediglich Wohn- und Bürogebäude geringer Höhe.[897] Hamburg, Brandenburg, Niedersachsen, Mecklenburg-Vorpommern, Nordrhein-Westfalen, Rheinland-Pfalz und Thüringen beschränken den Anwendungsbereich nur auf Wohngebäude geringer Höhe.[898]

Die Bezeichnungen für dieses Verfahren reichen von Genehmigungsfreistellung über Kenntnisabgabeverfahren bis zum Anzeigeverfahren.[899] Das jeweilige Bauvorhaben ist vor Bauausführung bei der Baugenehmigungsbehörde oder der Gemeinde anzuzeigen. In der Regel darf sodann mit dem Bau nach Ablauf einer bestimmten Frist begonnen werden. Diese Fristen reichen von sofort (Mecklenburg-Vorpommern) über zwei Wochen (Hamburg, Saarland) und drei Wochen (Sachsen) bis zu einem Monat (Baden-Württemberg, Bayern, Brandenburg, Bremen, Hessen, Niedersachsen, Nordrhein-Westfalen, Sachsen-Anhalt, Schleswig-Holstein, Thüringen) und sechs Wochen (Berlin) gemessen ab dem vollständigen Eingang der Bauunterlagen.

In Mecklenburg-Vorpommern reicht die bloße Anzeige für den Baubeginn aus. In Niedersachsen und dem Saarland darf unabhängig vom Ablauf der entsprechenden Prüfungsfrist nur begonnen werden, wenn die Behörde die Vor-

---

[896] Als Privilegierung gilt neben der besonderen Berücksichtigung im Katalog der freigestellten Vorhaben die Lage des Bauvorhabens im Geltungsbereich eines qualifizierten Bebauungsplanes und dessen geplante plankonforme Errichtung.

[897] In Sachsen auch Solche bis zur mittleren Höhe.

[898] In Nordrhein-Westfalen auch Solche bis zur mittleren Höhe.

[899] *Genehmigungsfreistellung*: Bayern, Berlin, Bremen, Hessen, Sachsen-Anhalt; *Kenntnisabgabeverfahren*: Baden-Württemberg; *Bauanzeigverfahren*: Brandenburg; Baufreistellung: Hamburg; *genehmigungsfreie Wohngebäude*: *Mecklenburg-Vorpommern, Niedersachsen, Nordrhein-Westfalen*; *Freistellungsverfahren*: Rheinland-Pfalz, Saarland; *Anzeigverfahren*: Brandenburg; *Baufreistellung bei Wohngebäuden und Nebenanlagen*: Schleswig-Holstein; *Genehmigungsfreiheit für Wohngebäude und Nebenanlegen*: Thüringen.

aussetzungen für die Freistellung in einer gesonderten Erklärung bestätigt. Durch die bloße Untätigkeit der Behörde und einem reinen Fristablauf kann der Baubeginn hier nicht erreicht werden. Diese behördliche Bestätigung hat jedoch keinerlei Feststellungswirkung. Sie gibt lediglich den Bau frei.[900] In Bayern, Berlin, Bremen, Hessen, Nordrhein-Westfalen, Rheinland-Pfalz und Sachsen-Anhalt ist zusätzlich eine Genehmigungsoption vorgesehen. Danach kann die Bauaufsichtbehörde bzw. die Gemeinde innerhalb der gesetzlich bestimmten Frist verlangen, dass für das Bauvorhaben ein Baugenehmigungsverfahren durchgeführt werden soll. Eine Freigabe erfolgt in dem Fall nach Fristablauf nicht. Ohne eine entsprechende behördliche Äußerung begründet bereits der Fristablauf die Baufreigabe. Auch in Baden-Württemberg, Brandenburg, Hamburg, Sachsen, Schleswig-Holstein und Thüringen kann der bloße Ablauf der gesetzlich festgeschriebenen Frist die Baufreigabe bedingen. Jedoch ist in diesen Ländern die Möglichkeit für die Behörden vorgesehen, noch innerhalb dieser Frist den Baubeginn zu untersagen oder ihn bereits vorzeitig freizugeben. Allein in Sachsen ist in den Ländern mit der Untersagungsoption auch die Genehmigungsoption für den Fall des Nichtvorliegens der Freistellungsvoraussetzungen vorgesehen, um unverzüglich die Einleitung eines Baugenehmigungsverfahrens verlangen zu können. Insgesamt besteht nur in Mecklenburg-Vorpommern, Nordrhein-Westfalen, dem Saarland, Sachsen-Anhalt und Schleswig-Holstein für den Bauherren die Möglichkeit, auf Antrag für die genannten Vorhaben die Durchführung eines Baugenehmigungsverfahrens zu erwirken. Hierdurch wird im Gegensatz zu den anderen Ländern ein Weg eröffnet, für an sich von der Genehmigungspflicht ausgenommene Vorhaben doch eine behördliche Entscheidung mit einer entsprechenden Feststellungs- und Bindungswirkung zu erlangen.

Im Bereich der Freistellungsverfahren ergeben sich damit bei vergleichbaren Bauvorhaben je nach Umfang dessen Geltungsbereichs wesentliche Vereinfachung- und Beschleunigungsmöglichkeiten für den Baubeginn, sofern ein Baugenehmigungsverfahren entbehrlich ist. Auf der anderen Seite ergeht für die der Freistellung unterliegenden Maßnahmen keine positive behördliche Entscheidung mit einer entsprechenden Feststellungs- und Bindungswirkung sowie der damit einhergehenden Sicherungs- und Sperrwirkung. Im Freistellungsverfahren wird lediglich die formelle Legalität der Bauvorhaben herbeigeführt. Damit sind sie je nach Verfahren unterschiedlichen Angriffsmöglichkeiten Dritter oder der Bauaufsichtsbehörden ausgesetzt.[901] Zwar müssen sämtliche Vorhaben unabhängig vom eingreifenden Verfahren jedenfalls auch die gesetzlichen Voraussetzungen der materiellen Legalität erfüllen, jedoch ist nur eine in Bestandskraft erwachsende behördliche Entscheidung geeignet, etwaige zukünftige

---

[900] Vgl. Reichel/Schulte, Kapitel 14, Rdnr. 98; Gnatzy, S. 432f.
[901] Vgl. Bonifacio, S. 99.

nachteilige Änderungen der Sach- und Rechtslage für die Zulässigkeit des Vorhabens weitestgehend abzuwehren. Damit sind die einem Genehmigungsverfahren unterfallenden Maßnahmen mit einer merklich höheren Rechtssicherheit ausgestattet. Dies ist zwar auch regelmäßig mit entsprechenden Prüfgebühren der Behörden und einer längeren Verfahrensdauer verbunden, jedoch müssen auch im Freistellungsverfahren im Rahmen der Bauvorlage jedenfalls von qualifizierten Bearbeitern entsprechend ausgestellte Bescheinigungen von dem Bauherren selbst und auf eigene Kosten beschafft werden, bevor die vollständige Mitteilung an die Bauaufsichtsbehörde erfolgen kann.

Den größten Vorteil genießen jedoch diejenigen Bauherren in den Ländern, in denen sie selbst bestimmen können und ein Wahlrecht haben, ob sie für das betreffende Vorhaben die Durchführung des Genehmigungsverfahrens mit einer Feststellungs- und Bindungswirkung entfaltenden behördlichen Entscheidung wählen wollen oder nicht. Es liegt somit in ihrem Einflussbereich, eine höhere Rechtssicherheit oder einen beschleunigten Baubeginn zu erreichen. Die übrigen Bauherren haben sich hingegen den gesetzlichen Vorgaben und den damit einhergehenden etwaigen Unsicherheiten zu unterwerfen.

Ob sich durch diese Unterschiede im Anwendungsbereich und der Ausgestaltung der Freistellungsmöglichkeiten insbesondere in Bezug auf die Baufreiheit Erleichterungen oder Beschneidungen für den Bauherren ergeben, erscheint fraglich. Trotz unterschiedlicher verfahrensrechtlicher Befreiungen sind alle materiell-rechtlichen Vorgaben weiterhin einzuhalten. Damit werden dem Bauherren in dieser Hinsicht keine weitergehenden Entscheidungsbefugnisse eingeräumt, die es ihm etwa erlauben würden, ein Bauvorhaben fernab des gesetzlichen Anforderungsgeflechts zu realisieren.[902] Er kann im Falle der Festschreibung der Wahlmöglichkeit lediglich über das „Ob" einer verfahrensabschließenden Genehmigung entscheiden. Auch die Unterschiedlichkeit der Fristen begründet keine besonders ins Gewicht fallenden Vor- oder Nachteile für die jeweiligen Bauherren. Zum einen sind sie bekannt und können keine unvorhersehbaren unangemessenen Verzögerungen erzeugen, und zum anderen liegt die zeitlich aufwendigere Phase der Beschaffung und Erstellung der notwendigen Bauunterlagen vor Stellung der Bauanzeige in seiner Sphäre, sodass er selbst auf den damit einhergehenden zeitlichen Aufwand Einfluss nehmen kann. Je weiter der Anwendungsbereich des Freistellungsverfahrens ist, desto größer ist der Kreis der Bauherren, die am Ende des Verfahrens keine Baugenehmigung für ihr Vorhaben zu erwarten haben und stattdessen mit erweiterten Risiken belastet werden.

Letztendliche gewährt nur die Baugenehmigung eine ausreichende Schutzfunktion in Bezug auf die Feststellungs- und Bindungswirkung und bildet die Grundlage für eine gewisse Investitionssicherheit. Ein legalisierender Aus-

---

[902] Vgl. Gnatzy, S. 423.

gang des Freistellungsverfahrens hindert hingegen nicht vor dem Erlass einer repressiven Eingriffsverfügung.[903] Für den Bauherren besteht ein erhöhtes Rechtmäßigkeitsrisiko, da er ohne korrigierende bauaufsichtliche Nachprüfung allein die Verantwortung für die Baurechtskonformität trägt. So muss er auf Änderungen der rechtlichen Grundlagen reagieren, um nicht repressiven Eingriffen der Behörde oder Beanstandungen Dritter ausgeliefert zu sein. Im Fall einer Fehleinschätzung der von ihm mit der Prüfung der Voraussetzungen beauftragten Rechtssubjekte bestünden zwar zivilrechtliche Ersatzansprüche gegen diese. Jedoch können diese je nach der Dauer der Gewährleistungsfristen oder gesellschaftsrechtlicher Haftungsbeschränkungen stark eingeengt sein. Im Falle einer Fehleinschätzung der Bauaufsichtbehörde würde dieses Risiko hingegen im Rahmen der Amtshaftungsansprüche aufgefangen werden können oder im Falle einer beabsichtigten Rücknahme der Genehmigung durch Gesichtspunkte des Vertrauensschutzes gemindert sein.[904]

Die Lebensverhältnisse der Betroffenen werden durch diese verschiedenen Ausgestaltungen der Freistellungsverfahren berührt. Entweder ist ihr Verantwortungsbereich gestärkt und sie können mit einem beschleunigten Baubeginn rechnen, oder es ist ein Baugenehmigungsverfahren durchzuführen, an dessen Ende eine in Bestandkraft erwachsende behördliche Entscheidung ergeht. Wegen der Unterschiede in deren Anwendungsbereichen kann diese Situation je nach Landesrecht für vergleichbare Bauvorhaben auftreten, obwohl sich in der Sache keine Solchen ergeben. Ob dies jeweils im Sinne der am Bau Beteiligten geschieht, bleibt unberücksichtigt. Lediglich die in diesem Bereich mit einem Wahlrecht ausgestalteten Landesbauordnungen können beiden Motivlagen gerecht werden. Nur hier liegt es im Einflussbereich der Bauherren, ob das Bauvorhaben eine erhöhte Rechtssicherheit erfährt oder beschleunigt errichtet werden kann. In dieser Hinsicht sind die Beteiligten in den Ländern mit einem weiten Anwendungsbereich des Freistellungsverfahrens schlechter gestellt, da sich sie auch bei nicht zu Wohnzwecken dienenden Bauvorhaben mit etwaigen Unsicherheiten und Risiken abfinden und sich zusätzlich absichern müssen, was im Einzelfall mit erhöhten Kosten verbunden sein und auch wirtschaftliche Risiken nicht völlig ausschließen kann.

Ob nun aber auch die Gleichwertigkeit dieser Lebensverhältnisse beeinträchtigt ist, erscheint fraglich. Eine Besserstellung besteht vor allem im Bereich der Länder mit dem festgeschriebenen Wahlrecht. Dies betrifft insbesondere Wohngebäude geringer, aber auch mittlerer Höhe sowie einfache, höchstens zweigeschossige Büro- und Lagergebäude. Nur dort wird den Begehren der Bauherren umfassend Rechnung getragen und legt die Rechtssicherheit nicht in die Hand der gesetzgeberischen Definitionen der Anwendungsbereiche der ver-

---

[903] Vgl. Jäde, *Bauordnungsrecht im Wandel*, S. 187 (190f).
[904] Vgl. Gnatzy, S. 445, S. 447.

schiedenen Verfahren in den Landesbauordnungen. Mit der Festlegung des Landesgesetzgebers auf die eine oder die andere Verfahrensart ohne jegliche Wahlmöglichkeit werden die allgemeinen Begehren nach Deregulierung und Privatisierung im Baurecht unterschiedlich umgesetzt.[905] Diese gesetzgerberischen Wertungen sind als Solche zunächst nicht zu beanstanden. Eine substanzielle Beeinträchtigung der Gleichwertigkeit käme aber dann in Betracht, wenn dem Bauherren ein Anspruch auf Erteilung einer behördlichen Unbedenklichkeitsbescheinigung zustünde und dieser gegebenenfalls abgeschnitten worden wäre.

Mit der Unbedenklichkeitsbescheinigung möchte der Bauherr die Übereinstimmung seines Bauvorhabens mit den öffentlich-rechtlichen Vorschriften, somit dessen materielle Rechtmäßigkeit, verbindlich festgestellt wissen. Diese Bescheinigung stellt einen feststellenden Verwaltungsakt dar.[906] Die behördliche Verpflichtung zum Erlass erscheint jedoch fraglich, da der jeweilige Landesgesetzgeber die Erteilung eines solchen Bescheides durch die dezidierte Verfahrensgestaltung genau genommen konkludent ausgeschlossen hat, da für die betreffende Bauvorhaben eben gerade keine Baugenehmigung erteilt wird. Eine Baugenehmigung besteht jedoch auch aus einem feststellenden Teil, der die Vereinbarkeit des Vorhebens mit den öffentlich-rechtlichen Vorschriften bescheinigt.[907] Die Unbedenklichkeitsbescheinigung stellt somit eben diesen Teil einer Baugenehmigung dar[908], obwohl sie jedoch gerade nicht ergehen soll. Wenn nun aber keine Baugenehmigung ergehen soll, würde durch die Erteilung einer Unbedenklichkeitsbescheinigung mit Feststellungswirkung eben diese gesetzgeberische Zielsetzung umgangen werden. Dies wird auch vor dem Hintergrund deutlich, dass die Erteilung einer solchen Bescheinigung gerade die behördliche Prüfung in dem Umfang erfordern würde, die der Gesetzgeber im Wege der Verfahrensbeschleunigung und Privatisierung für die Vorhaben des Freistellungsverfahrens abschaffen wollte.[909] Damit besteht beim Eingreifen des Freistellungsverfahrens keine Möglichkeit des Bauherren auf den Erlass einer Unbedenklichkeitsbescheinigung hinzuwirken, außer durch Änderungen in seinen Bauvorlagen von den bauplanungsrechtlichen Vorgaben gerade soweit abzuweichen, als dass nun ein vereinfachtes Genehmigungsverfahren durchzuführen wäre.[910] Eine Pflicht zum Erlass einer Unbedenklichkeitsbescheinigung besteht insoweit nicht.

---

[905] Vgl. 2.5.3, 2.5.3.2, 2.5.3.3.

[906] Vgl. König, S. 261 (262).

[907] BVerwGE 48, S. 242 (245); Brohm, § 28, Rdnr. 25f.

[908] Vgl. König, S. 261 (263).

[909] Vgl. Jäde, *Keine Angst vor der neuen Bauordnung*, S. 401 (402) zum Freistellungsverfahren der Bayerischen Bauordnung.

[910] Vgl. Simon, *Die neue Bayerische Bauordnung aus der Sicht der Praxis*, S. 332 (337) speziell für die Gestaltung in der Bayerischen Bauordnung.

Vor diesem Hintergrund erzeugt die Besserstellung einzelner Bauherren zwar nicht von der Hand zu weisende Vorteile in Bezug auf die Sicherungswirkung einer Baugenehmigung, jedoch ergeben sich daraus keine substanziellen Unterschiede, die eine Entwicklungsschere in den Lebensverhältnissen der Betroffenen erzeugen könnten. Ob dies in Bezug auf die 2. Alternative von Art. 72 Abs. 2 GG relevant ist, wird unter 4.6.3.4.1 geprüft. Die jeweiligen gesetzlichen Vorgaben für die Verfahren sind anlagen- und standortbezogen. Wer ein Bauvorhaben durchführen will, wird sich vor allem als Privater nicht von den gesetzlichen Varianten im Verfahrensrecht zur Bestimmung des Bundeslandes als Standort zu dessen Verwirklichung lenken lassen.[911] Hier zählen vielmehr die persönlichen Eindrücke sowie die familiäre oder berufliche Bindung an eine Region. Entsprechende Erwägungen, an den Verfahrensgestaltungen den Standort zu orientieren, kämen allenfalls für nicht an einen bestimmten Sitz gebundene überregionale Unternehmer und Gewerbetreibende in Betracht. Da diese ungebundenen Bauherren jedoch grundsätzlich Bauvorhaben größeren Ausmaßes verwirklichen werden, fallen sie ohne hin in der Regel aus dem Anwendungsbereich der Freistellungsverfahren heraus und unterliegen der Genehmigungspflicht, die, wie bereits dargelegt, in ihren Ausgestaltungen ebenfalls keine Beeinträchtigung der Lebensverhältnisse im Sinne des Art. 72 Abs. 2 GG begründen könnten.

4.6.3.2.7   Gesamtbetrachtung als Zwischenergebnis

Die isolierte Betrachtung der genannten und durch die Landesbauordnungen berührten Bereiche offenbart zwar Abweichungen in den Ländergesetzen, die geeignet sind, die Lebensverhältnisse unterschiedlich auszugestalten. Jedoch wird dadurch keine substanzielle Beeinträchtigung Dieser offenbart, welche etwa Anlass zu einer Binnenwanderung oder der Gefährdung des sozialen Friedens geben könnten. Die Unterschiede in den Vorgaben zur Schaffung von Wohnraum im Dachgeschoss betreffen lediglich einen geringen Anteil der zu diesem Zweck errichteten Bauvorhaben. Den wesentlichen Anteil machen Aufenthaltsräume in den übrigen Geschossen aus, wo die Vorgaben nicht sonderlich von einander abweichen. Eine teilweise Vernachlässigung der Berücksichtigung von gesonderten Abstellflächen und gemeinschaftlichen Trockenräumen ist ebenfalls nicht geeignet, das grundgesetzliche Erfordernis zu begründen, da dies nicht zu unzumutbaren Verhältnissen führt, sondern lediglich eine zusätzliche Entlastung des Wohnraumes nicht in gleichem Maße stattfindet, wodurch der Kernbereich der Mindestanforderungen für Wohnraum nicht maßgeblich beeinträchtigt wird.[912] Bei der Berücksichtigung der ökologischen Belange sowie der Familieninteressen und der Kindesentwicklung ergeben sich ebenfalls keine auffallen-

---

[911] Vgl. zu dieser Bewertung auch Gnatzy, S. 459.
[912] Vgl. 4.6.3.1.1.

den Abweichungen.[913] Insbesondere ist der Kernbereich des Bauordnungsrechts zur Gefahrenabwehr, der sich in den Vorschriften zum Brandschutz und zu den einzelnen Sicherheitsanforderungen niederschlägt, nahezu identisch geregelt. Damit können in diesem Bereich keine existenziellen Rechtsgüter in Abweichung einzelner Landesgesetze weniger oder gar mehr gefährdet werden.[914]

Hingegen werden durch die benachteiligende Ausgestaltung der Vorschriften zur barrierefreien Gestaltung von Wohnungen und deren Erfordernis in Wohngebäuden die betroffenen Personengruppen in den Ländern ohne entsprechende Vorgaben in den Landesbauordnungen deutlich schlechter gestellt. Zwar wird versucht, über die Förderung des sozialen Wohnungsbaus durch die Schaffung finanzieller Anreize eine angemessene Umsetzung der sozialstaatlichen Vorgaben in die Praxis zu erreichen. Mangels ausreichender Umsetzung des gewünschten Erfolges griff man jedoch in einigen Ländern sodann auf die Integration dieser Vorgaben ins Bauordnungsrecht zurück.[915] In Anbetracht der Anpassung vieler Landesbauordnungen an diese zweckentsprechende Umsetzung in den letzten Jahren zeichnet sich jedoch eine Entwicklung ab, wonach sich diese beanstandeten Lücken in den betreffenden drei Bundesländern bald schließen könnten. Einen entsprechenden Weg hat bereits Thüringen in seinem Gesetzgebungsverfahren zur Neufassung der Landesbauordnung im Frühjahr 2004 eingeschlagen.[916] Auch in Sachsen ist man vonseiten des Gesetzgebers bemüht, diese Belange und Interessen auch vor dem Hintergrund der Musterbauordnungen 1997 und 2002 in die Landesbauordnung zu integrieren. Derzeit ist dies erneut Gegenstand der parlamentarischen Diskussion.[917] Auch in Baden-Württemberg blieb man nicht untätig. Bereits seit dem Ende der neunziger Jahre erfolgen regelmäßig Vorstöße im Parlament zur Änderung der Landesbauvorschriften. Man bejaht auch hier ein entsprechendes Regelungsbedürfnis, wolle dieses Thema jedoch erst nach umfassender Begutachtung in der „folgenden Legislaturperiode" wieder aufgreifen.[918] Diese in den abweichenden Ländern dokumentierte gesetzgeberische Betätigung lässt die begründete Prognose zu, dass sich die Lücken in den Landesbauordnungen schließen werden und somit einheitliche gesetzliche Vorgaben in diesem Bereich den Belangen der betroffenen Personengruppen ausreichend Rechnung tragen werden. Dadurch können die beanstandeten Unterschiede überholt werden, zumal die Angleichungen teilweise bereits ins Werk gesetzt wurden oder jedenfalls eine konkrete Planung dazu aufweisen. Ein sich etwaig zur Herstellung gleichwertiger Lebensverhältnisse

---

[913] Vgl. 4.6.3.1.3, 4.6.3.1.5.

[914] Vgl. 4.6.3.1.4.

[915] Vgl. 4.6.3.1.2, und 3.1.6.

[916] Vgl. 3.1.3; LT-Thüringen Plenarprotokoll 3/98 vom 29.01.2004, S. 8608ff.

[917] Vgl. 3.1.2; LT-Sachsen Plenarprotokoll 3/98 vom 15.01.2004, S. 7121ff.

[918] Vgl. 3.1.1.

einstellendes Bedürfnis kommt somit nicht weiter auf. Eine bundesgesetzliche Reglung ist hierzu somit nicht erforderlich.

Die genannten Abweichungen im Verfahrensrecht, insbesondere im vereinfachten Genehmigungsverfahren sowie im Freistellungsverfahren sind ebenfalls nicht geeignet, das bundesstaatliche Sozialgefüge in der Weise zu beeinträchtigen, als dass sich eine Entwicklungsschere in den Lebendverhältnissen finden lassen oder sich eine Solchen anbahnen würde.[919] Die aufgezeigten Unterscheide könnten jedoch im Rahmen der Prüfung der Beeinträchtigung der Rechts- und Wirtschaftseinheit von Belang sein. Hierzu wird nachfolgend unter 4.6.3.4.1 Stellung genommen.

Es zeigt sich bei dieser Betrachtung, dass die im Kern dem Polizeirecht und der Gefahrenabwehr unterfallenden Regelungsbereiche nahezu identisch sind und keine merklichen Verkürzungen des jeweiligen Rechtsgüterschutzes aufweisen. Die Beanstandungen an der derzeitigen Gesetzeslage ergeben sich vielmehr im Bereich der Sozial- und Wohlfahrtsaufgaben des Bauordnungsrechts, die nach den Ausführungen unter 4.6.2 zur Möglichkeit des Bundes zum Erlass eines Bundesgesetzes aus kompetenzrechtlicher Sicht im Falle des Vorliegens der Voraussetzungen des Art. 72 Abs. 2 GG jedenfalls von diesem wahrgenommen werden könnten, ohne den den Ländern zustehenden Regelungskomplex der Gefahrenabwehr unmittelbar im Kern zu berühren.

4.6.3.3 Kriterien der 2. Alt. „Wahrung der Rechts- und Wirtschaftseinheit" des Art. 72 Abs. 2 GG in Bezug auf das Bauordnungsrecht

Die Wahrung der Recht- und Wirtschaftseinheit im gesamtstaatlichen Interesse ist in Art. 72 Abs. 2 GG die zweite Alternative des Erforderlichkeitskriteriums. Sie betrifft unmittelbar die institutionelle Voraussetzung des Bundesstaates und erst mittelbar die Lebensverhältnisse der Bürger.[920] Dies schließt jedoch zunächst ein Eingreifen des Bundesgesetzgebers zum Zwecke des Schutzes sonstiger Gemeinwohlinteressen oder der bloßen Verbesserung der Lebensverhältnisse aus.[921]

Grundsätzlich sind unterschiedliche Rechtslagen in den Ländern die notwendige Folge des bundesstaatlichen Aufbaus der Bundesrepublik Deutschland. Die Rechtseinheit ist allenfalls dann nicht mehr gegeben, wenn sich eine Rechtszersplitterung mit problematischen Folgen darstellt, die im Interesse sowohl des Bundes als auch der Länder nicht hingenommen werden kann.[922] Gerade die Unterschiedlichkeit des Gesetzesrechts oder der Umstand, dass die Länder eine regelungsbedürftige Materie nicht regeln, müssen das gesamtstaatli-

---

[919] Vgl. 4.6.3.1.6.
[920] Vgl. BVerfGE 106, S. 62, (145).
[921] Vgl. BVerfGE 106, S. 62 (145).
[922] Vgl. BVerfGE 106, S. 62 (145).

che Rechtsgut der Rechtseinheit bedrohen.[923] Dieses Rechtsgut ist daher, unter voller Anerkennung der im Grundgesetz angelegten Rechtsvielfalt, "funktional-materiell im Sinne der Erhaltung einer funktionsfähigen Rechtsgemeinschaft[924] zu sehen." Erst wenn die unterschiedliche rechtliche Behandlung desselben Lebenssachverhalts gegebenenfalls erhebliche Rechtunsicherheiten und damit unzumutbare Behinderungen für den länderübergreifenden Rechtsverkehr erzeugen würde, könnte eine Betätigung des Bundesgesetzgebers erforderlich werden.[925] Um dieser sich unmittelbar aus der Rechtslage ergebenden Bedrohung von Rechtssicherheit und Freizügigkeit im Bundesstaat entgegen zu wirken, könnte der Bund eine einheitliche Lösung wählen und schaffen.[926]

Das Ziel der (Be) -Wahrung der Wirtschaftseinheit im gesamtstaatlichen Interesse ist berührt, wenn es um die Erhaltung des Wirtschaftsraumes der Bundesrepublik durch bundeseinheitliche Rechtssetzung geht. Dabei wird häufig auch die Rechtseinheit betroffen sein, da im Bereich der konkurrierenden Gesetzgebung viele Bereiche zumindest einen mittelbaren wirtschaftlichen Bezug aufweisen.[927] Vereinzelt wird der Alternative der Wirtschaftseinheit jedoch keine eigenständige Bedeutung im Rahmen von Art. 72 Abs. 2 GG zuerkannt, da es an einem abgrenzbaren Bereich fehle, in dem Wirtschaftseinheit nicht zugleich Rechtseinheit bedeute.[928] Teils wird die Wirtschaftseinheit auch als die Geltung einheitlicher rechtlicher Rahmenbedingungen für die wirtschaftliche Betätigung im ganzen Bundesgebiet gedeutet.[929] Sie diene der Sicherung eines einmal erreichten Standes wirtschaftlicher Integration.[930]

Nach dem Urteil des Bundesverfassungsgerichts können unterschiedliche Landesgesetze Schranken oder Hindernisse für den wirtschaftlichen Verkehr im Bundesgebiet errichten und insbesondere die Verteilung wirtschaftlichen Potenzials in sachlicher und personeller Hinsicht verzerren. Auch tatsächliche Unterschiede können der Gesamtwirtschaft in erheblichem Umfang abträglich

---

[923] Vgl. BVerfG NJW 2003 S. 41 (52).

[924] So Deppenheuer, S. 184, unter Bezug auf den Wortlaut des Bundesverfassungsgerichts – BVerfGE 106, S. 62, 145. In den Ausführungen des Gerichts werden dazu zwei Beispiele genannt, wann dieses Rechtsgut gefährdet wäre. Zum einen sei dies der Fall, wenn in den Ländern unterschiedliche Personenstandsregelungen gelten und so verhindern würden, dass Eheschließung und Scheidung gleichermaßen rechtlich anerkannt und behandelt werden könnten. Zum anderen würden grundlegend unterschiedliche Regelungen für das Gerichtsverfassungsrecht kein Vertrauen Einzelner oder überregional agierender Unternehmen darauf begründen, überall in gleicher Weise Rechtsschutz zu erlangen.

[925] Vgl. BVerfG NJW 2003, S. 41 (52).

[926] Vgl. BVerfGE 106, S. 62 (145).

[927] Vgl. BVerfGE 106, S. 62 (145).

[928] Vgl. vMangold/Klein/Pestalozza, Art. 72 Abs. 2 GG, Rdnr. 360;

[929] Vgl. Schmehl, S. 724 (727); Rybak/Hofmann, S. 230 (231).

[930] Vgl. vMangold/Klein/Starck, Art 72. Abs. 2 GG, Rdnr. 103.

sein.[931] Sofern also wirtschaftspolitisch bedrohliche oder unzumutbare Auswirkungen einer Rechtsvielfalt in Form von erheblichen Nachteilen für die Gesamtwirtschaft noch nicht offensichtlich sind, ist die im Interesse von Bund und Ländern dem Bundesgesetzgeber obliegende Möglichkeit zum Erlass eines Bundesgesetzes zumindest noch nicht als erforderlich anzusehen.[932]

Die im Bauordnungsrecht bestehende **Vielfalt von Genehmigungsverfahren** berührt vor allem die Rechtssicherheit der am Bau Beteiligten, insbesondere die des Bauherren. Sofern am Ende eine für ihn positive Entscheidung in Form eines Verwaltungsaktes ergeht, erzeugt diese Unbedenklichkeitsbescheinigung im Rahmen ihrer Regelungsreichweite eine weitgehend gesicherte Rechtsposition. Nach Unanfechtbarkeit der Entscheidung steht fest, wie das Bauvorhaben unbedingt durchgeführt werden darf. Diese Entscheidung erzeugt zudem eine bestimmte Bindungswirkung für andere Behörden und die Gerichte. Die Reichweite und Bindungswirkung hängt von der jeweiligen landesrechtlichen Ausgestaltung ab. Wo die formelle und materielle Legalität jedoch nicht bindend festgestellt oder fingiert wird, bestehen auf Seiten des Bauherren nicht zu unterschätzende Unsicherheiten. Zum einen können Einwände des Nachbarn oder der zuständigen Stellen wesentlich länger als im Rechtsbehelfsverfahren vor der Widerspruchsbehörde eine Stilllegung oder gar Beseitigung der baulichen Maßnahmen zur Folge haben. Zum anderen können auch nachträgliche Änderungen der Rechtsgrundlagen geeignet sein, Nachteile zu erzeugen. Diese Rechtssicherheit bzw. die Rechtsunsicherheiten sind je nach Umfang des behördlichen Prüfverfahrens und dessen Abschluss für die jeweils am Bau Beteiligten in den einzelnen Bundsländern unterschiedlich ausgestaltet. Eine höhere Rechtssicherheit durch eine das Genehmigungsverfahren abschließende verbindliche Entscheidung kann für überregional tätige Unternehmen und Investoren durchaus ein Grund sein, den Standort möglicherweise umstrittener Bauvorhaben eher in einem Land zu wählen, indem eine Gefährdung der Verwirklichung ausgeschlossen ist. So entsteht ein unübersichtliches Investitionsrisiko, wodurch die Hemmschwelle zur Durchführung des Vorhabens angehoben wird, zumal dann auch die Kreditgewährung auf wackeligere Füße gestellt wird. Damit begründen die in den verschiedenen Verfahrensvarianten zum Ausdruck kommenden unterschiedlichen Stadien der Privatisierung eine mögliche Beeinträchtigung der Rechts- und Wirtschaftseinheit.

Die **unterschiedlichen Definitionen,** beispielsweise von Gebäudearten und der damit verbundenen Gebäudehöhen, sind unter anderem entscheidend für die anzustellenden Anstrengungen in den verschiedenen behördlichen Verfahren. Je nach dem, ob das Bauvorhaben von einer Genehmigung freigestellt ist, im vereinfachten Verfahren geprüft wird oder lediglich angezeigt werden muss,

---

[931] Vgl. BVerfG NJW 2003, S. 41 (53).
[932] Vgl. Deppenheuer auf S. 185 unter Bezugnahme auf das Urteil des Bundesverfassungsgerichts.

entstehen unterschiedliche Hürden für die am Bau Beteiligten, wodurch ein gleiches Bauvorhaben in unterschiedlichen Bundesländern eine unterschiedliche rechtliche Behandlung erfahren könnte, obwohl sich in der Sache keine Unterschiede ergeben sollten. So kann beispielsweise ein in einer Region von einer Genehmigung freigestelltes Bauprojekt andernorts dem vereinfachten Genehmigungsverfahren unterworfen sein. Dies kann sich gerade bei länderübergreifend tätigen Architekten und Bauträgern in einem erhöhten Arbeitsaufwand und einer vielschichtigen Bürokratie auswirken, die sich aus deren Sicht als unnötig und nicht nachvollziehbar darstellt. Eine ähnliche Unübersichtlichkeit ergibt sich auch bei den innerhalb der einzelnen Verfahren geltenden **Fristen**.[933] Damit werden die Rahmendbedingungen der in der Baubranche tätigen Unternehmen unterschiedlich gestaltet. Je nach deren Übersichtlichkeit und Regelungsintensität erzeugen sie Vereinfachungen oder Hürden im täglichen Leben.

4.6.3.4 Untersuchung der Gesetzeslage im Bauordnungsrecht anhand der Kriterien der 2. Alternative

Die zweite Alternative von Art. 72 Abs. 2 GG beschreibt die Befugnis des Bundes zur Gesetzgebung, sofern die Wahrung der Rechts- oder Wirtschaftseinheit eine bundesgesetzliche Regelung im gesamtstaatlichen Interesse erforderlich macht. Jegliche bereits die „Gleichwertigkeit der Lebensverhältnisse" berührenden Diskrepanzen zwischen den einzelnen Landesbauordnungen stellen auch eine Beeinträchtigung der Rechtseinheit dar. Ob die konkrete Auseinanderentwicklung bereits eine Rechtszersplitterung mit problematischen Folgen im Sinne des Art. 72 Abs. 2 GG erreicht hat, bleibt der nachfolgenden Prüfung vorbehalten. Dort werden auch die Grundlagen für eine etwaige „Erforderlichkeit" einer bundesgesetzlichen Regelung im Einzelnen diskutiert.

4.6.3.4.1 Rechtseinheit

Die „Wahrung der Rechtseinheit„ darf nicht in dem Sinne verstanden werden, dass „die Setzung bundeseinheitlichen Rechts stets erforderlich wäre. Für die Bürger ergeben sich unterschiedliche Rechtlagen notwendigerweise als Folge des bundesstaatlichen Aufbaus. Das Grundgesetz lässt insoweit unterschiedliche Rechtsordnungen in den Gliedstaaten zu und begrenzt insoweit auch eine Berufung auf Art. 3 Abs. 1 GG.[934] Sofern die Gesetzesvielfalt auf Länderebene eine Rechtszersplitterung mit problematischen Folgen erzeugt, die im Interesse des Bundes und der Länder nicht hingenommen werden kann, sind die Voraussetzungen der 2. Alternative erfüllt. Diese Unterschiedlichkeit oder der Umstand einer lückenhaften Berücksichtigung der regelungsbedürftigen Materien müssten

---

[933] Vgl. 2.5.3.1. am Ende.
[934] Vgl. BVerfGE 10, S. 354 (371); BVerfGE 12, S. 139 (143).

das gesamtstaatliche Rechtsgut der Rechtseinheit, verstanden in der Erhaltung einer funktionsfähigen Rechtsgemeinschaft, bedrohen.[935]

Die dargestellte Gesetzeslage im Bauordnungsrecht ist bereits in den einzelnen Ländern unterschiedlich strukturiert. Es werden einzelne Bereiche auf Verordnungen verlagert, die anderswo weiterhin in der Landesbauordnung abschließend berücksichtigt werden. Dies hat den Hintergrund, sie nicht mit diversen Detailregelungen zu überlasten. Neben den bereits durch Musterentwürfe vorgegebenen untergesetzlichen Normen ist deren Umfang insbesondere zur Sicherstellung von Deregulierungs- und Privatisierungstendenzen, aber auch zur Umsetzung von EG-Richtlinien stark ausgeweitet worden. Die allgemeine Ausweitung kann zwar zur Unübersichtlichkeit der Rechtslage führen, jedoch hat diese Verteilung der Regelungsmaterie auf verschiedene Ebenen grundsätzlich nicht zur Folge, dass derselbe Lebenssachverhalt in verschiedenen Ländern eine unterschiedliche rechtliche Behandlung erfährt. Dies kann allenfalls durch den Sinn und Zweck der jeweiligen Vorschriften aber nicht durch eine Verlagerung und Ausweitung der Regelungsmaterie insgesamt in einen untergesetzlichen Bereich erfolgen. Auch können dadurch keine erheblichen Rechtsunsicherheiten erzeugt werden, da sie nur aufgrund entsprechender Ermächtigungen ergehen können, die den Anforderungen des Grundgesetzes genügen, und somit eine entsprechend vorgegebene Ausrichtung und Bestimmtheit erfüllen müssen.

Die aufgezeigte Gesetzeslage könnte jedoch im Übrigen durch die festgestellten Unterschiede und etwaige Regelungslücken eine Rechtszersplitterung mit problematischen Folgen erzeugen. Hierbei kommen insbesondere die Bereiche des Verfahrensrechts, namentlich des vereinfachten Genehmigungs- sowie des Freistellungsverfahrens, in Betracht.

Im *vereinfachten Genehmigungsverfahren* ist der Prüfungsumfang des Baunebenrechts sehr unterschiedlich. Es stellt ein weites Feld etwaig für das Bauvorhaben relevanter Vorgaben dar. Da es in vier Ländern nicht Gegenstand des behördlichen Prüfungsverfahrens ist, umfasst die Feststellung- und Bindungswirkung der Baugenehmigung dort eben nicht das Baunebenrecht. Inhalt und Umfang der Bestandskraft eines Verwaltungsaktes bestimmt das einfache Recht,[936] vorliegend das Bauordnungsrecht. Die Legalisierungswirkung der Baugenehmigung schirmt das Vorhaben einschließlich der genehmigten Nutzung im geprüften Umfang gegen spätere Beseitigungs- bzw. Untersagungsverfügungen ab.[937] Die mit dem begrenzten Prüfungsumfang der Bauaufsichtbehörde einhergehende eingeschränkte Bestandskraft beschneidet die Sicherungswirkung der behördlichen Entscheidung. Nachträgliche Änderung des Baunebenrechts können damit jedenfalls vor der Baufertigstellung für das Bauvorhaben gefährlich werden, wenn es nicht entsprechend den neuen Vorgaben anpas-

---

[935] Vgl. BVerfG NJW 2003, S. 41 (52).

[936] Vgl. BVerwG NVwZ 1998, S. 735 (736).

[937] Vgl. BGH NVwZ 2000, S. 1206 zu einer wasserrechtlichen Genehmigung.

sungsfähig ist. In dem Fall sind nachbarrechtliche Einwendungen sowie behördliche Eingriffsverfügungen geeignet, ohne hinreichende Aussicht des Bauherren auf begründeten Rechtschutz bauaufsichtliche Eingriffe zu rechtfertigen.

Eine entsprechende Sicherungswirkung kann in dem Fall auch nicht aus dem verfassungsrechtlich fundierten Institut des Bestandsschutzes aus Art. 14 Abs. 1 S. 1 GG hergeleitet werden. Nach den durch die Rechtsprechung vorgegebenen Regeln für die Ausformung des Bestandsschutzes kann ein Bauwerk, das zu einem früheren Zeitpunkt materiell legal war, und damit eine schutzwürdige Eigentumsausübung darstellt, von nachfolgenden Änderungen des einfachen Rechts nicht mehr berührt werden.[938] Dies bewirkt als so genannter passiver Bestandsschutz, ebenso wie die Bindungswirkung einer wirksamen Baugenehmigung ein Abwehrrecht gegen Beseitigungsanordnungen und Nutzungsuntersagungen.[939] Die diesem Rechtsinstitut zugrunde liegende Schutzwirkung setzt jedoch erst ein, wenn das Bauvorhaben nach intensivem Einsatz von Arbeit und Kapital im Wesentlichen fertig gestellt und seine Nutzung möglich ist.[940] Das Bauvorhaben muss in Teilen bereits funktionsfähig und nutzbar sein, um einen entsprechenden Bestandschutz genießen zu können.[941] Eine hinreichende Schutzwirkung gegen Rechtsänderungen erlangen die betreffenden Bauvorhaben somit erst mit ihrer wesentlichen Fertigstellung, wobei offen bleibt, ob bei einer stecken gebliebenen Verwirklichung des Vorhabens aus Gründen des Bestandsschutzes in gewissem Umfang Abschlussarbeiten zu ermöglich sind, um einem Verfall der vorhandenen und vormals rechtmäßig entstandenen Bausubstanz begegnen zu können.[942]

Etwaige Rechtsänderungen des im vereinfachten Baugenehmigungsverfahren nicht geprüften Baunebenrechts könnten damit im Zeitraum zwischen dem den Baubeginn ermöglichenden Erlass der Baugenehmigung und der wesentlichen Fertigstellung des Bauvorhabens ohne den eine Sicherung gewährenden Bestandsschutz bauaufsichtliche Eingriffsmöglichkeiten eröffnen. Hierbei gilt es jedoch zu bedenken, dass die für das Vorhaben zwar im vereinfachten Baugenehmigungsverfahren nicht geprüften Vorgaben des Baunebenrechts einem dort beschriebenen und ergänzenden anlagen- und bauvorhabenbezogenen Genehmigungsverfahren unterfallen können, sodass die damit einhergehende ergänzende Genehmigungspflicht ihrerseits in Bestandkraft erwachsen kann, um eine entsprechend weitere Sicherung des Vorhabens zu gewährleisten. Denn wie in 2.3.9 und 2.5.3 beschrieben war die Motivation zur Begrenzung des behördlichen Prüfungsumfangs im Baugenehmigungsverfahren rechtspolitischer Natur, wonach die Entscheidung hierüber auf das Baunebenrecht verlagert werden soll-

---

[938] Vgl. BVerwGE 47, S. 126 (128); BGHZ 94, S. 77 (82).

[939] Vgl. BVerwGE 42, S. 30 (39); BGH UPR 1985, S. 123 (124).

[940] Vgl. BVerwG DÖV 1971, S. 640 (642).

[941] Vgl. BVerwG BauR 1970, S. 97.

[942] Vgl. BVerwG BRS 52, Nr. 152, S. 365 (369).

te. Ziel war es gerade nicht, die jeweiligen Erlaubnispflichten des Baunebenrechts auszuklammern oder diese zu beschneiden. Es soll dem Fachrecht überlassen bleiben, das Erfordernis einer Präventivkontrolle fest zuschreiben und diese gegebenenfalls dem Bauverfahrensrecht zuzuleiten.[943] Demnach bleiben die für das jeweilige Bauvorhaben gesetzlich fest geschriebenen Erlaubnispflichten und Prüfverfahren jeweils unangetastet. Sie werden lediglich nicht mehr in einer im vereinfachten Baugenehmigungsverfahren ergehenden bauaufsichtsbehördlichen Entscheidung konzentriert zusammengefasst. Auch wenn die Sicherungs- und Bindungswirkung der nach einer beschränkten Prüfung ergehenden Baugenehmigung verkürzt ist, werden dadurch nicht dieselben Lebenssachverhalte in verschiedenen Regionen des Bundesgebietes rechtlich unterschiedlich behandelt, da die formellen und materiellen Vorgaben des sonstigen öffentlichen Rechts unabhängig davon ihre Wirkungen entfalten. Auch werden durch gegebenenfalls ergänzend einzuholende Genehmigungen keine unzumutbaren Behinderungen des länderübergreifenden Rechtsverkehrs erzeugt, zumal diese jeweils ausschließlich standort- und anlagenbezogen sind. Die etwaigen Differenzen in der Rechtssicherheit der einzelnen Bauherren in verschiedenen Ländern bestehen zudem allenfalls während der Bauphase und werden durch die entsprechenden Verfahren des bauaufsichtlich ungeprüften Baunebenrechts mit den entsprechenden ergänzenden behördlichen Entscheidungen aufgefangen. Es ergibt sich aus dieser Gesetzeslage folglich keine die Rechtseinheit gefährdende Konstellation.

Auch die teilweise gewählte gesetzgeberische Möglichkeit einer durch Fristablauf eintretenden Genehmigungsfiktion im vereinfachten Genehmigungsverfahren ist nicht geeignet, das Erfordernis einer bundesgesetzlichen Regelung in diesem Bereich zu begründen. Hintergrund ist hierbei die Beschleunigung der behördlichen Prüftätigkeit, um einen zeitnahen Baubeginn durch Herstellung der formellen Legalität des Vorhabens zu gewährleisten. Sollten nun Fälle materieller Illegalität auftreten, bleibt die von der zunächst rein formellen Fiktionswirkung gedeckte Baugenehmigung nicht nur gegenüber dem Nachbarn rechtsbehelfsanfällig, sondern auch mit einem Rücknahmerisiko belastet, da eine materielle Rechtmäßigkeitsfiktion nicht hervorgebracht wird. Die Gewährleistung der materiellen Legalität obliegt jedoch allein dem Bauherren. Sollte er bei derer Sicherstellung oder Überwachungen fehlerhaft oder ungenügend handeln, können sich daraus ergebende negative Folgewirkungen einer die formelle Legalität herstellenden Genehmigungsfiktion im Einzelfall nicht negativ auf die Gesetzeslage in diesem Bereich auswirken. Mangels Rechtmäßigkeit genießt der Bauherr keinen Vertrauensschutz in Bezug auf die begonnene Verwirklichung seines Bauwerkes, wenn er die materielle Illegalität kannte oder jedenfalls ohne

---

[943] So auch die Begründung zur MBO 2002 auf Seite 94, zum „aufgedrängten öffentlichen Recht" im darin beschriebenen „herkömmlichen" Baugenehmigungsverfahren mit Verweis auf das vereinfachte Genehmigungsverfahren.

besondere Mühe im Einzelfall hätte erkennen können.[944] Dabei muss er sich auch die Kenntnis Dritter als besonders qualifizierte Fachleute zurechnen lassen, denen er sich im Verfahren bedient, und die regelmäßig im Rahmen der Bauvorlage für die Einhaltung der öffentlich-rechtlichen Vorschriften einstehen und dies mit ihrer Unterschrift gewährleisten. Auch ist dem Bauherren im Falle der Fiktionswirkung bekannt, dass damit lediglich die formelle Legalität überwunden wird. Es können sich für ihn keinerlei Rechtsunsicherheiten ergeben, wenn er die materiell-rechtlichen Vorgaben beachtet. Aus einem rechtswidrig errichteten Bauvorhaben können sich im Falle der Genehmigungsfiktion mangels behördlicher Prüfung der jeweiligen Vorgaben keine die Gesamtrechtsordnung beeinträchtigenden Folgen ergeben. Auch eine sich nach Fertigstellung des Bauwerkes einstellende Änderung der Rechtslage ist wegen des passiven Bestandsschutzes nicht mehr geeignet, bauaufsichtliche Eingriffe zu rechtfertigen. Damit wird ein Abwehrrecht gegen Beseitigungsanordnungen und Nutzungsuntersagungen erzeugt und bewirkt damit eine entsprechende Sicherungswirkung.

Das im *Freistellungsverfahren* teilweise verankerte Wahlrecht als Möglichkeit des Bauherren für das eigentlich von der Genehmigungspflicht befreite Vorhaben doch die Durchführung eines Genehmigungsverfahrens mit abschließender Feststellungs- und Bindungswirkung erzeugender Baugenehmigung zu erwirken, bedingt für diesen eine entsprechende Rechtssicherheit. Ohne eine solche Genehmigung wäre es gegebenenfalls negativen Folgewirkungen einer sich ändernden Rechtslage ausgesetzt. Diese nachträglichen Eingriffsmöglichkeiten werden jedoch ab dem sich mit der wesentlichen Fertigstellung des Vorhabens einstellenden passiven Bestandsschutz abgewehrt, sofern es seinerzeit den rechtlichen Anforderungen genügte. Trotzdem werden die Bauherren für diese zeitliche Phase der Eingriffsanfälligkeit bei vergleichbaren Bauvorhaben in verschiedenen Ländern durch die im Ergebnis nach Ausübung des Wahlrechts zugunsten des Genehmigungsverfahrens ergehende Baugenehmigung im Vergleich deutlich besser gestellt. Diese Vor- und Nachteile sind jedoch ausschließlich Bauvorhaben und damit auch Standort bezogen. Es ist daher nicht möglich, durch diese Unterschiede unzumutbare Behinderungen für den länderübergreifenden Rechtsverkehr, wie vom Bundesverfassungsgericht gefordert, zu erzeugen. Hieraus ergibt sich keine Bedrohung von Rechtssicherheit und Freizügigkeit im Sinne des Art. 72 Abs. 2, 2. Alt GG. Das Bauobjekt kann nicht durch Abwanderung in eine andere Region einer abweichenden Gesetzeslage ausgesetzt und den dort in Abweichung zur originären rechtlichen Konstellation bei Errichtung möglichen Eingriffsbefugnissen der dortigen Behörden unterworfen werden. Damit können sich auch für den Bauherren für die jeweiligen Vorhaben keine unzumutbaren Behinderungen ergeben. Die jeweils standortbezogenen

---

[944] Vgl. zum Vertrauensschutz bei der Rücknahme eines rechtswidrigen Verwaltungsaktes Kopp/Ramsauer, § 48, Rdnr. 106ff.

Rechte und Pflichten ändern sich nicht mit einer Veränderung seines personenbezogenen Lebensmittelpunktes. Es kommt jeweils nur auf den tatsächlichen Zustand und die Rechtslage am Standort an. Diese ist jeweils bekannt und gibt den Leitfaden, wie und nach welchen Maßstäben eine Verwirklichung des Bauvorhabens möglich ist. Zudem besteht in diesen Fällen kein Anspruch auf Erteilung einer behördlichen Unbedenklichkeitsbescheinigung.[945] Auch überregional agierenden Unternehmen werden keine merklichen Hürden bereitet. Sie haben wie jeder Bauherr bei der Planung die Wahlmöglichkeit, in welcher Region eine nach ihrer Auffassung günstige Gesetzeslage in Bezug auf Rechtssicherheit und Beschleunigung der Bauausführung besteht. Eine nach Festlegung auf einen bestimmten Standort anderswo geltende abweichende Rechtslage ist dafür dann nicht mehr von Belang.

Die Rechtseinheit wird damit durch die in den Landesbauordnungen bestehenden verschiedenen Verfahrensgestaltungen nicht beeinträchtigt. Die Unterschiede in der Reichweite der Feststellungs- und Bindungswirkung der Baugenehmigungen erzeugen keine Rechtsnachteile oder Rechtsunsicherheiten für die Bürger, als dass sich daraus nachteilige Folgen für die Funktionsfähigkeit der Rechtsgemeinschaft ergeben würden. Etwaige Verkürzungen werden durch den sich nach der wesentlichen Fertigstellung des Bauvorhabens ergebenden Bestandsschutz aufgefangen. Zudem bleiben die gegebenenfalls vormals noch, oder anderswo weiterhin, von der Baugenehmigung umfassten weiteren behördlichen Erlaubnispflichten weiterhin bestehen und müssen weiterhin von den am Bau Beteiligten beachtet und eingeholt werden. Eben diese dann als ergänzend anzusehenden behördlichen Entscheidungen entfalten sodann für den nicht von der Baugenehmigung erfassten Bereich der öffentlich-rechtlichen Vorschriften ihrerseits eine Sicherungs- und Sperrwirkung. Damit ergeben sich keine das gesamtstaatliche Rechtsgut der Rechtseinheit beeinträchtigenden Konstellationen im Bauordnungsrecht.

4.6.3.4.2 Wirtschaftseinheit

Die „Wahrung der Wirtschaftseinheit" liegt im gesamtstaatlichen Interesse, sofern es um die Erhaltung der Funktionsfähigkeit des Wirtschaftsraumes der Bundesrepublik durch eine bundeseinheitliche Rechtssetzung geht.[946] Dazu kommt es darauf an, ob unterschiedliche landesgesetzliche Schranken oder Hindernisse für den wirtschaftlichen Verkehr bestehen und diese damit insbesondere die Verteilung des wirtschaftlichen Potenzials in sachlicher und personeller Hinsicht verzerren können.[947] Sofern aus einer Rechtsvielfalt wirtschaftspolitisch bedrohliche oder unzumutbare Auswirkungen entstehen können, ist die im

---

[945] Vgl. 2.5.3.2, 4.6.3.2.3; FN 151.
[946] Vgl. 2.7.1.2.
[947] Vgl. BVerfG NJW 2003, S. 41 (53).

Interesse von Bund und Ländern dem Bundesgesetzgeber obliegende Möglichkeit zum Erlass eines Bundesgesetzes nicht auszuschließen.

Die in den Landesbauordnungen geregelten Bereiche über Bauprodukte und Bauarten sowie die mit der Bauproduktenrichtlinie der Europäischen Union einhergehenden Änderungen der Gesetzeslage auf Bundesebene mit dem Bauproduktegesetz sind aufeinander abgestimmt und gewährleisten einen reibungsfreien Warenverkehr von und mit Bauprodukten bzw. dessen Inverkehrbringen. Dies resultiert nicht zuletzt daraus, dass die landerechtlichen Reglungen in diesem Bereich einheitlich gehalten sind. Es wurden übereinstimmend Prüfzeichen eingeführt und in Absprachen zwischen dem Bund und den Ländern das Deutsche Institut für Bautechnik neu geformt, damit einheitliche Strukturen eingehalten werden können.[948]

Die Anforderungen an die Sachverständigen für die Prüfung der baulichen Anlagen und die Erstellung der bautechnischen Nachweise sind in allen Ländern nach Ermächtigung durch die jeweiligen Landesbauordnungen in Verordnungen geregelt. Darin werden die Voraussetzung für deren Anerkennung und die Zulassungsvoraussetzungen formuliert, um die fachliche Kompetenz dieser Personen sicher zustellen. Auch die übrigen Definitionen der weiteren am Bau Beteiligten wie der des Bauherren, des Entwurfverfassers, des Unternehmers, sowie des Bauleiters stimmen ebenso wie deren Verantwortungsbereich inhaltlich überein.

Hernach sind für den wirtschaftlichen Verkehr in sachlicher und personeller Hinsicht keine landesgesetzlichen Schranken erkennbar, die eine Verzerrung des wirtschaftlichen Potenzials erzeugen könnten. Die in den Landesbauordnungen aufgezeigten Unterschiede im Bereich des barrierefreien Bauens und im Verfahrensrecht geben hierzu auch keinen Anlass. Die jeweiligen materiellrechtlichen Anforderungen an Bauvorhaben erzeugen keine derartigen Vor- oder Nachteile, als dass sich daraus deutliche Standortkonzentrationen oder Abwanderungen von Privaten oder Unternehmern im Bundesgebiet erkennen lassen würden. Auch ist keine Rechtszersplitterung absehbar, die ein Eingreifen des Bundesgesetzgebers rechtfertigen würde. Im Bereich des barrierefreien Bauens gibt eine begründete Prognose ausreichend Anlass, hier eine Schließung der Lücken in den Landesbauordnungen erwarten zu können. Die im Zusammenhang mit den verschiedenen Varianten im Verfahrensrecht angesprochenen möglichen Investitionsrisiken einzelner Bauherren sind einzelfall- und standortbezogen, wodurch die Funktionsfähigkeit des Gesamtwirtschaftsraumes der Bundesrepublik nicht in Mitleidenschaft gezogen wird.

---

[948] Vgl. Gädtke/Temme/Heintz, § 2, Rdnr. 246f, 249f.

4.6.3.5 Ergebnis

Die unter 2.7.2, 2.7.3 und 2.8 dargestellte Gesetzesalge im Bauordnungsrecht durch Gegenüberstellung der einzelnen Landesbauordnungen ist nicht geeignet, ein Gesetzgebungsrecht des Bundes in diesem Bereich zur Herstellung gleichwertiger Lebensverhältnisse im Bundesgebiet oder zur Wahrung der Rechts- oder Wirtschaftseinheit im gesamtstaatlichen Interesse zu begründen. Mangels entsprechender Voraussetzungen ist ein Einschreiten auf Bundesebene nicht erforderlich und somit nicht zulässig. Die durch die aktuelle Rechtsprechung des Bundesverfassungsgerichts konkretisierten Voraussetzungen des Art. 72 Abs. 2 GG sind vorliegend nicht erfüllt.

Die in Teilen der Literatur aufgeworfenen Fragen und Kritiken in Bezug auf die Gesetzeslage im Bauordnungsrecht durch teilweise unterschiedliche landesrechtliche Regelungen greifen vor dem Hintergrund der Kompetenzsituation des Grundgesetzes eine Vereinheitlichung durch ein Bundesgesetz herzustellen,[949] nicht durch. Die Länder haben den Bereich des Bauordnungsrechts bereits umfassen geregelt. Die sich aus dem Kompetenzgefüge des Grundgesetzes für die Gesetzgebungsbefugnisse ergebende Hürde des Art. 72 Abs. 2 kann nur durch eine genaue Betrachtung der geltenden Gesetzeslage greifbar werden. Im Zuge dieser Betrachtung hat sich herausgestellt, dass die Ansätze zur Ungleichwertigkeit der Lebensverhältnisse im Bereich des barrierefreien Bauens sich durch greifbare Angleichungen in der Gesamtrechtslage nicht weiter aufrecht erhalten ließen.[950] Die unterschiedlichen Ausgestaltungen des Verfahrensrechts in den einzelnen Bundesländern offenbaren im Ergebnis keine solchen Kritikansätze, die eine bundesgesetzliche Betätigung hätten rechtfertigen können.[951]

---

[949] Vgl. herzu insbesondere Orthloff, *Abschied von der Baugenehmigung – Beginn beschleunigten Bauens*, S. 112 (119); Ziegler, *Ein vorformulierter Vorschlag zur Aufnahme des Bauordnungsrechts in ein (Bundes-) Baugesetzbuch*, S. 378ff; Werner, *Die Zuständigkeit des Bundes für ein Bundesbaugesetz*, S. 481 (482); Dittus, S. 281 (285); Wichert, S. 239ff.

[950] Vgl. 4.6.3.2.7.

[951] Vgl. 4.6.3.4.1.

5   Mögliche Lösungen

Die häufig bemängelte unzureichende Orientierung der Landesgesetzgeber im Bereich des Bauordnungsrechts an den Musterbauordnungen erzeugt eine bundesweit uneinheitliche Gesetzeslage. Die jeweiligen Besonderheiten unterliegen dabei keinen merklichen geografischen Auffälligkeiten, als dass einzelne Länder die Baugesetzgebung an ihren Nachbarn merklich ausrichten würden.[952] Die Ursachen für diese Gesetzeslage werden in 3.2 aufgezeigt. Etwaige Möglichkeiten, die Ländergesetzgebung im Ergebnis wieder mehr zu vereinheitlichen und somit näher an den Musterbauordnungen auszurichten, werden im Folgenden dargestellt. Dazu werden Vorschläge zu internen Änderungen und Phänomenen der derzeit praktizierten Rechtsfortbildung als Verbesserungsmöglichkeiten beschrieben sowie etwaige umfassende bundes- oder landesrechtliche baurechtliche Gesetzeswerke kritisch betrachtet.

5.1   Vermeidungsmöglichkeiten

Ein Grund für die nach Außen von der in Übereinstimmung verabschiedeten Musterbauordnung abweichenden Landesbauordnungen liegt im Beschlussverfahren der ARGEBAU. Änderungen der Musterbauordnung können mit einfacher Mehrheit beschlossen und somit auf den Weg gebracht werden. Zwar sind in diesen Entscheidungen die Auffassungen der ablehnenden Mitglieder aufzunehmen, jedoch tauchen diese Ausführungen, wie auch das Abstimmungsergebnis, nicht im Vorschriftentext sondern allenfalls in der diesem zugrunde liegenden Begründung auf. Diejenigen Länder, die nun bereits ihre Ablehnung im Beschlussverfahren geäußert haben und sich entsprechend bei der anstehenden Änderung der Landesbauordnungen zurückhalten, verhalten sich letztendlich in Bezug auf ihren Standpunkt zu den jeweiligen Neuerungen nur konsequent, wenn sie sie nicht ins Landesrecht übernehmen. Ebenso konsequent verhalten sich die zustimmenden Vertreter, wenn sie die beschlossenen Ergänzungen erfolgreich in ihre Landesbauordnung aufnehmen.

Damit spiegelt die Gesetzeslage im Bauordnungsrecht im Vergleich zu den Musterbauordnungen letztendlich das Abstimmungsergebnis der Bauministerkonferenz wider. Würde man nun die Geschäftsordnung dahin gehend ändern, dass nur solche Beschlüsse eine Änderung der Musterregelungen herbeiführen können, die jedenfalls mit einer ¾ Mehrheit gefasst werden, würde sich voraussichtlich eine verbesserte Umsetzung ins Landesrecht erreichen lassen. Es wäre durch eine erhöhte Anzahl der den Mustervorschriften zustimmenden Ländervertreter nahe liegend, dass eine entsprechende Einführung in die Landesrechtsordnung sodann auch erfolgen würde.[953] Im Ergebnis hängt die Wirksamkeit der Musterbauordnung auf die Aktivitäten der Landesgesetzgeber von einem mög-

---

[952] Vgl. 2.9.
[953] Vgl. 2.6.2, 3.2.2, 4.4.2.4.2.1.

lichst breiten Konsens ab.[954] Die Änderung der Geschäftsordnung in Richtung einer erhöhten Einheitlichkeit der Beschlüsse hätte jedoch zur Folge, dass die Bauministerkonferenz in ihrer Entscheidungsfindung unflexibler würde. Kurzfristige Lösungen sind umso schwerer zu finden, sobald hierfür eine breitere Mehrheit notwendig ist. Der Handlungsspielraum in Bezug auf die Musterregelungen würde gehemmt. Die Folge wären zeitliche Verzögerungen von der Idee einer Neuerung bis zur Integration in die Musterbauordnung.

Diese zeitlichen Verzögerungen ergeben sich jedoch auch bei dem bislang praktizierten Abstimmungsverfahren. Sie werden zwar nicht unmittelbar im Rahmen der Verabschiedung der Mustervorschriften offenbar, jedoch stellt sich das intendierte Ergebnis einer solchen Umsetzung ins Landesrecht entsprechend später ein.[955] Vor diesem Hintergrund sind die zeitlichen Verzögerungen bei der Umsetzung ins Landesrecht davon abhängig, wann eine entsprechend große Mehrheit an Ländervertretern den Mustervorgaben folgt und sie entsprechend dem Landesgesetzgebungsverfahren überstellt. Dies geschieht offenbar unabhängig davon, wie die Mehrheitsverhältnisse im Beschlussverfahren verteilt waren, sondern hängt vielmehr davon ab, ob und wann sich eine Landesregierung für die Umsetzung der Musterbauordnung entscheidet. Sie hat es letztlich in der Hand, die Landesgesetzgebung aufgrund einer regierungsfähigen Mehrheit im Parlament zu steuern.[956] Die Änderung der Geschäftsordnung der ARGEBAU zugunsten möglichst weitgehend einheitlichen Beschlüssen würde die Reformen der Mustervorschriften im Ergebnis verzögern können. Auf die letztendlich gewollte Umsetzung ins Landesrecht hätte dies in Bezug auf die Mehrheitsverhältnisse jedoch keinen verzögernden Einfluss. So würde eben dort eine landesgesetzliche Regelung erlassen werden, wo auch bereits eine Zustimmung im Rahmen der Bauministerkonferenz offenbart wurde. Die von einer großen Mehrheit getragene Neuregelung erzeugt ein politisches Signal, das einem in Grundsätzlichem abweichendem Landesgesetzgeber jedenfalls eine rechtpolitische Begründungslast zuweist. Er wird sich ansonsten fragen lassen müssen und sollte auch gefragt werden, wie eine Zustimmung zur Musterbauordnung mit den abweichenden landesrechtlichen Regelungen in Einklang zu bringen ist.[957]

Sollten sich nun einzelne Länder, denen die Bauministerkonferenz zu träge erscheint, an den Beschlüssen vorbei vorzeitig zur Umsetzung veranlasst sehen, würde zwar auch eine an den Musterregelungen vorbeigehende Abweichung der Landesgesetze eintreten, wie es bereits bei einer verzögerten Umsetzung der bereits beschlossenen Änderungen der Fall wäre. Dies ließe sich jedoch insgesamt dadurch vermeiden, dass die Ländervertreter und die Landesregierungen sich insgesamt mehr auf die Hintergründe und Motive der Bad Dürkheimer

---

[954] Jäde, *Musterbauordnung (MBO 2002)*, S. 5.
[955] Vgl. 2.5.1, 3.1-3.1.6.
[956] Vgl. 2.6.2, 3.2.2, 4.4.2.4.2.1.
[957] Jäde, *Musterbauordnung (MBO 2002)*, S. 5.

Vereinbarung und die Zusammenarbeit im Rahmen der ARGEBAU berufen und sich zu ihnen bekennen würden. In den Gesetzgebungsverfahren der Länder findet die Intention der Musterbauordnung und deren Inhalt bei den Beratungen der Änderungen der jeweiligen Landesbauordnungen zu wenig Beachtung.[958] Sowohl die Regierungskoalition als auch die Opposition ziehen die Mustervorschriften nebst den diesen zugrunde liegenden Begründungen zu selten heran, um Abweichungen hiervon zu unterbinden. Es sollte die Arbeit der Musterbauordnungskommission nicht nur als Begründung für sich an den Musterregelungen orientierende Regelungen genutzt werden, sondern es sollte die Argumentation, dass man sich von eben diesen unter einem hohen Aufwand von Personal und Diskussion erarbeiteten Modellen entfernt, mehr Beachtung finden und somit auch geeignet sein, als begründete Gegenposition ein abweichendes Gesetzesvorhaben eindämmen zu können. Jedenfalls würde eine von einer größeren Mehrheit getragene Musterbauordnung zunächst einen entsprechend höheren Umsetzungserfolg ins Landesrecht fördern.

Die Flexibilität der einzelnen Landesgesetzgeber würde dadurch nicht eingeschränkt werden. Wenn regional das Bedürfnis besteht, initiativ tätig zu werden und somit im Alleingang eine Änderung der Bauordnung zu verwirklichen, stünde dem keine begründete Argumentation entgegen, sofern dieses Vorgehen auf Besonderheiten der Region beruht und einen entsprechenden Handlungsbedarf des Gesetzgebers erzeugt. Dies sieht so auch die Bad Dürkheimer Vereinbarung vor.[959] In den übrigen Fällen der Innovationsfreude auf der Ebene der Gesetzgebung im Bauordnungsrecht sollten sich die Alleingänge jedoch zunächst auf einen entsprechenden Vorstoß im Rahmen der Bauministerkonferenzen begrenzen, um dort in Diskussionen etwaige Bedenken auszuräumen oder mit unterstützenden und fundierten Argumenten für diesen Weg zu werben. Sollte sich im Rahmen dieser Sitzungen keine beschlussfähige Mehrheit für eine Änderung der Musterbauordnung finden lassen, wäre man nun vor dem Hintergrund der Bad Dürkheimer Vereinbarung und den sich daraus ergebenden Pflichten gehalten, mangels konsensfähiger Vorstöße selbst zunächst Zurückhaltung mit landeseigenen Gesetzesvorhaben zu üben.

Grundsätzlich sind die Tendenzen im Bauordnungsrecht, vorliegend insbesondere die der Deregulierung und Privatisierung, bundesweit gleich gelagert. Die unterschiedlichen Ansätze zur deren Verwirklichung im Bauordnungsrecht ziehen verschiedene Verfahrensvorschriften und Verfahrensmodelle nach sich. Auch wenn sie sich im Detail merklich unterscheiden, müssen sie nicht zwingend eine Beeinträchtigung der Voraussetzungen des Art. 72 Abs. 2 GG zur Folge haben, wie es teilweise gefordert wird.[960] Die Landesgesetzgeber sollten

---

[958] Vgl. 3.1 bis 3.1.6.

[959] Vgl. 1.3.2, 4.3.

[960] Vgl. Orthloff, *Abschied von der Baugenehmigung – Beginn beschleunigten Bauens?*, S. 119.

jedoch nicht die verfassungsrechtliche Grenze der konkurrierenden Gesetzgebung als Maßstab für Abweichungen im Bauordnungsrecht vor Augen haben. Grenze ist vielmehr der in der Bad Dürkheimer Vereinbarung beschriebene Grad der Einheitlichkeit „im Wesentlichen" und die sich hieraus konkretisierenden Regelungen der Musterbauordnung.[961] In ihnen war bis zur Musterbauordnung 2002 lediglich eine vorgeschlagene Verteilung der Verfahrenarten beschrieben. Dies wurde jedoch ausweislich der großen Bandbreite der derzeit in den Ländern praktizierten Alternativen zunehmend ignoriert.

Die verschiedenen Modelle im Verfahrensrecht haben inzwischen auch die Schöpfer der Musterbauordnung 2002 zur Kenntnis genommen, indem sie in den Musterregelungen selbst verschiedene Module geschaffen haben, die sich jeweils unterscheiden aber jedes für sich einen gangbaren Weg bei der Gestaltung des Verfahrens bis zum Baubeginn darstellt. Diese Modultechnik soll den bis dato von den Ländern praktizierten unterschiedlichen Verfahrensmodellen Rechnung tragen, um jedenfalls bundesweit eine Beschränkung der Variationen auf diese zu erreichen.[962] Damit wird jedoch die Harmonisierung des Verfahrensrechts auf das Ziel reduziert, jedenfalls eine unüberschaubare Detailvielfalt der Verfahrensvarianten abzubauen. Ob diese Lösung die offen kritisierte Rechtszersplitterung im Bauordnungsrecht aufzuhalten vermag, erscheint fraglich, wenn bereits die Orientierungshilfe für die Ländergesetzgebung nicht einheitlich gestaltet ist. Jedenfalls werden diese Module je nach landesrechtlicher Gestaltung eher der jeweiligen Gesetzeslage entsprechen als eine einzige Mustergestaltung Übereinstimmungen hierzu erzeugen kann. Hierdurch kann sich allerdings nur eine oberflächliche Milderung des Symptoms der Abweichung der Ländergesetze zu den Modulen der Musterregelungen einstellen, als dass sich die relevanten und für Art. 72 Abs. 2 GG Ausschlag gebenden Begebenheiten im Kern verstärkt angleichen werden.

5.2   Zu tolerierende Orientierungs- und Experimentierphase

In den Sitzungen der Bauministerkonferenz zur Fortschreibung der Musterbauordnung zur Fassung 2002 wurde von den Mitgliedern wiederholt die Notwendigkeit der Mustervorschriften als Orientierungswert für die Bauordnungsgesetzgebung der Länder bekräftigt. Sie müssten wieder mehr Beachtung finden und ihre Integrations- und Leitbildfunktion zurück gewinnen.[963] Die viel bemängelte unterschiedliche Ausgestaltung des Bauordnungsrechts hat zwar einerseits die Praxiserprobung einer Vielzahl verschiedener Regelungsmodelle ermöglicht. Andererseits wirkt sich die damit verbundene Rechtszersplitterung jedoch als nachteiliger Standortfaktor aus. Weiter führt die Begründung zur Musterbauordnung 2002 aus, dass die „Experimentierphase" nun abgeschlossen

---

[961] Vgl. 4.4.2.4.2.2.1.1-4.4.2.4.2.2.1.3.

[962] Vgl. 2.3.9, 2.8.7.

[963] Vgl. Begründung der MBO 2002, S. 1f.

sei und ausreichende Erfahrungen vorlägen, die in der Neufassung aufgingen und somit ihre Bedeutung für die Entwicklung de Bauordnungsrechts stärken würden.[964]

Die im Zuge der 1990 einsetzenden Bauordnungsreform der Länder angesprochene zunehmende Rechtszersplitterung im Bauordnungsrecht brachte die in 2.8.7 und 2.8.8 beschriebenen unterschiedlichen Verfahrensmodelle hervor. Sie bilden den Ausgangspunkt für die derzeitige Fassung der in der Musterbauordnung 2002 integrierten Module im Verfahrensrecht. Ihr Vorteil gegenüber noch nicht umgesetzten Modellen liegt in den sich aus ihnen als Diskussionsgrundlage ergebenden Erfahrungswerten. Die damit gesammelten praktischen Erfahrungen in Bezug auf die mit ihnen verbundenen Vorzüge und Probleme sind rein theoretischen und nur auf Entwürfen beruhenden Ideen wegen ihrer empirischen Grundlagen überlegen. Der Nachteil ist jedoch, dass durch die individuelle Einführung von Neuerungen das Gesamtbild des Bauordnungsrechts verschoben und ein Ungleichgewicht erzeugt wird. Dieses Ungleichgewicht in der Gesetzeslage soll durch die intensiven und aufwendigen Diskussions- und Reformarbeiten unter Einbeziehung sämtlicher betroffener Stellen und Verbände der ARGEBAU jedoch gerade verhindert werden, in dem etwaige Tendenzen und die Akzeptanz bei den Bürgern prognostisch möglichst praxisnah erarbeitet werden, um einen gesetzgeberischen Fehlgriff möglichst zu vermeiden. Zu eben diesem Zweck haben sich die Ländervertreter gerade zusammengeschlossen.

Die ARGEBAU ist in der Lage, eine entsprechend fundierte und lückenlose gesetzesschöpfende Arbeit zu leisten. Dies haben die bislang mehr als 50 Jahre der Rechtsfortbildung im Bauordnungsrecht unter ihrer Anleitung anschaulich gezeigt. Die verschiedensten Verbände und Kommissionen wurden dabei einbezogen und es konnte so ein umfassendes und ausgewogenes Bild etwaiger Problempunkte im Regelwerk geschaffen werden.[965] Eine aus allen Blickwinkeln perfekte Gestaltung der Gesetzeslage wird wegen der Vielschichtigkeit der politischen und gesellschaftlichen Interessen schwerlich konstruiert werden können. Rein prognostische Gesetzesvorschläge können zwar nicht mit sämtlichen Erfahrungswerten einer tatsächlichen Erprobung aufwarten, aber vor dem Hintergrund der sich damit jedes Mal ergebenden Unruhe in der Gesetzeslage sind etwaige „Mängel", die nur ausnahmsweise auftreten sollten, im Sinne der Vereinheitlichungsbemühungen im Bauordnungsrecht zunächst hinzunehmen, um auch die aufwendige Arbeit und Struktur der ARGEBAU und der Musterbauordnungskommission in diesem Bereich nicht als unerheblich und bloße Randerscheinung wirken zu lassen.

Die Schöpfer der Musterbauordnung 2002 bezeichnen die durch ländereigene Vorstöße aufkommende Rechtszersplitterung selbst als nachteilig. Sie ge-

---

[964] Vgl. Begründung der MBO 2002, S. 1f.
[965] Vgl. 50 Jahre ARGEBAU, S. 7ff.

hen zudem davon aus, dass diese Experimentierungsphase mit ihrem Schwerpunkt im Bereich des Verfahrensrechts nunmehr abgeschlossen sei. Mit dieser Aussage werden die Alleingänge im Nachhinein in einer gewissen Weise zunächst gebilligt, jedoch kommt auch die deutliche Problematik der daraus erwachsenen Gesetzeslage zu Ausdruck, die Zweifel an der Wirksamkeit der Musterbauordnung zur Lenkung und als Vorlage für die Ländergesetzgebung aufkommen lässt. Zwar konnten dadurch Erfahrungen und Daten gesammelt werden, die nun in der Musterbauordnung 2002 aufgehen. Jedoch erscheint fraglich, ob diese Gefährdung der Rechtseinheit zwingend notwendig ist, um eine erfolgsversprechende Reform des Bauordnungsrechts zu gewährleisten. Bereits die jeweiligen Änderungen der Mustervorschriften von 1990 bis 1997 beinhalteten regelmäßig verfahrensrechtliche Neuerungen. Auch wenn diese Entwicklung offenbar aus Sicht einiger Länder zu langsam und zu eingeschränkt verlief, um die Tendenzen der Privatisierung und Deregulierung zur Beschleunigung der Verfahrensdauer in die Praxis umzusetzen, entsteht durch die sich voneinander entfernenden Modelle ein Widerspruch der Gesetzeslagen in den Ländern zur Zusammenarbeit im Rahmen der ARGEBAU und der in gemeinsamen Konferenzen erarbeiteten Mustervorschriften, die hierdurch jedoch gerade vermieden werden sollte.

Etwaige Orientierungs- und Experimentierphasen der Landesgesetzgeber sind vor dem Hintergrund der Kommissionsarbeit nicht notwendig, um die Rechtsfortbildung im Bauordnungsrecht entscheidend voran zutreiben. Dies ist gerade der Zweck der ARGEBAU in diesem Bereich. Die gesellschaftlichen Erwartungen an eine praktikable und moderne Normsetzung werden dabei ausreichend beachtet und in Abstimmungen mit allen Ländervertretern koordiniert. So werden besonders innovative Ideen gegebenenfalls zwar im Rahmen der Konsensfindung auf den kleinsten gemeinsamen Nenner auf der Strecke bleiben, jedoch rechtfertigt dies nicht ohne weiteres ein Ausscheren hiervon. Wenn sich im Einzelfall die Kommission als zu träge und schwerfällig erscheint und eine vernünftige Rechtfortbildung dadurch blockiert sein sollte, könnten Abweichungen in Betracht kommen, um notwendigen Reformen auf Landesebene die kommissionsinternen Blockaden zu nehmen. Von diesem Notausgang sollte jedoch allenfalls in Ausnahmefällen Gebrauch gemacht werden und nicht, wie es durch die Untersuchung der parlamentarischen Diskussionen in 3.1 offenbart wurde, immer gleich dann, wenn die Musterbauordnungskommission die ländereigenen Vorschläge nicht entsprechend umsetzt und somit die je nach Bundesland und Konstellation der Regierungsmehrheit spezifischen politischen Ideen und Interessen zunächst zurück gestellt werden müssten.

Vorliegend hat sich gezeigt, das die auch von der Kommission so bezeichnete Orientierungs- und Experimentierphase insbesondere im Bereich des Verfahrensrechts neben Erfahrungssätzen vor allem erhebliche Kritik an der Wirksamkeit der Mustergesetzgebung erzeugt hat, die sich auch in der Begründung der Musterbauordnung 2002 wieder findet und letztendlich die derzeitigen Vorstöße zur Vermeidung der Rechtszersplitterung im Bauordnungsrecht weiter ins Rollen brachte. Die Kritiker berufen sich dabei übereinstimmend auf die unzweckmäßige Aufteilung der Gesetzgebungskompetenzen im Baurecht auf Bund und Länder. Die Vorschläge zur Zusammenführung dieser Teilung sind jedoch verschieden.[966]

5.3 Änderung von Art. 74 Nr. 18 GG zugunsten der Länder

Die in 4.1.2 beschriebene Reformdiskussion zur Modernisierung des Bundesstaates hat insbesondere eine Rückführung von Gesetzgebungskompetenzen auf die Länder zum Gegenstand. So wurde eine Streichung des Begriffs „Bodenrecht" aus Art. 74 Nr. 18 GG zunächst von der Enquete-Kommission des Bayerischen Landtages mit knapper Mehrheit befürwortet. Dieser Gedanke wurde von der im Jahre 2004 gegründeten Kommission zur Modernisierung der bundesstaatlichen Ordnung jedoch nicht weiter verfolgt.

Für eine umfassende Verlagerung des gesamten öffentlichen Baurechts in die Gesetzgebungskompetenz der Länder wird vorwiegend die notwendige Stärkung der Landesgesetzgeber angeführt. Durch eine entsprechende Verfassungsänderung sollen die Länder im föderalen System bekräftigt werden.[967] In Bezug auf das Baurecht wird die Rechtszersplitterung als Folge der unzweckmäßigen Aufspaltung der Gesetzgebungskompetenzen zwischen Bund und Ländern beschrieben. Hieraus wird teilweise gefolgert, dass auch in der Sache kein Bedürfnis für eine bundesgesetzliche Regelung des Städtebaus bestünde, und somit keine zwingenden Hinderungsgründe für eine Verlagerung der Gesamtmaterie Baurecht in die Länderkompetenz vorlägen.[968] Es ist zwar zuzugestehen, dass die Ländergesetzgeber grundsätzlich eine konkretere Anschauung von den regelungsbedürftigen Lebensverhältnissen besitzen und mit den Örtlichkeiten und Bedürfnissen der Bürger besser vertraut sind. Dies ist jedoch eine allgemeine Feststellung und als Solche nicht geeignet, hieraus die Notwendigkeit der Rückführung der Gesetzgebungskompetenz im Baurecht zu begründen. Es handelt sich dabei um eine pauschale These, die auf nahezu jede Regelungsmaterie übertragen werden kann. Des Weiteren ist die Bewältigung von Gesetzgebungsaufgaben durch nebeneinander praktizierte Lösungsversuche im föderativen Wettbewerb nicht der einzige Weg, eine Patentlösung für die jeweiligen Fragen zu schaffen.[969] Hierzu kann wegen der sich daraus ergebenden Verschiebung der Gesetzeslage auf die vorangegangenen Ausführungen unter 5.2 verwiesen werden.

---

[966] Vgl. dazu im Folgenden 5.3 und 5.4.
[967] Vgl. Möstl, S. 1f; Bösert, S. 89f; Hennecke, S. 845f.
[968] Vgl. Weichert, S. 240f.
[969] So jedoch Wiechert, S. 243, m.w.N.

Zudem hält der Vorschlag zur umfassenden Baugesetzgebung durch die Länder keine durchschlagenden Argumente vor, warum der Kern der Diskussion, die Rechtszersplitterung im öffentlichen Baurecht, hierdurch gerade nicht verstärkt auftreten sondern eher vermieden werden sollte.[970] Der damit einhergehende Wegfall der unzweckmäßigen Aufteilung der Gesetzgebungskompetenzen auf Bund und Länder ist allein nicht geeignet, eine solche Tendenz auf Landesebene effektiv auszuschließen. Zum einen sind die Länder aktuell trotz der aufwendigen Koordinationsbemühungen nicht in der Lage, auffallende und Kritik anstoßende Gesetzeslagen auszuschließen. Im begrenzten Regelungsbereich des Bauordnungsrechts durch die Länder wird dieses Ziel derzeit nicht erreicht, obwohl zur Zweckerreichung viel Aufwand betrieben wird. Es ist also nicht ohne weiteres nachvollziehbar, warum dies im Falle einer umfassenderen Regelungsbefugnis der Fall sein sollte. Denn eben diese durch die Länder selbst verursachten Unterscheide sind es, die die Diskussion um die Rechtseinheit im Bauordnungsrecht ausgelöst haben, und nicht die derzeitige Verteilung der Gesetzgebungskompetenzen. Zum anderen bestünde die Gefahr, im Städtebaurecht ein unzweckmäßiges Ungleichgewicht in der Entwicklung zu erzeugen, dass dem Interesse einer geordneten und berechenbaren Regelung der Bodennutzung und des Grundeigentums entgegen laufen kann.[971] Insofern ist die Verlagerung der Baugesetzgebung auf die Länder im umfassenden Sinn nicht geeignet, im Bauordnungsrecht eine verbesserte Vereinheitlichung der Landesgesetze zu gewährleisten. Die bundesrechtlichen Vorgaben im Städtebaurecht sind für alle Länder gleich. Trotz dieser Basis ergeben sich Abweichungen auf Landesebene, die nicht allein durch örtliche Besonderheiten gerechtfertigt sind. Vor diesem Hintergrund spricht vieles dafür, dass eine gegebenenfalls unterschiedliche Entwicklung des gesamten Baurechts auf Landesebene eher zu einer zunehmenden Rechtszersplitterung führen, als dass sie im Ergebnis eingedämmt werden würde.

5.4   Umfassendes Bundesbaugesetz

Die Überwindung einer unzweckmäßigen Aufteilung der Gesetzgebungskompetenzen im Baurecht auf Bund und Länder durch die Zusammenführung beider Bereiche in ein Baugesetz könnte auch durch eine umfassende Bundeskompetenz erreicht werden. Dies wird teilweise damit begründet, dass der Polizeigedanke sich weitgehend aus dem Baurecht entfernt habe. So zeigt die Untersuchung der durch das Bauordnungsrecht geschützten Rechtsgüter, das eine Vielzahl von bauordnungsrechtlichen Vorschriften anderen bundesrechtlichen Kompetenzvorschriften unterfallen. Dies trifft auf den Arbeits-, Immissions-, den sonstigen Umwelt- und Tierschutz, die Energieeinsparung und die Jugendwohl-

---

[970] und vorliegend gerade im bereits vonseiten der Länder geregelten Bauordnungsrecht.
[971] Vgl. Bayerischer Landtag (Hrg.), *Reform des Föderalismus*, S. 55.

fahrtspflege sowie weitere sozialstaatlich intendierte Vorschriften zu.[972] Die Entpolizeilichung des Bauordnungsrechts wird auch mit dem Argument zugunsten des Bundes angeführt, dass das Bundesverfassungsgericht seinerzeit nicht zu einem Solchen Stellung genommen habe. Vielmehr beruht dessen Ergebnis auf der Einordnung des Bauordnungsrechts als „Baupolizeirecht im bisher gebräuchlichen Sinn".[973] Für ein entpolizeilichtes Bauordnungsrecht besitze der Bund die konkurrierende Gesetzgebungskompetenz. Auch könne er für das Wohnungswesen umfassende, sogar im Kern polizeirechtliche Vorschriften erlassen. Das Bauordnungsrecht könne im Ergebnis sogar als Teil des Bodenrechts bewertet werden.[974]

In der Literatur wird die Forderung nach einem umfassenden Bundesbaugesetz als Konsequenz einer entsprechenden Gesetzgebungsbefugnis des Bundes als letzter Ausweg erhoben, sofern sich die zunehmende Rechtszersplitterung nicht anders aufhalten ließe.[975] Die Regelung auch des Bauordnungsrechts auf Bundesebene wäre danach vor dem Hintergrund der Kompetenzsituation des Grundgesetzes möglich. Ohne die Hürde des Art. 72 Abs. 2 GG wäre ein entsprechender Weg für den Bundesgesetzgeber eröffnet.

Ein umfassendes Bundesbaugesetz würde die Abweichungen in der derzeitigen Gesetzeslage aufheben. Die Rechtsfortbildung könnte unter Beibehaltung der bislang genutzten Strukturen erfolgen. Die ARGEBAU und die Bauministerkonferenz blieben erhalten und würden unverändert die Musterbaugesetzgebung vorantreiben. Das Ergebnis dieser Zusammenarbeit wäre sodann die Grundlage für die Bundesgesetzgebung, um es als abgestimmtes Gesetzeswerk dem Bundesgesetzgeber zur Abstimmung und Diskussion vorzulegen. Auf diesem Weg würden die Länder ihre Einflussmöglichkeiten auf die Entwicklung im Bauordnungsrecht behalten. Sie könnten im Rahmen der Zusammenarbeit ihre Interessen vertreten und somit die Gesetzgebung des Gesamtstaates mitgestalten. Entsprechend müsste das Verfahren der Bauministerkonferenzen umgestaltet und angepasst werden, sodass die Länder, jedenfalls für die ordnungsrechtlichen Bestandteile des Bundesbaugesetzes, die wesentliche Gestaltungsmöglichkeiten haben. Im Ergebnis bliebe aber auch dann die endgültige Fassung des Gesetzeswerkes den gesetzgebenden Organen überlassen, wodurch zwar eine wörtliche Verabschiedung nicht gewährleistet wird, eine Rechtszersplitterung aus der Natur der Sache jedoch ausgeschlossen wäre.

Jedoch ist ein umfassendes Bundesgesetz ein Schritt genau in die entgegen gesetzte Richtung der Diskussion um die Modernisierung des deutschen

---

[972] Vgl. dazu im Einzelnen Schulte, S. 227ff.

[973] Vgl. Dittus, *Baupolizei?*, S. 285.

[974] Vgl. zur Möglichkeit des Bundes zum Erlass eines umfassenden Bundesbaugesetzes 4.6.2.

[975] Vgl. im Wesentlichen Dittus, *Baupolizei?*, S. 281; Ernst, S. 410ff; Werner, S. 484ff; Ziegler, *Ein formulierter Vorschlag zur Aufnahme des Bauordnungsrechts in ein (Bundes-) Baugesetzbuch,* S. 378ff

Bundesstaates. Zwar könnte die kritisierte Rechtszersplitterung im Baurecht und etwaige Überschneidungsprobleme behoben werden. Jedoch würde den Ländern ein bedeutender Regelungsbereich entzogen und die Verlagerung auch der tatsächlich ausgeübten Gesetzgebungsrechte auf den Bund gerade nicht abgemildert sondern sogar noch verstärkt. Ein etwaiges Mitwirkungsrecht der Länder durch den Bundesrat könnte dies auch nur schwer auffangen, zumal es ein wesentliches Ziel der Reformdiskussionen ist, die Entscheidungszuständigkeiten gerade zu entflechten und keine weitere Verzahnung aufkommen zu lassen.[976]

5.5 Ergebnis

Zur Vermeidung einer zunehmend von einander abweichenden Gesetzgebung der Länder im Bauordnungsrecht sind weder ein umfassendes Bundesgesetz noch eine umfassende Ländergesetzgebung der richtige Weg. Zwar ist eine bundesgesetzliche Regelung isoliert betrachtet der einzige Weg, überall die gleiche Rechtslage zu erzeugen. Jedoch bedingt die Konstruktion des deutschen Bundesstaates gerade unterschiedliche Gesetzeslagen in den Gliedstaaten. So ist die Rechtseinheit auch ein Kriterium des Art. 72. Abs. 2 GG, das jedenfalls eine vergleichbare Grundstruktur der Rechtsordnungen gewährleisten soll. Die Grenze ist jedoch nicht so eng gefasst, dass jegliche Unterschiede unzulässig wären. Vielmehr dürfen sich lediglich keine solchen Abweichungen in den jeweiligen Gesetzen ergeben, die einzelne Bürger ohne sachlichen Grund deutlich schlechter stellen.

Die ursprüngliche Verteilung der Gesetzgebungskompetenzen auf den Bund und die Länder durch das Grundgesetz hat sein Wurzeln in der Dezentralisierung der Staatsgewalt und Sicherung bestimmter Regelungsbefugnisse der Länder sowie Mitbestimmungsrechte auf der Ebene des Bundes. Im Zuge einer zunehmenden Unitarisierung und Verlagerung von Gesetzgebungskompetenzen auf den Bund wurde versucht, den beklagten Machtverlust der Länderparlamente durch Mitbestimmungsrechte im Bundesrat wieder auszugleichen. Diese Tendenz soll nun seit Anfang der neunziger Jahre durch verschiedene Reformen des Grundgesetzes und der bundesstaatlichen Ordnung aufgehalten und umgekehrt werden. Vor diesem Hintergrund ist eine umfassende bundesgesetzliche Regelung nicht der richtige Weg, eine Vereinheitlichung der Gesetzgebung zu erreichen. Dies sollte im Rahmen des Kompetenzkataloges das letzte Mittel sein, eine Rechtszersplitterung der Gesetzeslage auf Landesebene einzudämmen, wie es auch durch Art. 72. Abs. 2 GG bezweckt ist, um die Länder in ihre Befugnissen bis zu einem gewissen Grad zu schützen, und die auch vorliegend zunächst überwunden werden müsste

Eine umfassende Regelung des Baurechts auf Landesebene wäre zunächst ohne eine entsprechende Änderung des Gesetzgebungskompetenzkataloges des

---

[976] Vgl. 4.1.2.

Grundgesetzes nicht möglich. Zudem würde hierdurch zwar eine merkliche Stärkung der Länder im Sinne der Reformdiskussionen erfolgen, jedoch wäre damit die Gefahr der Rechtszersplitterung nicht verlässlich gebannt. Es würde ein breiterer Raum für Alleingänge eröffnet, der vorliegend entsprechend der derzeitigen Abweichungen von der jedenfalls auf Musterebene koordinierten Gesetzgebung trotz einer begrenzten Regelungsmaterie auf bauordnungsrechtliche Vorschriften genutzt wird. Würden sich die Länder nun für das gesamte Baurecht auf eine übereinstimmende Gesetzgebung einigen und dies auch tatsächlich umsetzen, wäre sie in ihren Kompetenzen zwar formal gestärkt worden, jedoch hätten sie dies in der Sache wegen den Forderungen nach einer Einheitlichkeit der Ländergesetzgebung in diesem Bereich nicht genutzt beziehungsweise würden dies nicht nutzen können. So wäre die neu gewonnene Stärkung der Länderparlamente letztendlich durch die Koordination der gesamten Gesetzgebung im Bereich des Baurechts ohne nennenswerte Erfolge verpufft.

Die allseits geforderten und auch praktizierten Bemühungen zur Vereinheitlichung der Gesetzgebung im Bauordnungsrecht können im Sinne der Bad Dürkheimer Vereinbarung am ehesten erreicht werden, wenn sich die Länder mehr zu ihr bekennen und den dahinter stehenden Gedanken der Vermeidung der Rechtszersplitterung verstärkt in den Vordergrund stellen. Dies sollte nicht nur durch die bloße Teilnahme an den einzelnen Bauministerkonferenzen sondern vielmehr durch Erfolge bei der Angleichung der Gesetzeslage im landesinternen Gesetzgebungsverfahren zum Ausdruck kommen. Die Empfehlung der Umsetzung der Mustervorschriften ins Landesrecht ist neben der gemeinsamen Rechtsfortbildung eine wesentliche sich aus der Bad Dürkheimer Vereinbarung ergebende Pflicht. Diese würde sich umso erfolgreicher darstellen, wenn bereits die Mustervorschriften von einer möglichsten hohen Zahl an Ländervertretern unterstützt würden. Je weiter sich der Konsens durch die Reihen der Teilnehmer zieht, desto schneller und ergebnisorientierter würde sich die Gesetzlage daran anpassen. Dies kann durch eine Änderung des Beschlussverfahrens der ARGE-BAU auf eine musterbauordnungsändernde notwendige Mehrheit von ¾ der Stimmberechtigten erreicht werden. Eine sich damit einstellende zunehmende Unflexibilität des Organs wäre hinzunehmen, da es letztendlich auf das Ergebnis der Umsetzung der Musterregelungen in die Landesbauordnungen ankommt und nicht darauf, umgehend auf jegliche Vorschläge reagieren zu können. Die von der Bauministerkonferenz verabschiedeten Änderungen bedingen nicht den Erfolg der intendierten Koordination der geltenden Gesetzeslage, sondern lediglich die gegebenenfalls nur mit einfacher Mehrheit beschlossene und damit weiterhin diskussionswürdige Fortschreibung zunächst der Mustervorschriften. Eine darauf fußende breite Umsetzungsaktivität ins Landesrecht würde sich jedoch erst einstellen, wenn auch eine entsprechende Mehrheit der Ländervertreter hinter ihr stünde. Dies würde lediglich durch mit einer entsprechenden Mehrheit gefasste Änderungsbeschlüsse der Bauministerkonferenz gewährleistet. Zu fordern ist jedenfalls, dass sich die Länder nicht nur bei den den Mustervorschriften folgenden Neuerungen der Landebauordnungen auf ihre Zweckmäßigkeit berufen, sondern auch dann, wenn es gilt, geplante Änderungen mangels Konsens mit der Musterbauordnung zurückzustellen und deren Durchsetzung zunächst auf der Ebene der Kooperation zu suchen.

5.6 Zusammenfassung und Schlussbemerkung

Im Folgenden werden die für die Bearbeitung wesentlichen Ergebnisse und Thesen zusammengefasst dargestellt. Die einzelnen Punkte geben in Kurzform einen umfassenden Überblick über die beim Versuch der Vereinheitlichung der Ländergesetzgebung im Bauordnungsrecht relevanten und problematischen Bereiche.

- Die nach der Gründung der Bundesrepublik Deutschland zunächst kontrovers beurteilte Verteilung der Gesetzgebungskompetenz im Bereich des Baurechts wurde durch ein Gutachten des Bundesverfassungsgerichts vom 16.06.1954 über die Zuständigkeit des Bundes zum Erlass eines Baugesetzes zunächst beendet. Eine umfassende Gesetzgebungszuständigkeit des Bundes für „das Bauwesen" wurde abgelehnt. Danach haben die Länder jedenfalls die Gesetzgebungsbefugnis für das „Baupolizeirecht im bisher gebräuchlichen Sinn", da es als Teil des Polizeirechts zu sehen ist. Das Bundesverfassungsgericht räumte jedoch ein, dass der für das „Wohnungswesen" zuständige Bund auch einzelne spezifisch darauf abgestimmte polizeiliche Vorschriften erlassen könnte.
- Zur Vermeidung einer mit diesem Ergebnis erneuten Aufspaltung der Substanz „Baurecht" sowie den damit einhergehenden Abgrenzungsschwierigkeiten verständigten sich die für das Bauwesen zuständigen Minister und Senatoren von Bund und Ländern in der Bad Dürkheimer Vereinbarung zu einer Kooperation, um für den Bereich des Bauordnungsrechts eine Vereinheitlichung in der Ländergesetzgebung zu gewährleisten. Hintergrund war das Bestreben, eine gesetzgeberische Tätigkeit des Bundes zu bauordnungsrechtlichen Regelungen im Bereich des Wohnungswesens zu vermeiden. Der zuständige Bundesminister sagte eine entsprechende Enthaltsamkeit zu und eröffnet somit den Ländern diese Regelungsmöglichkeit, sofern als Ergebnis der Zusammenarbeit eine grundsätzlich einheitliche Regelung der Landesbauordnungen erreicht wird. Die Länder sollten nur insoweit abweichen, als dies durch örtliche Begebenheiten geboten erscheint.
- Die zu diesem Zweck im Rahmen der ARGEBAU ins Leben gerufene Bauministerkonferenz brachte von 1960 bis 2002 insgesamt 9 Neufassungen einer Musterbauordnung auf den Weg. Hierzu wurden auch daran abgestimmte Musterverordnungen geschaffen. In den neunziger Jahren ergab sich vor allem

durch europarechtliche Einflüsse und ein allseits hohes Reformbestreben eine zügige Veränderung des Bauordnungsrechts.

- So galt es insbesondere zur Schaffung eines schlankeren Staates, die Materie insgesamt zu deregulieren und durch eine zunehmende Verlagerung der Verantwortungsbereiche auf die Bürger auch die Verfahrensdauer abzukürzen. Im Zuge dieser Bestrebungen entfernten sich die Landesbauordnungen mehr und mehr von den Musterregelungen und entwickelten und praktizierten eigene Gesetzesmodelle. So geriet die Beachtung der Kooperationsarbeit zeitweilig in den Hintergrund und gab Anlass zu Kritik, sodass man dessen Ergebnis teilweise nur noch als Muster ohne Wert beschreib.

- Die Gegner einer Koordination der Landesgesetzgebung über gemeinschaftlich in Konferenzen erarbeitete Mustergesetze wiesen auf die Gefahr der Entmachtung der Landesgesetzgeber hin. Sie äußerten die Befürchtung, dass das Parlament hiermit vor vollendete Tatsachen gestellt würde und an den hinter verschlossenen Türen erarbeitetet Entwürfen nur noch sehr begrenzte Einwirkungsmöglichkeiten hätte. Es würde zu einem reinen Ratifizierungsorgan reduziert, wodurch auch die einzelnen Abgeordneten dem Druck einer koordinierten Landesgesetzgebung ausgesetzt wären. Dies führe im Ergebnis zu einem Vorrang der Exekutive vor der Legislative, obwohl es sich im Kern um Aufgaben des Gesetzgebers handele. Der Wirkungszusammenhang zwischen Exekutive und Legislative könnte einen faktischen Zwang zur Umsetzung der Musterregelungen erzeugen.

- Die Untersuchung der tatsächlichen Gesetzeslage im Bauordnungsrecht hat jedoch entgegen diesen grundsätzlichen Befürchtungen offenbart, dass die einzelnen Landesgesetzgeber in der Praxis merklich von den Musterentwürfen abweichen. Dies hat seine Ursache darin, dass die Gesetzgebungsverfahren auf Landesebene durch die politische Gestaltung der Mehrheitsverhältnisse mehr als durch die Ergebnisse der Bauministerkonferenz beeinflusst werden. So bleiben die Mustervorgaben unbeachtet, wenn die einen Gesetzentwurf zur Diskussion stellende Landesregierung andere Ansichten zur Problemlösung vertritt und diese über die Koordinierungsarbeit gestellt werden.

- Solche Abweichungen ergeben sich insbesondere dann, wenn der jeweilige Ländervertreter bereits in der Bauministerkonferenz gegen die Mustervorgaben gestimmt hat, sie jedoch wegen einer breiteren Zustimmung als Ablehnung trotzdem in die Musterbauordnung aufgenommen wurden. Änderungen der Mustervorschriften können mit einer einfachen Mehrheit beschlossen werden. Das Abstimmungsergebnis sowie die anlehnenden Auffassungen sind in der jeweiligen Entscheidung fest zu halten. Nach außen erscheint die „neue" Musterbauordnung jedoch als übereinstimmend geschaffenes Vorschriftenwerk.

- Die jeweilige Landeregierung hat es wegen der grundsätzlich ihre Vorhaben unterstützenden Mehrheit im Plenum in der Hand, die Landesbauordnungen zu gestalten. Die Vielschichtigkeit der Einflüsse auf das Abstimmungsverhalten des einzelnen Abgeordneten von parteiinternen Richtlinien über Koalitions- und Fraktionsabsprachen hin zur Regierungsvereinbarung statten Gesetzesvorhaben der Landeregierung mit einer großen Erfolgsaussicht aus. Dabei beziehen sie die Hintergründe und Bestrebungen sowie den hohen Aufwand zur gemeinschaftlichen Erarbeitung der Mustervorschriften in ihre internen Motive bei Abweichungen zu wenig mit ein. Vielmehr wird auch daran vorbei eine in der Bauministerkonferenz mehrheitlich abgelehnte Änderung ins landerecht umgesetzt beziehungsweise eine mehrheitlich befürwortete Änderung unterlassen.

- Die Bad Dürkheimer Vereinbarung ist kein Staatsvertrag und auch kein Verwaltungsabkommen. Vielmehr ist sie als Koordinationsabsprache einzuordnen, aufgrund derer die beteiligten Minister und Senatoren Empfehlungen an die Regierungen zur Hingabe entsprechender Gesetzvorlagen aussprechen und sich für deren erfolgreiche Umsetzung ins Landesrecht einsetzen sollen. Des Weiteren sind die Beteiligten aufgrund dieser Vereinbarung gehalten, die Koordinierung der Landesgesetzgebung im Rahmen der Rechtsfortbildung der Mustervorschriften voranzutreiben.
- Eine rechtliche Bindungswirkung zur Umsetzung der Mustervorschriften ins Landesrecht oder zum Unterlassen einer gesetzgeberischen Tätigkeit erzeugt die Bad Dürkheimer Vereinbarung nicht. Sie bindet die Parteien jedoch auf politischer und moralischer Ebene, keine den Zweck der Übereinkunft gefährdenden oder ausschließenden Handlungen vorzunehmen, und gebietet somit die Ausrichtung der Landesgesetzgebung durch die Einflussnahme der Landesregierungen an der Zusammenarbeit zur Koordination der Ländergesetzgebung im Bauordnungsrecht.
- Eine zusätzliche Bindungswirkung entfaltet der Grundsatz der Bundestreue. Als ungeschriebener Verfassungsgrundsatz bewirkt er im Zusammenhang mit der Bad Dürkheimer Vereinbarung innerhalb der Hauptpflicht zur Fortschreibung der Mustervorschriften und zur gesetzgeberischen Tätigkeit eine Nebenpflicht, hierauf auf Landesebene einen steuernden Einfluss zu nehmen, indem die Landesregierung eine dem Musterentwurf entsprechende Gesetzesvorlage durch Ausübung ihres Gesetzesinitiativrechts ins Parlament einbringt.
- Die in den Beschlüssen der Bauministerkonferenz durch die Zustimmung zu Neuerungen zum Ausdruck kommende gemeinsame Willensrichtung spricht ebenfalls für den Willen der Parteien zu einer möglichst ausgeprägten Verbindlichkeit der Zusammenarbeit. Der gesamte Aufwand ist nur sinnvoll, wenn das „ob" und „wie" der Umsetzung ins Landesrecht nicht im freien Belieben der Ländervertreter steht. Dies entspricht der Intention der Bad Dürkheimer Vereinbarung und dem Interesse der Länder, die dem Bundesgesetzgeber im Rahmen des Wohnungswesens zugestandene Gesetzgebungsbefugnis nicht zum Zuge kommen zu lassen.

- Entgegen dem Gutachten des Bundesverfassungsgerichts von 1954 über die Zuständigkeit zur Gesetzgebung kann vorliegend eine das gesamte Bauwesen umfassende Gesetzgebungsbefugnis des Bundes angenommen werde. Dies ergibt sich aus dem sich in den letzten 50 Jahren vollzogenen Wandel der Verhältnisse und der damit einhergehenden Entpolizeilichung des Bauordnungsrechts. So wie sich das Bauplanungsrecht langsam zu einer bundeseigenen Regelungsmaterie entwickelt hat, ist dieser Tendenz im Laufe der Zeit auch das Bauordnungsrecht gefolgt. Über diesen Zustand eines weitgehend von im Kern polizeilichen Elementen befreiten und mehr und mehr von wohlfahrts- und sozialstaatlichen Aufgaben geprägten Bauordnungsrechts sowie über die Konsequenzen einer praktisch unmöglichen Trennung des Baupolizeirechts im bisher gebräuchlichen Sinn sowie eines gesonderten Wohnungsbaupolizeirechts hat das Bundesverfassungsgericht vormals nichts ausgesagt. Insofern steht es der vorliegenden Annahme, die sich aus einem Wandel der Verhältnisse und dem Gesichtspunkt des Sachzusammenhangs vornehmlich zum „Bodenrecht" herleitet, nicht entgegen.

- Die rechtlich verbindliche Hürde für den Bundesgesetzgeber zum Erlass eines Bundesgesetzes in diesem Bereich liegt in Art. 72 Abs. 2 des Grundgesetzes. Die derzeitige Gesetzeslage erlaubt jedoch bislang kein Einschreiten des Bundesgesetzgebers. Das Bundesverfassungsgericht hat in zwei aktuellen Entscheidungen die Voraussetzungen der so genanten „Erforderlichkeitsklausel" konkretisiert und eine gerichtliche Überprüfbarkeit auch des gesetzgeberischen Prognosespielraums bestätigt. Die aufgezeigten Unterschiede in den Landesbauordnungen erfordern keine bundesgesetzliche Regelung, obwohl sich dahin gehende Tendenzen ersehen lassen.

- Die Gleichwertigkeit der Lebensverhältnisse nach der 1. Alternative des Art. 72 Abs. 2 GG ist nicht ausreichend beeinträchtigt. Zwar bestehen im Bereich des Wohnungswesens, des Verfahrensrechts und dem des barrierefreien Bauens auffallende Unstimmigkeiten, die die Lebensverhältnisse der betroffenen Bürgen auch merklich berühren. Jedoch ergibt sich daraus kein substanzielles Ungleichgewicht, welches eine bundesgesetzliche Reglung erfordern würde. Dies beruht nicht zuletzt darauf, dass insbesondere beim barrierefreien Wohnungsbau sich eine die Differenzen abbauende Rechtssetzung in den betreffenden Ländern konkret abzeichnet.

- Die mit der 2. Alternative des Art. 72 Abs. 2 GG geschützte Rechts- und Wirtschaftseinheit im gesamtstaatlichen Interesse rechtfertigt ebenfalls keine bundesgesetzliche Regelung. Die Rechtseinheit ist durch die aufgezeigten Unterschiede in der Feststellungs- und Bindungswirkung der Baugenehmigungen je nach Verfahren nicht ausreichend beeinträchtigt, da die sich daraus ergebenden Rechtsnachteile oder Rechtsunsicherheiten keine derartigen Nachteile erzeugen, als dass die Funktionsfähigkeit der Rechtsgemeinschaft gefährdet wäre. Etwaige Verkürzungen werden durch den sich mit der wesentlichen Fertigstellung des

Bauvorhabens ergebenden Bestandschutzes aufgefangen. Die materiellen Anforderungen bleiben insgesamt unberührt. Auf ergänzende Genehmigungspflichten und Vorgaben ist vonseiten der Bauaufsichtsbehörde hinzuweisen. Eine Gefährdung der Wirtschaftseinheit ist nicht ersichtlich.

- Die aktuelle Diskussion zur Modernisierung des Deutschen Bundesstaates tendiert zu einer zunehmenden Rückführung von Gesetzgebungskompetenzen auf die Länder zur Stärkung des Föderalismus. Es sollen Mitbestimmungsrechte des Bundesrates abgebaut und damit die Entscheidungszuständigkeiten entflechtet werden. Übertragen auf das Bauordnungsrecht stellt sich die Frage, ob sich damit eine Änderung des Kompetenzkataloges der konkurrierenden Gesetzgebung des Art. 74 Abs. 1 Nr. 18 GG zugunsten der Länder durch eine Streichung des „Bodenrechts" oder zugunsten des Bundes durch die Aufnahme des „Baurechts" in den Katalog unterstützen lässt.

- Mit einer entsprechenden Änderung würde jedoch der Bad Dürkheimer Vereinbarung als Grundlage der Zusammenarbeit im Rahmen der Bauministerkonferenz und der Fortschreibung der Musterbauordnung zur Rechtsfortbildung die Grundlage entzogen. Eine Änderung zugunsten des Bundes würde zwar eine einheitliche Gesetzeslage gewährleisten, jedoch wären damit die Reformbestrebungen zur Stärkung des Föderalismus gerade umgekehrt. Eine Änderung zugunsten der Länderbefugnisse stünde zwar im Lichte der Modernisierung des Bundesstaates, jedoch ist damit die Gefahr der Rechtszersplitterung im Baurecht, wie sie durch die praktizierte Kooperation gerade verhindert werden soll aber tatsächlich nicht verhindert wird, noch größer und keineswegs unterbunden.

Schlussbemerkung

Vor diesem Hintergrund ist die von dem in dem Gutachten des Bundesverfassungsgerichts teilweise losgelöste und mittlerweile praktizierte Aufteilung der Regelungsbereiche im Baurecht auf den Bund und die Länder eine sachgerechte Lösung. Sie findet sich auch in den Reformdiskussionen zur Modernisierung des Deutschen Bundesstaates wieder. Die Länder regeln einen ihnen vormals zugeschriebenen Bereich des Baurechts, aufgrund dessen sie in der Lage sind, ihren Einfluss unmittelbar auszuüben. Die unbefriedigende Umsetzung der Mustervorschriften in die Landesrechtsordnungen darf jedoch nicht über die Unverzichtbarkeit der Bemühungen der ARGEBAU und der Bauministerkonferenz zur Rechtsfortbildung im Bauordnungsrecht hinwegtäuschen. Die gemeinschaftlich geschaffenen Institute zur Gewährleistung übereinstimmender Standards in der Bautechnik und der Baustoffe resultieren auch aus diesen Koordinationsbestrebungen. Sie leisten einen nicht zu unterschätzenden Beitrag zur Vereinheitlichung der rechtlichen Vorgaben. Die Kritik am Umsetzungsverhalten der Länder rechtfertigt sich aus der in den betreffenden Fällen aufgezeigten mangelnden Beachtung dieser Hintergründe. Es ist daher unter Berücksichtigung der beschriebenen Reformen zum Beschlussverfahren zu fordern, dass sich die Länder wieder zu den Wurzeln der Bad Dürkheimer Vereinbarung bekennen und dies in der Fortschreibung der eigenen Landesbauordnungen auch über bloße Bekundungen zur Zusammenarbeit hinaus in den Gesetzgebungsverfahren in die Tat umsetzen. Denn diese Absprache der Länder bildet die Grundlage und den Hintergrund zur Koordination der Ländergesetzgebung und nicht nur die im Vergleich dazu weit gefasste und ohnehin für alle Beteiligten verbindliche Hürde des Art. 72 Abs. des Grundgesetzes.

Literaturverzeichnis

Alternativkommentar	Kommentar zum Grundgesetz für die Bundesrepublik Deutschland Band 2, Art. 38-146, 2. Auflage, Neuwied 1989
Allgeier, Erich von Lutzau, Jutta	Die Bauordnung für Hessen 7. Auflage Stuttgart 2003
Arbeitsgemeinschaft der für das Bau- und Siedlungswesen zuständigen Minister und Senatoren der Länder	50 Jahre ARGEBAU Bremen 1998 (zit.: 50 Jahre ARGEBAU)
Arndt, Hans-Wolfgang	Europarecht 6. Auflage, Heidelberg 2003
Battis, Ulrich	Anforderungen an ein modernes Bauordnungsrecht DVBl. 2000, S. 1557
Battis, Ulrich Krautzberger, Michael Löhr, Rolf-Peter	Baugesetzbuch – BauGB – 8. Auflage München 2002
Bauer, Hans	Die Bundestreue Habil. Tübingen 1992
Bauer, Hartmut	Entwicklungstendenzen und Perspektiven des Föderalismus in der Bundesrepublik Deutschland DÖV 2002, S. 837
Bayer, Hermann-Wilfried	Die Bundestreue Diss. Tübingen 1961
Bayerischer Landtag (Hrg.)	Reform des Föderalismus – Stärkung der Landesparlamente München 2002

Benda, Ernst Klein, Eckart	Lehrbuch des Verfassungsprozessrechts Heidelberg 1991
Benda, Ernst Maihofer, Werner Vogel, Hans-Joachim	Handbuch des Verfassungsrechts der Bundes- republik Deutschland 2. Auflage, München, 1994
Benz, Arthur	Neue Formen der Zusammenarbeit zwischen den Ländern DÖV 1993, S. 85
Böckenförde, Dieter Temme, Heinz-Georg Krebs, Winnfried	Musterbauordnung für die Länder der Bundesrepu- blik Deutschland 6. Auflage Düsseldorf 1999
Boeddinghaus, Gerhard	Rückwirkung der Änderung bauordnungs- rechtlicher Vorschriften auf den Städtebau BauR 2000, S. 7
Böhm, Gustav	Das Rechtsgutachten des Bundesverfas- sungsgerichts über die Gesetzgebungszu- ständigkeit des Bundes im Bereich des Bau- rechts NJW 1954, S. 1474
Bonifacio, Michael	Das Genehmigungsfreistellungsverfahren nach § 67 BauO NW Diss. Frankfurt 1998
Bonner Kommentar	Kommentar zum Grundgesetz Loseblatt, Heidelberg, Stand: 09.2004 (zit.: Bonner Kommentar, *Bearbeiter*)
Bösert, Bernd	Die Reform des Bundesstaates (Bericht über das 7. Berliner Forum der Deutschen Gesellschaft für Gesetzgebung) ZG 2004, S. 89

Brohm, Winfried	Öffentliches Baurecht, 3. Auflage, München 2002
Bullinger, Martin	Die Zuständigkeit der Länder zur Gesetzgebung DÖV 1970, S. 761
Burghart, Axel	Die Pflicht zum guten Gesetz Diss. Berlin 1996
Busse, Volker	Verfahrenswege zu einem „schlankeren Staat" DÖV 1996, S. 389
Calliess, Christian	Die Justiziabilität des Art. 72 Abs. 2 GG vor dem Hintergrund eines kooperativen und kompetitiven Föderalismus DÖV 1997, S. 889
Dahlke-Piehl, Susanne	Entwurf einer neuen Musterbauordnung, Bauplanungsrecht und die Rechte der Gemeinde UPR 2002, S. 81
Dammert, Bernd Kober, Peter Rehak, Heinrich Wieth, Frank-Peter	Die neue Sächsische Bauordnung München 1999
Deppenheuer, Otto	Vom „Bedürfnis" zur „Erforderlichkeit" ZG 2003, S. 177
Detterbeck, Steffen	Streitgegenstand und Entscheidungswirkung im öffentlichen Recht Habil. Tübingen 1995
Dittus, Wilhelm	Entwurf zu einem Baugesetz für die Bundesrepublik Deutschland 2. Auflage, München 1950
ders.	Baupolizei? DVBl 1956, S. 281

Dreier, Horst	Grundgesetz – Kommentar Band II, Artt. 20-82, Tübingen1998 Band III, Artt. 83-156, Tübingen 2000
Erbguth, Wilfried Stollmann, Frank	Aktuelle Rechtsentwicklung im Bauord- nungsrecht JZ 1995, S. 1141
Ernst, Dr.	Die Bundeskompetenz für das Bau- und Bo- denrecht DVBl. 1955, S. 410
Finkelnburg, Klaus Orthloff, Karsten-Michael	Öffentliches Baurecht Band 2: Bauordnungsrecht, Nachbarschutz, Rechtsschutz 4. Auflage München 1998
Fuß, Ernst-Werner	Verwaltung und Schule VVDStRL Band 23, Berlin 1966
Gädtke,Horst Temme, Hans-Georg Heintz, Detlef	Landesbauordnung Nordrhein-Westfalen - Kommentar - 10. Auflage Düsseldorf 2003
Geiger, Willi	Zur Reform des Bundesverfassungsgerichts, in: Maunz, Theodor (Hrg.), Festschrift für Nawiasky, S. 211 ff., München 1956
Giese, Heinz-Ewald	Staatsverträge und Verwaltungsabkommen der deutschen Bundesländer untereinander sowie zwischen Bund und Ländern Diss. Bonn 1961
Gnatzy, Thomas	Verfahrensliberalisierung im Bauordnungs- recht der Länder Diss. Berlin 1998

Grapengeter	Musterbauordnung für die Länder des Bundesgebietes einschließlich des Landes Berlin Schriftenreihe des Bundesministers für Wohnungsbau Band 16/17. Recklinghausen 1960
Grabein, Hermann Heintz, Detlef	Neue Bauordnung Nordrhein-Westfalen 2. Auflage, München, Bonn, Potsdam 1995
Große-Suchsdorf, Ulrich Lindorf, Dietger Schmaltz, Hans Karsten Wiechert, Reinald	Niedersächsische Bauordnung Kommentar 7. Auflage, Hannover 2002
Grassel, Gerhard Horst	Staatsverträge und Verwaltungsabkommen zwischen den Ländern der BRD Diss. Würzburg 1969
Grawert, Rolf	Verwaltungsabkommen zwischen Bund und Ländern in der Bundesrepublik Deutschland Diss. Berlin 1967
ders.	Gesetzgebung zwischen Politik und Demokratie ZG 1991, S. 97 ff. (zit.: Grawert ZG)
Heimburg, Sibylle von	Verwaltungsaufgaben und Private Diss. Berlin 1982
Hennecke, Hans-Günter	Föderalismusreform kommt in Fahrt DVBl. 2003, S. 845
Herdegen, Matthias	Europarecht 4. Auflage, München 2002
Held, Ralf	Deregulierung von bauaufsichtlichen Genehmigungsverfahren durch Landesrecht Diss. Frankfurt am Main 1999

Hendler, Reinhard	Unitarisierungstendenzen im Bereich der Gesetzgebung ZG 1987, S. 210
Hesse, Konrad	Bundesstaatsreform und Grenzen der Verfassungsänderung AöR (Bd. 98) 1973, S. 1
ders.	Der Unitarische Bundesstaat Karlsruhe 1962
ders.	Grundzüge des Verfassungsrechts der Bundesrepublik Deutschland 20. Auflage, Heidelberg 1999
Hirschmüller, Martin	Die Konferenzen der Ministerpräsidenten und Ressortminister der Länder in der Bundesrepublik Deutschland, insbesondere die Rechtsnatur ihrer gemeinsamen Beschlüsse Diss. Stuttgart-Feuerbach 1967
Hofmann, Michael	Die Bundesrepublik Deutschland – ein gouvernementaler Bundesstaat? Diss. Mainz 1980
Hoppenstedt, Hendrick	Die bundesstaatliche Ordnung des Grundgesetzes zwischen Unitarismus und Föderalismus Diss. Würzburg 2000
Horn, Hans-Detlef	Experimentelle Gesetzgebung vor dem Grundgesetz Diss. Berlin, 1989
Ipsen, Jörn	Staatsrecht I – Staatsorganisationsrecht 15. Auflage, Neuwied 2003

Isensee, Josef Kirchhoff, Paul	Handbuch des Staatsrechts der Bundesrepublik Deutschland Band I, Heidelberg 1987 Band III, Heidelberg 1988 Band IV, Heidelberg 1990 (zit.: *Bearbeiter*, HdB d. StR, *Bd*)
Jäde, Henning	Nochmals: Abschied von der Baugenehmigung – Beginn beschleunigten Bauens ? NvWZ 1995, S. 672
ders.	Bauordnungsrecht im Wandel GewArch 1995, S. 187
ders.	Keine Angst vor der neuen Bauordnung! MittBayNot 1994, S. 401
ders.	Das Bundesbaurecht und die neuen Landesbauordnungen ZfBR 1996, S. 18
ders.	Das Zweite Gesetz zur Vereinfachung und Beschleunigung baurechtlicher Verfahren BayVBl. 1998, S. 7
ders.	Reformansätze im Bauordnungsrecht ThürVBl. 1998, S. 193
ders.	Rechtseinheit im Bauordnungsrecht? NVwZ 2001, S. 982
ders.	Strukturprobleme im Bauordnungsrecht II UPR 2002, S. 87
ders.	Musterbauordnung (MBO 2002) – Textsynopse der Fassungen Dezember 1997 und November 2002 mit Begründung München 2003

Jagenlauf, Arnulf	Die Vereinbarkeit der Gemeinschaftseinrichtungen der Bundesländer mit dem Grundgesetz Tübingen 1966
Janssen, Albert	Wege aus der Krise des deutschen Bundesstaates ZG 2000, Sonderheft, S. 41.
Jarass, Hans D. Pieroth, Bodo	Grundgesetz für die Bundesrepublik Deutschland - Kommentar - 7. Auflage München 2004
Jochum, Heike	Richtungsweisende Entscheidung des BVerfG zur legislativen Kompetenzordnung des Grundgesetzes NJW 2003, S. 29
Karpen, Ulrich	Zum gegenwärtigen Stand in der Gesetzgebungslehre in der Bundesrepublik Deutschland, in: *ders.* (Hrg.), Zum gegenwärtigen Stand in der Gesetzgebungslehre in der Bundesrepublik Deutschland, Heidelberg 1998, S. 371
Kisker, Gunter	Kooperation im Bundessstaat Habil. Tübingen 1971
Klappstein, Walter	Möglichkeiten und Grenzen einer Simultangesetzgebung ZG 1997, S. 126
Klatt, Hartmut	Die Rolle der Parlamente im föderalen Entscheidungsprozess Jahrbuch zur Staats- und Verwaltungswissenschaft, Band 3, Baden-Baden 1989, S. 118

ders.	Interföderale Beziehungen im kooperativen Bundesstaat VerwArchiv 1987, S. 186.
ders.	Polizei- und Ordnungsrecht 9. Auflage, München 2002
Klein, Hans H.	Die Funktion des Parlaments im politischen Prozess ZG 1997, S. 209
Klinski, Stefan	Die novellierten Stellplatzbestimmungen in den Bauordnungen der Länder Baurecht und Bautechnik, Band 12 Diss. Berlin 2001
Knemeyer, Franz-Ludwig	Deregulierung, Verfahrensvereinfachung und Verfahrensbeschleunigung, in: Klaus Grupp/ Michael Ronellenfitsch (Hrg.), Planung- Recht- Rechtsschutz: Festschrift für Blümel Berlin, 1999; S. 259
ders.	Musterentwürfe als Mittel der Rechts- und Verfahrensvereinheitlichung ZG 1987, S. 228.
ders.	Polizei und Ordnungsrecht 10. Auflage, München 2004
Knorr, Philipp	Die Justitiabilität der Erforderlichkeitsklausel im Sinne des Art. 72 Abs. 2 GG Diss. Frankfurt am Main 1998
König, Hans-Gunther	Der feststellende Verwaltungsakt BayVBl. 1987, S. 261
Kopp, Ferdinand Ramsauer, Ulrich	Verwaltungsverfahrensgesetz - Kommentar - 8. Auflage, München 2003

Korioth, Stefan	Der Abschied von der Baugenehmigung nach § 67 BauO NW '95 DÖV 1996, S. 665
Kunig, Philip	Bund und Länder im Streit vor dem Bundesverfassungsgericht Jura 1995, S. 262
Leisner, Walter	Der Bund-Länder-Streit vor dem Bundesverfassungsgericht, in: Stark Christian (Hrg.), Bundesverfassungsgericht und Grundgesetz, Band I, Tübingen 1976, S. 260
Ley, Richard	Die Fortschreibung des Bauordnungsrechts durch die neue Musterbauordnung NVwZ 1983, S. 599
Lichtenstern, Elisabeth	Die Gesetzgebung im Spannungsverhältnis zwischen Bund und Ländern Diss. Frankfurt 1979
Lisken, Hans Denninger, Erhard	Handbuch des Polizeirechts, 2. Auflage, München 1996
Löbbert, Anke Pohl, Dieter Thomas, Klaus-Werner	Brandschutzplanung für Architekten und und Ingenieure (mit Beilage C) 4. Auflage, Köln 2004
Mampel, Dietmar	Baugenehmigung – Schluss mit der Schlusspunkttheorie? BauR 2002, S. 719
Mangold, Hermann von Klein, Friedrich	Das Bonner Grundgesetz – Kommentar – Band 2, Art. 20 – 78 GG, 4. Auflage, München 2000
Pestalozza, Christian	Band 8, Art. 70 – 75 GG, 3. Auflage, München 1996

Maunz, Theodor Dürig, Günter Herzog, Roman	Grundgesetz – Kommentar - Loseblatt, München, Stand 02.2004 Band III Art. 17-27 Band IV Art. 70-91a Band V Art. 92-146
Maier, Hans	Der Föderalismus – Ursprünge und Wandlungen AöR (Bd. 115) 1990, S. 213
Maunz, Theodor Schmidt-Bleibtreu, Bruno Klein, Franz Ulsamer, Gerhard	Bundesverfassungsgerichtsgesetz - Kommentar - Loseblatt, München, Stand 01.2004
Mauz, Theodor Zippelius, reinhold	Deutsches Staatsrecht 30. Auflage, München 1998
Maurer, Hartmut	Allgemeines Verwaltungsrecht 13. Auflage, München 2000
ders.	Staatsrecht I – Grundlagen, Verfasungsorgane, Staatsfunktion 4. Auflage, München 2003
Meßerschmidt, Klaus	Gesetzgebungsermessen Habil. Berlin 2000
Molkenbur, Gerhard	Die EG-Bauproduktenrichtlinie DVBl. 1991, S. 745
Möstl, Markus	Neuordnung der Gesetzgebungskompetenzen von Bund und Ländern ZG 2003, S. 297
Münch, Ingo von	Grundgesetz – Kommentar – Band 3, Art. 70- 146 GG, 5. Auflage München 2003

vMutius, Albert Georg

Vorwort, in: Klappstein, Walter/ von Unruh, Chrisoph, Rechtsstaatliche Verwaltung durch Gesetz, Heidelberg 1987

Neumeyer, Christoph

Der Weg zur neuen Erforderlichkeitsklausel für die konkurrierende Gesetzgebung des Bundes (Art. 72 Abs. 2 GG) Berlin 1999

Oebbecke, Janbernd

Föderalismus und Kommunalverfassung, in: Jochen Huhn (Hrg.), Föderalismus in Deutschland, 1. Auflage, Baden-Baden 1992, S. 185

ders.

Die unsichtbare Hand in der Ländergesetzgebung Staatswissenschaften und Staatspraxis 1997, S. 461

Oeter, Stefan

Integration und Subsidiarität im deutschen Bundesstaatrecht Habil. Tübingen 1998

Orthloff, Karsten- Michael

Die Entwicklung des Baurodungsrechts (Jährlich erscheinende Aufsatzreihe) NVwZ, erstmals 1982, S. 75

ders.

Abschied von der Baugenehmigung – Beginn beschleunigten Bauens? NvWZ 1995, S. 112

ders.

Inhalt und Bindungswirkung der Baugenehmigung NJW 1987, S. 1665

ders.

Kommunikationsdefizite im Verwaltungsprozess? NVwZ 2002, S. 1310

ders.	Öffentliches Baurecht in den neuen Ländern und im Ostteil Berlins Müchen 1991
ders.	Bauordnungsrechts – Zwischenbilanz einer emanzipatorischen Entwicklung NVwZ 1993, S. 713
Ossenbühl, Fritz	Föderalismus nach 40 Jahren Grundgesetz DVBl. 1989, S. 1230
Pestalozza, Christian	Verfassungsprozeßrecht 3. Auflage München 1991
ders.	Thesen zur kompetenzrechtlichen Qualifikation von Gesetzen im Bundesstaat DÖV 1972, S. 181
Pietzcker, Jost	Landesbericht der Bundesrepublik Deutschland, in: Stark Christian (Hrsg.), Zusammenarbeit der Gliedstaaten im Bundesstaat, Baden-Baden 1988, S. 17
Proksch, Roland	Das Bauordnungsrecht in der Bundesrepublik Deutschland Diss. Berlin 1981
Redeker, Konrad Oertzen, Hans-Joachim von	Verwaltungsgerichtsordnung - Kommentar 13. Auflage Stuttgart 2000
Ritter, Ernst-Hasso	Bauordnungsrecht in der Deregulierung DVBl. 1996, S. 542
Ryback, Hubertus Hofmann, Hans	Verteilung der Gesetzgebungsrechte zwischen Bund und Ländern nach der Reform des Grundgesetzes NVwZ 1995, S. 230
Sachs, Michael	Grundgesetz – Kommentar 3. Auflage, München 2003

Samper, Rudolf	Abschied vom Spezialermächtigungsprinzip? - Anmerkungen zum Entwurf eines bundeseinheitlichen Polizeigesetzes BayVBl. 1974, S. 545
Sauter, Alfred	Die neue Bauordnung und der „schlanke Staat" BayVBl. 1998, S. 2
Schellhoss	Zur Musterbauordnung, ihren Erfolgen und ihren Chancen BBauBl. 1980, S. 424
Schenke, Wolf-Rüdiger	Föderalismus als Form der Gewaltenteilung JuS 1989, S. 698
Scheuner, Ulrich	Wandlungen im Föderalismus der Bundesrepublik DÖV 1966, S. 513
Schink, Alexander	Mustersatzungen – Ihre Entstehung und Umsetzung in der Kommunalveraltung ZG 1986, S. 33
Schlaich, Klaus	Das Bundesverfassungsgericht – Stellung, Verfahren, Entscheidung 4. Auflage München 1997
Schlotterbeck, Karlheinz v.Arnim, Achim Hager, Gerd	Landesbauordnung für Baden-Württemberg Taschenkommentar 5. Auflage Stuttgart 2003
Schmidt-Bleibtreu, Bruno Klein, Franz	Kommentar zum Grundgesetz 9. Auflage Neuwied 1999
Schmehl, Arndt	Die neue Erforderlichkeitsklausel in Art. 72 Abs. 2 GG DÖV 1996, S. 724
Schneider, Hans	Verträge zwischen Gliedstaaten im Bundesstaat VVDStRL Band 19, Berlin 1961

ders.	Gesetzgebung: Ein Lehr- und Handbuch 3. Auflage, Heidelberg 2002
Schneider, Hans-Peter	Die bundesstaatliche Ordnung im vereinigten Deutschland NJW 1991, S. 2448
Schneider, Paul Georg	Beteiligung der Landesparlamente beim Zustandekommen von Staatsverträgen und Verwaltungsabkommen Diss. Mainz, 1978 (zit.: Schneider P., ...)
Schoch, Friedrich Schmidt-Aßmann, Eberhard Pietzner, Reiner	Kommentar zur Verwaltungsgerichtsordnung Loseblatt, München, Stand 09.2003
Scholz, Rupert	Privatisierung im Baurecht Baurecht und Bautechnik (BuB), Band 8 Berlin 1997
ders. von	Die Gemeinsame Verfassungskommission Bundestag und Bundesrat ZG 1994, S. 1
Schrödter, Hans	Eine Wissenschaftliche Zeitschrift als Spiegel der Verfassungs- und Verwaltungswirklichkeit in ihrer Zeit – Das deutsche Verwaltungsblatt 1948-1985 DVBl. 1985, S. 1253.
ders.	Baugesetzbuch – Kommentar 6. Auflage, München 1998
Schulte, Bernd	Rechtsgüterschutz im Bauordnungsrecht Diss. Berlin 1982
Schulze-Fielitz, Helmuth	Der informale Verfassungsstaat Berlin, 1984

Schuppert, Gunnar Folke   Gute Gesetzgebung
                            ZG 2003, Sonderheft

Schwarzer, Herbert   Bayerische Bauordnung
König, Helmut   Kommentar
                           3. Auflage, München 2000

Simon, Alfons von   Für eine sach- und praxisgerechte Anwendung

                           der neuen Bayerischen Bauordnung
                           BayVBl. 1994, S. 581

ders.   Die neue Bayerische Bauordnung aus der
Sicht

                           der Praxis
                           BayVBl. 1994, S. 332

Stern, Klaus   Das Staatsrecht in der Bundesrepublik
                           Deutschland
                           Band 1, 2. Auflage München 1984

Storr, Stefan   Die neuen Landtage
                           ZG 2000, S. 116

Stüer, Bernhard   Bauplanungsrecht und Freistellungspolitik
                           der Län-
Ehebrecht-Stüer, Eva-Maria der
                           Münster 1996

Ule, Carl Hermann   Zum Stand der Vereinheitlichung des Ver-
                           waltungs-
Sellmann, K.-A.   verfahrens
                           DVBl. 1967, S. 837

Ule, Carl Hermann   Das Verwaltungsverfahrensgesetz
                           DVBl. 1976, S. 421

Umbach, Dieter   Bundesverfassungsgerichtsgesetz – Mitarbei-
Clemens, Thomas   terkommentar und Handbuch
                           Heidelberg 1992

ders.   Grundgesetz – Mitarbeiterkommentar
                                Band I, Art. 1-37 GG, Heidelberg 2002

Usemann, Klaus W.   Brandschutz in der Gebäudetechnik: Grund-
                                lagen - Gesetzgebung - Bauteile - Anwen-
                                dung
                                2. Auflage, Heidelberg 2003

Vedder, Christoph   Intraföderale Staatsverträge: Instrumente der
                                Rechtssetzung im Bundesstaat
                                Habil. Baden-Baden 1996

Wambsganz, Friedrich   Stand der Baugesetzgebung
                                Bundesbaublatt 1952, S. 99.

ders.   Musterbauordnung für die Länder des Bun-
                                desgebietes einschließlich des Landes Berlin
                                Schriftenreihe des Bundesministers für
                                Wohnungsbau, Band 16/17,Recklinghausen
                                1960

Werner, Fritz   Die Zuständigkeit des Bundes für ein Bun-
                                desbaugesetz
                                DVBl. 1954, S. 481.

Werner, Ulrich   Baurecht von A-Z
Pastor, Walter   Lexikon des öffentlichen und privaten Bau-
                                rechts
Müller, Karl   7. Auflage München 2000

Wettach, Uwe   Ländergesetzgebung in der Bundesrepublik
                                Deutschland
                                Diss. Frankfurt am Main, 1994

Weyreuther, Felix   Bundes- und Landesbaurecht
                                BauR 1972 S. 1.

ders.   Eigentum, öffentlich Ordnung und Baupoli-
                                zei
                                Veröffentlichung der Gesellschaft Hambur-
                                ger Juristen, Heft 11, Hamburg 1972

Wiechert, Reinald	Gesetzgebungskompetenz für das Bau- und Bodenrecht ZRP 1985, S. 239
Wilke, Dieter Dageförde, Hans-Jürgen Knuth, Andreas Meyer, Thomas	Bauordnung für Berlin – Kommentar mit Rechtsverordnungen und Ausführungs-vorschriften 5. Auflage, Braunschweig, Wiesbaden 1999
Ziegler, Jürgen	Ein formulierter Vorschlag zur Aufnahme des Bauordnungsrechts in ein (Bundes-) Baugesetzbuch DVBl. 1984, S. 378.
ders.	Zum Dualismus von Bodenrecht-Bauord-nungsrecht Einzelfragen, Gehalt des Bauord-nungsrechts, (Bundes-) Baugesetzbuch ZfBR 1980, S. 275.
Zitzelsberger, Walter	Die Pflicht der Länder zur Gesetzgebung Diss. München 1969